国家中等职业教育改革发展示范学校建设教材

主　编　周有银

浙江交通技师学院组织编写

汽车底盘维修

浙江科学技术出版社

图书在版编目(CIP)数据

汽车底盘维修 / 周有银主编;浙江交通技师学院组织编写. —杭州:浙江科学技术出版社,2013.11

国家中等职业教育改革发展示范学校建设教材

ISBN 978-7-5341-5694-6

Ⅰ.①汽… Ⅱ.①周… ②浙… Ⅲ.①汽车—底盘—车辆修理—中等专业学校—教材 Ⅳ.①U472.41

中国版本图书馆 CIP 数据核字(2013)第 245910 号

丛 书 名	国家中等职业教育改革发展示范学校建设教材
书　　名	**汽车底盘维修**
组织编写	浙江交通技师学院
主　　编	周有银

出版发行	浙江科学技术出版社
网　　址	www.zkpress.com
	杭州市体育场路 347 号 邮政编码:310006
	销售部电话: 0571-85171220
排　　版	杭州兴邦电子印务有限公司
印　　刷	杭州富阳正大彩印有限公司
经　　销	全国各地新华书店

开　　本	787×1092 1/16	**印　张**	19.75
字　　数	460 000		
版　　次	2013 年 11 月第 1 版		2013 年 11 月第 1 次印刷
书　　号	ISBN978-7-5341-5694-6	**定　价**	85.00 元

责任编辑	刘雯静	**封面设计**	孙 菁
责任校对	赵 艳	**责任印务**	崔文红

国家示范学校建设计划项目领导小组

组　　长　唐锡军

副 组 长　楼杨森　陈运清　裘玉平　李忠跃

　　　　　洪　波

顾　　问　戚光辉

国家示范学校建设计划项目办公室

主　　任　裘玉平(兼)

副 主 任　龚建伟　许云珍

国家中等职业教育改革发展示范学校建设教材编审委员会

主　　任　裘玉平

委　　员　(按姓氏笔画排序)

　　　　　王连英　毛祥永　许云珍　应建明

　　　　　陈　虹　周　健　胡大宏　徐立能

　　　　　龚建伟　程　晟　傅　凯

本书主编　周有银

本书编写人员　刘贤忠　周有银　周一戈　田宝春

前言 Preface

为了加快技能人才培养步伐，推进教育改革创新，提高办学水平，根据《国家中长期教育改革发展规划纲要(2010-2020年)》关于加强职业教育基础能力建设的要求，按照中华人民共和国人力资源和社会保障部《关于大力推进技工院校改革发展的意见》的精神，结合建设国家中等职业教育改革发展示范学校的情况，我们在专业调研和人才需求分析的基础上，通过与行业专家共同分析论证，建立了汽车维修、汽车车身修复、汽车营销、现代物流和数控加工五个专业的人才培养方案。为了更好地实现人才培养目标，我们于2011年10月启动了五大专业核心课程系列教材的编写工作。

本系列教材以职业能力为本位，以能力应用为核心，以"必需、够用"为原则；紧密联系生产、教学实际，加强教学针对性，与相应的职业资格标准相互衔接。根据相应行业对技能型人才的培养要求，本系列教材具有以下特点：

1. 采用任务驱动形式编写，以企业实际工作项目为设计依据，通过学习目标与要求、任务引入、任务实施等模块，介绍知识和技能。

2. 体现职业教育的特点，注重知识的前沿性和全面性、内容的实用性和实践性、能力形成的渐进性和系统性。

3. 体现了国家职业能力标准应知、应会的知识技能要求，突出了技能训练和学习能力的培养，符合专业培养目标和职业能力的基本要求。取材合理，难易程度适中，符合中等职业学校学生的实际水平。

4. 文字简洁，通俗易懂，图文并茂，形式生动，有利于激发学习兴趣，提高学习效果。

《汽车底盘维修》一本根据国家中等职业教育改革发展示范学校建设中的“汽车运用与维修”专业人才培养方案进行编写。它是汽车运用与维修专业的核心课程教材，其功能在于培养汽车维修职业技能人才的基本职业能力，达到本专业学生应具备的高级工知识要求。本书可作为汽车维修专业技术等级考核和培训用书，以及相关技术人员的参考用书。

全书分为16个项目，分别介绍了汽车底盘总体结构认识、离合器的检修、手动变速器的检修、自动变速器的维护、自动变速器的检修、万向传动装置的检修、驱动桥的检修、机械转向系的检修、动力转向系统的检修、悬架的检修、车轮定位的检测与调整、车轮的检修、制动器的检修、制动传动装置的检修、驻车制动系统的检修和电子控制制动系统的检修等内容。

本书由周有银担任主编，其中项目一、项目二、项目三、项目六、项目十由刘贤忠编写，项目四、项目五由周有银编写，项目七、项目八、项目九、项目十一、项目十二由周一戈编写，项目十三、项目十四、项目十五、项目十六由田宝春编写。本书在编写过程中，得到了企业专家和学校老师的支持，在此表示感谢。

由于时间仓促，编者经历和水平有限，教材内容难免有不足之处，希望广大读者及时提出宝贵意见和建议，以便修订和完善。

编著者

2013年6月

项目一　汽车底盘总体结构认识

学习目标与要求

1. 阐述汽车底盘的总体结构以及各总成的作用。
2. 辨认汽车底盘各总成。
3. 概述汽车底盘的总体布置和动力传递路线。
4. 说明汽车的行驶原理。

任务　汽车底盘总体结构认识

任务引入

通过本项目的学习，要求讲述汽车底盘的主要总成名称、安装位置以及各总成的作用，并能说明动力传递路线，驱动布置形式。

任务分析

在汽车维修工作中，认识汽车底盘结构是汽车底盘维修工作的基础。通过学习汽车底盘的组成、类型及各总成的主要作用和安装位置，为进一步学习底盘各总成的结构和维修打好基础。

任务实施

汽车一般是由发动机、底盘、车身和电气设备组成，下面对汽车底盘做整体性的介绍。

一、汽车底盘的作用

1. 汽车底盘承载发动机、车身和某些电气设备及附件等，并接受发动机输出的动力，通过其本身的各种机构传送到车轮，可使其转速降低、转矩增大，从而驱动车辆前进或倒退。

2. 汽车底盘上还设有控制方向、减轻振动、维持安全、提高舒适的各种装置。

二、汽车底盘的基本组成和功用

汽车底盘的基本组成和功用见表 1–1。

表 1-1 汽车底盘的基本组成和功用

项目	说明	图示
汽车底盘的总体结构	汽车底盘由传动系、行驶系、转向系和制动系四大系统组成	
传动系	传动系的功用是将发动机的动力传给驱动车轮，一般由离合器、变速器、万向传动装置、驱动桥等组成	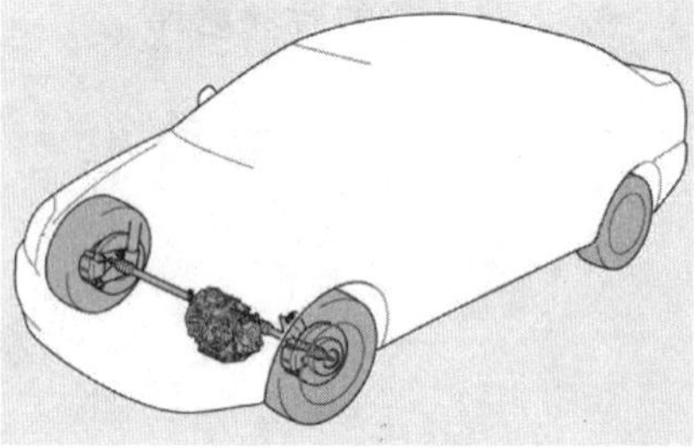
行驶系	行驶系的功用是支撑、安装汽车的各零部件总成，传递和承受车上、车下各种载荷的作用，以保证汽车的正常行驶，主要由车架（车身）、车桥、悬架、车轮等组成	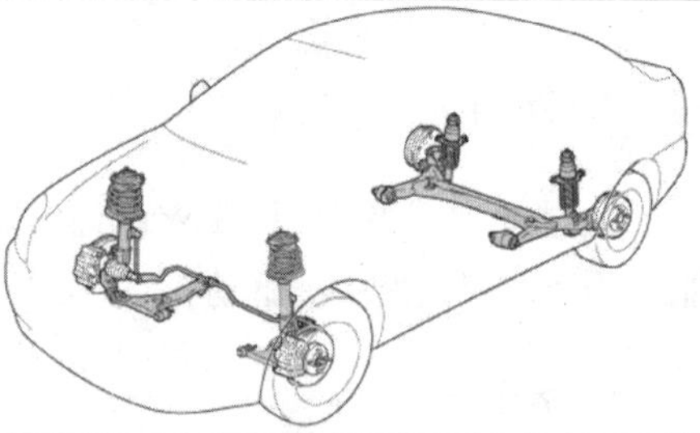
转向系	转向系的功用是保证汽车能够按照驾驶员选定的方向行驶，主要由转向操纵机构、转向器、转向传动机构组成。现代汽车普遍采用动力转向装置	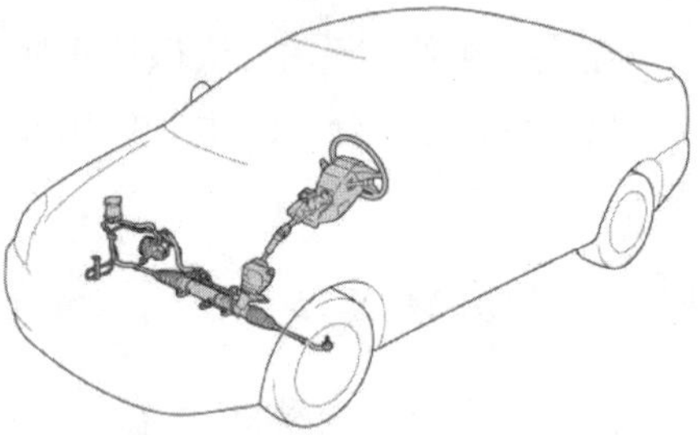
制动系	制动系的功用是使汽车减速、停车并能保证可靠地驻停。汽车制动系一般包括行车制动系和驻车制动系两套相互独立的制动系统，每套制动系统都包括制动器和制动传动机构。现代汽车的行车制动系一般都装配有防抱死制动系统（anti-lock breaking system, ABS）	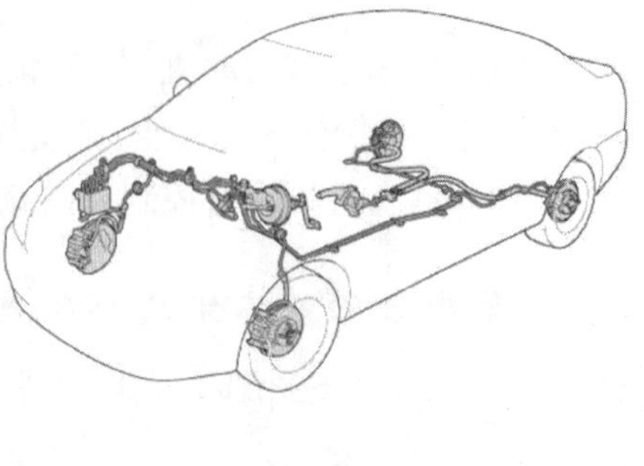

转向系和制动系都是由驾驶员来操控的，一般可以合称为控制系。现代汽车中电子控制技术的应用越来越广泛，如在底盘中普遍采用了电子控制自动变速器（EAT 或 ECT）、电子控制防滑差速器（EDL）、电子控制防抱死制动系统（ABS）、电子控制悬架系统（ECS）、电子控制转向系统等。其功用为接受发动机的动力，使汽车运动并保证汽车能够按照驾驶员的操纵而正常行驶。

三、汽车底盘的总体布置及动力传递

汽车底盘的总体布置与发动机的位置及汽车的驱动方式有关，一般有发动机前置后轮驱动、发动机前置前轮驱动、发动机后置后轮驱动、发动机前置全轮驱动等，见表 1–2。

表 1–2 汽车底盘的总体布置与发动机的位置及动力传递

<table>
<tr><th>项目</th><th colspan="2">图示说明</th></tr>
<tr><td rowspan="2">发动机前置后轮驱动</td><td colspan="2">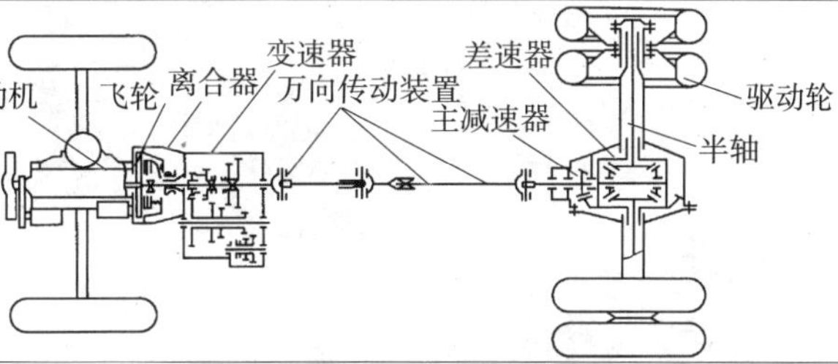
</td></tr>
<tr><td colspan="2">发动机布置在汽车前部，动力经过离合器、变速器、万向传动装置、后驱动桥，最后传到后驱动车轮，使汽车行驶。适用于除越野汽车的各类型汽车，如大多数的货车、部分轿车和部分客车都采用这种形式</td></tr>
<tr><td rowspan="3">发动机前置前轮驱动</td><td>前横置前轮驱动</td><td>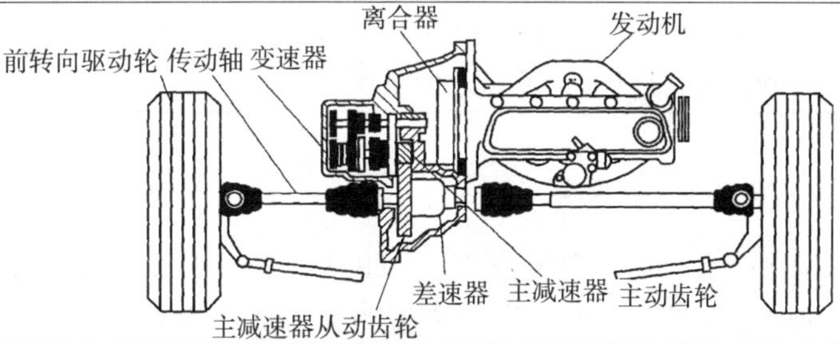
</td></tr>
<tr><td>前纵置前轮驱动</td><td>
</td></tr>
<tr><td colspan="2">发动机布置在汽车前部，动力经过离合器、变速器、前驱动桥，最后传到前驱动车轮，这种布置形式在变速器与驱动桥之间省去了万向传动装置，使结构简单紧凑，整车质量小，高速时操纵稳定性好</td></tr>
</table>

续表

项目	图示说明
发动机后置后轮驱动	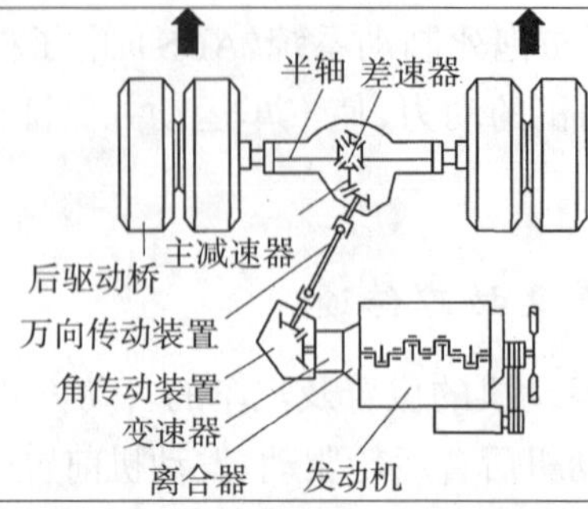 半轴 差速器 主减速器 后驱动桥 万向传动装置 角传动装置 变速器 离合器 发动机
	发动机布置在汽车后部,动力经过离合器、变速器、角传动装置、万向传动装置、后驱动桥,最后传到后驱动车轮。这种布置形式便于车身内部的布置,减小室内发动机的噪声,一般用于大型客车
发动机前置全轮驱动	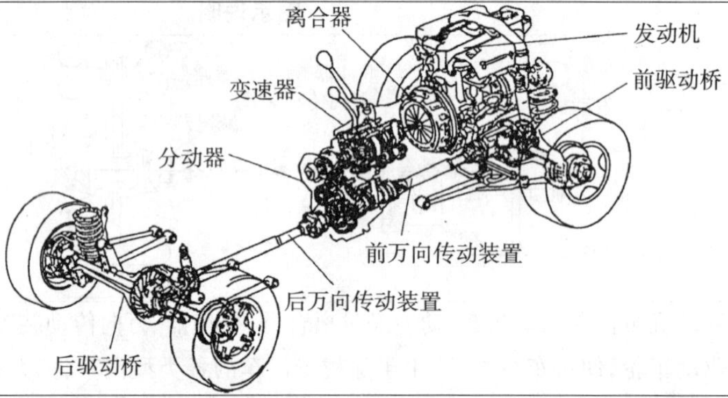 离合器 发动机 前驱动桥 变速器 分动器 前万向传动装置 后万向传动装置 后驱动桥
	发动机布置在汽车前部,动力经过离合器、变速器、分动器、万向传动装置分别到达前、后驱动桥,最后传到前、后驱动车轮,使汽车行驶。由于所有的车轮都是驱动车轮,提高了汽车的越野通过性能,这是越野汽车采取的布置形式

四、汽车行驶的基本原理

欲使汽车行驶,必须对汽车施加一个驱动力以克服各种阻力,驱动力产生的原理如图 1-1 所示。发动机经由传动系在驱动车轮上施加了一个驱动力矩,力图使驱动车轮旋转。在 T_t 的作用下,驱动车轮将对地面施加一个与汽车行驶方向相反的圆周力 F_o。根据作用与反作用原理,地面也将对驱动车轮施加一个与 F_o 大小相等、方向相反的反作用力 F_t, F_t 就是使汽车行驶的驱动力,或称牵引力。驱动力作用在驱动轮上,再通过车桥、悬架、车架等行驶系传到车身上,当汽车驱动力大于行驶阻力时,汽车行驶。

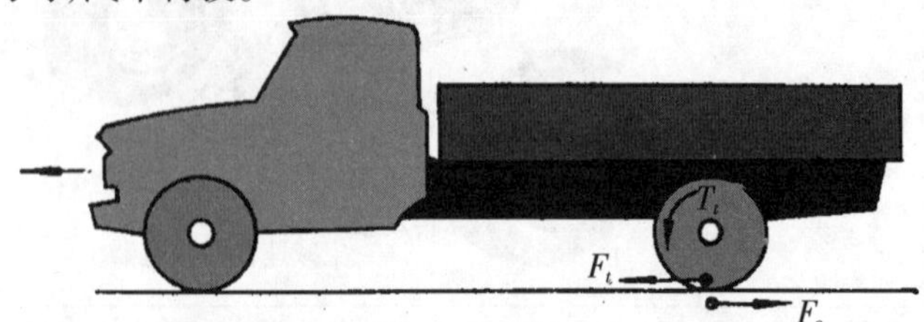

图 1-1　汽车行驶的基本原理示意图

项目二　离合器的检修

学习目标与要求

1. 了解离合器的作用、类型、组成及工作原理。
2. 掌握离合器的正确拆装。
3. 按技术要求检查与调整离合器踏板自由行程。
4. 按技术要求完成离合器液压系统的维修。
5. 按技术要求完成膜片弹簧离合器的检修。
6. 了解双离合器技术。

任务一　离合器的拆卸与装配

任务引入

一辆使用多年的卡罗拉轿车，在上山路途中出现上坡无力的故障现象，加大供油量，发动机工作正常，但车辆提速困难，严重时，可从车窗外闻到一股焦臭味，经诊断发现，离合器摩擦片烧蚀，需更换离合器从动盘。

任务分析

离合器是汽车传动系统的组成部件，汽车在起步、换挡过程中需要离合器暂时切断发动机的动力，换挡后再传递发动机动力。离合器故障将导致汽车上坡无力、提速困难等故障发生。通过对离合器相关知识的学习，懂得其组成、作用及零部件的安装位置。通过离合器的拆卸与装配，明确拆装离合器的操作规程。

任务实施

一、相关知识学习

（一）离合器的功用与工作原理

离合器的功用与要求。

（1）离合器的安装位置：如图 2–1 所示，离合器位于发动机与变速器之间。

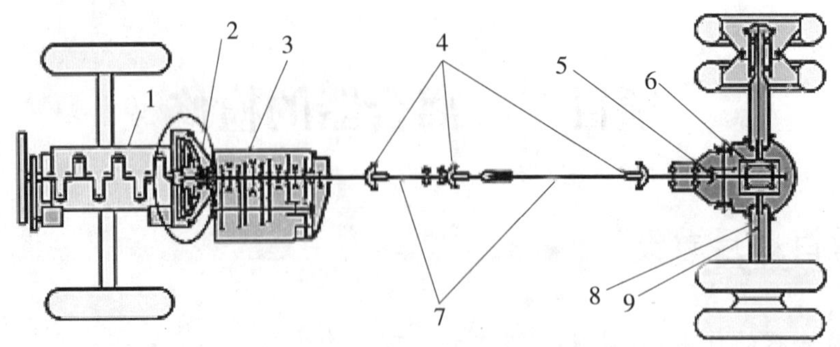

1—发动机;2—离合器;3—变速器;4—万向节;5—主减速器;6—差速器;7—传动轴;8—桥壳;9—半轴

图 2–1 离合器的安装位置

(2)离合器的功用:

①使发动机与传动系逐渐接合,保证汽车平稳起步。

②暂时切断发动机的动力传递,保证变速器换挡平顺。

③限制所传递的转矩,防止传动系过载。

(3)离合器的分类:

①摩擦离合器:指利用主、从动部分的摩擦作用来传递转矩的离合器。

②液力偶合器:指利用液体作为传动介质的离合器,多用于自动变速器。

③电磁离合器:指利用磁力传动的离合器,如在空调中应用的就是这种离合器。

(4)对离合器的要求:

①保证可靠地传递发动机的最大转矩又能防止传动系过载。

②接合时应平顺柔和,保证汽车平稳起步。

③分离时应迅速彻底,便于启动和换挡。

④旋转部分的平衡性好,且从动部分的转动惯量小。

⑤具有良好的通风散热能力,防止离合器温度过高。

⑥操纵轻便,以减轻驾驶员的疲劳。

下面我们只介绍在汽车传动系中应用最广泛的摩擦片式离合器。

(二) 摩擦片式离合器的结构与工作原理

1. 摩擦片式离合器的组成。离合器由四部分组成,如图 2–2 所示。

(1)主动部分:飞轮、离合器盖、压盘。

(2)从动部分:从动盘、从动轴。

(3)压紧机构:压紧弹簧。

(4)操纵机构:离合器踏板、分离拉杆、分离叉、分离套筒、分离轴承、分离杠杆等。

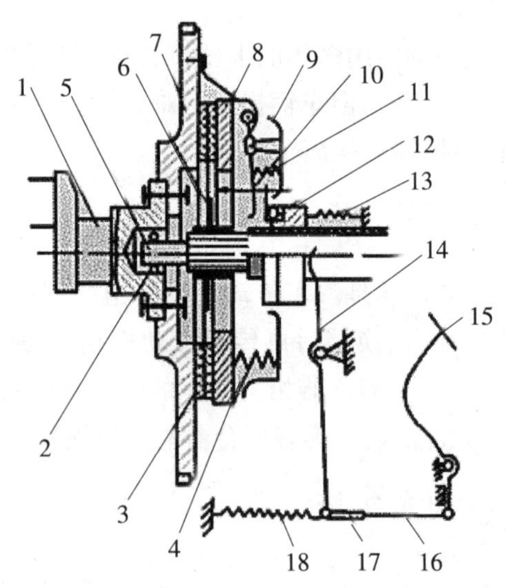

1—曲轴;2—轴承;3—从动盘摩擦片;4—压紧弹簧;5—从动轴;6—从动盘;7—飞轮;8—压盘;9—盖;10—分离杠杆;11—弹簧;12—分离轴承;13—复位弹簧;14—分离叉;15—踏板;16—拉杆;17—调节叉;18—弹簧

图 2–2 离合器的组成

2. 摩擦片式离合器的基本工作原理。

(1) 接合状态:飞轮、压盘、从动盘三者在压紧弹簧的作用下压紧在一起,发动机的转矩经飞轮、压盘通过摩擦力矩传至从动盘,再经从动轴(变速器的一轴)向变速器传递动力。

(2) 分离过程:踩下离合器踏板,分离拉杆右移,分离叉推动分离套筒左移,通过分离轴承使分离杠杆内端左移、外端右移,使压盘克服弹簧右移,离合器主、从动部分分离,中断动力传动。

(3) 接合过程:缓慢抬起踏板,压盘在压紧弹簧的作用下逐渐压紧从动盘,传递的转矩逐渐增加,从动盘开始转动,但仍小于飞轮转速,压力不断增加,二者转速逐渐接近,直至相等,打滑消失,离合器完全接合。

3. 摩擦片式离合器的类型:

(1) 按从动盘的数目不同可分为单片、双片和多片离合器。

(2) 按弹簧的类型和布置形式不同可分为周向布置多个弹簧离合器、中央弹簧离合器、斜置弹簧离合器以及膜片弹簧离合器。

(3) 按操纵机构的不同又可分为机械式、液压式、空气式和空气助力式。

(三) 膜片弹簧离合器的结构与工作原理

1. 膜片弹簧离合器的特点:

(1) 转矩容量大且稳定。

(2) 操纵轻便。

(3) 结构简单且紧凑。

(4) 高速时平顺性好。

(5) 散热通风性好。

(6) 摩擦片的使用寿命长。

2. 结构形式。目前生产的汽车,特别是轿车已全部采用了膜片弹簧离合器,即用膜片弹簧来作为汽车离合器的压紧元件。现行的汽车膜片弹簧离合器可分为推式膜片弹簧离合器和拉式膜片弹簧离合器两种形式。

(1) 推式膜片弹簧离合器:推→离合器分离;松(拉)→离合器结合。

结构形式:双支撑环、单支撑环和无支撑环。

(2) 拉式膜片弹簧离合器:拉→离合器分离;松(推)→离合器结合。

结构形式:单支撑环和无支撑环。

3. 构造和原理。膜片弹簧离合器也是由主动部分、从动部分、压紧机构和操纵机构组成。膜片弹簧离合器的分解图如图 2–3 所示,其装配图如图 2–4 所示。

(1) 主动部分由飞轮、离合器盖和压盘组成,膜片弹簧离合器盖和压盘示意图如图 2–5 所示。

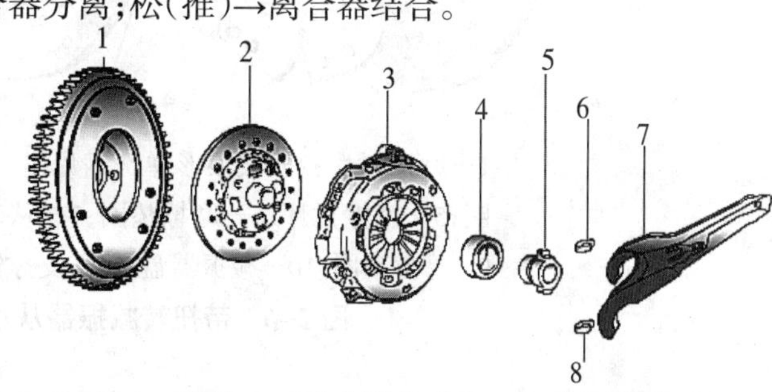

1—飞轮;2—离合器从动盘;3—离合器压盘及盖总成;4—分离轴承;5—离合器分离轴承套;6—分离轴承套夹;7—离合器分离叉;8—分离轴承套夹

图 2–3　膜片弹簧离合器的分解图

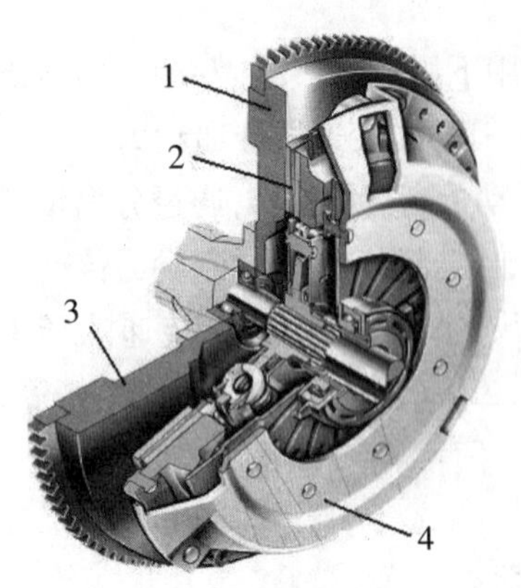

1－飞轮；2－从动盘；3－压盘；4－离合器壳

图 2–4 膜片弹簧离合器的装配图

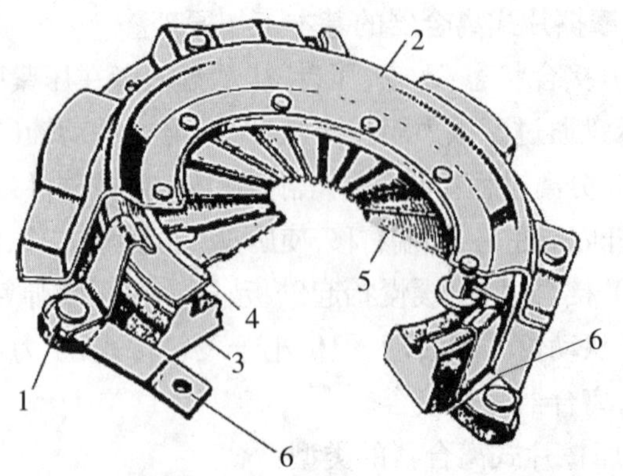

1－收缩弹簧；2－离合器外壳；3－压力板；
4－枢轴环；5－膜片弹簧；6－金属带

图 2–5 膜片弹簧离合器盖和压盘示意图

（2）从动部分包括从动盘和从动轴，从动盘一般都带有扭转减振器。带扭转减振器从动盘的结构如图 2–6 所示。

从动盘钢片外圆周铆接有波浪形弹簧钢片，摩擦衬片分别铆接在弹簧钢片上，从动盘钢片与减振器盘铆接在一起，这两者之间夹有摩擦垫圈和从动盘毂。从动盘毂、从动盘钢片和减振器盘上都有 6 个圆周均布的窗孔，减振弹簧装在窗孔中。

当从动盘受到转矩时，转矩从摩擦衬片传到从动盘钢片，再经减振弹簧传给从动盘毂，此时弹簧将被压缩，吸收发动机传来的扭转振动。

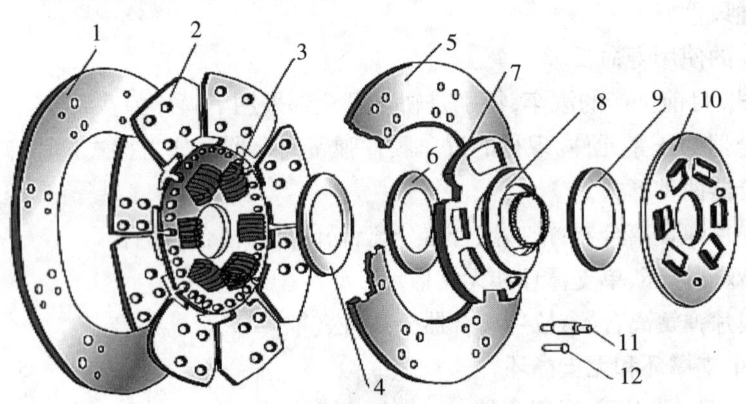

1－摩擦衬片；2－波浪形弹簧钢片；3－减振弹簧；4－调整垫圈；5－摩擦衬片；6－摩擦垫圈；7－从动盘毂；8－调整垫片；9－摩擦垫圈；10－减振器盘；11－支撑销；12－空心铆钉

图 2–6 带扭转减振器从动盘的结构

（3）压紧机构是膜片弹簧，膜片弹簧由碟簧部分（压紧弹簧）和分离指（分离杠杆）组成。其径向开有若干切槽，形成弹性杠杆。切槽末端有圆孔，固定铆钉穿过圆孔，并固定在离合器盖上。膜片弹簧两侧装有钢丝支承环，这两个钢丝支承环是膜片弹簧工作时的支点。膜片弹簧的外缘通过分离钩与压盘联系起来。

膜片弹簧离合器的工作原理如图 2–7 所示。当离合器盖未安装到飞轮上时，膜片弹簧不

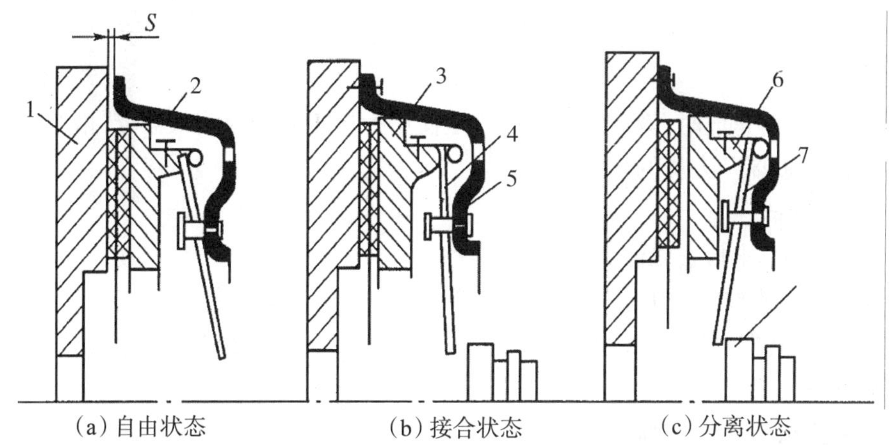

1—飞轮；2—离合器盖；3—压盘；4—膜片弹簧；5—钢丝支承环；6—分离钩；7—钢丝支承环；8—分离轴承

图 2-7　膜片弹簧离合器的工作原理

受力而处于自由状态，此时离合器盖与飞轮之间有一距离 S，如图 2-7(a)所示。当离合器盖通过螺栓固定在飞轮上时，膜片弹簧在支承环处受压产生弹性变形，此时膜片弹簧的外圆周对压盘产生压紧力使离合器处于接合状态，如图 2-7(b)所示。当踩下离合器踏板时，分离轴承推动膜片弹簧，使膜片弹簧以支承环为外圆周支点向后翘起，通过分离钩拉动压盘后移使离合器分离，如图 2-7(c)所示。

膜片弹簧既是压紧弹簧，又是分离杠杆，可使结构简化。另外，膜片弹簧的弹簧特性优于圆柱螺旋弹簧，所以膜片弹簧离合器的应用越来越广泛，在各种车型上都有应用。

（四）周布弹簧离合器的结构

下面仅以单片周布弹簧离合器为例作一简单介绍。

单片周布弹簧离合器的构造如图 2-8 所示。

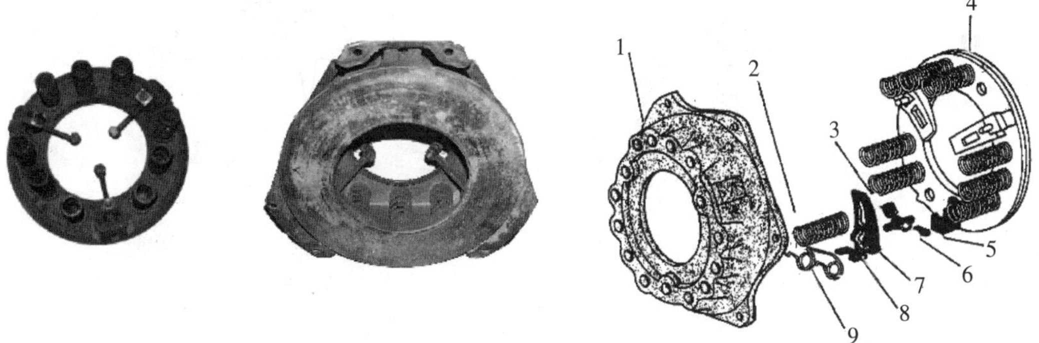

1—盖；2—压紧弹簧；3—滚子；4—压盘；5—销；6—环头螺栓；7—分离杠杆；8—支撑片；9—分离杠杆弹簧

图 2-8　单片周布弹簧离合器的构造

1. 主动部分和从动部分。单片周布弹簧离合器的主动部分、从动部分的结构与膜片弹簧离合器基本相同。

2. 压紧机构。单片周布弹簧离合器的压紧机构由若干根螺旋弹簧组成，螺旋弹簧沿压盘周向对称布置，装在压盘和离合器盖之间。

二、实践操作

安装汽车离合器总成时，应注意正确合理地使用专用工具和检测仪器，严格遵守安全操作规程，防止零件的损坏及人员的伤害。

（一）准备工作

在对离合器做基本检查之前，应做如下准备：

1. 装配手动变速器的丰田卡罗拉 1.6L 轿车一辆，底盘装配齐全。
2. 磁力护裙、转向盘护套、变速杆手柄套、脚垫、座位套、干净抹布。
3. 举升设备一台。
4. 丰田卡罗拉 1.6L 轿车维修手册一本。

（二）技术要求及注意事项

1. 衬垫：应更换纸质密封垫圈，更换 O 形环。
2. 调整垫片：用千分尺多点检测调整垫片，可以精确地测出所需垫片的厚度，检查调整垫片边缘是否有损坏，只能装入完好的调整垫片。
3. 挡圈、锁圈：调整挡圈及锁圈不能拉开过度，必须将其完整放在槽中。
4. 螺栓、螺母：固定盖和罩壳的螺母和螺栓应交叉拧紧和拧松，并且应按规定的拧紧力矩拧紧螺栓和螺母。
5. 将轴承有标志的一面朝向安装工具。在轴与轴承之间涂一层润滑油。

（三）离合器的拆装

丰田卡罗拉轿车离合器的分解图如图 2-9 所示。

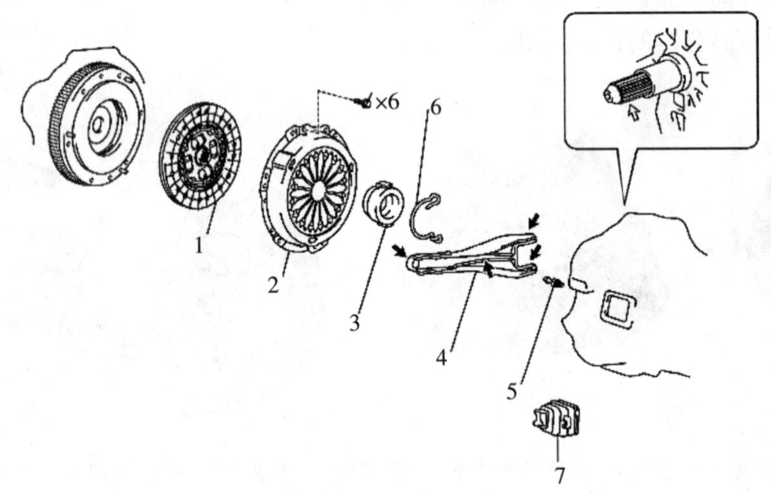

1－离合器盘总成；2－离合器盖总成；3－离合器分离轴承总成；4－离合器分离叉总成；5－分离叉支撑件；6－分离轴承毂卡子；7－离合器分离叉防尘套

图 2-9　丰田卡罗拉轿车离合器分解图

1. 离合器的拆卸。丰田卡罗拉轿车膜片弹簧离合器的拆卸步骤见表 2–1。

表 2–1　丰田卡罗拉轿车膜片弹簧离合器的拆卸步骤

内容	图示	步骤
拆下手动传动桥总成	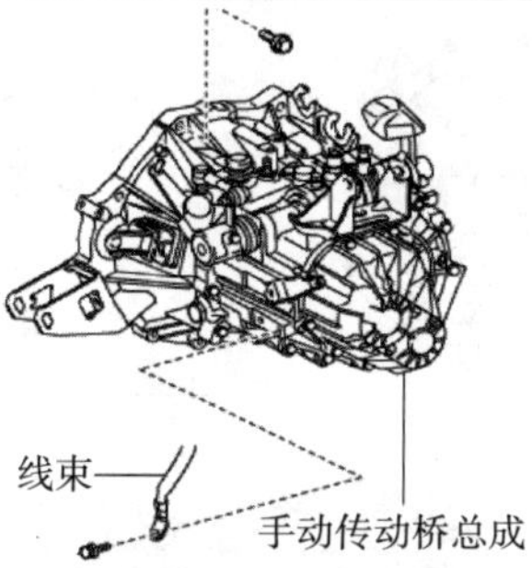 线束 手动传动桥总成	从车上拆下手动传动桥总成
拆卸离合器分离叉总成	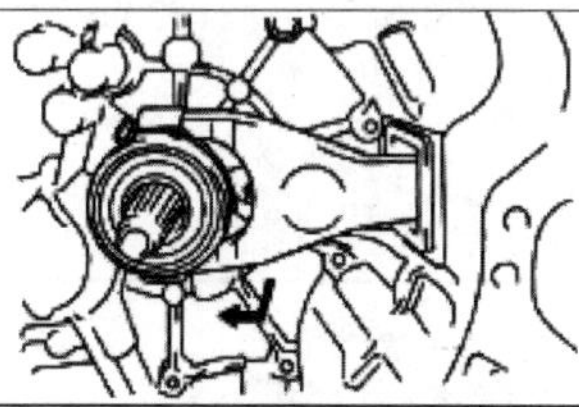	从手动传动桥上拆下离合器分离叉
拆卸离合器分离防尘套	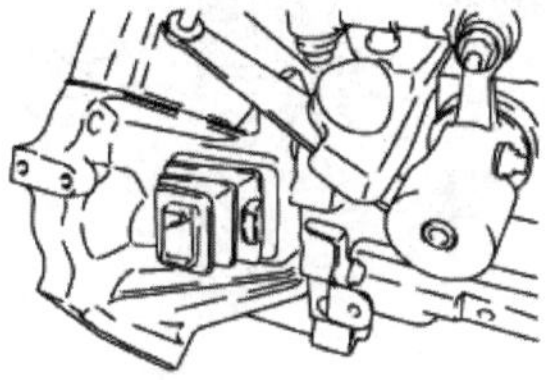	从手动传动桥上拆下离合器分离叉防尘套
拆卸离合器分离轴承总成	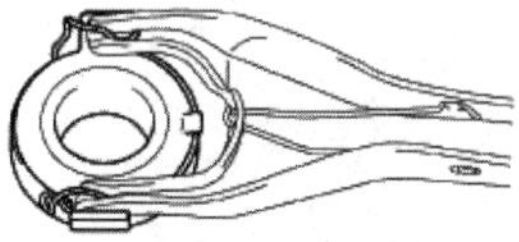	从离合器分离叉上拆下分离轴承和卡子
拆卸分离叉支撑件		从手动传动桥上拆下分离叉支撑件
拆卸离合器总成	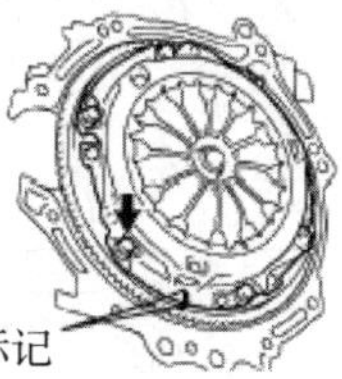 装配标记	①在离合器总成和飞轮总成上做好标记； ②每次将各固定螺栓拧松一圈，直至弹簧张力被完全释放； ③拆下固定螺栓并取下离合器总成和从动盘总成

2. 离合器的安装。丰田卡罗拉轿车离合器的安装见表 2–2。

表 2–2　丰田卡罗拉轿车离合器的安装

内容	图示	步骤
安装离合器盘总成	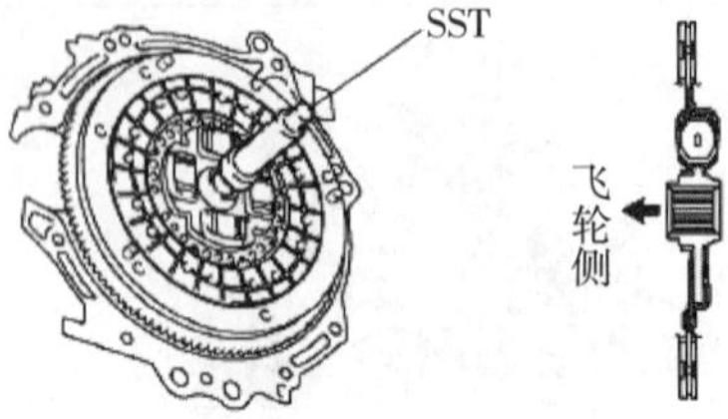 SST 飞轮侧	将 SST 插入离合器盘总成，然后将它们一起插入飞轮分总成
安装离合器盖总成	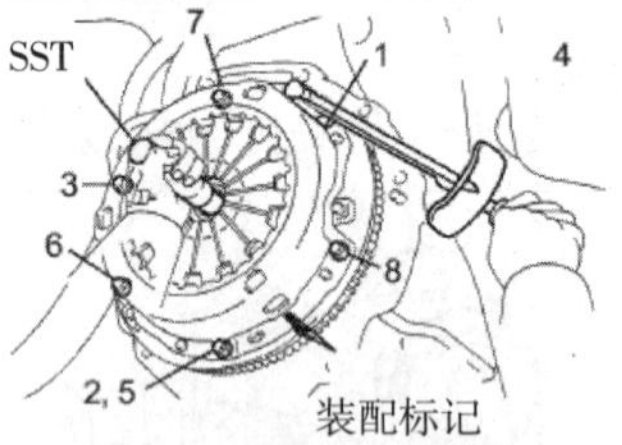 SST 7 1 4 3 6 8 2，5 装配标记	将离合器总成上的装配标记和飞轮分总成上的装配标记对准。 从位于顶部销附近的螺栓开始，按顺序拧紧每个螺栓，拧紧力矩：19N·m
检查并调整离合器盖总成	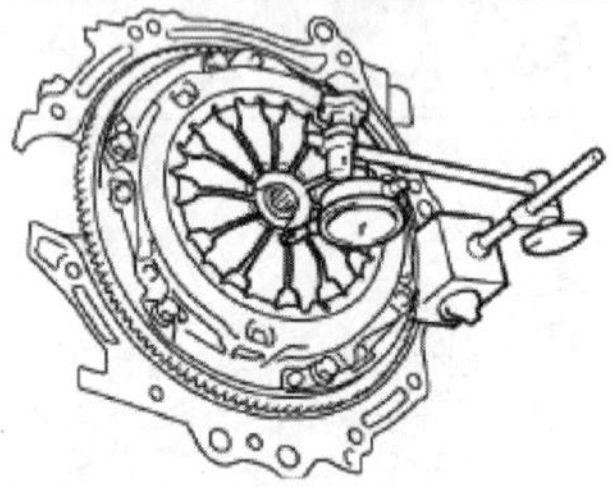	用滚子仪的百分表检查膜片弹簧顶端高度偏差
顶端高度如果不符合规定	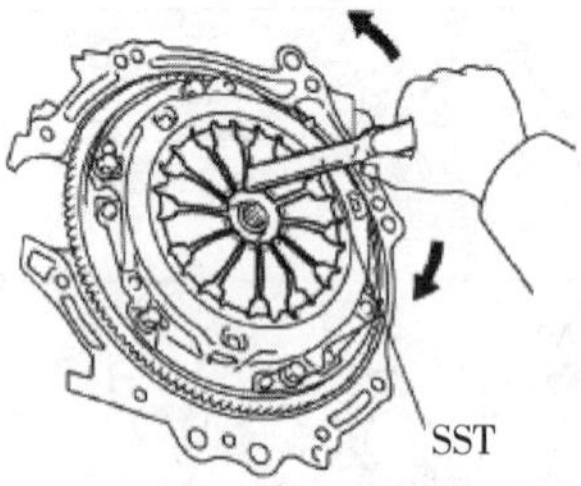 SST	用 SST 调整膜片弹簧顶端高度偏差
安装分离叉支撑件		螺栓拧紧力矩：37N·m
安装离合器分离叉防尘套	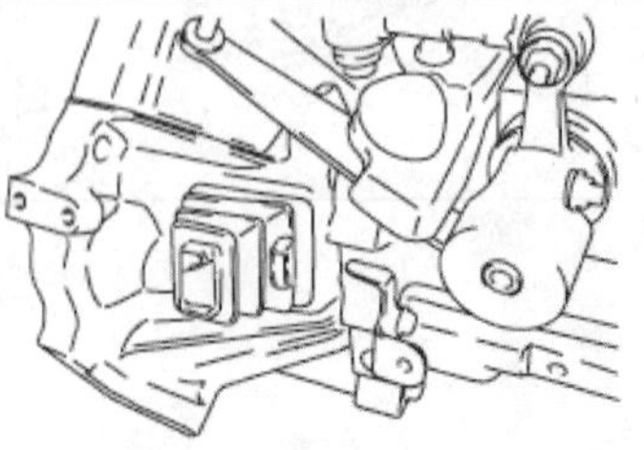	安装离合器分离叉防尘套

续表

内容	图示	步骤
安装离合器分离叉总成	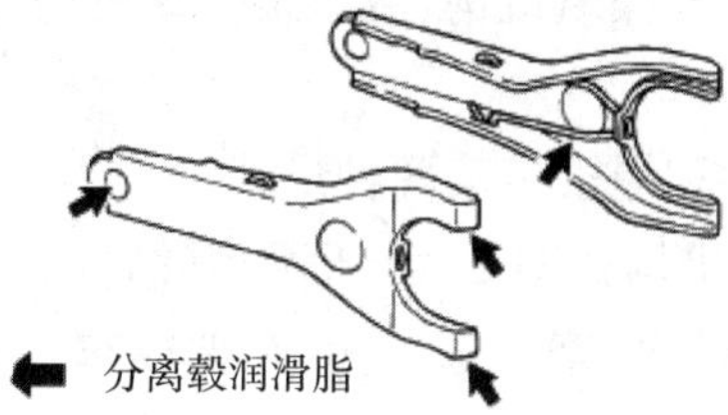 分离毂润滑脂	在图示位置涂抹分离毂润滑脂,用卡子安装至分离轴承总成
安装离合器分离轴承总成	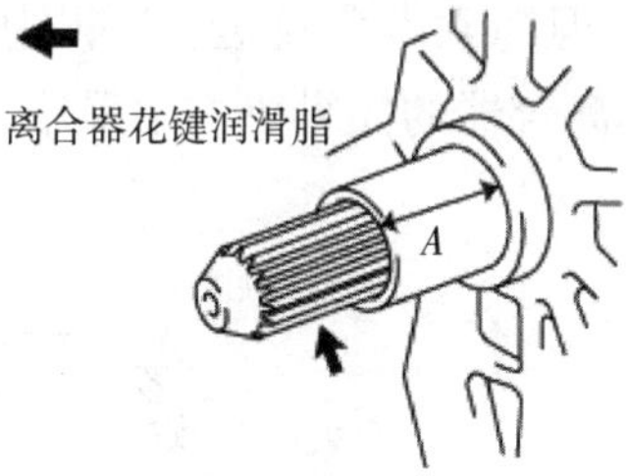 离合器花键润滑脂 A	在图示位置涂抹花键润滑脂,不要在图中所示的 *A* 部位涂抹润滑脂。将带分离叉的离合器分离轴承安装至传动桥总成

任务二　离合器总成的检修

任务引入

一辆桑塔纳 2000GLi 型轿车进厂修理,车主反映:该车起步时,完全放松离合器踏板,发动机的动力不能完全传至车轮,起步困难;行驶时,车速不能随发动机转速的提高而加快,行驶无力,上坡时更明显。经检查,确认发动机技术状况良好,需对离合器进行检修。

任务分析

离合器是汽车传动系统的组成部件,汽车在起步、换挡过程中需要离合器暂时切断发动机的动力,换挡后再传递发动机动力。上述故障是离合器打滑故障,应先检查离合器踏板自由行程,如踏板自由行程正常,需检修离合器。

任务实施

一、相关知识学习

离合器的操纵机构是驾驶员借以使离合器分离,又使之柔和接合的一套机构,它起始于离合器踏板,终止于分离杠杆。

按照分离离合器时所需操纵能源的不同,离合器操纵机构分为人力式和助力式。人力式又可以分为机械式和液压式;助力式又可以分为气压助力式和弹簧助力式。人力式操纵机构是以驾驶员作用在踏板上的力作为唯一的操纵能源。助力式操纵机构除了驾驶员的力以外,一般主要以其他形式的能源作为操纵能源。

在轿车中应用较多的有机械式操纵机构、液压式操纵机构,其中液压操纵机构应用最多。

(一)机械式操纵机构

机械式操纵机构有杆系传动和绳索传动两种形式。

1. 杆系传动机构。杆系传动机构如图 2–10 所示,其结构简单,工作可靠,广泛应用于各型汽车上。但杆系传动中杆件间铰接多,摩擦损失大,车架或车身变形以及发动机位移时会影响其正常工作。

2. 绳索传动机构。绳索传动机构如图 2–11 所示,可消除杆系传动机构的一些缺点,并能采用便于驾驶员操纵的吊挂式踏板。但绳索寿命较短,拉伸刚度较小,故只适用于轻型、微型汽车和轿车。例如,桑塔纳、捷达轿车离合器的操纵机构中采用了绳索传动机构。

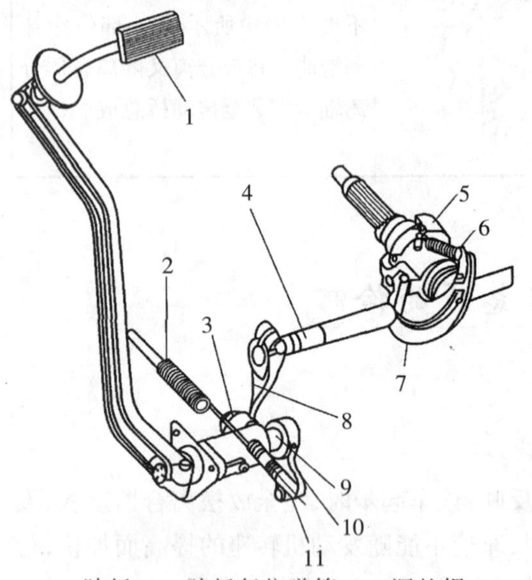

1—踏板;2—踏板复位弹簧;3—调整螺母;4—分离叉轴;5—分离轴承;6—分离套筒;7—分离叉;8—分离叉臂;9—踏板轴;10—拉臂;11—分离拉杆

图 2–10 杆系传动机构

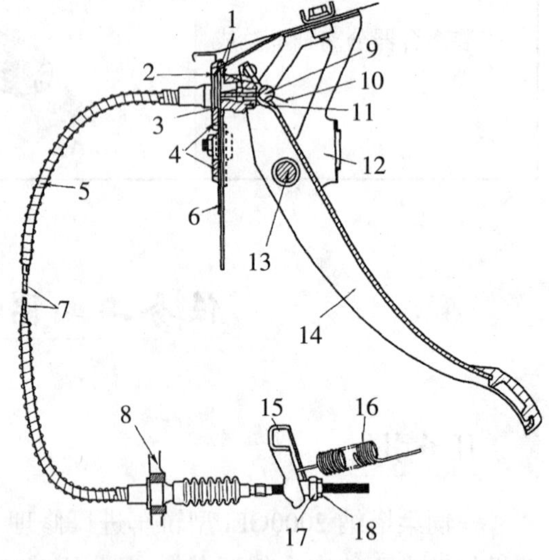

1—拉索垫圈;2—踏板杆系;3—固定螺母;4—垫片;5—拉索外套;6—驾驶室前壁;7—内拉索;8—离合器壳;9—拉索球端;10—固定架;11—踏板限位挡块;12—踏板支架;13—踏板轴;14—踏板;15—分离拉杆;16—复位弹簧;17—调整螺母;18—锁紧螺母

图 2–11 绳索传动机构

机械式操纵机构不论是杠杆传动或是钢索传动,在目前设计的车辆上均已被淘汰,而以液压式操纵机构所替代。

(二)液压式操纵机构

1. 液压式操纵机构的特点:

(1)液压操纵机构因摩擦阻力小,且能增大踏板力,故而操作轻便。

(2)布置方便,其工作不受车身、车架变形及发动机位移和其他装置的影响,适合远距离操纵。

(3)踏板可采用吊挂式结构,有利于驾驶室空间布置。

（4）接合柔和，在长期工作中不会引起离合器踏板力明显增加，减轻驾驶员的劳动强度。目前液压式操纵机构在各类型车上应用广泛。其不足之处是：维修不方便；系统要有良好的密封性；液压油对机件有腐蚀作用。

2. 液压式操纵机构的结构。液压式操纵机构如图 2–12 所示，主要由离合器踏板、离合器主缸、工作缸和管路系统等组成。

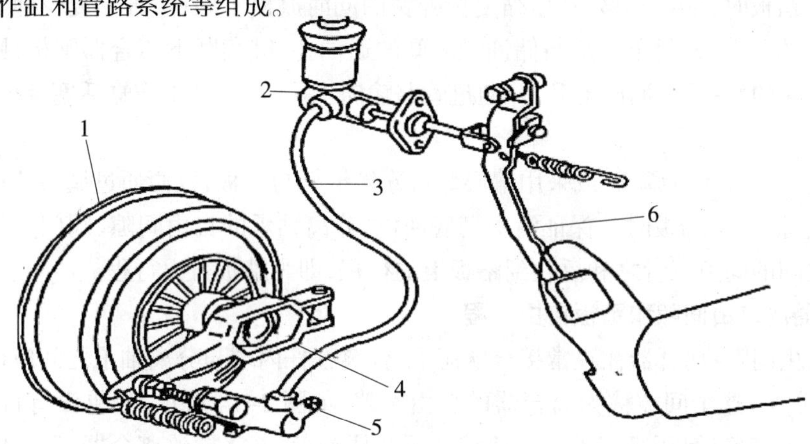

1—离合器外壳；2—主缸；3—挠性软管；4—分离叉；5—工作缸；6—离合器踏板

图 2–12　液压式操纵机构

（1）主缸与工作缸的结构如图 2–13 所示。主缸上部是储油罐，有孔与主缸相通，阀杆后端穿在活塞的中心孔中，无配合关系。后弹簧座紧套在活塞的前端并被轴向定位，它可单向拉动阀杆，在阀杆的前端装有橡胶密封圈的阀门，阀门后端装有锥形复位弹簧。前弹簧座具有轴向中心孔和轴向、径向的槽，复位弹簧安装在前、后弹簧座之间。工作缸内装活塞、两皮圈、推杆和放气阀。两皮圈的刃口方向相反，其作用不同，左侧皮圈是用来密封油液防止泄漏的，右侧皮圈是迅速抬起离合器踏板时，防止工作缸内吸入空气。放气阀的作用是放净系统内的空气。

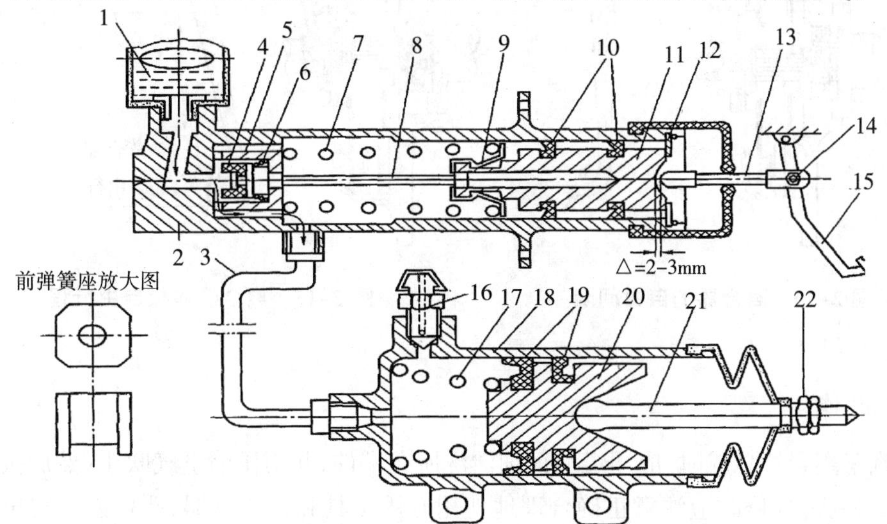

1—储油罐；2—主缸壳体；3—油管；4—阀门；5—前弹簧座；6—弹簧；7—主缸活塞复位弹簧；8—阀杆；9—后弹簧座；10—皮圈；11—主缸活塞；12—挡圈；13—推杆；14—偏心调整螺钉；15—踏板；16—放气阀；17—弹簧；18—工作缸壳体；19—皮圈；20—活塞；21—推杆；22—调整螺母

图 2–13　主缸与工作缸的结构

（2）主缸与工作缸的工作情况：当抬起离合器踏板时，复位弹簧的一端使主缸活塞后移，另一端使前弹簧座压在主缸体的前端，活塞后移到位时，通过后弹簧座拉动阀杆及杆端密封圈阀门，压缩锥形复位弹簧，打开储油罐与主缸的通油孔，并通过前弹簧座径向和轴向槽，使管路与工作缸相通，整个系统无压力。

踩下离合器踏板时，活塞左移，在压缩复位弹簧的同时放松了阀杆，锥形复位弹簧使杆端阀门压紧在主缸的前端，密封了主缸与储油罐之间的通油孔，继续踩下离合器踏板，则缸内油液就在活塞及皮圈的作用下，油压上升，并通过管路输向工作缸，推动工作缸活塞及推杆、分离叉，使离合器分离。

推杆的长度一般做成可调的，或采用偏心螺钉连接推杆与踏板，以便通过调整使推杆与活塞保持一定的间隙（不踩踏板时），保证活塞彻底回位。分离轴承的自由间隙、阀门关闭间隙以及活塞与推杆之间的间隙三者之和反映到踏板上的行程，即为踏板自由行程。

（三）离合器的自由间隙和踏板自由行程

离合器的自由间隙：离合器在正常接合状态下，分离杠杆内端与分离轴承之间应留有一个间隙，一般为几毫米，这个间隙称为离合器的自由间隙，如图 2-14 所示。如果没有自由间隙，从动盘摩擦片磨损变薄后，压盘将不能向前移动压紧从动盘，这将导致离合器打滑，使离合器所能传动的转矩下降，车辆行驶无力，而且会加速从动盘的磨损。

为了消除离合器的自由间隙和操纵机构零件的弹性变形所需要的离合器踏板行程称为离合器踏板自由行程，如图 2-15 所示。可以通过拧动调节叉来改变分离拉杆的长度从而对踏板自由行程进行调整。从动盘摩擦片经使用磨损后，离合器的自由间隙及自由行程会变小，应及时调整。

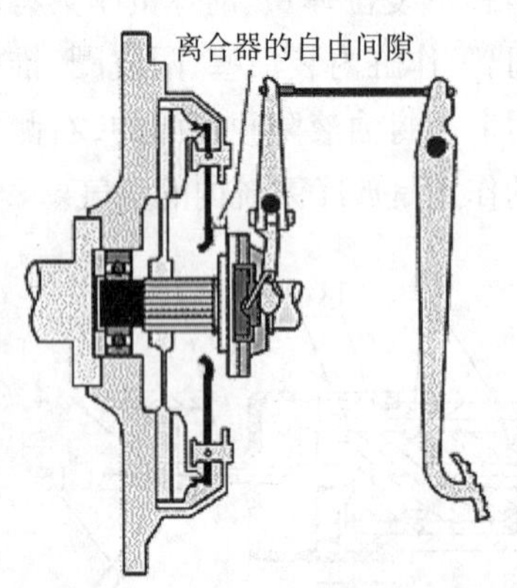

图 2-14　离合器的自由间隙

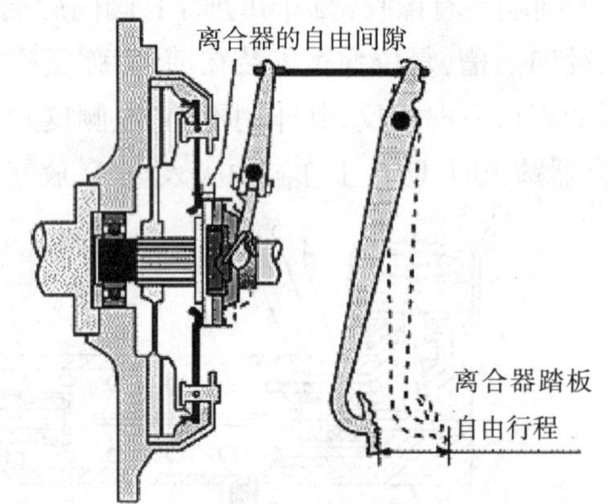

图 2-15　离合器踏板自由行程

二、实践操作

检修汽车离合器总成时，应用煤油仔细清洗所有零件，并用压缩空气吹干，然后按照拆卸的顺序排放整齐。检修时应注意正确合理地使用专用工具和检测仪器，严格遵守安全操作规程，防止零件的损坏及人员的伤害。

（一）准备工作

在对离合器做基本检查之前，应做如下准备：

1. 装配手动变速器的桑塔纳 2000GLi 轿车一辆，底盘装配齐全。

2. 磁力护裙、转向盘护套、变速杆手柄套、脚垫、座位套、干净抹布。

3. 举升设备一台。

4. 桑塔纳 2000GLi 轿车维修手册一本。

（二）技术要求及注意事项

1. 离合器盖固定螺栓的拧紧力矩应为 25N·m。

2. 从动盘表面无油污、烧蚀及硬化龟裂现象，铆钉头埋入深度不小于 0.2mm。

3. 离合器踏板自由行程为 15～25mm，踏板行程为 150±5mm。

（三）离合器的检修与调整

1. 离合器踏板自由行程的检查与调整。桑塔纳轿车离合器踏板自由行程应为 15～20mm，检查方法如图 2-16 所示，用一个直尺抵在驾驶室底板上，先测量踏板完全放松时的高度，再用手轻按踏板，当感到阻力增大时再测量踏板高度，两次测量的高度差即为踏板的自由行程。离合器踏板自由行程的调整可通过图 2-17 箭头所示的调整螺母来进行。

图 2-16　离合器踏板自由行程的检查

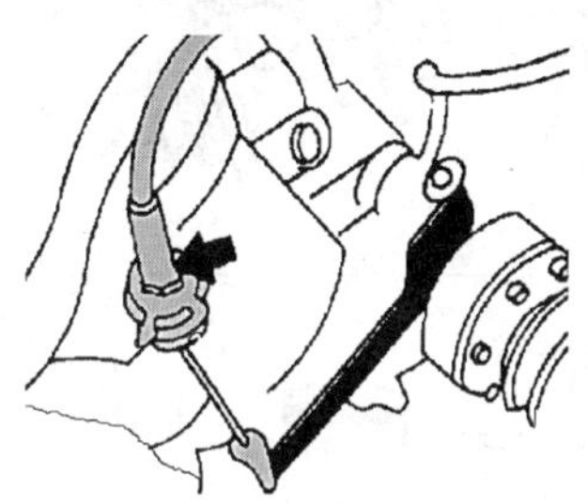

图 2-17　离合器踏板自由行程的调整

2. 离合器液压系统的维修。

（1）在解体离合器主缸前，应排净主缸中的制动液。主缸分解过程：取下防尘罩，用旋具或卡环钳拆下卡环，拉出主缸推杆、压盖和活塞。

（2）离合器工作缸的拆卸与分解。拧下工作缸进油管接头，再拆下工作缸固定螺栓，即可拉出工作缸。工作缸的分解过程：拉出工作缸推杆，拆下防尘罩，然后用压缩空气将工作缸活塞从缸筒内压出来。

（3）主缸和工作缸的检修。主缸和工作缸是离合器液压操纵系统的主要部件，其工作性能的好坏直接影响离合器的工作性能。当出现缸筒内壁磨损超过 0.125mm、活塞与缸筒的间隙超过 0.20mm、皮碗老化及回位弹簧失效等情况时，应更换相应零件。

（4）主缸和工作缸的装配。主缸和工作缸的装配按拆卸与分解相反顺序进行，但装配时应注意以下事项：

①零件在装配前要用非腐蚀性液体清洗干净，并在活塞、皮碗、挡圈、缸套等零件上涂一层制动液。装合后推杆在缸筒内运动应灵活。在放松（不工作）位置时，主缸皮碗和活塞头部应位于进油孔和补偿孔之间，两孔都开放。工作缸上带有塑料支承环，安装时外表面要涂上一层薄薄的润滑油，工作缸推杆末端也要涂上润滑脂。

②安装离合器工作缸时，需要用一个适当的杠杆克服弹簧的弹力，将其压向变速器壳相应的孔中后，方能将固定螺栓旋入。

（5）离合器液压系统中空气的排出。离合器液压操纵系统在经过检修之后，管路内可能进入空气，在添加制动液时也可能使液压系统中进入空气。空气进入后，由于缩短了主缸推杆行程即踏板工作行程，从而使离合器分离不彻底。因此，液压系统检修后或怀疑液压系统进入空气时，就要排除液压系统中的空气。排气方法见表 2-3。

3. 膜片弹簧离合器的检修。膜片弹簧离合器主要部件的检修见表 2-4。

4. 常见车型离合器油更换的周期见表 2-5。

表 2-3　排气方法

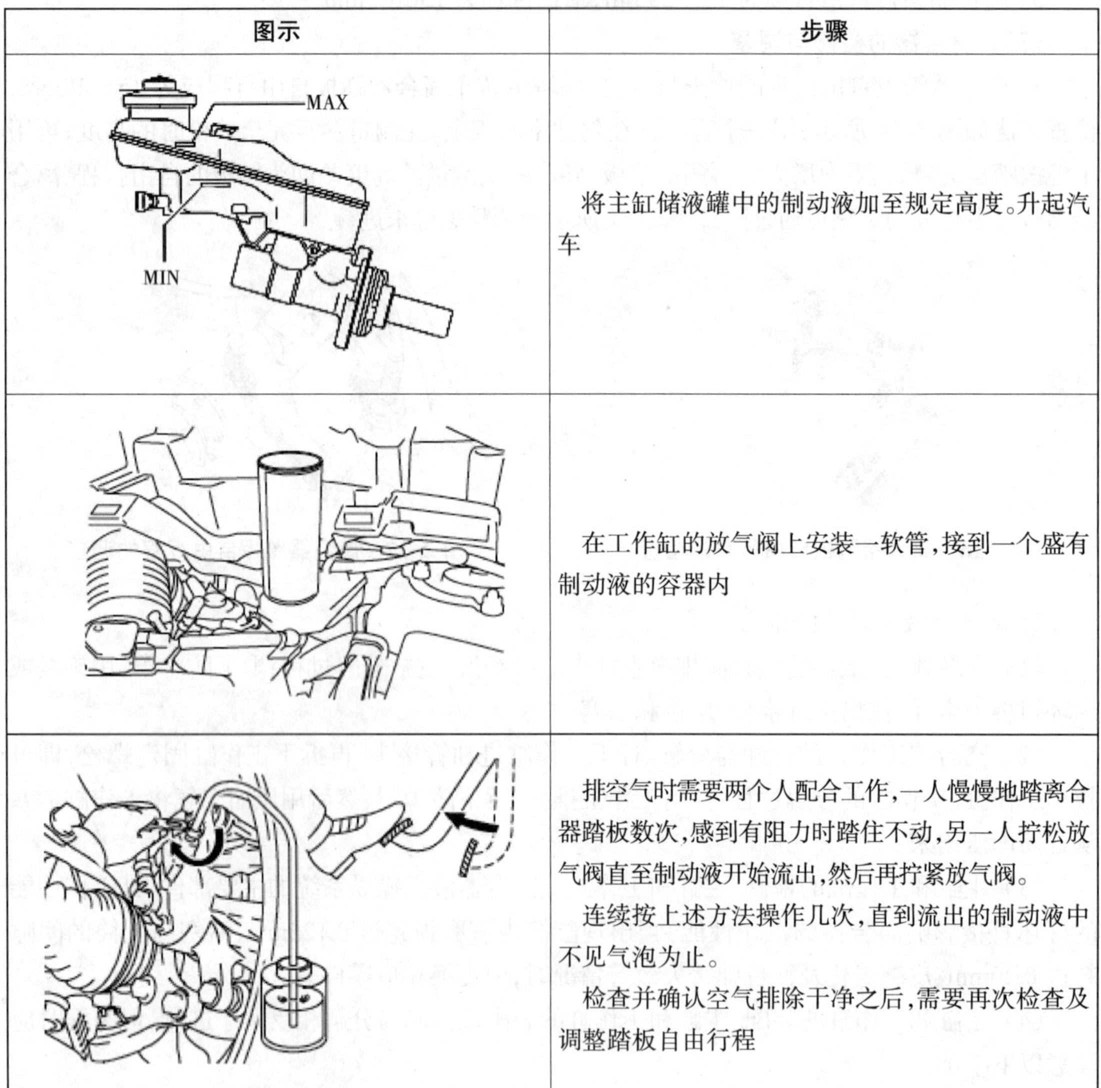

图示	步骤
	将主缸储液罐中的制动液加至规定高度。升起汽车
	在工作缸的放气阀上安装一软管，接到一个盛有制动液的容器内
	排空气时需要两个人配合工作，一人慢慢地踏离合器踏板数次，感到有阻力时踏住不动，另一人拧松放气阀直至制动液开始流出，然后再拧紧放气阀。 连续按上述方法操作几次，直到流出的制动液中不见气泡为止。 检查并确认空气排除干净之后，需要再次检查及调整踏板自由行程

表 2–4　膜片弹簧离合器主要部件的检修

内容	图示	步骤
检查离合器从动盘总成	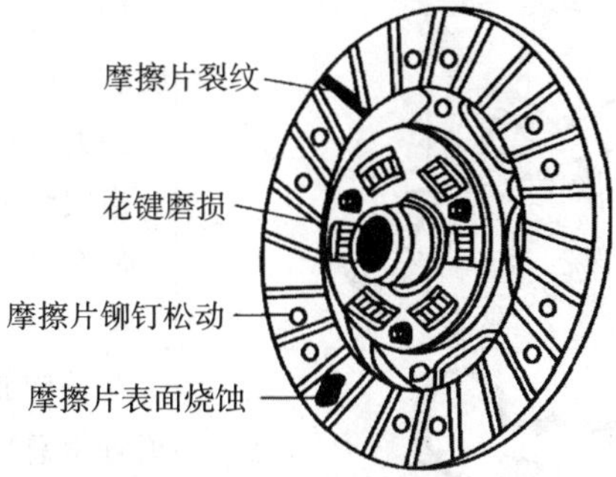	先目视检查，看从动盘摩擦片是否有裂纹、铆钉外露、减振器弹簧断裂等情况，如果有，则更换从动盘
	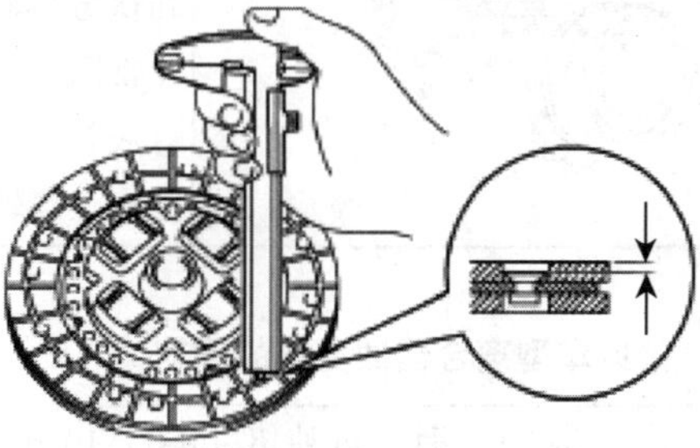	用游标卡尺测量铆钉深度。 最小铆钉深度：0.3mm。 如有必要，更换离合器总成
	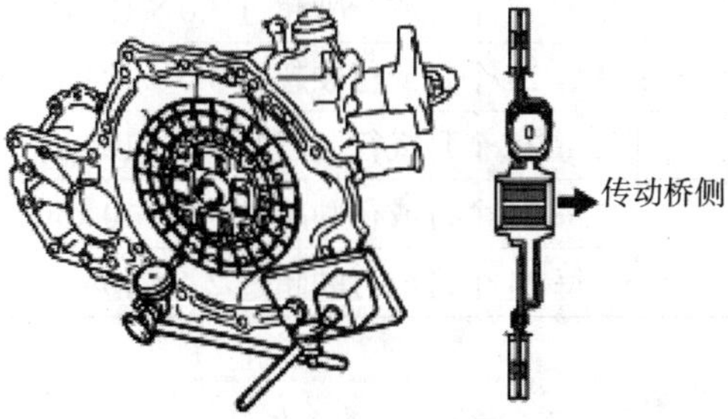	将离合器盘总成安装至传动桥总成，用百分表测量离合器盘总成的径向跳动。 最大径向跳动：0.8mm。 如有必要，更换离合器盘总成
	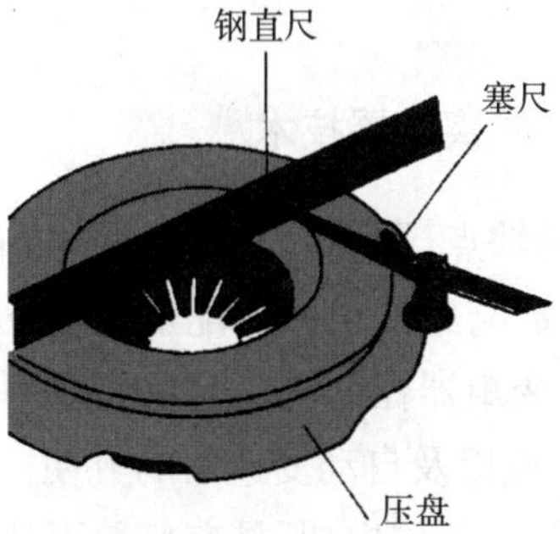	离合器压盘平面度不应超过0.2mm，检查方法是用钢直尺压在压盘上，然后用塞尺测量
检查飞轮分总成	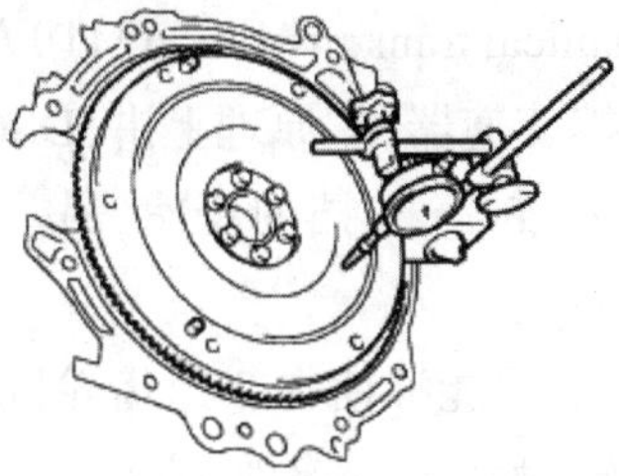	用百分表测量飞轮分总成的径向跳动。 最大径向跳动：0.1mm。 如有必要，更换飞轮分总成

续表

内容	图示	步骤
检查离合器盖总成	A B	用游标卡尺测量弹簧磨损的深度和宽度： 最大磨损深度 A:0.5mm； 最大磨损宽度 B:6.0mm。 如有必要，更换离合器盖总成
检查离合器分离轴承总成		在轴向施力时，旋转离合器分离轴承总成的滑动部件，检查并确认分离轴承总成移动平稳且无异常阻力。检查离合器分离轴承总成是否损坏或磨损。如有必要，更换分离轴承总成

表 2-5 常见车型离合器油更换的周期

丰田卡罗拉	每 24 个月或行驶超过 4.0×10^4km
别克凯越	每 18 个月或行驶超过 3.0×10^4km
上海桑塔纳 2000 系列	每 24 个月或行驶超过 5.0×10^4km
捷达	每 24 个月或行驶超过 3.0×10^4km
富康(CITROEN ZX 型)	每 24 个月或行驶超过 3.0×10^4km
北京切诺基	每 24 个月或行驶超过 2.4×10^4km

拓展知识

双离合器技术

传统的机械式自动变速器有很明显的缺点，即传动效率低、燃油消耗大、速度提升慢、结构复杂、价格昂贵等。另外，传统的自动变速器与柴油机的匹配也较差，这是因为柴油机的优点是低转速大转矩，而传统自动变速器的液力变矩器在低转速时反而效率低下。双离合器技术结合了手动变速器的加速性和燃油经济性的特点以及自动变速器的方便性于一身，它通过交替使用 2 套离合器—齿轮变速系统，实现动力的不间断传递，既具有普通手动变速器省油的特点，又有电控机械式自动变速器(automated mechanical transmission，AMT)方便和平顺的优势。

DSG(direct shift gearbox)即直接换挡变速器，从原理上讲，DSG 系统是将 2 套离合器—齿轮变速系统交替使用，其中一套负责 1 挡、3 挡、5 挡的变速，另一套负责 2 挡、4 挡、6 挡和倒挡的变速。DSG 系统的结构如图 2-18 所示。

1. 结构原理。这种多片式双离合器技术能够使得 2 组齿轮同时啮合。第二输入轴实际上是 1 个齿套，其上有 2、4、6 挡及倒挡齿轮；第一输入轴则是 1 个内部轴，它安装在第二输入轴

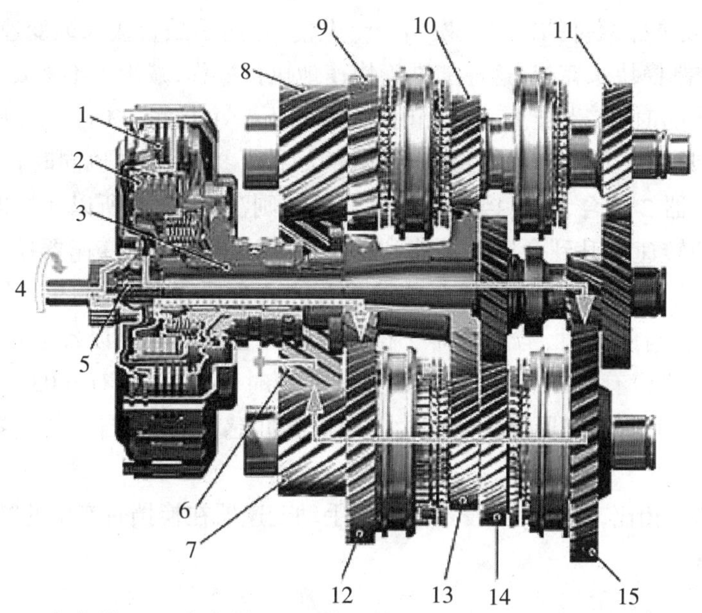

1－离合器1；2－离合器 2；3－输入轴 2；4－发动机；5－输入轴 1；6－差速器；7、8－输出到差速器；9－倒挡齿；10－6挡齿；11－5挡齿；12－2挡齿（啮合）；13－4挡齿；14－3 挡齿；15－1 挡齿(啮合)

图 2-18 DSG 系统的结构

的内部，其上有 1、3、5 各挡齿轮。第一输入轴比第二输入轴长，而且向前伸出一部分，只有这种特殊的结构才能实现双离合器的功能。这个变速器有 2 根输出轴，各带有 1 个主动齿轮连接差速器的被动齿轮。

每根轴都由分离的多片式离合器来选择。这 2 个由电子控制和液压驱动的多片式离合器整合为一体。这种类型的离合器不仅具有高效率以及传递大转矩的能力，还有非常良好的起步特性，既允许在极低附着系数下平稳起步，也允许在高附着系数的路面上以全油门开度起步。

2. 控制原理。变速器控制模块和电液控制模块都安装在变速器的顶部，来自于 12 个独立传感器(包括多片离合器油温传感器、变速器输入速度传感器、两输入轴速度传感器、控制单元温度传感器、转向盘驾驶意图传感器、压力传感器等)的信号在此集中进行处理。同时，由 CAN 总线所提供的瞬态运行工况信息在这里进行计算。变速器控制模块根据这些来自发动机的状态信息及车辆行驶工况的数据以及工作齿轮定位器，计算出换挡切入点及换挡时机，向电液控制模块发出指令，电液控制模块则通过接通或者断开特定的螺线管阀门，从而用油压来控制某个离合器的接合与分离、接合的压力大小以及指定某个挡位齿轮的啮合或脱开。

DSG 变速器还具有学习功能。电子设备通过监测驾驶员的换挡习惯，从而形成对应的数据库，以此来计算哪对齿轮是需要预先选择的，并且通过相应的定位轮缸和换挡拨叉进行操作。同时，它还通过 6 个压力调节阀和 5 个通断阀管理所有的驱动器和油冷循环系统。

控制逻辑整合在变速装置内，实现了最佳换挡策略，从而使得换挡动作非常迅速、顺滑，并且几乎没有震动。驾驶者也可以随时介入换挡过程，可以将换挡杆切换到手动模式，或者像赛车手一样拨动转向盘上的换挡拨片进行换挡。

3. 换挡过程。将线控换挡的理念引到 DSG 变速器上，线控换挡是指在排挡杆和变速器之间采用电子连接,驾驶员操纵排挡杆只是发出一个电信号,而不是直接操纵变速器,具体的换挡过程则由变速器控制模块来完成,这样能准确快速地执行操作,减少了不必要的机械磨损。

汽车在正常运转的时候,当挂上一个挡时,相邻的下一个挡也立即挂上,只是相应的离合器没有接合,因而只有 1 个传动系统保持运转。例如挂 2 挡时,3 挡也同时挂上,但此时只有与 2 挡连接的离合器 2 接合,与 3 挡连接的离合器 1 则没有接合,所以 3 挡即使挂上也不会运转。当发动机的转速提升到合适的数值到达下一个换挡点时,变速器控制模块发出信号,通过电液控制模块,打开被激活的那个传动装置的离合器 1,同时关闭离合器 2,于是立即从 2 挡切换到 3 挡,与此同时,与离合器 2 相连的挡位也换到 4 挡以备下一次换挡。这样整个换挡过程动力传递没有中断,整个换挡的过程所用时间极短,只有 0.03～0.04s,动力传递顺滑,完全没有普通手动变速器换挡时动力中断的突兀感,也没有自动变速器动力传递的滞后现象。

与传统自动变速器相比,双离合器技术消除了手动变速器在换挡时产生的“转矩中断感”,可节省燃油高达 15%。

项目三　手动变速器的检修

学习目标与要求

1. 了解变速器的功用和分类。
2. 说明变速器的变速原理。
3. 解释手动变速器的动力传递路线。
4. 说明同步器的工作原理。
5. 按技术要求完成手动变速器的装配工作。
6. 按技术要求完成手动变速器主要元件的检修。
7. 掌握手动变速器油的检查与更换。

任务一　手动变速器的拆装

任务引入

一辆卡罗拉轿车进厂修理，车主反映：该车挂挡时不能顺利挂入位，常发生齿轮撞击声，经检查确认离合器技术状况良好，应维修变速器。经维修技师分解检查，确定变速器有故障需要更换内部某些零部件，请按照技术规范正确地进行变速器的装配。

任务分析

手动变速器是汽车传动系统的组成部件，汽车行驶中根据行驶条件需要变换车速和车轮的驱动，变速器的不同挡位适合汽车在不同的工况和道路条件下行驶。变速器出现故障会给汽车换挡变速带来困难。通过对手动变速器的相关知识的学习，懂得其安装位置、组成、作用及工作原理。通过手动变速器的拆卸与装配，能认识主要零部件，懂得手动变速器的安装操作规程。

任务实施

一、相关知识学习

（一）手动变速器的功用、结构与原理

1. 变速器概述。

（1）变速器的功用。

①实现变速、变矩。汽车上所应用的发动机具有转矩变化范围小、转速高的特点，如果没有变速器而直接将发动机与驱动桥连接在一起，由于发动机的转矩小，不能克服汽车的行驶阻力，使汽车根本无法起步；假使汽车行驶起来，也会由于车速太快而不实用，甚至无法驾控。变速器是通过不同的位来实现这一功用。

②实现倒车。发动机的旋转方向从前往后看为顺时针方向，且是不能改变的，为了实现汽车的倒向行驶，变速器中设置了倒挡。

③实现中断动力传动。在发动机启动和怠速运转、变速器换挡、汽车滑行和暂时停车等情况下，都需要中断发动机的动力传动，因此变速器中设有空挡。

（2）变速器的类型。现代汽车上所采用的变速器有多种结构形式，一般可以按照传动比和操纵方式进行分类。

变速器按其级数可分为有级式、无级式和综合式变速器 3 种。

①有级式变速器。有级式变速器采用齿轮传动，具有若干个定值传动比。齿轮式变速器具有结构简单、易于制造、工作可靠、传动效率高等优点。

②无级式变速器。无级式变速器英文为 continuously variable transmission，简写为 CVT，它的传动比的变化是连续的。这种变速器在中、高级轿车中的应用越来越多。

③综合式变速器。综合式变速器是由液力变矩器和有级齿轮式变速器组成的，一般都是由电脑来自动实现换挡，所以多把这种变速器称为自动变速器。这种变速器的传动比可在最大值与最小值之间的几个间断的范围内做无级变化，目前应用较多。

按变速器操纵方式可分为手动变速器、自动变速器和手动自动一体变速器 3 种。下面介绍手动变速器。

2. 普通齿轮传动的基本原理。普通齿轮变速器是利用不同齿数的齿轮啮合传动来实现转矩和转速的改变。

齿轮传动的基本原理如图 3–1 所示，一对齿数不同的齿轮啮合传动时可以实现变速，而且两齿轮的转速比与其齿数成反比。设主动齿轮转速为 n_1，齿数为 12，从动齿轮转速为 n_2，齿数为 24。主动齿轮（即输入轴）转速与从动齿轮（即输出轴）转速之比值称为传动比，用字母 i_{12} 表示，即由 1 传到 2 的传动比 $i_{12}=n_1/n_2=24/12$

如图 3－1 所示，当小齿轮带动大齿轮转动时，输出转速降低，即 $n_2<n_1$，称为减速传动，此时传动比 $i>1$；当大齿轮驱动小齿轮时，输出转速升高，即 $n_2>n_1$，称为增速传动，此时传动比 $i<1$。这就是齿轮传动的变速原理。汽车变速器就是根据这一原理利用若干大小不同的齿轮副传动而实现变速的。

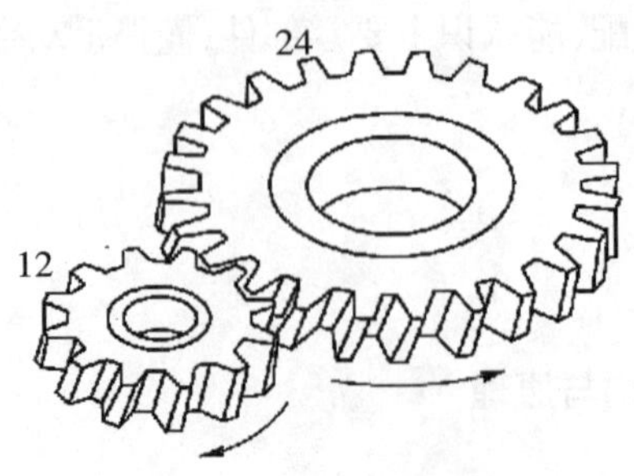

图 3–1　齿轮传动的基本原理

（1）齿轮传动的换挡原理。简单变速器换挡原理（空挡）如图 3–2 所示，中间轴上的齿轮固定，输出轴上齿轮与轴滑动配合，套筒与输出轴花键配合，三对齿轮为常啮合齿轮，套筒挂入前后大小不同的齿轮来改变传动比。图 3–2 所示的为空挡，通过驾驶员操纵变速杆换入图 3–3 所示的低速挡。

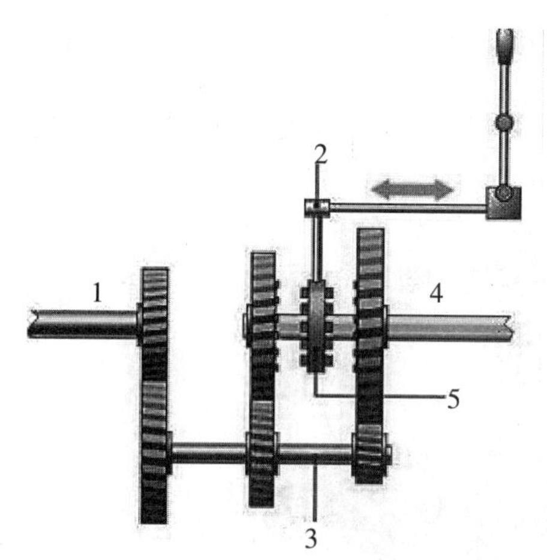

1—至发动机；2—换挡叉；3—中间轴；4—至差速器；5—套筒

图 3–2　简单变速器换挡原理（空挡）

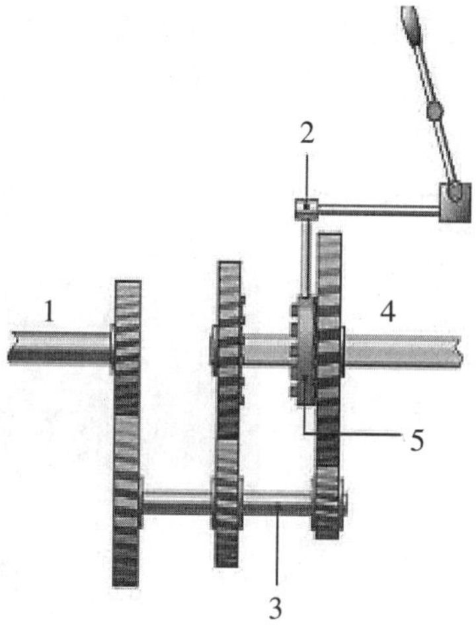

2
1
4
5
3

1—至发动机；2—换挡叉；3—中间轴；4—至差速器；5—套筒

图 3–3　简单变速器换挡原理（低速挡）

对于变速器，各挡的传动比 i 就是变速器输入轴转速与输出轴转速之比。即：

$$i=n_{输入}/n_{输出}=T_{输出}/T_{输入}$$

当 $i>1$ 时，$n_{输出}<n_{输入}$，$T_{输出}>T_{输入}$，此时实现降速增矩，为变速器的低挡位，且 i 越大，挡位越低；当 $i=1$ 时，$n_{输出}=n_{输入}$，$T_{输出}=T_{输入}$，为变速器的直接挡；当 $i<1$ 时，$n_{输出}>n_{输入}$，$T_{输出}<T_{输入}$，此时实现升速降矩，为变速器的超速挡。

（2）倒挡。一对齿轮传动时，两个齿轮的转动方向相反。倒挡实际上就是在两个齿轮之间增加一个中间齿轮，让两个齿轮同方向转动实现倒车，如图 3–4 所示。

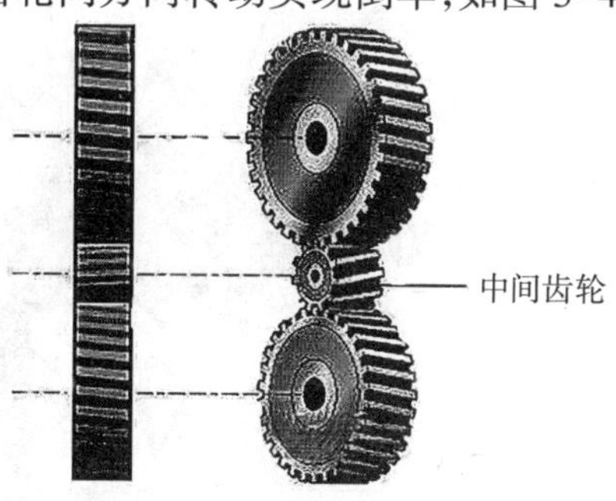

图 3–4　倒挡传动与前进挡传动的对比

3. 手动变速器的基本结构。手动变速器包括变速传动机构和操纵机构两大部分。变速传动机构的主要作用是改变转矩和转速的数值和方向；操纵机构的作用是实现变速器传动比的变换。

手动变速器按工作轴的数量（不包括倒挡轴）可分为两轴式变速器和三轴式变速器。

两轴式变速器用于发动机前置前轮驱动的汽车，一般与驱动桥（前桥）合称为手动变速驱动桥。前置发动机有纵向和横向布置两种形式，与其配用的两轴式变速器也有不同的结构形式。发动机纵置时，主减速器为一对圆锥齿轮，如奥迪 100 轿车、桑塔纳 2000 轿车等。发动机横置时，主减速器采用一对圆柱齿轮，如别克凯越、捷达轿车等。三轴式变速器用于发动机前置后轮驱动的汽车。

（二）手动变速器的结构与工作原理

1. 发动机横向布置的两轴式变速器。

（1）结构。发动机横向布置的两轴式变速器结构如图 3–5 所示，所有前进挡齿轮和倒挡齿轮都采用斜齿轮，并采用锁环式同步器换挡。

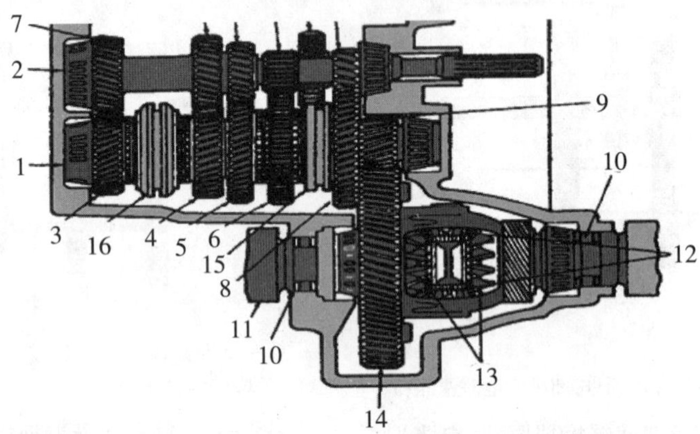

1—输出轴；2—输入轴；3—4 挡齿轮；4—2 挡齿轮；5—2 挡齿轮；6—倒挡齿轮；7—倒挡惰轮；8—1 挡齿轮；9—主减速器主动齿轮；10—差速器油封；11—等速万向节轴；12—差速行星齿轮；13—差速半轴齿轮　14—主减速器从动齿轮；15—1、2 挡同步器；16—3、4 挡同步器

图 3–5　发动机横向布置的两轴式变速器结构

（2）动力传动路线。

①1 挡动力传动路线如图 3–6 所示。1、2 挡同步器使 1 挡齿轮与主减速器主动齿轮轴接合，将变速齿轮锁定到主减速器主动齿轮轴上。输入轴齿轮的 1 挡主动齿轮顺时针转动，逆时针驱动 1 挡从动齿轮和主减速器主动齿轮轴，顺时针驱动主减速器从动齿轮。

②2 挡动力传动路线如图 3–7 所示。从 1 挡向 2 挡换挡时，1、2 挡同步器分离 1 挡从动齿轮，并接合 2 挡从动齿轮。

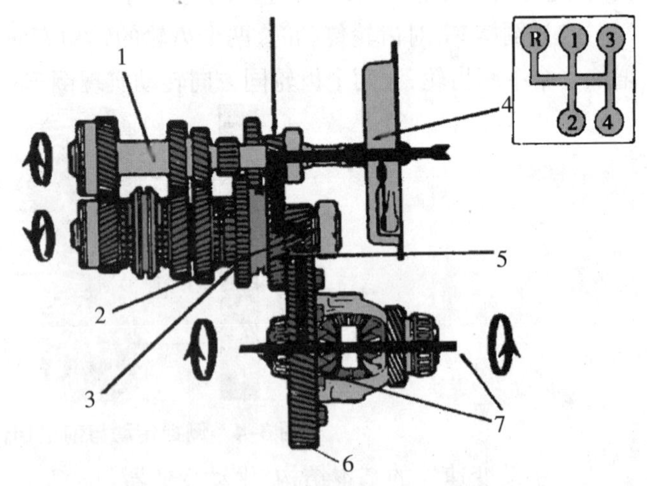

1—输入轴齿轮组件；2—主减速器主动齿轮；3—1 挡/2 挡同步器；4—离合器总成；5—1 挡从动齿轮；6—主减速器从动齿轮；7—至驱动轮

图 3–6　1 挡动力传动路线

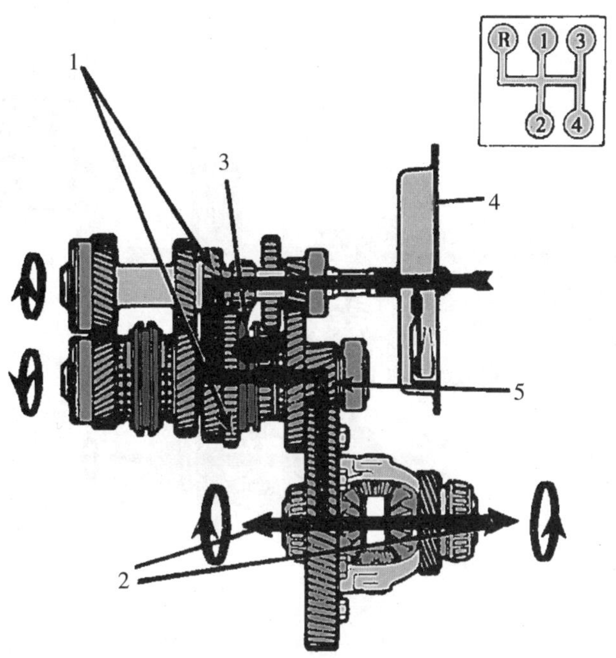

1—2 挡齿轮；2—至驱动轮；3—1 挡 /2 挡同步器；4—离合器总成；5—主减速器主动齿轮

图 3–7　2 挡动力传动路线

③3 挡动力传动路线如图 3–8 所示。当 2 挡同步器接合套返回空挡后，将 3、4 挡同步器锁定到主减速器主动齿轮轴上的 3 挡齿轮上。

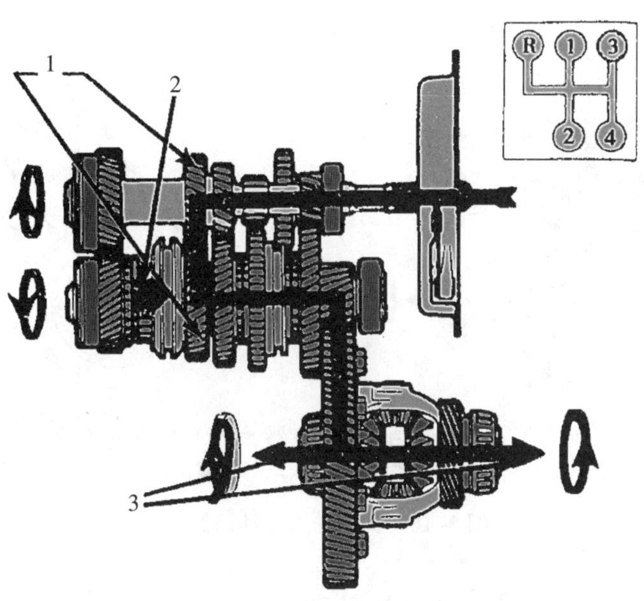

1—3 挡齿轮；2—3 挡 /4 挡同步器套的运动；3—至驱动轮

图 3–8　3 挡动力传动路线

④4 挡动力传动路线如图 3–9 所示。将 3、4 挡同步器接合套从 3 挡齿轮移开，移向 4 挡齿轮，将其锁定在主减速器主动齿轮轴上。

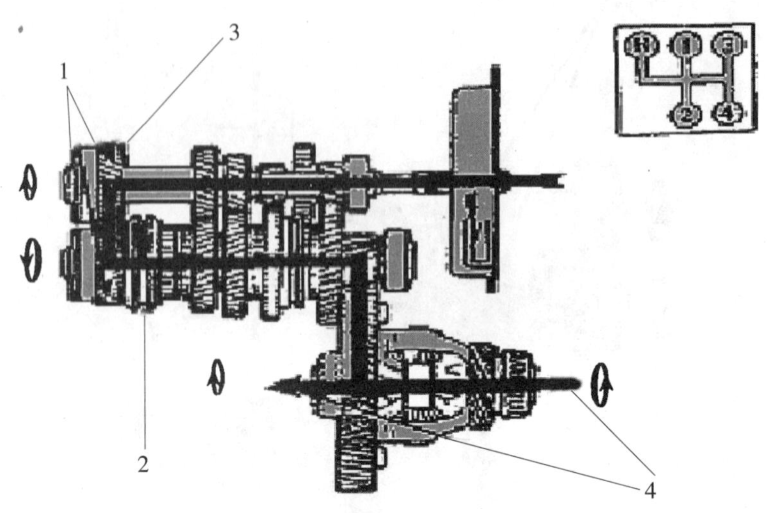

1－4 挡齿轮；2－3 挡 /4 挡同步器；3－4 挡主动齿轮；4－至驱动轮

图 3-9　4 挡动力传动路线

⑤倒挡动力传动路线如图 3-10 所示。变速杆位于倒挡时，倒挡惰轮换入与倒挡主动齿轮和倒挡从动齿轮啮合。倒挡从动齿轮同时又是 1、2 挡同步器接合套，同步器接合套带有沿其外缘加工的直齿。倒挡惰轮改变变速齿轮的转动方向，汽车就可以倒车。

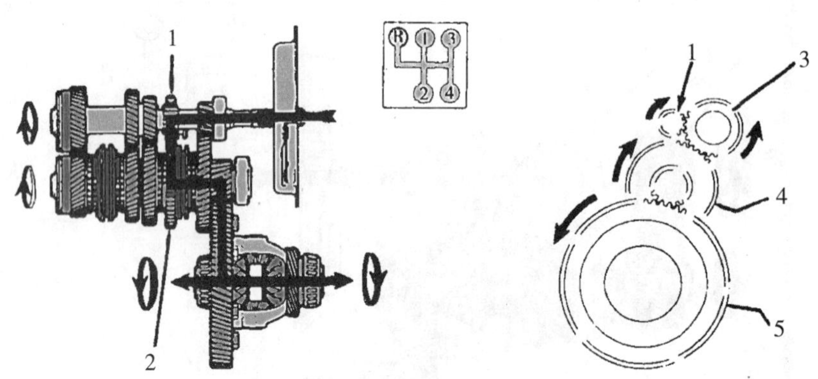

1－倒挡主动齿轮；2－1 挡 /2 挡同步器（倒挡）；3－倒挡惰轮；
4－倒挡从动齿轮和 2 挡同步器套；5－差速器齿圈

图 3-10　倒挡动力传动路线

2. 三轴式变速器。三轴式变速器有 3 根主要的传动轴，即一轴、二轴和中间轴，所以称为三轴式变速器，另外还有倒挡轴。如图 3-11 所示为 5 挡变速器变速传动。

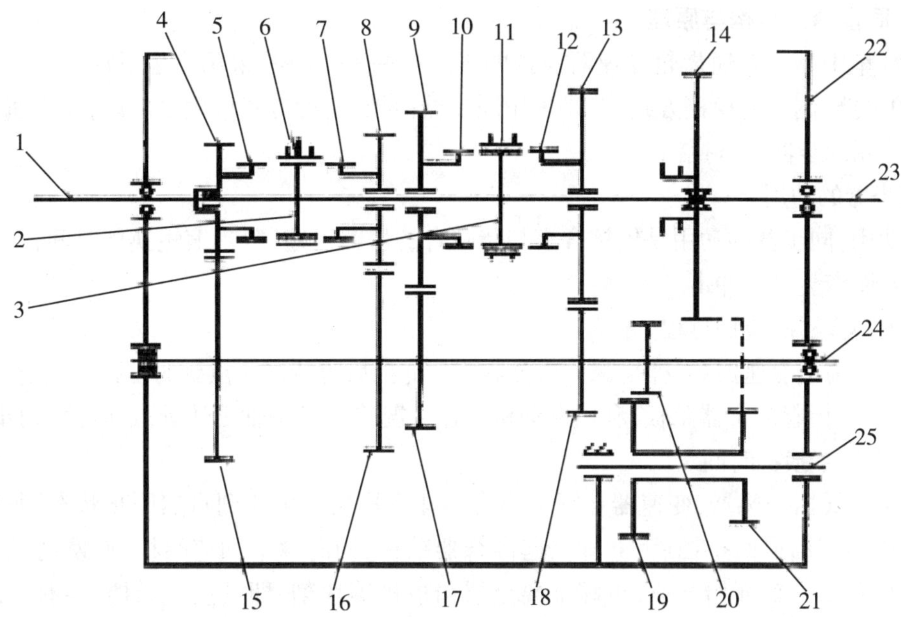

1—第一轴；2、3—花键毂；4—第一轴啮合传动齿轮；5—第一轴齿轮接合齿圈；6、11—接合套；7—4挡齿轮接合齿圈；8—第二轴4挡齿轮；9—第二轴3挡齿轮；10—1挡齿轮接合齿圈；12—2挡齿轮接合齿圈；13—第二轴2挡齿轮；14—第二轴1挡和倒挡滑动齿轮；15—中间轴常啮合传动齿轮；16—中间轴4挡齿轮；17—中间轴3挡齿轮；18—中间轴2挡齿轮；19—倒挡中间齿轮；20—中间轴1挡和倒挡齿轮；21—倒挡中间齿轮；22—变速器壳体；23—第二轴；24—中间轴；25—倒挡轴

图3–11　5挡变速器变速传动

该变速器为五挡变速器，各挡传动情况如下：

（1）空挡：两轴式的各接合套、传动齿轮均处于中间空转的位置，动力不传给第二轴。

（2）1挡：前移1挡、倒挡滑动齿轮与中间轴1挡齿轮啮合，动力经第一轴齿轮、中间轴常啮合齿轮、中间轴齿轮、中间轴、第二轴1挡和倒挡滑动齿轮，传给第二轴，使其顺时针旋转（与第一轴同向）。

（3）2挡：后移接合套与第二轴2挡齿轮的接合齿圈啮合。动力经第一轴齿轮、中间轴常啮合齿轮、中间轴、中间轴2挡齿轮及接合齿圈、接合套、花键毂，传给第二轴，使其顺时针旋转。

（4）3挡：前移接合套与第二轴3挡齿轮的接合齿圈啮合。动力经第一轴齿轮、中间轴常啮齿轮、中间轴、中间轴3挡齿轮及接合齿圈、接合套、花键毂，传给第二轴使其顺时针旋转。

（5）4挡：后移接合套与第二轴4挡齿轮的接合套啮合。动力经第一轴齿轮、中间轴常啮合齿轮、中间轴、中间轴4挡齿轮、第二轴4挡齿轮及接合齿圈、接合套、花键毂，传给第二轴使其顺时针旋转。

（6）5挡：前移接合套与第一轴常啮合齿轮的接合齿圈啮合。动力直接由第一轴、第一轴常啮合齿轮、第一轴常啮合齿轮接合齿圈、接合套、花键毂，传给第二轴，传动比为1称为直接挡。

（7）倒挡：后移第二轴1挡和倒挡直齿滑动齿轮与倒挡齿轮啮合。动力经第一轴常啮合齿轮、中间轴常啮合传动齿轮、中间轴、中间轴1挡和倒挡齿轮、倒挡中间齿轮、第二轴、倒挡直齿滑动齿轮，传给第二轴使其逆时针旋转，汽车倒车行驶。

（三）同步器的结构与原理

目前汽车中手动普通齿轮变速器换挡的方式有两种：一是采用直齿滑动齿轮，如东风EQ1092的1挡、倒挡的换挡方式；二是采用同步器换挡，这种方式应用最广泛，几乎所有的变速器都是采用同步器进行换挡。

1. 同步器的功用。

（1）功用。同步器的功用是使接合套与待啮合的齿圈迅速同步，缩短换挡时间，且防止在同步前啮合而产生换挡冲击。

（2）无同步器的换挡过程。

①低挡换高挡变速器：一种是踩下离合器摘下低挡后等待同步点到时挂挡；另一种应在摘下低挡后，立即抬起离合器踏板，利用发动机怠速工况迫使第一轴更快地减速达到同步，同步点出现早，缩短了换挡时间。

②高挡换低挡变速器：变速器在踩下离合器挂空挡后不可能到自然同步状态。所以驾驶员应在变速器高挡退回空挡后，立即抬起离合器踏板，同时踩下加速踏板，使发动机连同离合器从动盘和第一轴开始升速，再踩下离合器踏板稍等片刻，即可换入低挡。还有一次同步时刻，由于此点是踩加速踏板过程中出现的，利用这一点来缩短换挡时间时要求有熟练的操作技能。

由此可见，欲使无同步器变速器换挡时不产生换挡冲击，需采取较复杂的操作，不仅易使驾驶员产生疲劳，而且降低齿轮的使用寿命。

2. 同步器的构造及工作原理。目前所采用的同步器几乎都是摩擦式惯性同步器，按锁止装置不同，可分为锁环式惯性同步器和锁销式惯性同步器。

（1）锁环式惯性同步器。

①构造。锁环式惯性同步器的结构如图3–12所示，齿毂用内花键套装在两轴外花键上，用垫圈、卡环轴向定位。花键毂两端与前后齿轮之间各有一个青铜制成的锁环(即同步环)。锁环上有短花键齿圈，其花键的尺寸和齿数与花键毂、前后齿轮的外花键齿相同。两个齿轮和锁环上的花键齿，靠近接合套的一端都有倒角(锁止角)，与接合套齿端的倒角相同。锁环有内锥面，与前后齿轮的外锥面锥角相同。在环锁内锥面上制有细密的螺纹(或直槽)，当锥面接触后，它能及时破坏油膜，增加锥面间的摩擦力。锁环内锥面摩擦副称为摩擦件，外沿带倒角的齿圈是锁止件，锁环上还有3个均布的缺口。3个滑块分别装在花键毂上3个均布的轴向槽内，沿槽可以轴向移动。滑块被两个弹簧圈的径向力压向接合套，滑块中部的凸起部位压嵌在接合套中部的环槽内。滑块和弹簧是推动件。滑块两端伸入锁环的缺口中，滑块窄缺口宽，两者之差等于锁环的花键齿宽。锁环相对滑块顺转和逆转都只能转动半个齿宽，且只有当滑块位于锁环缺口的中央时，接合套与锁环才能接合。

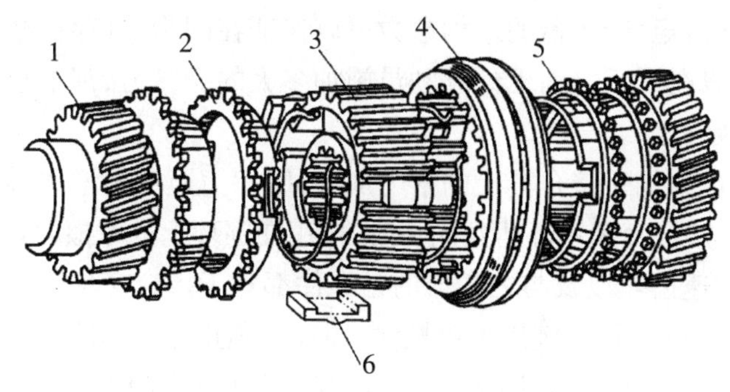

1—变速齿轮;2—锁环;3—齿毂;4—接合套;5—锁环;6—滑块

图 3-12 锁环式惯性同步器的结构

②工作原理。以低挡换高挡为例说明同步器的工作原理,如图 3-13 所示。

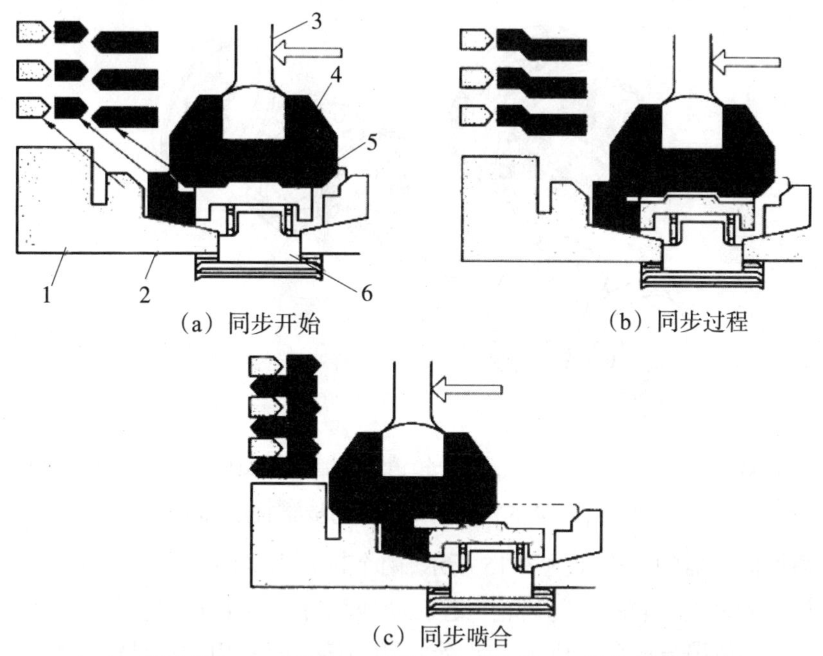

(a) 同步开始　(b) 同步过程

(c) 同步啮合

1—变速齿轮;2—锁环;3—变速杆;4—齿套;5—滑块;6—齿毂

图 3-13 锁环式惯性同步器的工作原理(低挡换高挡)

变速杆带动接合套(齿套)刚从低挡退入空挡时,如图 3-13(a)所示,变速齿轮、接合套、锁环以及与其有关联的运动件,因惯性作用而沿原方向继续低速旋转。高挡齿轮相对于低挡齿轮来说转速较快,所以接合套、锁环的转速低于变速齿轮的转速。

挂挡:欲换入高挡时,驾驶员通过变速杆使拨叉推动接合套连同滑块一起向左移动,如图 3-13(b)所示,滑块又推动锁环移向变速齿轮,使锥面接触。驾驶员作用在接合套上的轴向推力,使两锥面有正压力 N,又因两者有转速差,所以产生摩擦力矩。通过摩擦作用,变速齿轮带动锁环相对于接合套向前转动一个角度,使锁环缺口靠在滑块的另一侧(上侧)为止,此时接合套的内齿与锁环错开了约半个齿宽,接合套的齿端倒角面与锁环的齿端倒角面互相抵住。

锁止:驾驶员的轴向推力使接合套的齿端倒角面与锁环的齿端倒角面之间产生正压力形成一个企图拨动锁环相对于接合套反转的力矩,称为拨环力矩。这样在锁环上同时作用着方向相反的摩擦力矩和拨环力矩，同步器的结构参数可以保证在同步前（存在摩擦力矩）拨环力矩始终小于摩擦力矩，所以在同步之前无论驾驶员施加多大的操纵力，都不会挂上挡，即产生锁止作用，如图 3-13(b)所示。

同步啮合：随着驾驶员施加于接合套上的推力加大，摩擦力矩不断增加，使变速齿轮的转速迅速降低。当变速齿轮、接合套和锁环达到同步时，作用在锁环上的摩擦力矩消失。此时在拨环力矩的作用下，锁环、变速齿轮以及与之相连的各零件都对于接合套反转一角度，滑块处于锁环缺口的中央，如图 3-13(c)所示，键齿不再抵触，锁环的锁止作用消除。接合套压下弹簧圈继续左移（滑块脱离接合套的内环槽而不能左移），与锁环的花键齿圈进入啮合，进而再与变速齿轮进入啮合，换入高挡。

锁环式惯性同步器尺寸小，结构紧凑，摩擦力矩也小，多用于轿车和轻型车辆。

（2）锁销式惯性同步器。大、中型货车普遍采用锁销式惯性同步器，4、5 挡锁销式惯性同步器的分解图如图 3-14 所示。

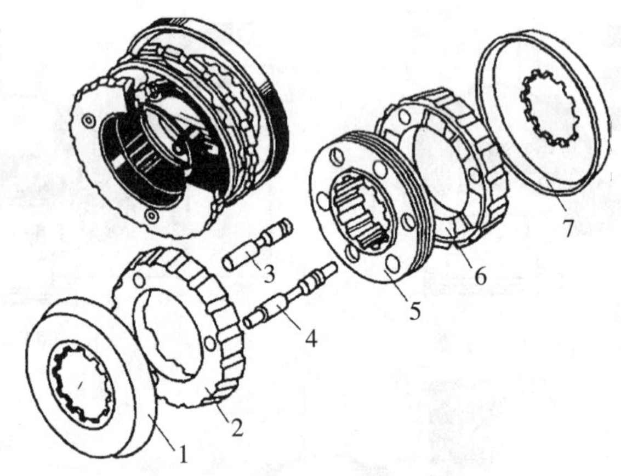

1—摩擦锥盘；2—摩擦锥环；3—定位销；4—锁销；5—接合齿套；6—摩擦锥环；7—摩擦锥盘

图 3-14　4、5 挡锁销式惯性同步器的分解图

锁销式惯性同步器的结构如图 3-15 所示，两个带有内锥面的摩擦锥盘，以其内花键分别固装在带有接合齿圈的斜齿轮上，随齿轮一起转动。两个有外锥面的摩擦锥环，其上有圆周均布的 3 个锁销、3 个定位销与接合套装在一起。定位销与接合套的相应孔是滑动配合，定位销中部切有一小段环槽，接合套钻有斜孔，内装弹簧，把钢球顶向定位销中部的环槽，使接合套处于空挡位置，定位销随接合套能轴向移动。定位销两端伸入两锥环内侧面的弧线形浅坑中，定位销与浅坑有周向间隙，锥环相对接合套在一定范围内做周向摆动。锁销中部环槽的两端和接合套相应孔两端切有相同的倒角；锁销与孔对中时，接合套才能沿锁销轴向移动；锁销两端铆接在锥环相应的孔中。两个锥环、3 个锁销、3 个定位销和接合套构成一个部件，套在花键毂的齿圈上。

锁销式惯性同步器的工作原理与锁环式惯性同步器类似。

（四）操纵机构的结构与原理

手动变速器操纵机构的功用是保证驾驶员能准确可靠地将变速器挂入所需要的挡位，并可随时退至空挡。

变速器操纵机构按照变速操纵杆（变速杆）位置的不同，可分为直接操纵式和远距离操纵式两种类型。

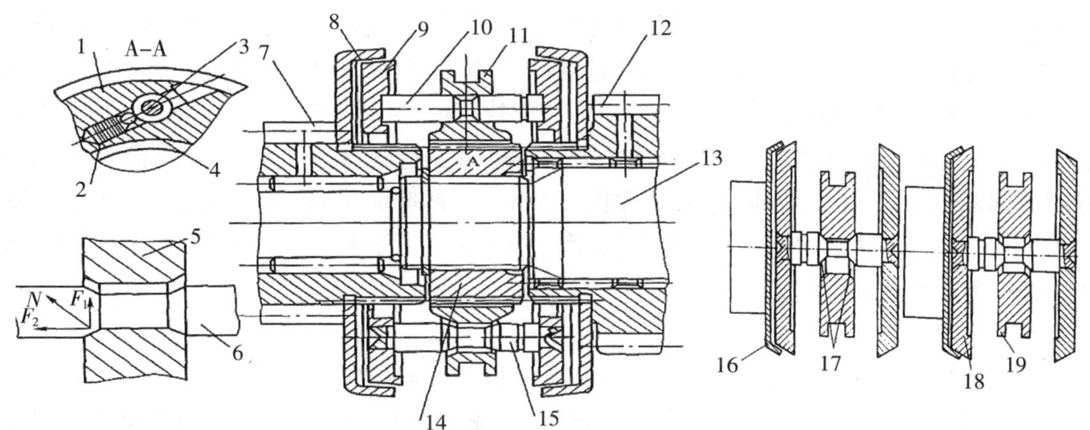

1—接合套；2—弹簧；3—定位销；4—钢球；5—接合套；6—锁销；7——轴齿轮；8—摩擦锥盘；9—摩擦锥环；10—定位销；11—接合套；12—二轴 4 挡齿轮；13—第二轴；14—花键毂；15—锁销；16—摩擦锥盘；17—锁止锥面；18—摩擦锥环；19—接合齿套

图 3–15　锁销式惯性同步器的结构

1. 直接操纵式。这种形式的变速器布置在驾驶员座椅附近，变速杆由驾驶室底板伸出，驾驶员可以直接操纵。如图 3–16 所示，中型货车六挡变速器操纵机构就采用这种形式，多用于发动机前置后轮驱动的车辆。

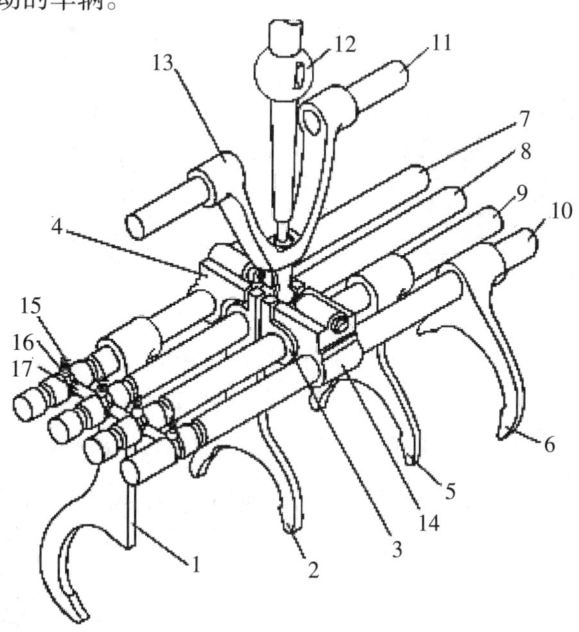

1—5、6 挡拨叉；2—3、4 挡拨叉；3—1、2 挡拨块；4—5、6 挡拨块；5—1、2 挡拨叉；6—倒挡拨叉；　7—5、6 挡拨叉轴；8—3、4 挡拨叉轴；9—1、2 挡拨叉轴；10—倒挡拨叉轴；11—换挡轴；12—变速杆；13—叉形拨杆；14—倒挡拨块；15—自锁弹簧；16—自锁钢球；17—互锁销

图 3–16　中型货车六挡变速器直接操纵式操纵机构

图中 7、8、9 和 10 的两端均支承于变速器盖的相应孔中，可以轴向滑动。所有的拨叉和拨块都以弹性销固定于相应的拨叉轴上。图中 2 的上端具有拨块，2 和 3、4、14 的顶部制有凹槽。

变速器处于空挡时，各凹槽在横向平面内对齐，叉形拨杆下端的球头即伸入这些凹槽中。选挡时可使变速杆绕其中部球形支点横向摆动，则其下端推动叉形拨杆绕换挡轴的轴线摆动，从而使叉形拨杆下端球头对准与所选挡位对应的拨块凹槽，然后使变速杆纵向摆动，带动拨叉轴及拨叉向前或向后移动，即可实现挂挡。例如，横向摆动变速杆使叉形拨杆下端球头深入拨块 3 顶部凹槽中，拨块 3 连同拨叉轴 9 和拨叉 5 即沿纵向向前移动一定距离，便可挂入 2 挡；若向后移动一段距离，则挂入 1 挡。当使叉形拨杆下端球头深入拨块 14 的凹槽中，并使其向前移动一段距离时，便挂入倒挡。

各种变速器由于挡位数及挡位排列位置不同，其拨叉和拨叉轴的数量及排列位置也不相同。例如，上述的六挡变速器的六个前进挡用了三根拨叉轴，倒挡独立使用了一根拨叉轴，共有四根拨叉轴；而东风 EQ1092 的 5 挡变速器具有三根拨叉轴，其 2、3 挡和 4、5 挡各占一根拨叉轴，1 挡和倒挡共用一根拨叉轴。

2. 远距离操纵式。在有些汽车上，由于变速器离驾驶员座位较远，则需要在变速杆与拨叉之间加装一些辅助杠杆或一套传动机构，构成远距离操纵机构。这种操纵机构多用于发动机前置前轮驱动的轿车，如桑塔纳 2000 轿车的五挡手动变速器，由于其变速器安装在前驱动桥处，远离驾驶员座椅，需要采用这种操纵方式，如图 3-17 所示。

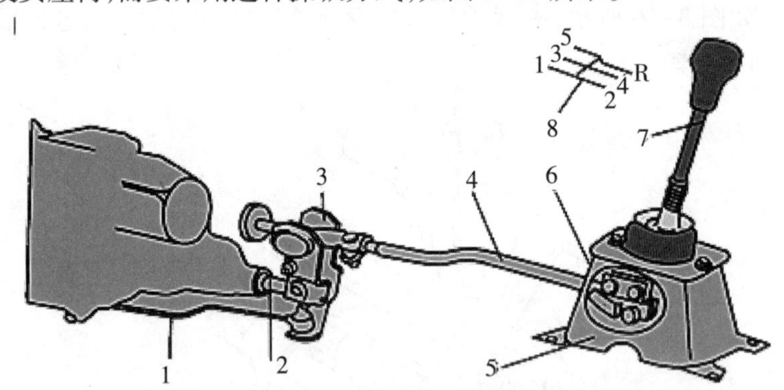

1－支撑杆；2－内换挡杆；3－换挡杆接合器；4－外换挡杆；5－倒挡保险挡块；6－换挡手柄座；7－变速杆；8－换挡标记

图 3-17　桑塔纳 2000 轿车五挡手动变速器的远距离操纵机构

而在变速器壳体上具有类似于直接操纵式的内换挡机构，如图 3-18 所示。

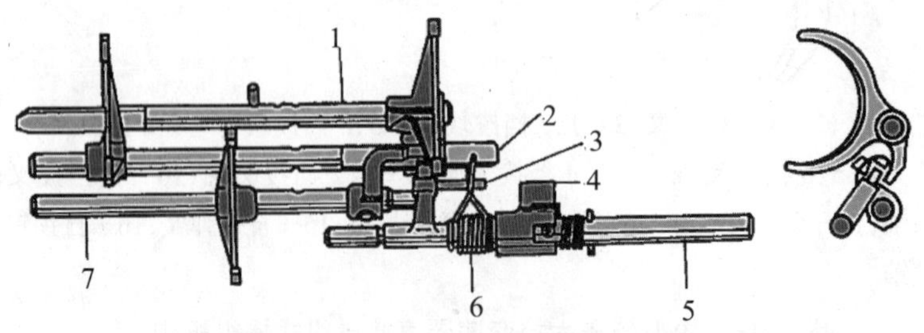

1－5 挡、倒挡拨叉轴；2－3、4 挡拨叉轴；3－定位拨销；4－倒挡保险块；5－内换挡杆；6－定位弹簧；7－1、2 挡拨叉轴

图 3-18　桑塔纳 2000 轿车五挡手动变速器的内换挡机构

3. 换挡锁止装置。为了保证变速器在任何情况下都能准确、安全、可靠地工作，变速器操纵机构一般都具有换挡锁装置，包括自锁装置、互锁装置和倒挡锁装置。

（1）自锁装置。自锁装置用于防止变速器自动脱挡或挂挡，并保证轮齿以全齿宽啮合。大多数变速器的自锁装置都是采用自锁钢球对拨叉轴进行轴向定位锁止。如图 3–19 所示为自锁和互锁装置，在变速器盖中钻有 3 个深孔，孔中装入自锁钢球和自锁弹簧，其位置正处于拨叉轴的正上方，每根拨叉轴对着钢球的表面沿轴向设有 3 个凹槽，槽的深度小于钢球的半径。中间的凹槽对正钢球时为空挡位置，前边或后边的凹槽对正钢球时则处于某一工作挡位置，相邻凹槽之间的距离保证齿轮处于全齿长啮合或是完全退出啮合。凹槽对正钢球时，钢球便在自锁弹簧的压力作用下嵌入该凹槽内，拨叉轴的轴向位置便被固定，不能自行挂挡或自行脱挡。当需要换挡时，驾驶员通过变速杆对拨叉轴施加一定的轴向力，克服自锁弹簧的压力而将自锁钢球从拨叉轴凹槽中挤出并推回孔中，拨叉轴便可滑过钢球进行轴向移动，并带动拨叉及相应的接合套或滑动齿轮轴向移动；当拨叉轴移至其另一凹槽与钢球相对正时，钢球又被压入凹槽，驾驶员具有很强的手感，此时拨叉所带动的接合套或滑动齿轮便被拨入空挡或被拨入另一工作挡位。

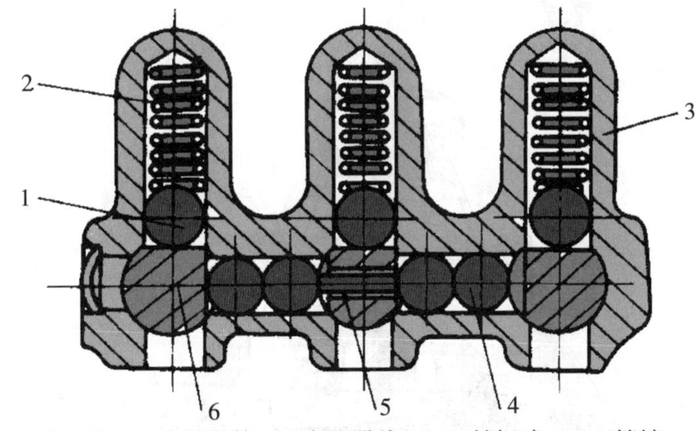

1—自锁钢球；2—自锁弹簧；3—变速器盖；4—互锁钢球；5—互锁销；6—拨叉轴

图 3–19　自锁和互锁装置

（2）互锁装置。互锁装置用于防止同时挂上两个挡位，其工作示意图如图 3–20 所示，互锁装置由互锁钢球和互锁销组成。

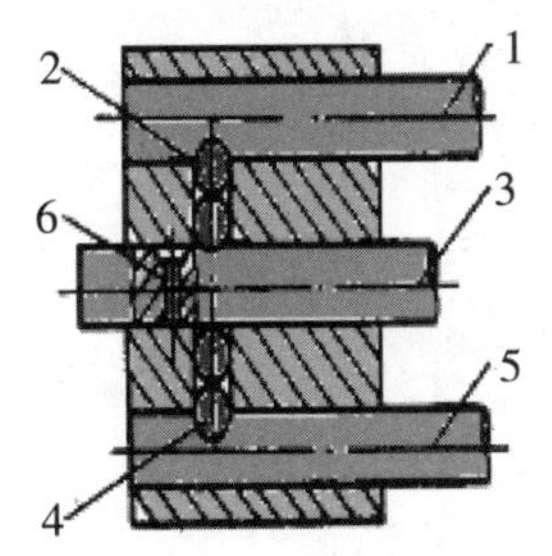

（a）移动轴 3，轴 1 和轴 5 被锁止

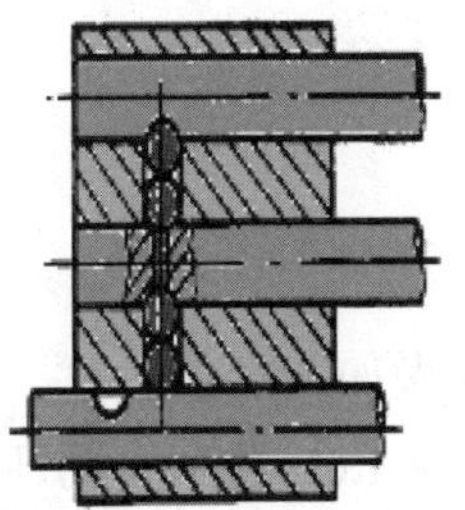

（b）移动轴 5，轴 1 和轴 3 被锁止

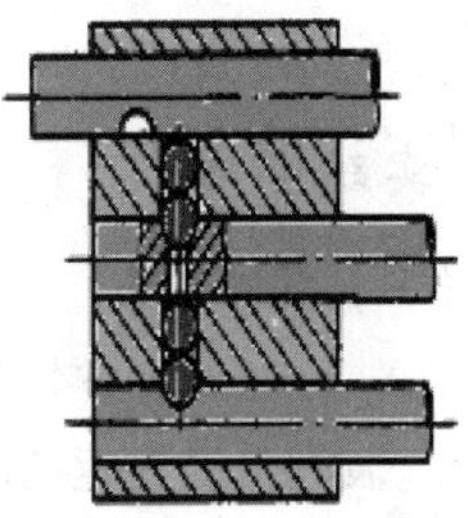

（c）移动轴 1，轴 3 和轴 5 被锁止

1、3、5—拨叉轴；2、4—互锁钢球；6—互锁销

图 3–20　互锁装置工作示意图

当变速器处于空挡时，所有拨叉轴的侧面凹槽同互锁钢球、互锁销都在一条直线上。当移动中间拨叉轴 3 时，如图 3-20(a)所示，轴 3 两侧的内钢球从其侧面凹槽中被挤出，而两外钢球 2 和 4 则分别嵌入拨叉轴 1 和轴 5 的侧面凹槽中，因而将轴 1 和轴 5 刚性地锁止在其空挡位置。若欲移动拨叉轴 5，则应先将拨叉轴 3 退回到空挡位置。于是在移动拨叉轴 5 时，钢球 4 便从轴 5 的凹槽中被挤出，同时通过互锁销 6 和其他钢球将轴 3 和轴 1 均锁止在空挡位置，如图 3-20(b)所示。同理，当移动拨叉轴 1 时，则轴 3 和轴 5 被锁止在空挡位置，如图 3-20(c)所示。由此可知，互锁装置的工作原理是当驾驶员用变速杆推动某一拨叉轴时，自动锁止其余拨叉轴，从而防止同时挂上两个挡位。

(3) 倒挡锁装置。倒挡锁装置用于防止误挂倒挡。如图 3-21 所示为常见的锁销式倒挡锁装置。当驾驶员想挂倒挡时，必须用较大的力使变速杆 4 下端压缩弹簧 2，将锁销推入锁销孔内，才能使变速杆下端进入拨块 3 的凹槽中进行换挡。由此可见，倒挡锁的作用是使驾驶员必须对变速杆施加更大的力才能挂入倒挡，起到警示作用，以防误挂倒挡。

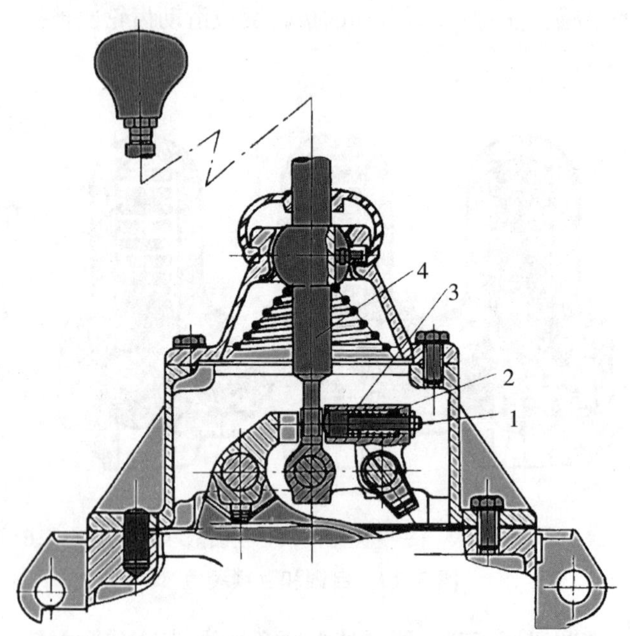

1－倒挡锁销；2－倒挡锁弹簧；3－倒挡拨块；4－变速杆

图 3-21　锁销式倒挡锁装置

二、实践操作

(一) 准备工作

在对变速器做基本检查之前，应做如下准备：

1. 装配手动变速器的丰田卡罗拉 1.6L 轿车一辆，底盘装配齐全。
2. 磁力护裙、转向盘护套、变速杆手柄套、脚垫、座位套、干净抹布。
3. 举升设备一台。
4. 丰田卡罗拉 1.6L 轿车维修手册一本。

（二）技术要求及注意事项

1. 调整垫片：用千分尺多点检测调整垫片，可以精确地测出所需垫片的厚度，检查调整垫片边缘是否有损坏，只能装入完好的调整垫片。

2. 圈、锁圈：调整圈及锁圈，不能拉开过度，必须将其完全放在槽中。每次修理时要更换弹簧销。

3. 螺栓、螺母：固定盖，罩壳螺母和螺栓应交叉拧紧和拧松，并且应按规定的拧紧力矩、拧紧螺母和螺栓。

4. 将轴承有标志的一面朝向安装工具。在轴与轴承之间涂一层润滑油。变速器内的全部轴承都要使用变速器油，注油时要特别小心，摩擦力矩应检查。

（三）变速器的装配

变速器的装配见表 3–1。

表 3–1　变速器的装配

内容	图示	步骤
安装换挡和选挡杆轴滑动滚珠轴承	SST	用 SST 和锤子将新的换挡和选挡杆轴滑动滚珠轴承安装至变速器壳。 嵌入深度：0～0.5mm
安装换挡和选挡杆轴承	SST	用 SST 将新的换挡和选挡杆轴油封安装至变速器壳。 嵌入深度：9.7～10.3mm
安装输出轴盖	壳　盖子	在输出轴(MTM)盖上涂抹通用润滑脂，并将其安装到传动桥壳。 注意：将输出轴盖键插入壳槽
安装变速箱油封	SST	①用 SST 和锤子将新的变速箱油封安装至手动变速器壳。 嵌入深度：9.6～10.2mm。 ②在变速箱油封唇口上涂抹通用润滑脂

续表

内容	图示	步骤
安装传动桥壳油封	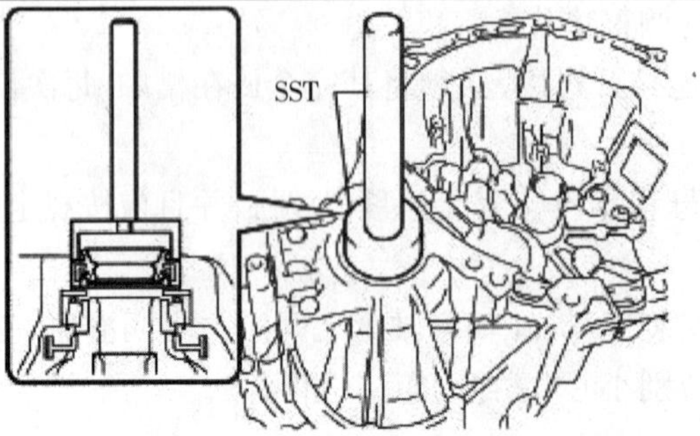	①用 SST 和锤子将新的传动桥壳油封安装至传动桥壳。 嵌入深度:1.6～2.2mm。 ②在传动桥壳油封唇口上涂抹通用润滑脂
安装前差速器壳前滚锥轴承	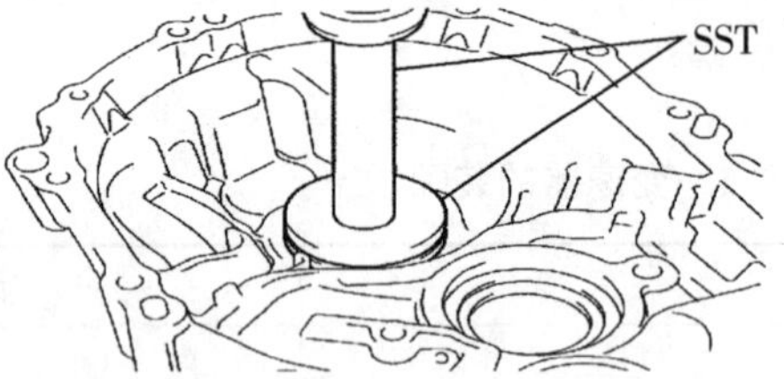	①用 SST 和压力机将新的前差速器壳前滚锥轴承(内座圈)安装至前差速器壳。 ②用 SST 和压力机将前差速器壳前平垫圈和前差速器壳前滚锥轴承(外座圈)安装至传动桥壳
安装前差速器壳后滚锥轴承	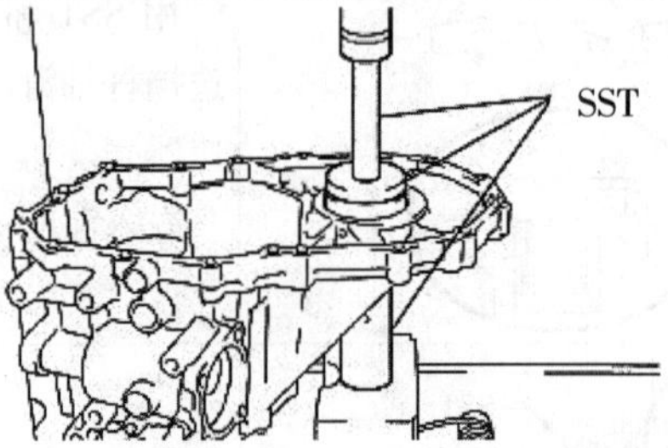	①用 SST 和压力机将新的前差速器壳后滚锥轴承(内座圈)安装至前差速器壳。 ②用 SST 和压力机将前差速器壳后平垫圈和前差速器壳后滚锥轴承(外座圈)安装至手动变速器壳
安装输出轴前轴承	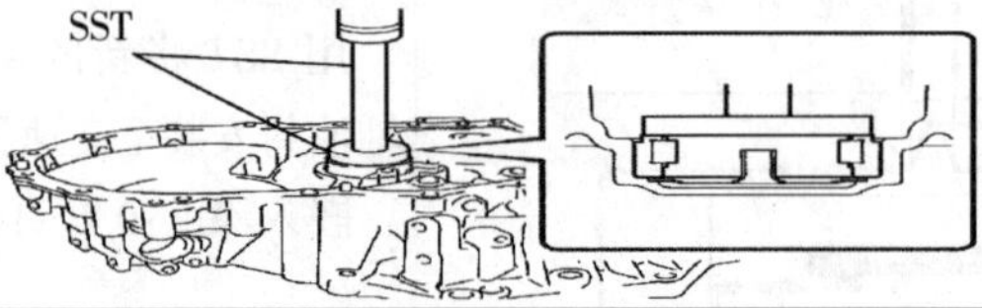	在新的输出轴前轴承上涂抹齿轮油,并用 SST 和压力机将其安装至传动桥壳
调节差速器半轴轴承预紧力	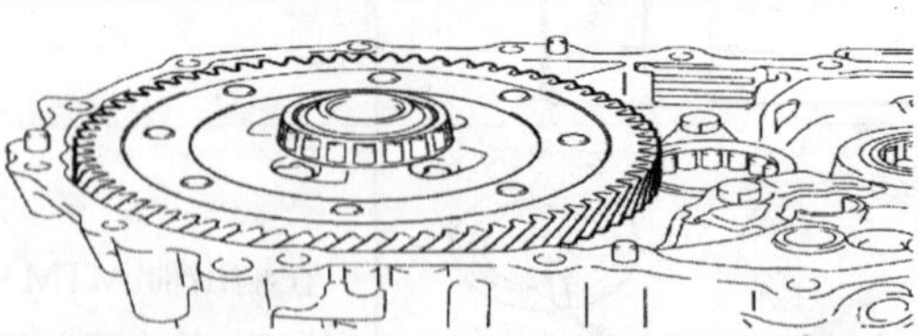	①在差速器壳总成上涂抹齿轮油,并将其安装至传动桥壳。 ②用 16 个螺栓安装手动变速器壳 扭矩:29N·m
	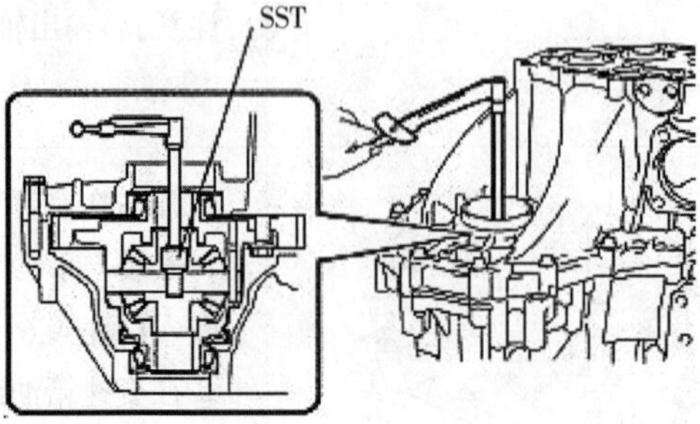	③用 SST 和扭矩扳手将差速器壳总成左右转动 2 次或 3 次，使轴承入座。 ④用 SST 和扭矩扳手测量预紧力。提示：如果预紧力超出规定范围，选择合适的前差速器壳后平垫圈并进行调节。 ⑤拆下 16 个螺栓和手动变速器壳。 ⑥从传动桥壳上拆下差速器壳总成

续表

内容	图示	步骤
安装前传动桥壳油封	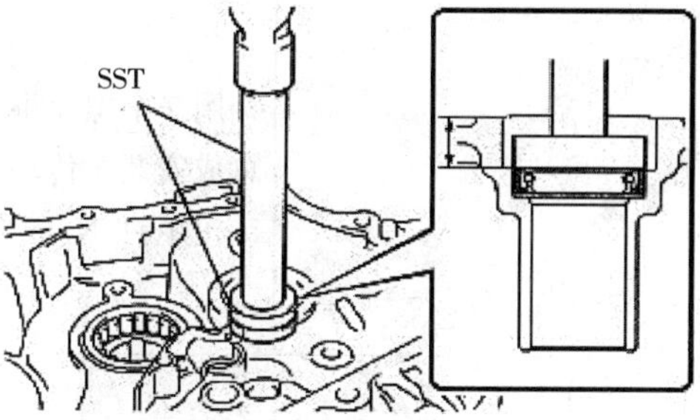 SST	①用 SST 和锤子将新的前传动桥壳油封安装至传动桥壳。 嵌入深度:15.6～16.0mm。 ②在前传动桥壳油封唇口上涂抹通用润滑脂
安装输入轴前轴承	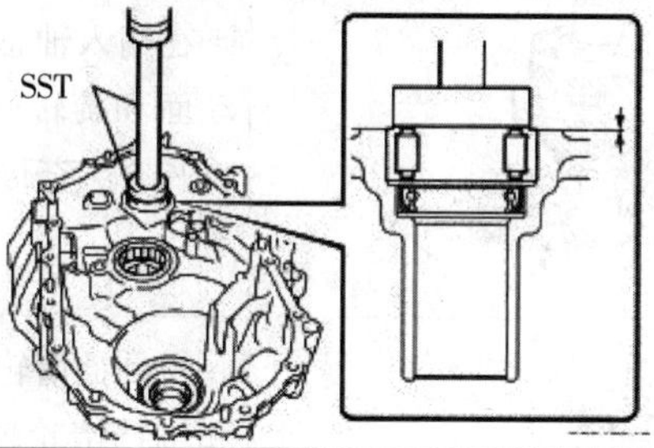 SST	在新的输入轴前轴承上涂抹齿轮油,并用 SST 和压力机将其安装至传动桥壳。 嵌入深度:0～0.3mm
安装变速器磁铁	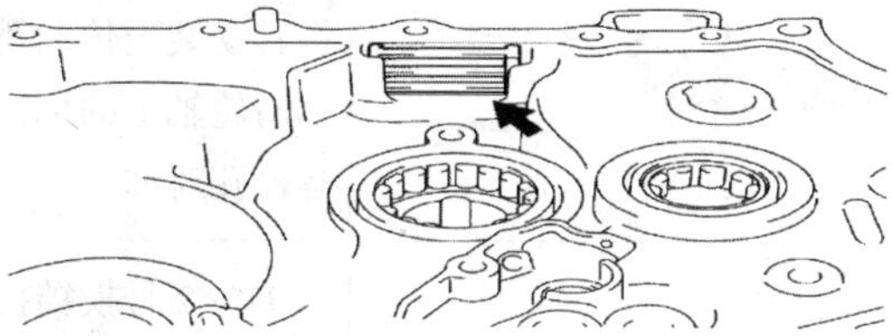	清洁变速器磁铁并将其安装至传动桥壳
安装轴承锁止板	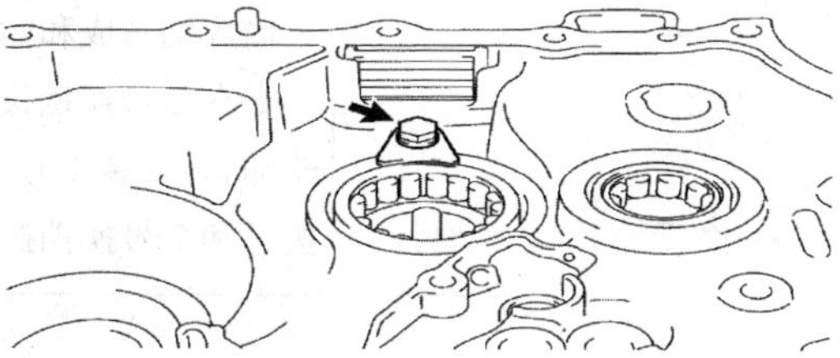	用螺栓将轴承锁止板安装至传动桥壳。 扭矩:11N·m
安装手动传动桥壳集油槽	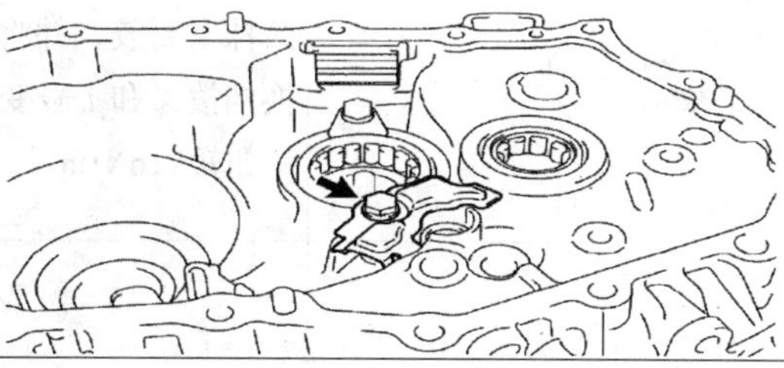	用螺栓将手动传动桥壳集油槽安装至传动桥壳。 扭矩:11N·m
安装差速器壳总成	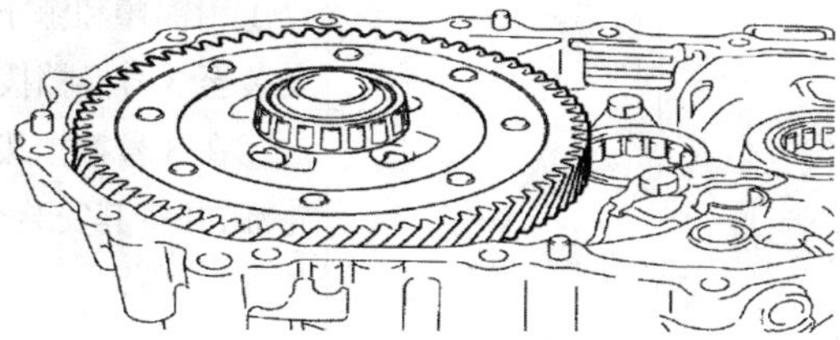	在差速器壳滚锥轴承上涂抹齿轮油，并将差速器壳总成安装至传动桥壳

续表

内容	图示	步骤
安装倒挡换挡臂支架总成	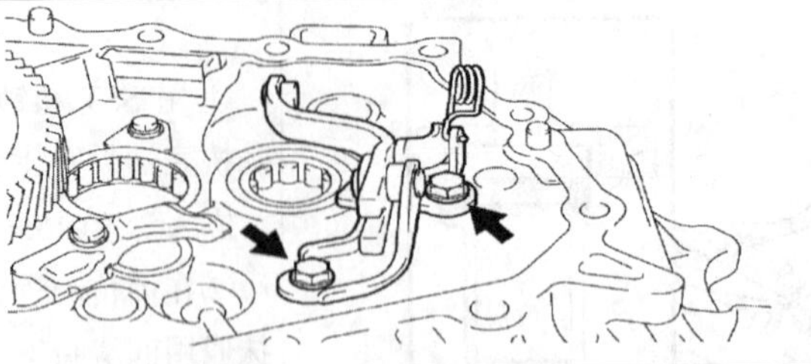	用 2 个螺栓将倒挡换挡臂支架总成安装至传动桥壳。 扭矩：17N·m
安装输入轴总成		在输入轴总成和输出轴总成滑动面和旋转面上涂抹齿轮油，并将其安装至传动桥壳
安装倒挡惰轮分总成	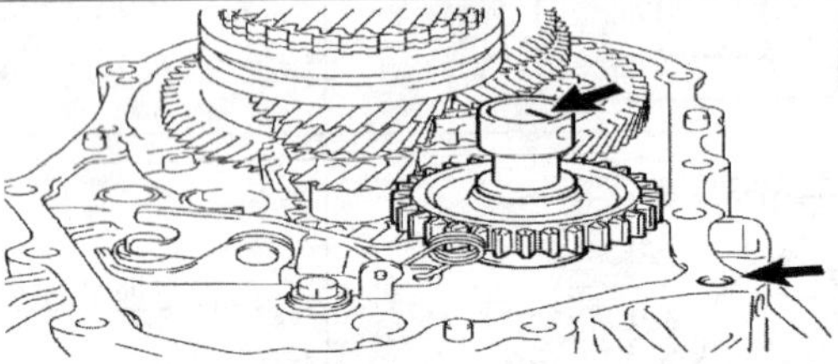	在倒挡惰轮分总成、止推垫圈和倒挡惰轮轴上涂抹齿轮油，并将其安装至传动桥壳。提示：使倒挡惰轮轴上的标记和图中所示的螺栓孔对准
安装2号换挡拨叉轴	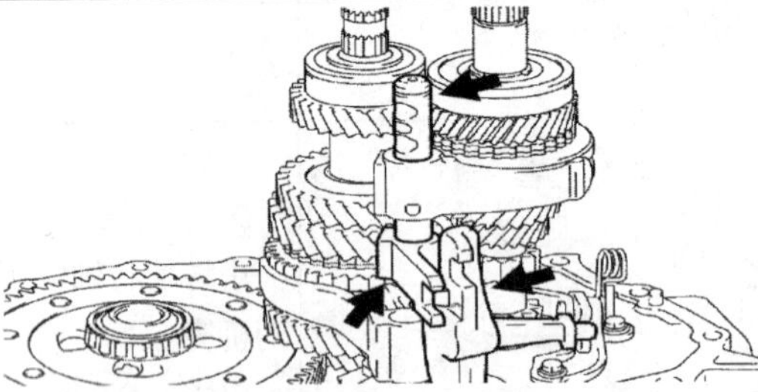	①在 2 号换挡拨叉和 1 号换挡拨叉上涂抹齿轮油，并将其安装至输入轴总成和输出轴总成。 ②在 2 号换挡拨叉轴上涂抹齿轮油，并安装 1 号变速导块、倒挡拨叉和 2 号换挡拨叉轴
	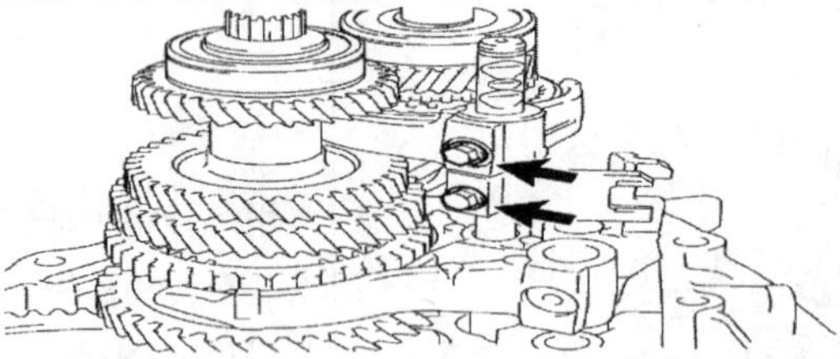	③在 2 个换挡拨叉锁止螺栓上涂抹密封胶，并将其安装至 2 号换挡拨叉和 1 号变速导块。 扭矩：16N·m
安装3号换挡拨叉轴	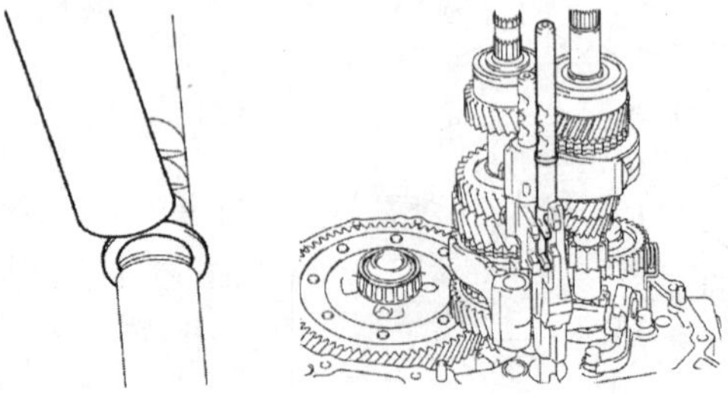	①用铜棒和锤子将新的轴卡环安装至 3 号换挡拨叉轴。 ②在 3 号换挡拨叉轴上涂抹齿轮油，并将其安装至传动桥壳

续表

内容	图示	步骤
安装1号换挡拨叉轴分总成	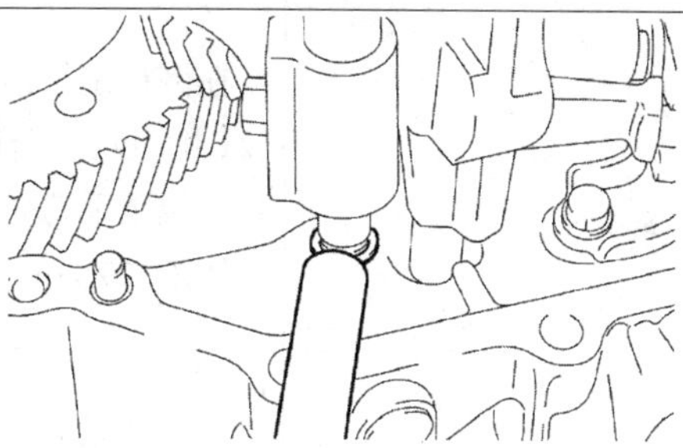	①在1号换挡拨叉轴分总成上涂抹齿轮油，并将其安装至传动桥壳。 ②在换挡拨叉锁止螺栓上涂抹密封胶，并将其安装至1号换挡拨叉。 扭矩：16N·m。 ③用铜棒和锤子安装新的轴卡环
安装2号集油管(MTM)	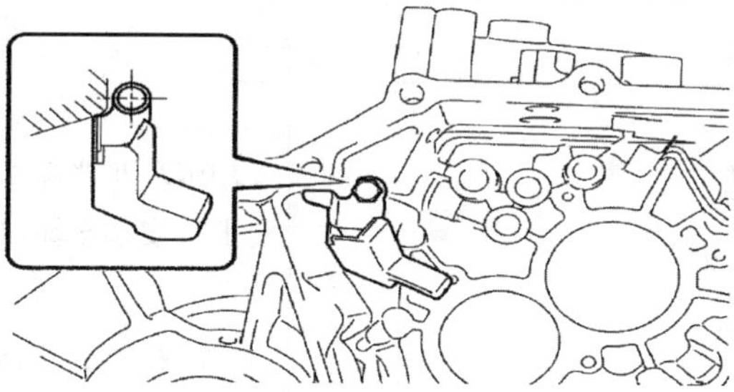	用螺栓将2号集油管(MTM)安装至手动变速器壳。 扭矩：17N·m。 注意： 不要使2号集油管变形。 如图所示，将2号集油管固定在手动变速器壳上进行安装
安装1号集油管(MTM)	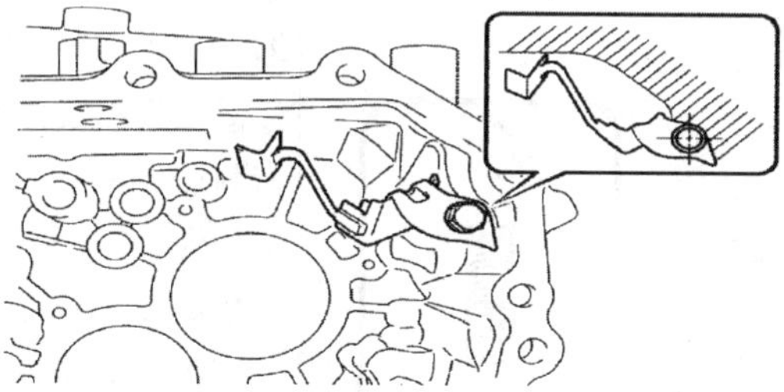	用螺栓将1号集油管(MTM)安装至手动变速器壳。 扭矩：17N·m。 注意： 不要使1号集油管变形。 如图所示，将1号集油管固定在手动变速器壳上进行安装
安装手动变速器壳	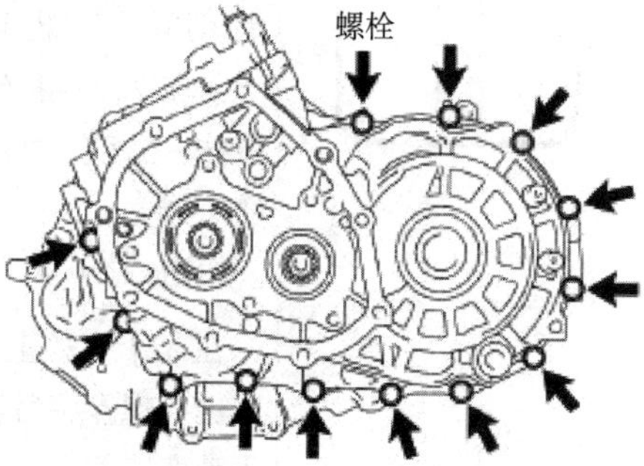 螺栓	①在手动变速器壳上涂抹FIPG。必须在涂胶后10min内组装各零件。 ②将13个螺栓安装至手动变速器。 扭矩：29N·m ③在3个螺栓上涂抹密封胶，并将其安装至传动桥壳侧。 扭矩：29N·m
安装倒挡惰轮轴螺栓	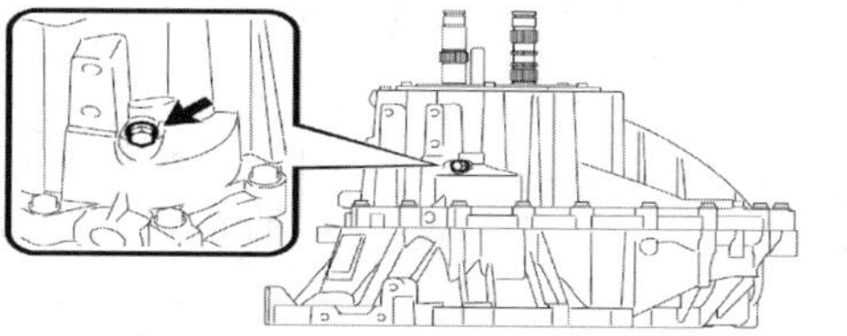	在倒挡惰轮轴螺栓上涂抹密封胶，并用新衬垫将其安装至手动变速器壳。 扭矩：29N·m

续表

内容	图示	步骤
安装倒挡定位销螺塞	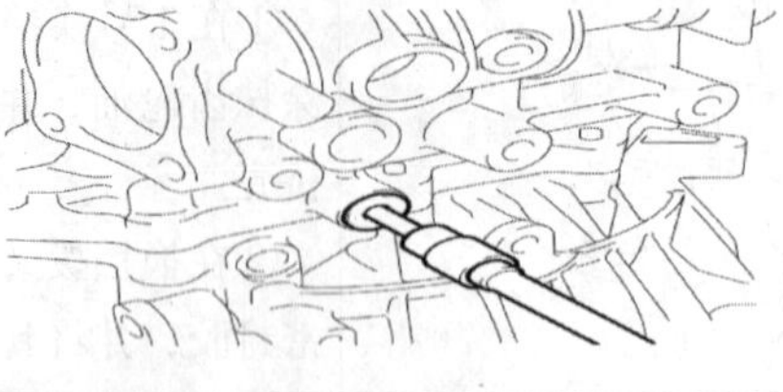	在倒挡定位销螺塞上涂抹密封胶，并用六角套筒扳手(6mm)将其安装至手动变速器壳。 扭矩：29N·m
安装输入轴后轴承孔卡环	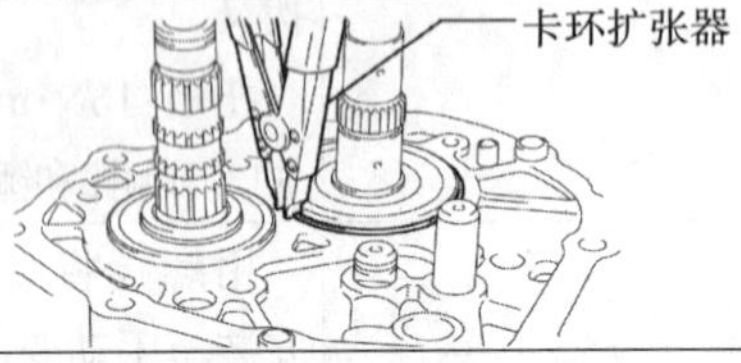 卡环扩张器	用卡环扩张器将输入轴后轴承孔卡环安装至输入轴总成
安装输出轴后轴承孔卡环	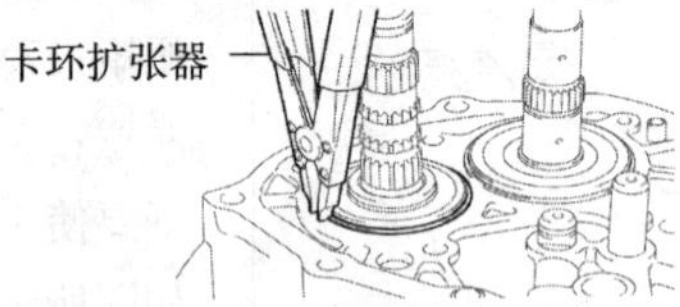 卡环扩张器	用卡环扩张器将输出轴后轴承孔卡环安装至输出轴总成
安装换挡锁止钢球	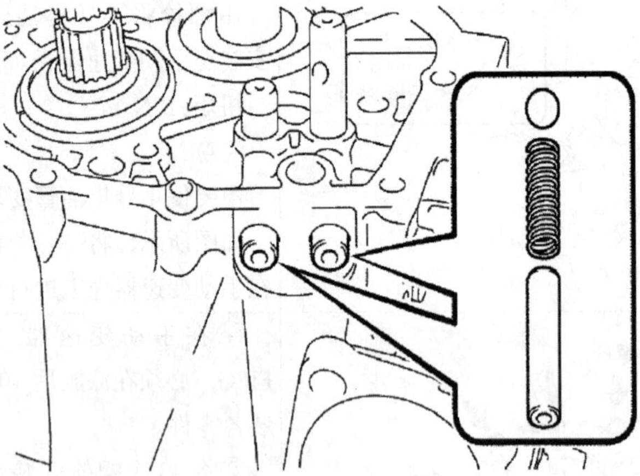	①将换挡锁止钢球、换挡锁止钢球压缩弹簧和换挡锁止钢球压缩弹簧座安装至传动桥壳。 ②在换挡锁止钢球螺塞上涂抹密封胶，并用 SST 将其安装至传动桥壳。 扭矩：22N·m。 ③将 2 个换挡锁止钢球、2 个换挡锁止钢球弹簧和 2 个换挡锁止钢球弹簧座安装至手动变速器壳。 ④在 2 个换挡锁止钢球螺塞上涂抹密封胶，并将其安装至手动变速器壳。 扭矩：22N·m
安装后轴承护圈	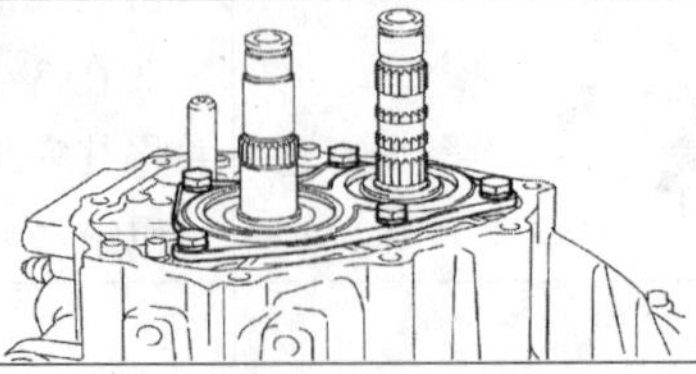	在 5 个螺栓上涂抹密封胶，并用这些螺栓将后轴承护圈安装至手动变速器壳。 扭矩：27N·m
安装换挡拨叉轴卡环	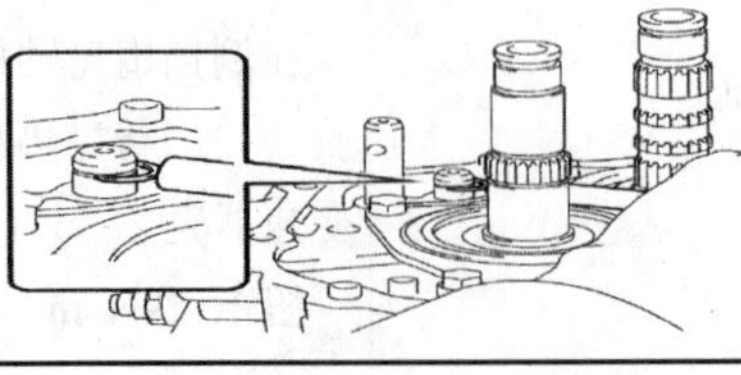	用铜棒和锤子将新的换挡拨叉轴卡环安装至 2 号换挡拨叉轴

续表

内容	图示	步骤
安装5挡从动齿轮	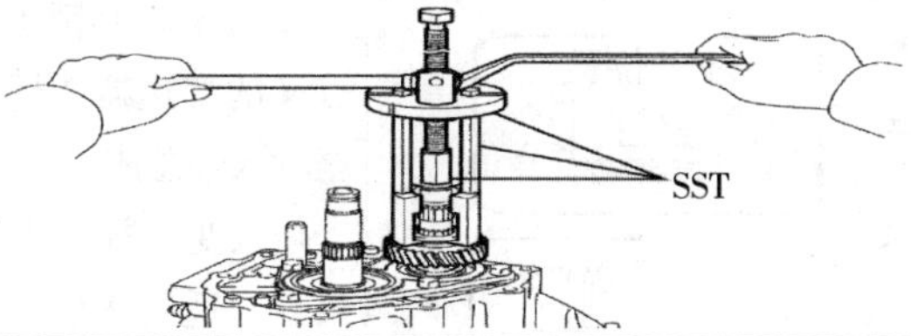 SST	用SST将5挡从动齿轮安装至输出轴总成
安装5挡齿轮滚针轴承	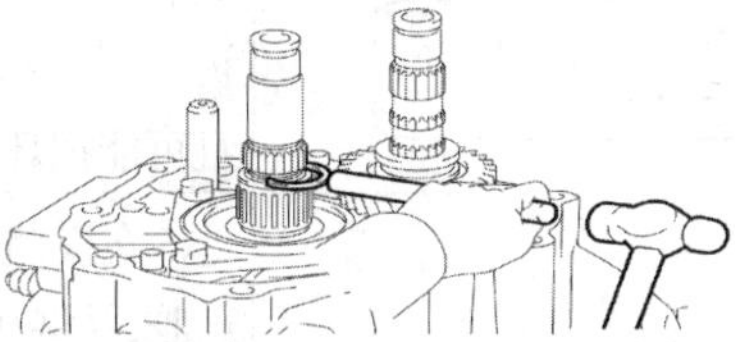	①在2个5挡齿轮轴承隔垫和5挡齿轮滚针轴承上涂抹齿轮油,并将其安装至输入轴总成。 ②用铜棒和锤子将新的变速器3号离合器毂轴卡环安装至输入轴总成
安装5挡齿轮	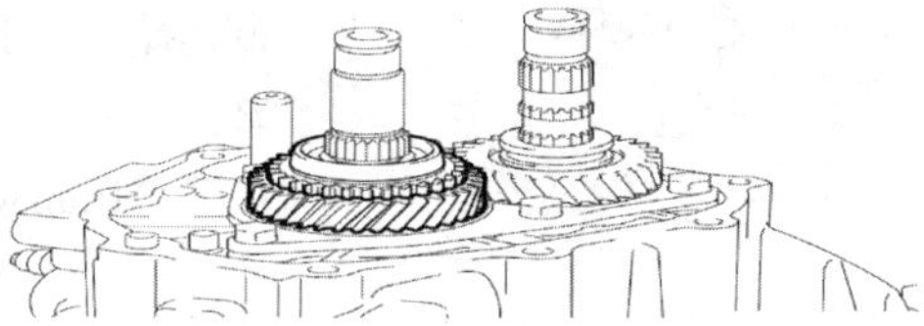	在5挡齿轮上涂抹齿轮油,并将其安装到输入轴
安装同步器3号锁环	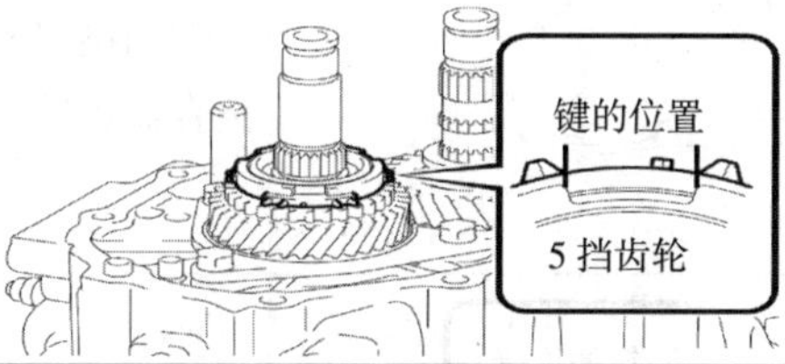 键的位置 5挡齿轮	在同步器3号锁环上涂抹齿轮油,并将其安装至5挡齿轮
安装变速器3号离合器毂	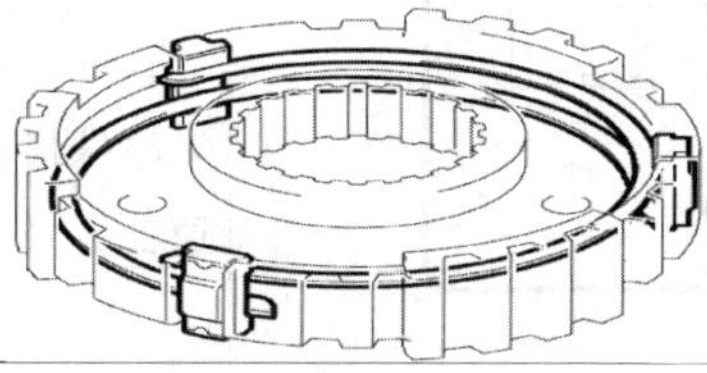	①将3个同步啮合换挡键和2个同步啮合换挡键弹簧安装至变速器3号离合器毂。 注意:不要在同一位置设置2个换挡键弹簧开口
	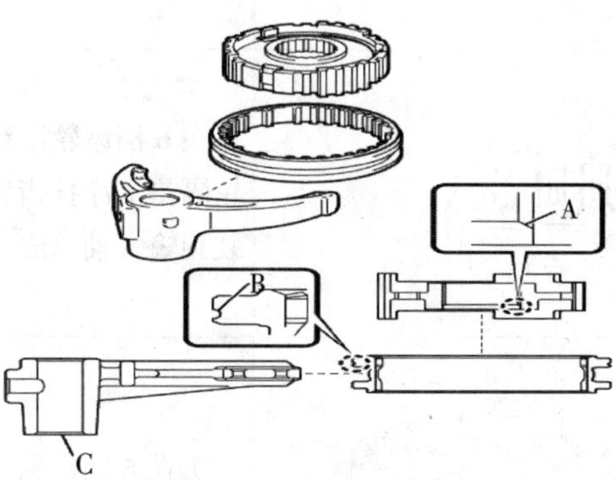 A B C	②将变速器3号接合套安装至变速器3号离合器毂,使A侧朝下安装变速器3号离合器毂,使B侧朝上安装变速器3号接合套。 ③将3号换挡拨叉安装至带变速器3号接合套的变速器3号离合器毂,使C面朝下安装3号换挡拨叉

续表

内容	图示	步骤
安装变速器3号离合器毂	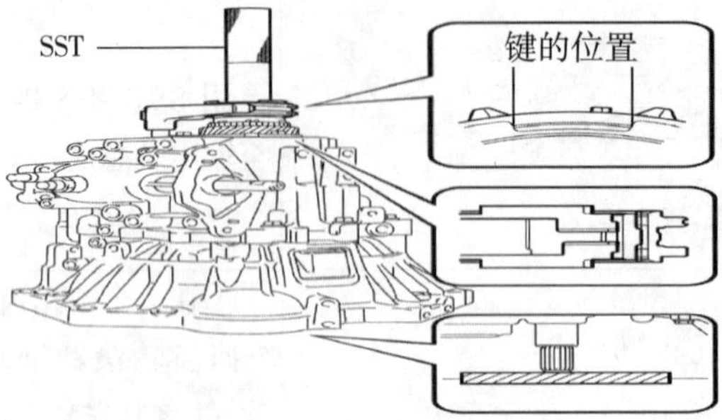	④用SST和锤子将带3号换挡拨叉的变速器3号离合器毂安装至输入轴总成。 敲入变速器3号离合器毂前，将尺寸合适的木块放置在输入轴总成后端的下方，固定输入轴使其不被下压，否则输入轴后轴承将超载且可能损坏
	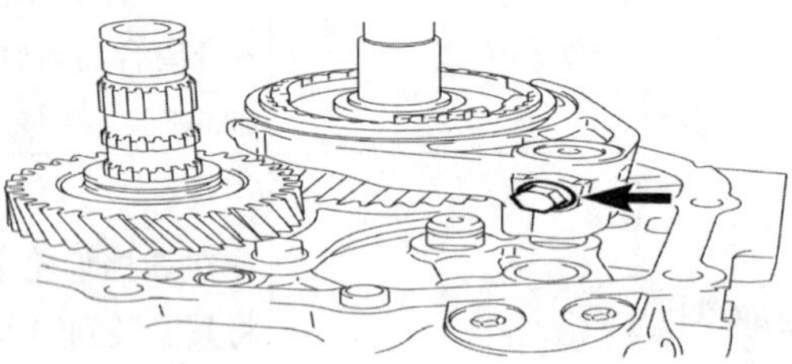	⑤在换挡拨叉锁止螺栓上涂抹密封胶，并将其安装至3号换挡拨叉。 扭矩:16N·m。 ⑥选择一个可使轴向间隙最小的卡环。 间隙:0.1mm或更小
	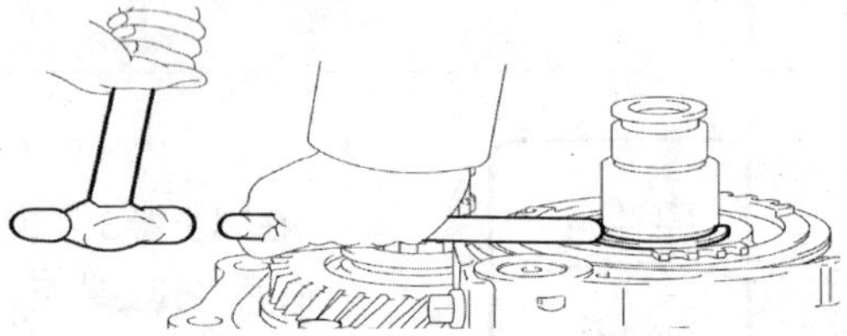	⑦用铜棒和锤子将变速器3号离合器毂轴卡环安装至输入轴
安装同步器3号锁环	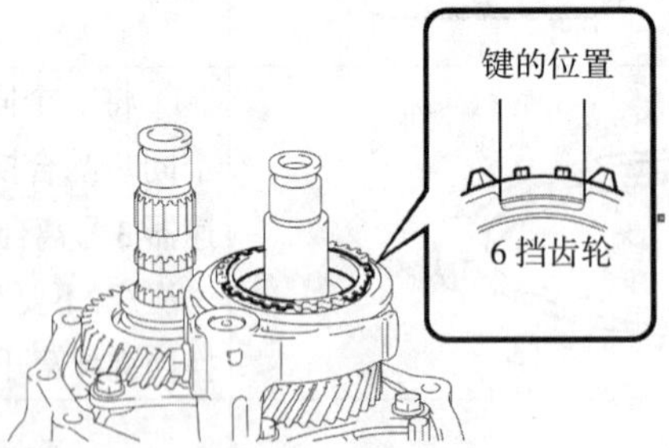	在同步器3号锁环(6挡齿轮)上涂抹齿轮油，并将其安装至变速器3号离合器毂
安装6挡齿轮滚针轴承	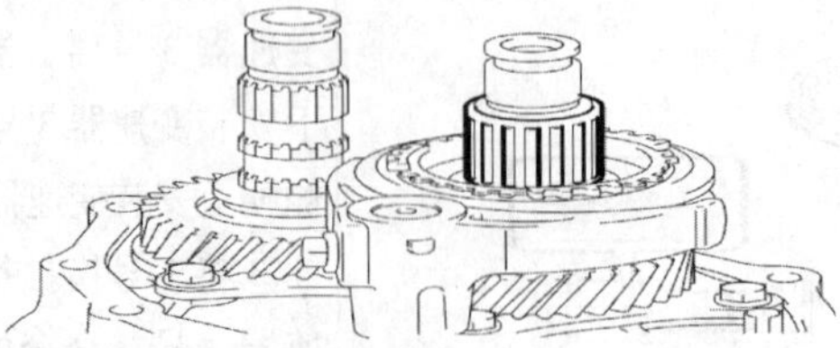	在6挡齿轮滚针轴承和6挡齿轮隔垫上涂抹齿轮油，并将其安装到输入轴总成
安装6挡齿轮分总成	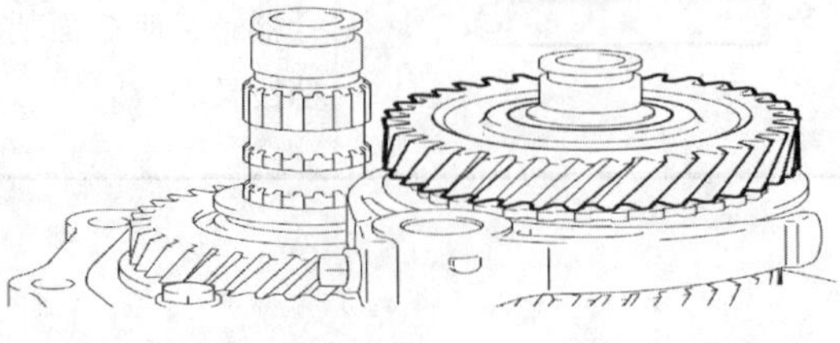	①在6挡齿轮分总成上涂抹齿轮油，并将其安装至输入轴总成

续表

内容	图示	步骤
安装6挡齿轮分总成	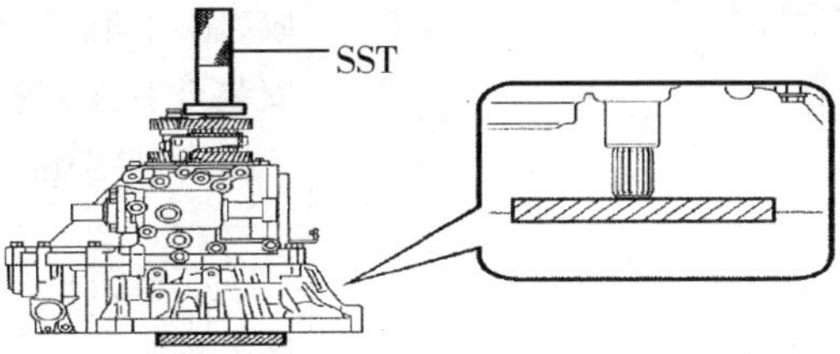 SST	②用SST、钢块和锤子将输入轴后径向滚珠轴承安装至输入轴总成。 ③选择一个可使轴向间隙最小的输入轴轴卡环。 间隙:0.1mm或更小。 ④用铜棒和锤子将输入轴轴卡环安装至输入轴总成
安装输出齿轮隔垫	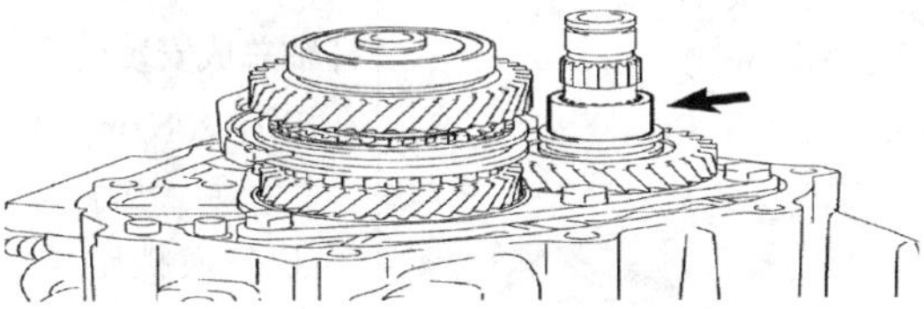	将输出齿轮隔垫安装至输出轴总成
安装6挡从动齿轮	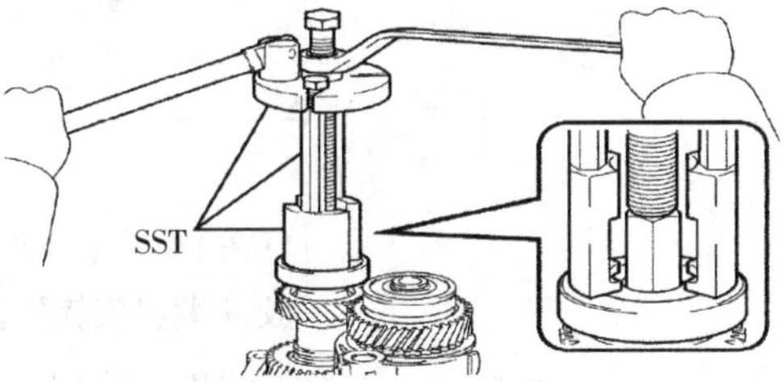 SST	①用SST将6挡中间轴齿轮安装至输出轴总成。 ②用SST将输出轴后轴承安装至输出轴总成。 ③选择一个可使轴向间隙最小的输出轴后卡环。 间隙:0.1mm或更小
	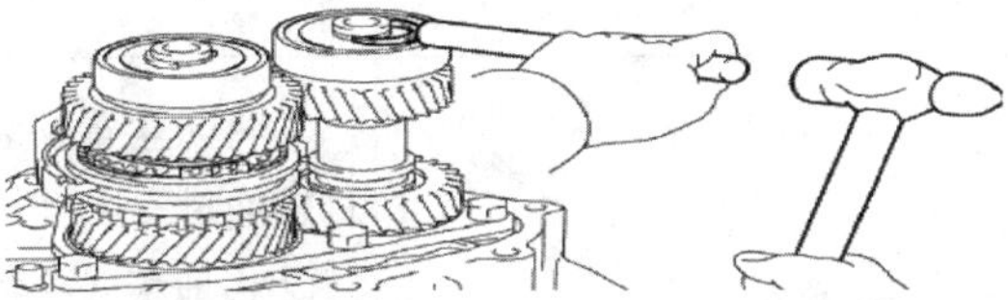	④用铜棒和锤子将输出轴后卡环安装至输出轴总成。 ⑤检查6挡和5挡齿轮轴向间隙、径向间隙
安装手动变速箱盖分总成		①在手动变速箱盖分总成上涂抹FIPG。 ②用9个螺栓将手动变速箱盖分总成安装至手动变速器壳。 扭矩:18N·m
安装手动变速器壳螺塞	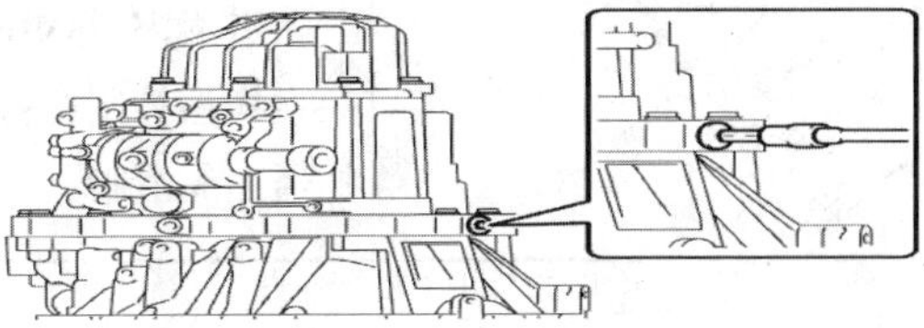	①在变速器壳螺塞上涂抹密封胶。 ②用六角扳手(10mm)将变速器壳螺塞和新衬垫安装至手动变速器壳。 扭矩:39N·m

续表

内容	图示	步骤
安动变速器壳螺塞		③在变速器壳螺塞上涂抹密封胶,用六角套筒扳手(6mm)将其安装至手动变速器壳上。 扭矩:13N·m
安装换挡和选挡杆轴总成	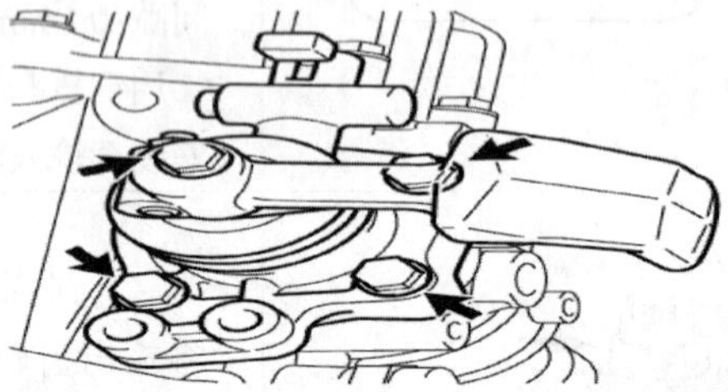	①在换挡和选挡杆轴总成上涂抹齿轮油。 ②在4个螺栓上涂抹密封胶,用这4个螺栓将新衬垫、换挡和选挡杆轴总成安装至手动变速器壳。 扭矩:20N·m
安装换挡定位板销	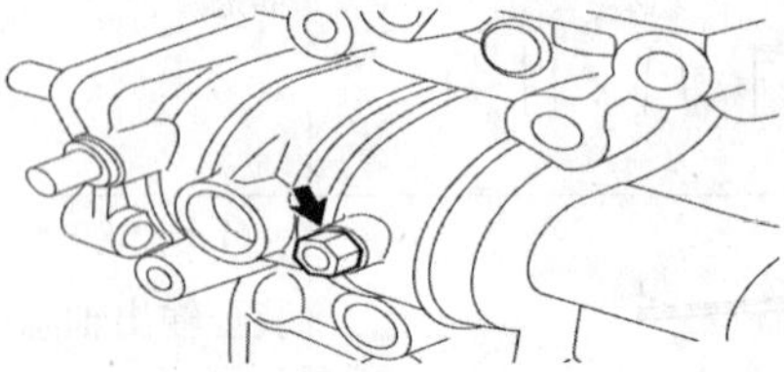	①在换挡定位板销上涂抹密封胶。 ②安装垫圈和换挡定位板销。 扭矩:11N·m
安装1号锁止钢球总成	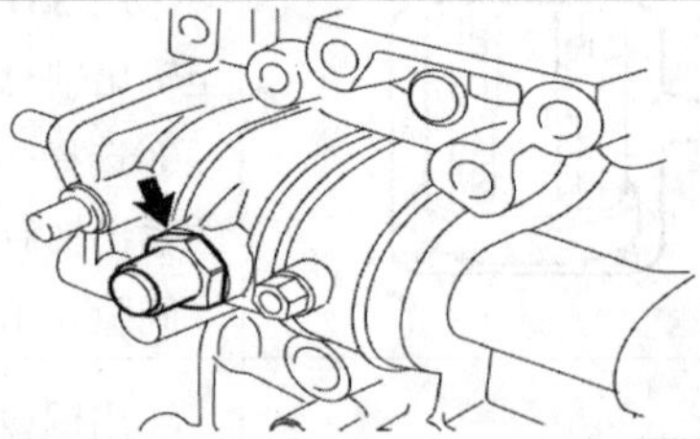	在1号锁止钢球总成上涂抹密封胶,并将其安装至手动变速器壳。 扭矩:29N·m
安装地板式换挡控制杆	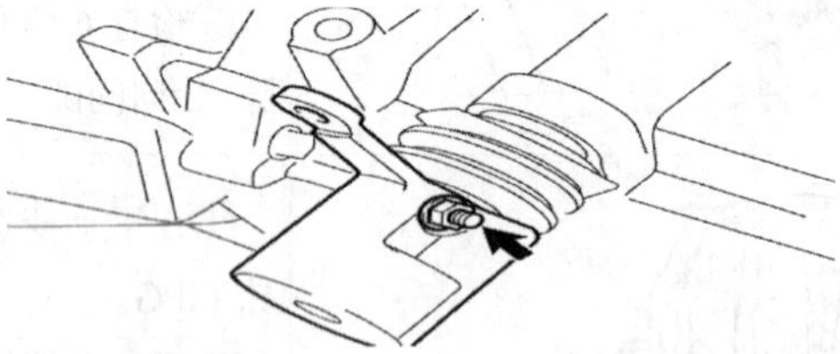	①将防尘罩安装至换挡和选挡杆轴油封。 ②将地板式换挡控制杆和锁销一同安装至换挡和选挡杆轴总成。 ③用螺母安装弹簧垫圈。 扭矩:12N·m
安装选挡直角杠杆总成	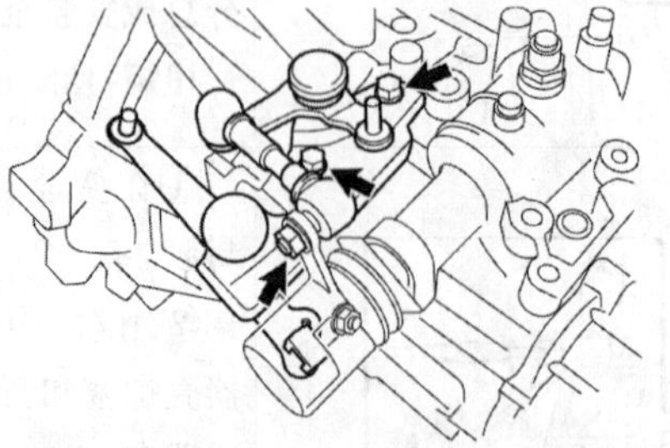	用2个螺栓和螺母将选挡直角杠杆总成和换挡控制杆衬套一同安装至手动变速器壳。 扭矩:螺栓25N·m,螺母12N·m。 在换挡控制杆衬套内环面上涂抹通用润滑脂

续表

内容	图示	步骤
安装倒车灯开关总成	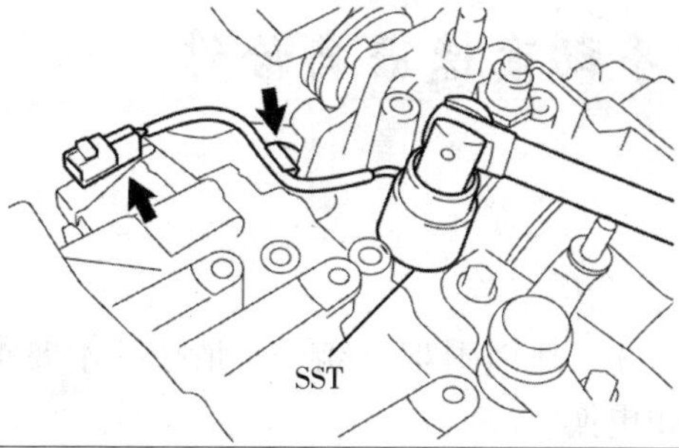 SST	①用 SST 和新衬垫将倒车灯开关总成安装至手动变速器壳。 扭矩：40N·m。 ②将倒车灯开关线束安装至 2 个卡夹
安装速度表从动齿轮孔盖分总成	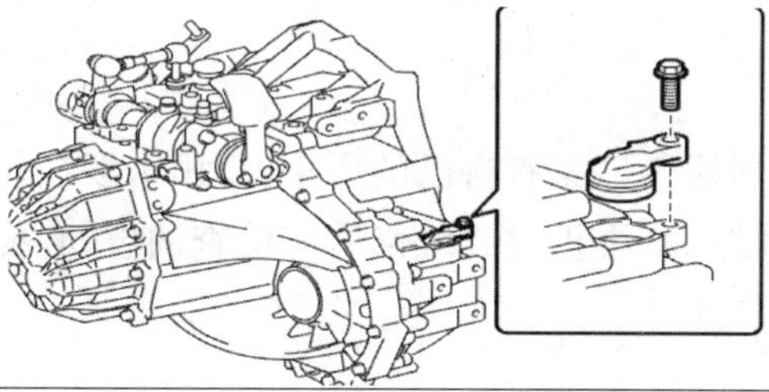	①将新 O 形圈安装至速度表从动齿轮孔盖分总成。 ②用螺栓将速度表从动齿轮孔盖分总成安装至传动桥壳。 扭矩：11N·m
安装放油螺塞分总成	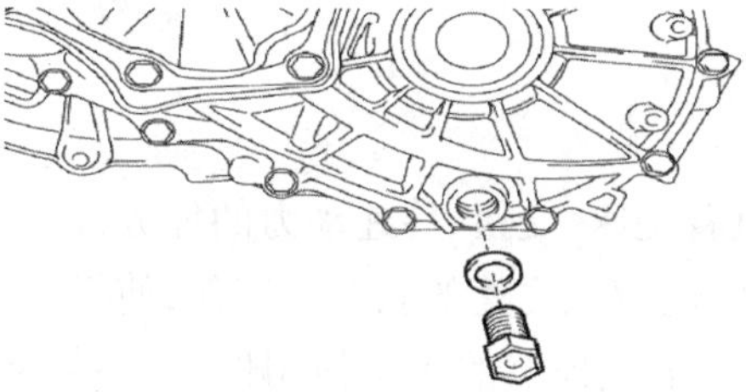	用新衬垫将放油(MTM)螺塞分总成安装至手动变速器壳。 扭矩：39N·m
安装手动变速器注油螺塞	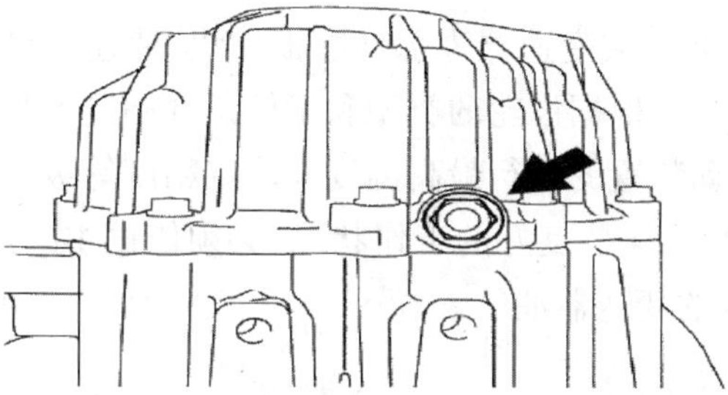	用新衬垫将手动变速器注油螺塞安装至手动变速箱盖。 扭矩：39N·m

任务二 手动变速器的检修

任务引入

手动变速器常见的故障主要有掉挡、乱挡、挂挡困难、异响等。请按技术要求正确地检修变速器主要元件,并学会变速器油的检查和更换。

任务分析

多数变速器要求定期换油,换油周期各厂家有自己的要求,丰田卡罗拉轿车要求每行驶 6.0×10^4km 或 4 年需要更换自动变速器油。维护时或维修后应检查油位,必要时加注丰田专用手动变速器油。

任务实施

一、相关知识学习

汽车在行驶过程中手动变速器担负着变速、变扭、传递动力的任务,以适应各种复杂条件的需要。在这个使用过程中,汽车经常在大负荷、高速的状态下工作,使得变速器各零件磨损,甚至损坏,以致出现各种故障。因此,为保证变速器的正常使用性能,必须及时对变速器进行润滑油的检查与更换,并检修变速器。

变速器油缺少、过稀或质量变坏,会造成变速器零部件磨损加快、变速器异响等后果。正确选用变速器油必须做到以下两点:一是根据齿轮的类型和工作条件确定油品的质量档次;二是根据最低使用环境温度和齿轮传动装置的运行最高温度来确定粘度等级(牌号)。为使车辆中的齿轮装置可靠润滑,保证车辆始终保持良好的工作状况,必须依据主减速器齿轮的类型及工作条件,正确选用相应质量档次的变速器油。

二、实践操作

更换手动变速器的润滑油和检修变速器操作时,应注意正确合理地使用专用工具和检测仪器,按要求处置废油,保持场地的整洁,严格遵守安全操作规程,防止零件的损坏及人员的伤害。

(一)准备工作

在对变速器做基本检查之前,应做如下准备:

1. 装配手动变速器的丰田卡罗拉 1.6L 轿车一辆,底盘装配齐全。
2. 磁力护裙、转向盘护套、变速杆手柄套、脚垫、座位套、干净抹布。
3. 举升设备一台。
4. 丰田卡罗拉 1.6L 轿车维修手册一本。

（二）技术要求及注意事项

1. 技术要求：

（1）衬垫：每次修理时应更换纸质密封垫圈，更换O形环。

（2）调整垫片：用千分尺多点检测调整垫片，可以精确地测出所需垫片的厚度，检查调整垫片边缘是否有损坏，只能装入完好的调整垫片。

（3）圈、锁圈：调整圈及锁圈，不能拉开过度，必须将其完全放在槽中。每次修理时要更换弹簧销。

（4）螺栓、螺母：固定盖，罩壳螺母和螺栓应交叉拧紧和拧松，并且应按规定的拧紧力矩、拧紧螺母和螺栓。

（5）将轴承有标志的一面朝向安装工具。在轴与轴承之间涂一层润滑油。变速器内的全部轴承都要使用变速器油，注油时要特别小心，摩擦力矩也应检查。

2. 注意事项：

（1）由于变速器油对人的皮肤会造成伤害，所以作业时应穿戴防护手套和防护服。

（2）沾上变速器油的衣服或鞋子，必须立即更换。

（3）皮肤上沾上变速器油，立即用水和肥皂清洗，不要用汽油或溶剂作为清洁剂。

（4）如果眼睛接触到变速器油，应立即用清水认真冲洗，并尽快去医院治疗。

（三）手动变速器的检修

以丰田卡罗拉轿车手动变速器为例，检修方法见表3–2。

表3–2　手动变速器的检修方法

内容	图示	步骤
检查变速器5、6挡接合套		检查变速器5、6挡接合套和5、6挡离合器之间的滑动情况，检查并确认变速器5、6挡接合套的花键齿轮轮齿尖端未磨损
		用游标卡尺测量变速器5、6挡接合套凹槽宽度（A）和5、6挡换挡拨叉卡爪部分的厚度（B），并计算间隙〔标准间隙（A－B）：0.31～0.89mm〕。如果间隙超出规定范围，更换变速器5、6接合套和5、6挡换挡拨叉

续表

内容	图示	步骤
检查6挡同步器锁环	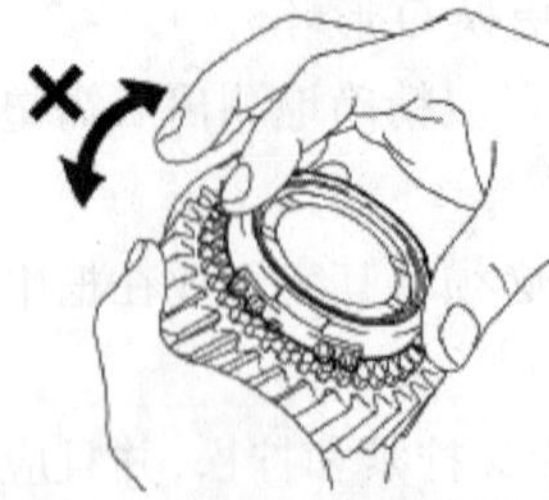	检查锁环磨损或损坏情况： 在6挡齿轮锥上涂抹齿轮油，将6挡同步器锁环推向6挡齿轮锥的同时使其沿一个方向转动。检查并确认锁环锁止。如果同步器锁环未锁止，更换锁环或6挡齿轮
	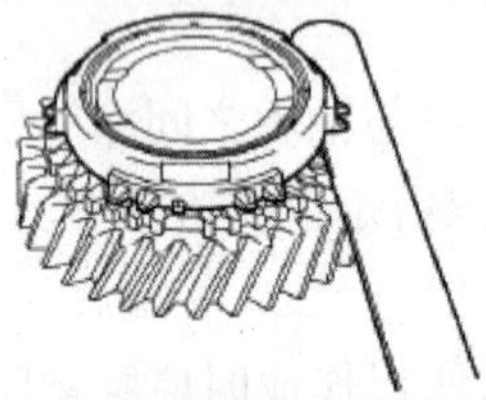	用测隙规测量6挡同步器锁环和齿轮花键末端之间的间隙（标准间隙：0.75～1.65mm）。如果间隙超出规定范围，更换6挡同步器锁环
检查6挡齿轮分总成	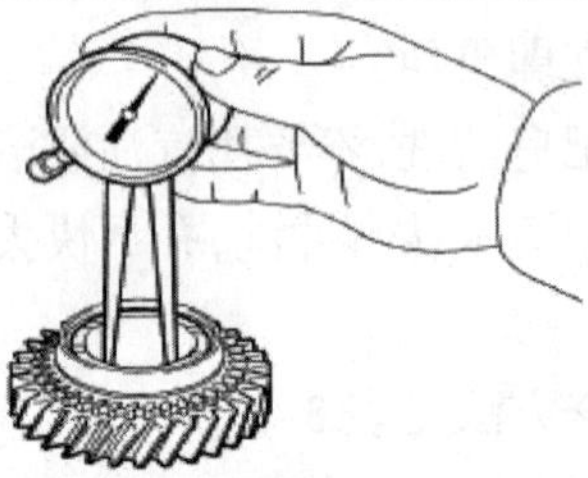	用测径规测量6挡齿轮内径（标准值为28.015～28.031mm）。如果内径超过最大值，更换6挡齿轮分总成
检查同步器5挡锁环	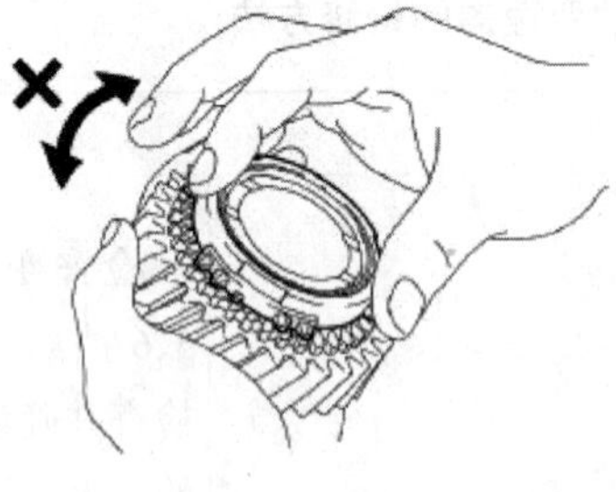	检查锁环磨损或损坏情况： 在5挡齿轮锥上涂抹齿轮油，将5挡同步器锁环推向5挡齿轮锥的同时使其沿一个方向转动。检查并确认锁环锁止。如果同步器锁环未锁止，更换锁环或5挡齿轮
检查5挡齿轮	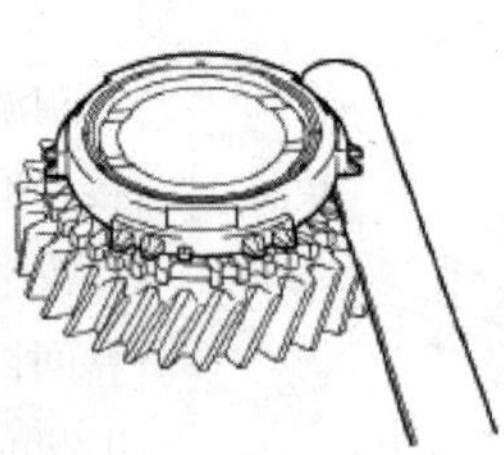	用测隙规测量5挡同步器锁环和齿轮花键末端之间的间隙（标准间隙：0.75～1.65mm）。如果间隙超出规定范围，更换5挡同步器锁环
检查5挡齿轮分总成	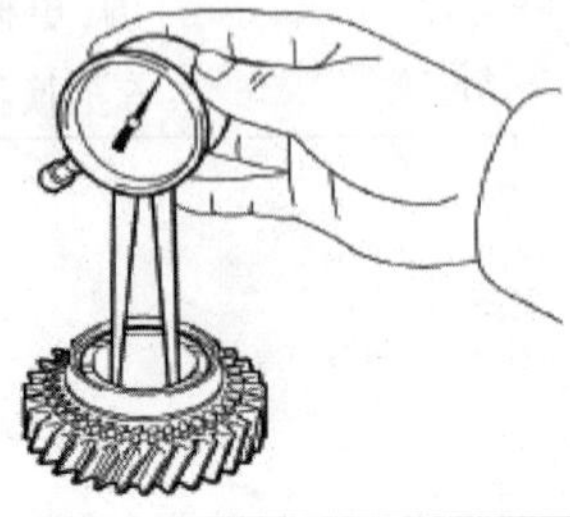	用测径规测量5挡齿轮内径（标准值为28.015～28.031mm）。如果内径超过最大值，更换5挡齿轮分总成

续表

内容	图示	步骤
检查倒挡惰轮分总成		用测径规检查倒挡惰轮分总成（标准值：18.040～18.058mm）。如果内径超过最大值，更换倒挡惰轮分总成
		用螺旋测微器检查倒挡惰轮轴（外径标准为 17.966～17.984mm）。如果外径小于最大值，更换倒挡惰轮轴

（四）手动变速器油的检查与更换

丰田卡罗拉轿车手动变速器油容量为 1.9L，变速器油类型：丰田纯正手动变速器油 LV API GL 4。

1. 车上检查手动变速器油。

（1）将车辆停放在平坦路面上。

（2）拆下变速器注油螺塞和衬垫。

（3）检查并确认油面在变速器注油螺塞开口最低点以下 5mm 范围内，如图 3–22 所示。注意：油液过多或过少都可能引起故障。更换机油后，驾驶车辆并再次检查油位。

（4）油位低时，检查机油是否泄漏。

（5）安装变速器注油螺塞和新衬垫。扭矩：39N·m。

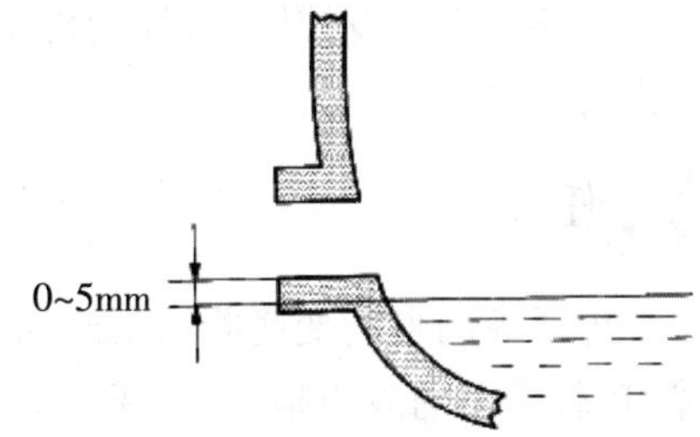

图 3–22　油面高度的检查

2. 更换手动传动桥油。

（1）排净手动传动桥油。

①拆下注油螺塞和衬垫。

②拆下放油螺塞和衬垫，排净手动传动桥油。

（2）添加手动传动桥油。

①安装新衬垫和放油螺塞。扭矩：39N·m。

②添加手动传动桥油。

③安装变速器注油螺塞和新衬垫。扭矩：39N·m。

项目四　自动变速器的维护

学习目标与要求

1. 了解自动变速器的发展史以及类型、特点。
2. 概述自动变速器挡位的使用。
3. 概述自动变速器的组成和工作原理。
4. 按技术要求完成自动变速器的基本检查项目。
5. 概述无级变速器的优点。
6. 说明无级变速器的变速原理。
7. 列举无级变速器的基本组成。
8. 说明无级变速器控制系统的组成。
9. 按技术要求完成无级变速器油的检查与加注。

任务一　自动变速器的基本检查

任务引入

一辆丰田卡罗拉轿车，发动机型号为1ZR-FE，采用U340E自动传动桥，车主反映有换挡冲击现象。

任务分析

电子控制自动变速器的制造加工精度都比较高，所以正常情况下1～2年内不会发生故障。比较常见的故障是：自动变速器液位不当或油质量不正常，液压系统漏油，节气门拉锁（卡罗拉轿车没有节气门拉锁）或换挡杆等联动装置松动或调节不当，发动机怠速不正常，电子控制系统线路松动等。这些常见故障都可以通过自动变速器的基本检查项目来确定故障部位。通过此项目应学会对自动变速器系统进行基本检查。

任务实施

一、相关知识学习

汽车自动变速器可根据发动机负荷和车速等工况的变化，自动变换传动系统的传动比，使汽车获得良好的动力性，提高车辆行驶的安全性、乘坐舒适性和操纵轻便性。

（一）自动变速器的发展史

汽车自动变速器的发展经历了一个漫长的过程：

1926 年别克汽车第一次将液力耦合器和手动变速器装在一起，尽管不是自动变速器，但耦合器的优点已经显现出来，变速器在前进挡上，发动机也可以怠速运转。

1940 年美国奥兹莫比尔汽车装上了第一台现代意义上的自动变速器。这种行星齿轮机构的液压控制变速器从 20 世纪 50 年代起美国三大汽车公司都已经开始批量生产。

1968 年法国雷诺第一次在自动变速器上使用了电气元件。

1982 年丰田公司生产出第一台由微机控制的电子控制自动变速器——装配在四缸佳美上的 A-140E 自动变速器。

1984 年美国奥兹莫比尔汽车装上了 THM440-T4 型自动变速器，这也是美国汽车史上的第一台电子控制自动变速器。

1992 年至 1994 年是电子控制自动变速器飞速发展的阶段，电磁阀特别是换挡电磁阀数量的增加，使得换挡电磁阀已经完全取消了节气门油压和速度油压对 D 位升挡的控制。

1995 年自动变速器发展基本成熟，原来的换挡电磁阀主要是控制 D 位上各挡的升降，1995 年后某些变速器的换挡电磁阀对 D 位各挡、手动挡、倒车挡全都负责，所以被称为全电子控制自动变速器。

现在我国轿车和豪华大客车上使用电子控制自动变速器已成为普及之势。

（二）自动变速器的分类

自动变速器的种类繁多，下面从多方面对自动变速器进行分类。

1. 按汽车驱动方式分类。按照驱动方式不同，分前驱自动变速器和后驱自动变速器，其安装位置如图 4-1 所示。

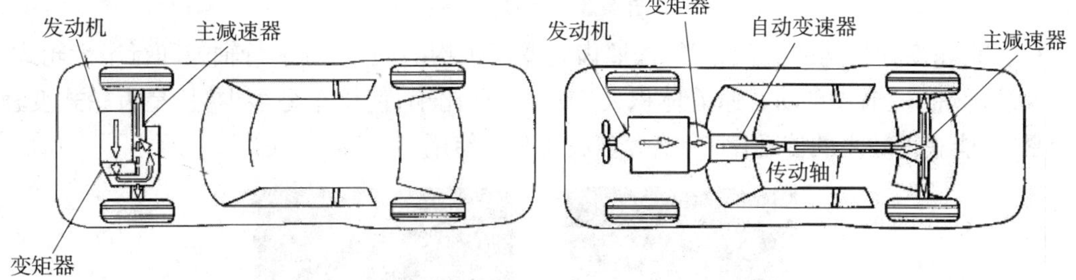

（a）前驱自动变速器安装位置　　（b）后驱自动变速器安装位置

图 4-1　前、后驱自动变速器安装位置

前驱自动变速器与后驱自动变速器的不同之处：前驱自动变速器在壳体内还装有差速器和主减速器，所以前驱自动变速器又叫自动变速驱动桥。前、后驱自动变速器实物图如图 4-2 所示。

(a) 前驱自动变速器

(b) 后驱自动变速器

图 4–2　前、后驱自动变速器实物图

2. 按变矩器的类型分类。按照液力变矩器的类型，分普通液力变矩器、综合液力变矩器和带锁止离合器的液力变矩器三种。普通液力变矩器是指由泵轮、涡轮和导轮三个元件组成的液力变矩器，如图 4–3 所示。综合液力变矩器是指在导轮与固定导轮的套管之间装有单向离合器的液力变矩器。带锁止离合器的液力变矩器是指可以将泵轮和涡轮直接连接起来的液力变矩器。新型轿车的自动变速器普遍采用带锁止离合器的液力变矩器。

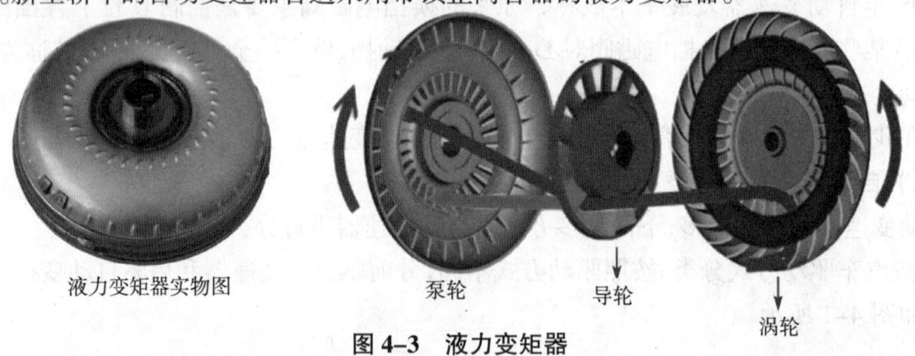

图 4–3　液力变矩器

3. 按齿轮变速机构的类型分类。按照齿轮变速机构的类型，分平行轴式和行星齿轮式，如图 4–4 所示。平行轴式自动变速器体积大，最大传动比小，使用车型很少。行星齿轮式变速器结构紧凑，能获得较大的传动比，为绝大多数轿车所使用。

(a) 平行轴式

(b) 行星齿轮式

图 4–4　不同变速机构的自动变速器

4. 按控制方式分类。按照控制方式不同，可分为全液压控制自动变速器和电子液压控制自动变速器。

5. 按自动变速器前进挡位分类。自动变速器按前进挡的挡数的不同分类，早期的自动变速器通常为 2～3 个前进挡；而现在的常见的自动变速器有 5～6 个前进挡，甚至有些达到 7 个前进挡。

（三）自动变速器的特点

1. 自动变速器的优点：

（1）操纵简单省力,具有更好的驾驶性能。

（2）较好的行车安全性。

（3）行驶平稳,舒适性好。

（4）防止传动系过载,延长传动部件寿命。

（5）减少燃油消耗,降低排放污染。

2. 自动变速器的缺点：

（1）结构较为复杂。

（2）制造难度大。

（3）生产成本高。

（4）维修困难。

（5）传动效率低。

（四）自动变速器的挡位使用

自动变速器的挡位因车型不同而有所差别,通常设有 P、R、N、D、2、1 等挡位,如图 4-5所示。

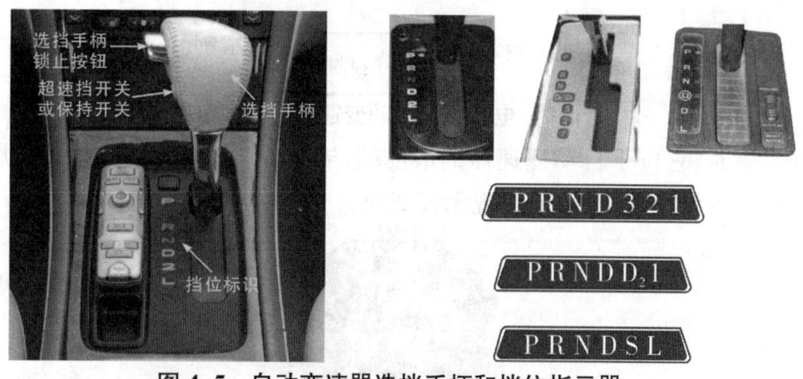

图 4-5　自动变速器选挡手柄和挡位指示器

丰田卡罗拉车型的自动变速器挡位设置如图 4-6 所示,具体如下：

P——驻车挡,在驻车或起步时选用。

图 4-6　丰田卡罗拉自动变速器挡位

R——倒挡，在倒车时选用。

N——空挡，启动发动机时选用。

D——前进挡，操纵手柄位于该位置时，自动变速器的控制系统能根据车速、节气门开度等因素的变化，按照设定的换挡规律自动变换挡位。该挡位在一般路况下正常使用时采用。

2——2 挡（有的车型设为 S 挡），选挡杆置于此位置时，自动变速器只能在 1、2 挡间自动换挡，无法升入更高的挡位。一般在弯路较多的下坡上选用，车辆在此挡时，能够利用发动机制动降低车速，从而保证车轮制动器发挥良好的效果。

1——1 挡（有的车型设为 L 挡），选挡杆置于此位置时，汽车被锁定在前进挡的 1 挡，保证车辆的动力性，用以通过各种无路、坏路地段，并且发动机制动效果更强。

（五）自动变速器的组成

目前，广泛应用的自动变速器多为电子控制自动变速器，它主要由液力变矩器、行星齿轮机构、换挡执行元件、液压控制系统和电子控制系统组成，如图 4–7 所示。

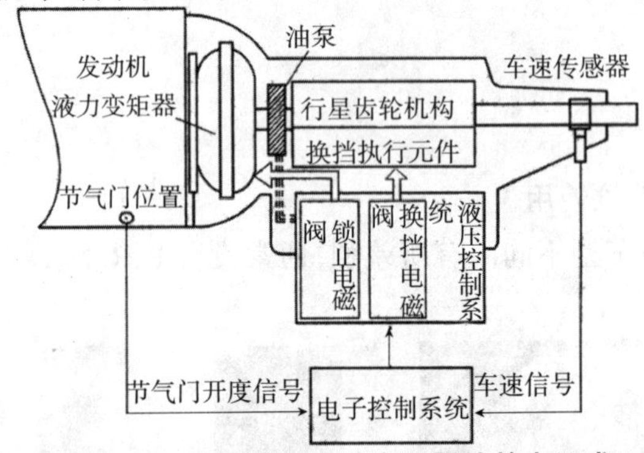

图 4–7 电子控制自动变速器的基本组成

1. 液力变矩器。它位于自动变速器的最前端，安装在发动机的飞轮上，利用液力传递动力，具有一定的减速增扭功能，并能实现无级变速，如图 4–8 所示。

图 4–8 液力变矩器

2. 行星齿轮机构。大多数厂家都使用行星齿轮式的自动变速器，如图 4–9 所示为辛普森式行星齿轮机构，它主要包括太阳轮、行星齿轮、行星架和内齿圈等元件。变速器通过行星齿轮机构改变行驶方向和传动比。

图 4–9 辛普森式行星齿轮机构

3. 换挡执行元件。它主要包括离合器、制动器和单向离合器等元件。换挡执行元件可以使传动机构处于不同的啮合状态，以实现不同的传动比，如图 4–10 所示。

4. 液压控制系统。它主要包括油泵、阀体、电磁阀及液压管路等元件，用于控制自动变速器升降挡。阀体总成如图 4–11 所示。

图 4–10　换挡执行元件

图 4–11　阀体总成

5. 电子控制系统。主要包括各种传感器、电子控制单元、电磁阀、自诊断系统等元件。

（六）自动变速器的工作原理

1. 全液压控制自动变速器控制原理。全液压控制自动变速器系统简图如图 4–12 所示。

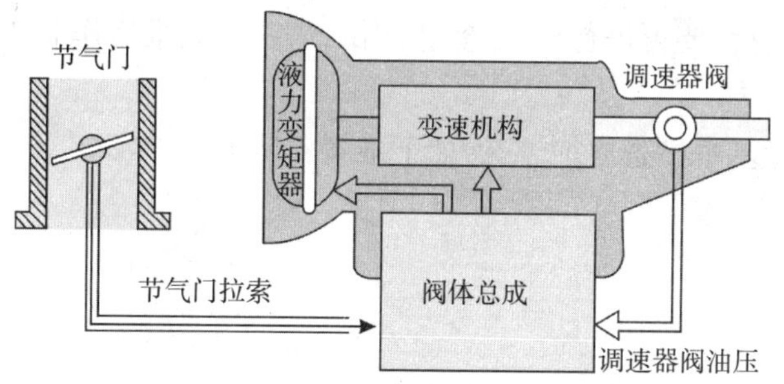

图 4–12　全液压控制自动变速器系统简图

在全液压控制自动变速器中，液压控制系统根据节气门（油门）开度和变速器输出轴上输送来的信号来控制升降挡。根据节气门开度变化，液压控制系统中的调节阀产生与加速踏板踏下量成正比的液压，该液压作为节气门开度“信号”加到液压控制装置；另外有装配在输出轴上的速控液压阀可产生与转速（车速）成正比的液压，作为车速“信号”加到液压控制装置。因此，就有节气门开度“信号”和车速“信号”，液压控制装置根据这两个“信号”的大小，按照设定的换挡规律，通过控制换挡执行机构动作，实现自动换挡。

2. 电子液压控制自动变速器控制原理。电子液压控制自动变速器主要由液力变矩器、变速机构、液压控制系统和电子控制系统组成。

它在全液压控制自动变速器的基础上增加电磁阀，电子控制单元（electronic control unit，ECU）借助电磁阀控制自动变速器工作。ECU 输入电路接收传感器和其他装置输入的信号，对信号进行过滤处理和放大，然后转换成电信号驱动被控的电磁阀工作。因此，电子控制自动变速器就要将增加的节气门位置传感器、车速传感器、水温传感器、液压油温度传感器、发动机转速传感器、挡位开关、制动灯开关等数字信号汇入 ECU，从而使得 ECU 精确控制电磁阀，使换挡和锁止时间准确，令汽车运行更加平稳和节省燃油。电子液压控制自动变速器系统简图如图 4–13 所示。

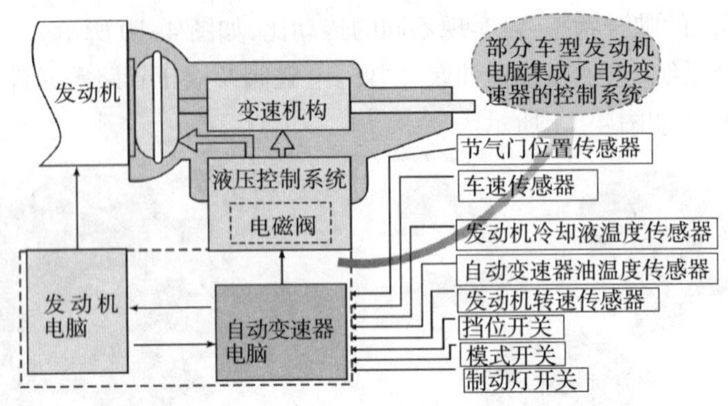

图 4–13 电子液压控制自动变速器系统简图

二、实践操作

自动变速器结构复杂，技术含量高，自动变速器出现故障，在故障不明确、维修资料不健全的情况下，仅凭经验是不可能完成维修任务的，因而绝对不能盲目拆装自动变速器，而应根据具体情况充分做好相关准备工作。故障车辆进行维修作业之前应先询问车主，根据车主描述的故障现象对车辆的故障作大致分析，粗略判断车辆可能的故障部位和故障原因，然后对车辆进行基本检查，若有必要再进行试车、实验测试，进一步做维修作业。

（一）准备工作

在对自动变速器做基本检查之前，应做如下准备：

1. 丰田卡罗拉轿车一辆。

2. 常用工具。

3. 解码器。

4. 干净的抹布。

5. 维修手册、工单。

（二）技术要求及注意事项

1. 注意事项：

（1）正确选择和使用维修中需要的工具、量具。

（2）应保持手清洁，不允许使用棉纱等易脱屑物接触自动变速器零件。

（3）不要将尖锐物放入口袋，以免扎伤自己或刮伤车辆。

（4）举升汽车时，正确选择支撑点，及时恰当地使用保险装置和采用保险措施。

2. 技术参数：

（1）丰田卡罗拉发动机正常怠速在 600～700r/min。

（2）车辆热车时要求发动机和传动桥的正常温度为 70～80℃。

（三）自动变速器基本检查

1. 自动变速器的识别。自动变速器维修之前，应确认型号，以便于维修资料的查询和参数数据的确定，保证正确的诊断、拆卸、维修和安装以及选用正确的零部件，保证维修质量。

很多自动变速器的壳体都有铭牌，铭牌标示有自动变速器的生产公司名称、型号、生产序号的代码等信息，如图 4–14 所示。

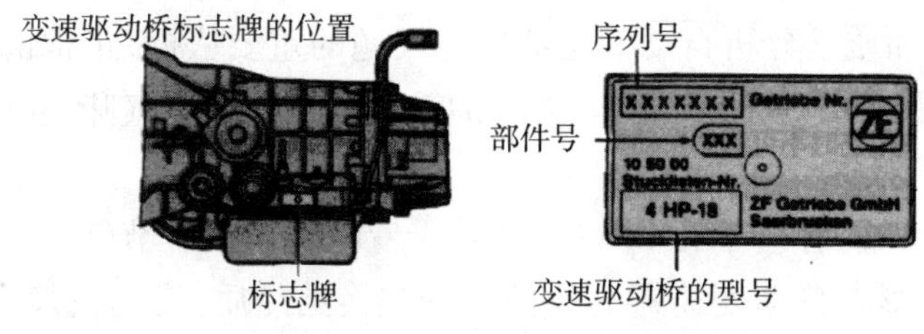

图 4-14　自动变速器的铭牌

2. 自诊断检查。查看故障指示灯，通过自诊断系统判断自动变速器是否存在故障。若存在故障，使用故障诊断仪读取故障码，根据故障码的含义进行维修。

3. 发动机怠速的检查。发动机怠速不正常，会导致自动变速器的工作出现异常。怠速过高，会引起自动变速器换挡冲击、异响等故障；怠速过低，会引起自动变速器起步熄火或颤抖等故障。

发动机热车后，分别将选挡杆置于 P 挡或 N 挡，关闭空调及其他所有用电设备，待发动机怠速稳定后，读取发动机转速表指示的转速，且必须在 600～700r/min。

4. 自动变速器油液的检查。

提示：自动变速器油液应选用车辆生产厂家规定的牌号和型号。

如果自动变速器油位过低，空气会通过油泵进油口进入液压油路，使液压系统工作压力降低，导致行星齿轮系统润滑不良，离合器和制动器打滑，加速性能变坏。油位过低还会加速油液的氧化，影响其品质和使用寿命。

如果油位过高，油液因剧烈搅动而产生大量泡沫。如果这些泡沫进入液压控制系统，液压控制系统的油压会下降，从而导致液压不足时产生的各种问题。

自动变速器油液温度升高会导致其品质和性能下降，使用寿命缩短，为了维持自动变速箱油（automatic transmission fluid，ATF）的正常温度，需装有专门的自动变速器油液冷却器。

（1）油面高度检查。

①启动车辆，使发动机和传动桥达到正常工作温度（70～80℃）。

②将车辆停于水平地面，拉起驻车制动器。

③在发动机怠速及制动踏板踩下的状态下，将选挡杆从 P 挡依次拨入各个挡位，然后拨回 P 挡。

④拉出油尺并擦拭干净，然后完全插回油尺导管。

⑤拉出油尺，检查油面是否在 HOT 范围内，如图 4-15 所示。如果液位低于 HOT范围，加注新油并重新检查液位；如果液位高于 HOT范围，排放一次，并重新检查液位。

⑥COOL 范围在冷车时作参考。

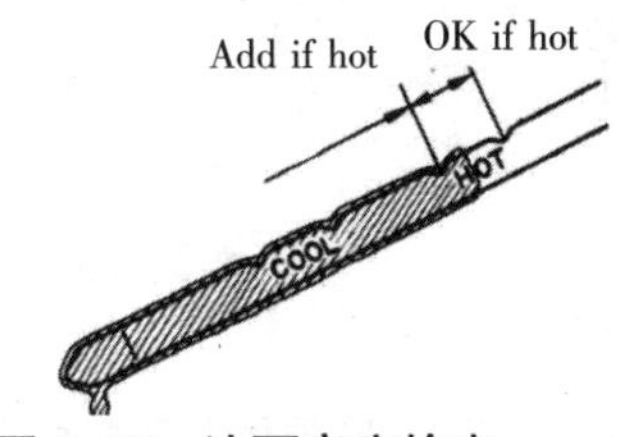

图 4-15　油面高度检查

（2）油质的检查。油质是分析自动变速器内部问题的重要依据，正常情况下的自动变速器油液（ATF）是红色或粉红色的透明液体。如果油液的颜色、状态、气味、黏度发生了变化，说明自动变速器油液已经变质。

5. 节气门拉索的检查。有些车有节气门拉索（卡罗拉轿车没有节气门拉索），应检查节气门开度。节气门的开度影响自动变速器的换挡时刻和换挡品质。发动机熄火后，节气门应全闭，当加速踏板踩到底时，节气门应全开。节气门拉锁的锁芯不应松弛，套索端和锁芯上限位块之间的距离应在 0～1mm。

6. 换挡操纵手柄位置检查。操纵手柄调整不当，会使操纵手柄的位置与自动变速器阀板中手柄的实际位置不符，造成挂不进停车挡或前进挡的情况，或操纵手柄的位置与仪表盘上挡位指示灯的显示不符，甚至造成在空挡或停车挡时无法启动发动机。

（1）当点火开关置于 ON 位置且踩下制动踏板时，将换挡杆从 P 位置换至 R 位置，确保换挡杆平稳地换挡至正确位置。

（2）启动发动机，确保将换挡杆从 N 位置换至 D 位置时车辆向前行驶，将其换至 R 位置时车辆向后行驶。

如果不能按规定执行操作，检查驻车挡 / 空挡位置开关总成，并检查换挡杆总成的安装情况。

7. 驻车挡 / 空挡位置开关总成的检查与调整。

（1）拉紧驻车制动器并将点火开关置于 ON 位置。

（2）踩下制动踏板，检查并确认当换挡杆在 N 或 P 位置时发动机能启动，而在其他位置时不启动。

（3）检查并确认当换挡杆在 R 位置时倒车灯点亮，倒挡警告蜂鸣器鸣响，但在其他位置不起作用。如果发现故障，则应检查驻车挡 / 空挡位置开关的导通性。驻车挡 / 空挡位置开关总成位置如图 4–16 所示。

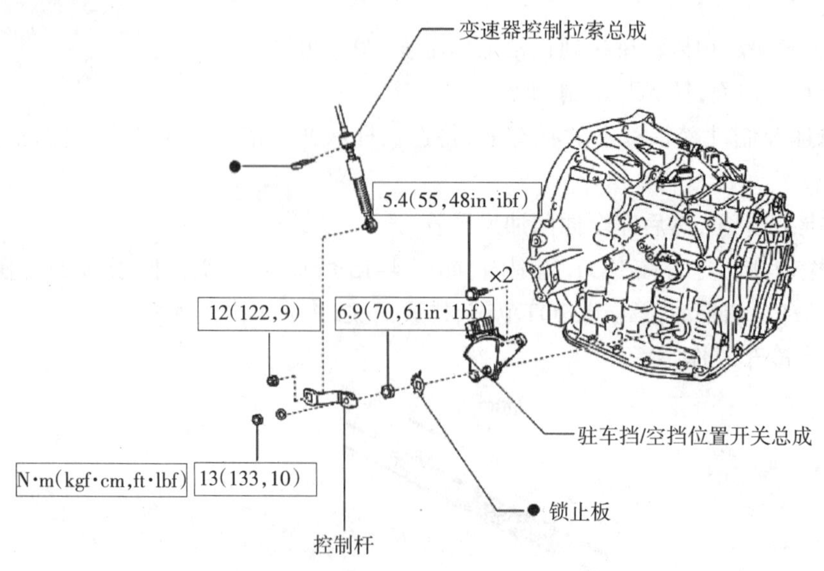

图 4–16 驻车挡/空挡位置开关总成位置

任务二　无级变速器油的检查和更换

任务引入

一辆奥迪 A6 2.8L 轿车，配备 01J 型无级变速器，汽车已行驶 6.0×10^4km，是否需要更换变速器油，如何检查油位，如何加注或更换。

任务分析

多数变速器要求定期换油，换油周期各厂家有自己的要求，奥迪轿车 01J 型无级变速器要求每行驶 6.0×10^4km 或 4 年更换自动变速器油。维护时或维修后应检查油位，必要时加注 ATF。

任务实施

一、相关知识学习

CVT 已成为各大汽车制造商技术开发的重点。2002 年 11 月我国下线的奥迪 A6 2.8L 轿车是国内第一款使用 CVT 的国产轿车；2005 年上海国际汽车展上可以看到很多车型开始装备 CVT。目前国内已有奥迪 A6、奥迪 A4、广本飞度、奇瑞旗云以及南京菲亚特、派力奥和西耶那等车型使用 CVT。

（一）CVT 的类型及特点

1. CVT 的类型。机械式，目前常见的是锥块金属 V 形带式传动，用于轿车；液压传动式（HST），用于工程车辆和农业机械；电力式，用于电动汽车。目前国内市场上采用 CVT 的车型已经越来越多。

2. CVT 的特点。

CVT 的优点：

（1）提高燃油经济性和排放性能。CVT 在相当宽的范围内实现无级变速，可以获得传动系统与发动机工况的最佳匹配状态，提高整车的燃油经济性，降低排放。

（2）提高动力性能。CVT 能够获得较大的传动比，其动力性能明显优于机械变速器和自动变速器。

（3）改善驾驶舒适性能。因变速比连续变化，可使挡换平滑，实现了手动变速器的快速反应和自动变速器舒适的双优点。

如图 4–17 所示为金属带式 CVT 的变速原理图。变速部分由主动带轮（也称初级轮）、金属带和从动带轮所组成。每个带轮都是由两个带有斜面的半个带轮组成一体，其中一个半轮是固定的，另一个半轮可以通过液压控制系统控制其轴向移动，两个带轮之间的中心矩是固定的，由于两个带轮的直径可以连续无级变化，所以形成的传动比也是连续无级变化的。

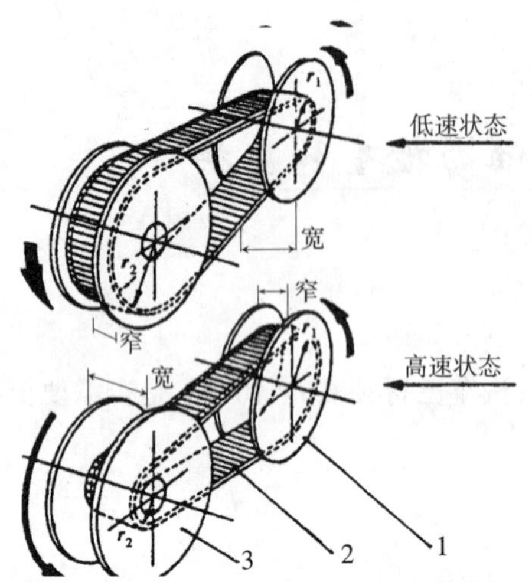

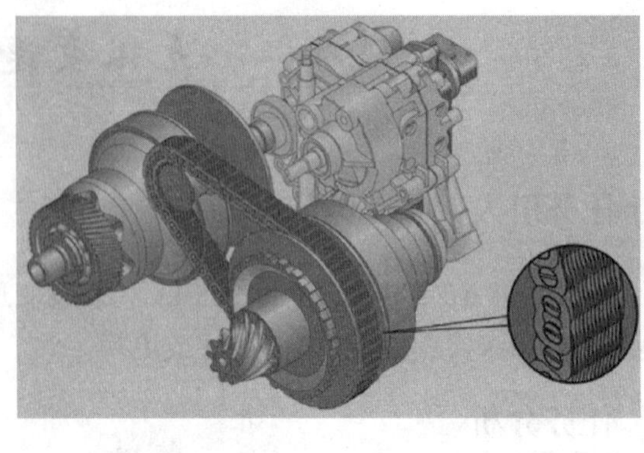

1－主动带轮；2－金属传动带；3－从动带轮

图 4–17　金属带式 CVT 的变速原理图

（二）CVT 的基本组成和工作原理

CVT 主要由无级变速传动机构和液压及电子控制系统两部分组成。

1. 无级变速传动机构。一般无级变速机构所形成的传动比在 0.44～4.69，在其后需要增加主减速器，在其前一般还配有电磁离合器或带有锁止离合器的液力变矩器。如图 4–18 所示为带液力变矩器的 CVT。

如图 4–19 所示是 CVT 的关键部件——金属带。它是由一层层带有 V 形斜面的金属片通过柔性钢带所组成的，靠 V 形金属片传递动力，而柔性钢带则只起支撑与保持作用。和普通的带传动不一样，这种带在工作的时候相当于由主动轮通过钢带推着从动轮旋转来传递动力。一般钢带总长约 600mm，由 300 块金属片组成，每片厚约 2mm，宽约 25mm，高约 12mm。每条带包含柔性钢带 2～11 条，每条厚约 0.18mm。生产出能够传递高转矩和高转速的 V 形钢带，是当前无级变速传动的主要研究问题之一。

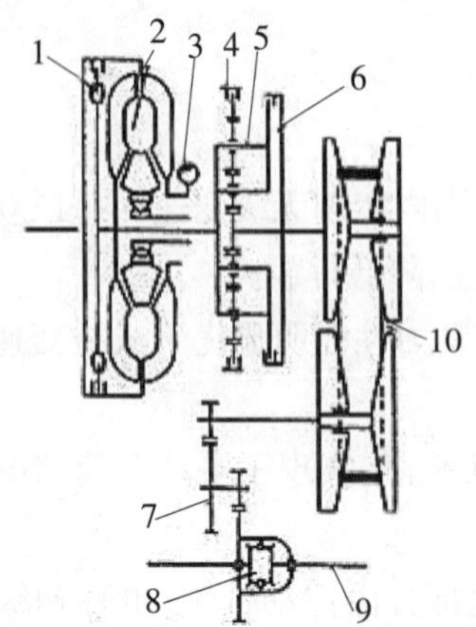

1－锁止离合器；2－液力变矩器；3－液压泵；4－前进挡离合器；5－行星齿轮机构；6－倒挡离合器；7－减速齿轮；8－差速器；9－半轴；10－金属带无级变速器

图 4–18　带液力变矩器的 CVT

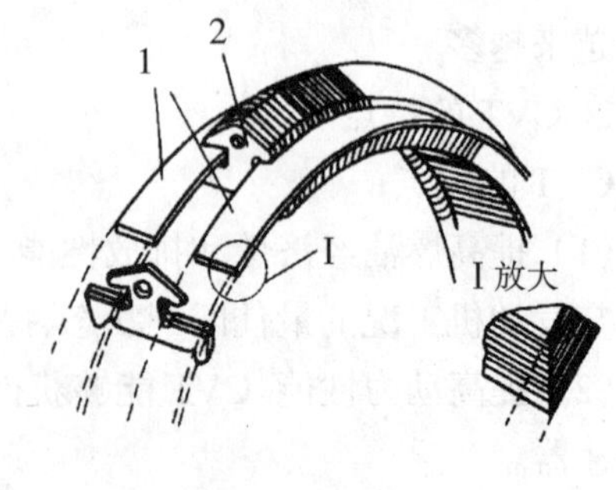

1－柔性钢带；2－金属块

图 4–19　金属带的结构

2. 无级变速传动的控制系统。

(1) 控制系统的组成。如图 4-20 所示为一种电液控制的电子控制无级变速传动的控制系统。系统中包括电磁离合器的控制和金属带变速控制。变速比由发动机节气门信号和主动带轮转速所决定，ECU 根据发动机的转速、车速、节气门位置、换控制器(一般仅有 P、R、N、D 选择)信号控制电磁离合器，以及控制带轮上液压伺服缸的压力，实现无级变速。一般在最高传动比(低)时控制压力最大，约 2.2MPa；在最低传动比(高)时的控制压力最小，约 0.8MPa。由于传动比的改变仅受节气门和主动带轮转速的控制，因而控制的灵活性相对受到了限制。

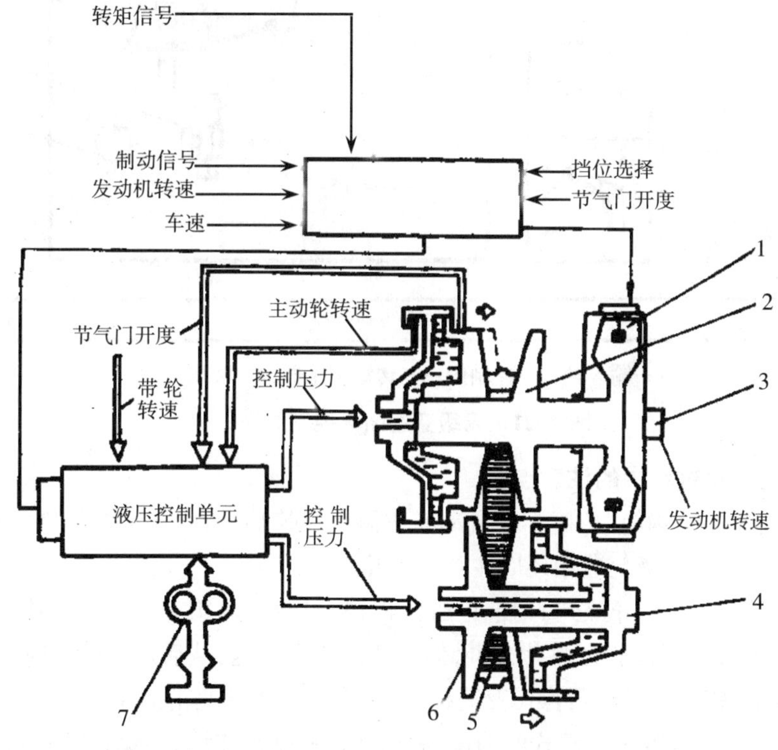

1—电磁离合器；2—主动带轮；3—输入轴；4—输出轴；5—钢带；6—从动带轮；7—液压泵

图 4-20　电子控制无级变速传动的控制系统

(2) 控制方法。如图 4-21 所示为无极变速闭环控制原理。它是以发动机的输入转速作为反馈信号，以节气门开度等作为控制输入信号，来控制带轮的压力、调节传动比的闭环电子控制无级变速传动控制系统。这是一个检测全部输入和输出转速的闭环电子控制系统。驾驶员的意图通过节气门开度及换控制器，输入到电子控制系统，并可以选择动力型(S)或经济型(E)的最佳换规律。根据发动机的转速和转矩，确定施加到主、从动带轮上的压力，并由发动机转速(对应于主动带轮转速)构成转速反馈闭环控制，根据转速的偏差信号决定升或降变速，并输出控制信号到电液比例控制阀，控制作用在两个运转带轮上的液压伺服缸的压力。

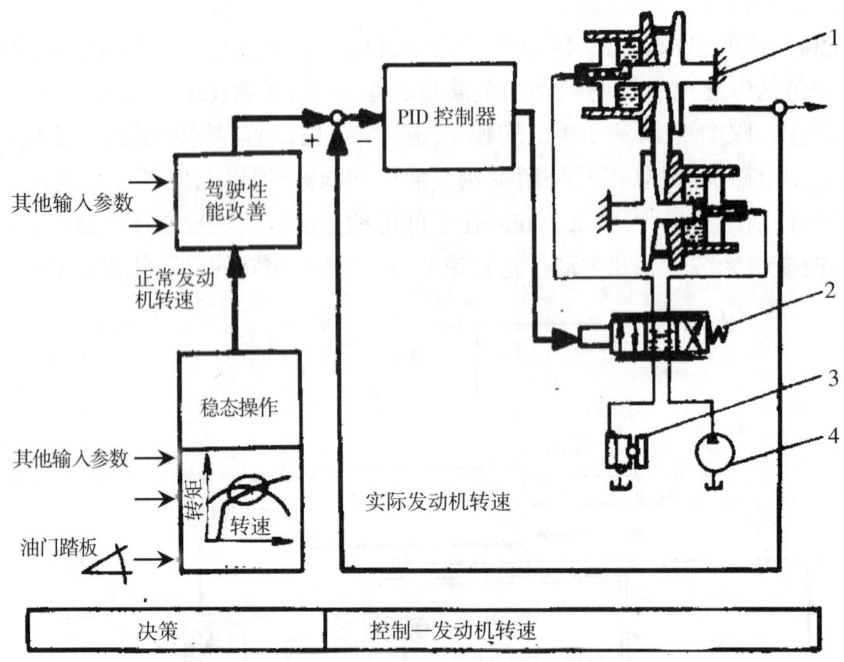

1—输入轴;2—控制阀;3—转矩传感器;4—液压泵

图 4–21　无级变速闭环控制原理

（三）车主在使用过程中的注意点

由于 CVT 变速器结构简单,摒弃了自动变速器众多弊端,所以在正常使用下可以用到整车报废。正确使用 CVT 无级变速箱还应注意以下几点:

1. 行驶时,不要将变速杆拉到 N 挡、P 挡或 R 挡,虽然变速箱有自我保护功能,有专业技术人员做过这样的破坏性试验也没什么事,但是从前进变后退,从后退变前进时,最好要完全停住车,在踩住制动踏板的同时再操作变速杆,否则有可能使变速箱损坏。

2. 下坡时,应使用 S 或手动模式的挡位,利用发动机制动作用,避免长时间制动时使制动蹄片产生热衰退性,使制动性能变差。

3. 根据 CVT 的结构和工作原理,由于所有的控制都是靠内部油压来完成的,所以应按照生产厂家指定的期限检查 CVT 的油质、油量。重点是油量,车主应该要学会看油尺。油多了阻力会变大,甚至产生箱体内外正压力;油少了压力会变弱,甚至会出现钢带打滑的现象。

4. 为了最大限度地提高其燃油经济性,行驶中最好使用 CVT 变速箱的自动模式。这样可以使发动机和变速器全程保持最佳匹配的状态, 最大限度利用发动机的扭矩和功率输出,以达到经济的车速,从而提高燃油的经济性。

5. 由于 CVT 的结构,假如对其相关的零部件或电路进行检修或断电之后,都要对内部进行一种特殊的设定程序才能使 CVT 发挥正常的状态。所以,对于 CVT 变速箱的维修应去专业的修理单位进行维修。

6. 如果车主想加速快的话就以 CVT 变速箱的自动模式加速,可以全程保持在发动机扭力输出最高的转速,不会有动力波动和换挡“真空期”,因此是加速最快的。手动模式不能完全利用发动机最佳转速,加上换挡耗费时间,所以加速更慢。

7. 当心斜坡溜车。不少 CVT 变速箱在动力接合的初段会发生打滑,如果在斜坡起步,便不能在初段阻止车辆溜坡。所以 CVT 变速箱车型在斜坡起步时要以手刹辅助。

8. 牵引车辆时,变速杆必须处在 N 位,牵引车速不能超过 50km / h,牵引里程不大于 50km,否则可能损坏变速器。

二、实践操作

更换无级变速器的润滑油时,应注意正确合理地使用专用工具和检测仪器,按要求处置废油,保持场地的整洁,严格遵守安全操作规程,防止零件的损坏及人员的伤害。

(一)准备工作

在对离合器做基本检查之前,应做如下准备:

1. 装配奥迪 01J 型 CVT 的轿车一辆,底盘装配齐全。

2. 磁力护裙、转向盘护套、变速杆手柄套、脚垫、座位套、干净抹布。

3. 举升设备一台。

4. 带有 VAS5051 / 1 的 VAS5051 检测仪;CVT 的 ATF 加注器 VAS5162;ATF 收集槽;防护眼镜。

5. 奥迪 01J 型 CVT 维修手册一本。

(二)技术要求及注意事项

1. 奥迪 01J 型 CVT 要求的 ATF 不同于分级式自动变速器要求的 ATF,只有作为配件订购的 CTF 专用的 ATF 才允许在行星轮箱中使用。

2. ATF 加注器 VAS5162 储油箱上的插图指出 CVT 必须使用专用的 ATF。

3. 当维修后或者 ATF 严重泄漏时,在变速器中只有少量甚至没有 ATF,则不允许启动发动机。在这种情况下,必须加注 4.5～5L ATF。

4. 检测油位的前提条件:变速器不应在应急状态,车辆水平停放,启动发动机,踏下制动踏板并拉紧驻车制动器,在怠速时切换各位置(P—R—N—D),在每个位停留 2s;变速杆置于 P 位,发动机怠速运转;关闭空调及暖风。

(三)检查 ATF 油位

由于 ATF 油位随着 ATF 温度的变化而变化,当 ATF 温度太低时,测定的 ATF 油位会导致加注过多;ATF 温度太高时,测定的 ATF 油位会导致加注不够。加注不够或者过多都会影响变速器的功能。因此在检查 ATF 油位时要读取 ATF 温度,具体步骤是:在 VAS5051 检测仪选项栏 1 处键入诊断功能“08”,即读取测量值,VAS5051 显示为:1－输入显示组,最大输入值为 255;在键盘 2 处键入“010”并按 Q 键确定输入;在显示区 3 上读取 ATF 温度。

检查 ATF 油位时一定要戴防护眼镜,将 ATF 收集槽放到变速器下面。如果 ATF 的温度达到 35℃,拧出 ATF 检查螺栓,如图 4-22 所示。

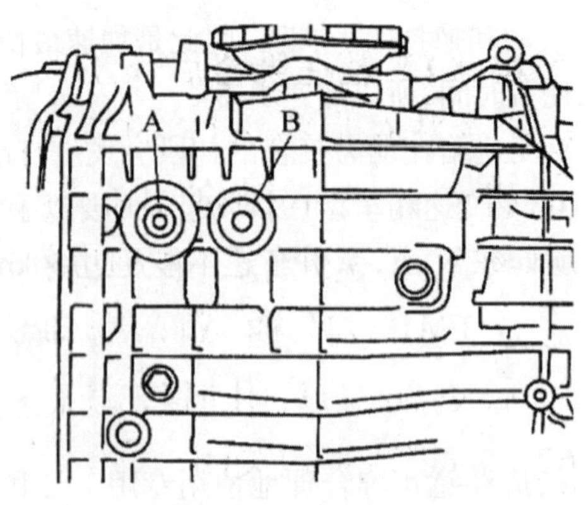

A—放油螺栓;B—检查螺栓

图 4–22 ATF 检查螺栓

打开检查螺栓时，总是先有约 5L 的 ATF 从内油管中流出。当 ATF 温度处在 35～45℃时，仍有少量液体从 ATF 检查螺栓中溢出（由于温度上升而导致液面升高），则说明 ATF 油位正确。更换 ATF 检查螺栓，拧紧力矩为 20N·m。最迟在温度达到 45℃时，必须重新拧上 ATF 检查螺栓。

（四）加注 ATF

必须加注大众汽车原厂 CVT 专用 ATF，加注 ATF 的前提条件是发动机处于怠速运转状态；将 ATF 加注器 VAS5162 加满油的储油箱尽可能高过并固定到车辆上，如图 4–23 所示。加注器 VAS5162 上的旋塞必须关闭。将加注器 VAS5162 旋塞上的支撑拧入 ATF 检查螺栓 B 的开口。沿着加注器软管的方向转动旋塞，如图 4–24 所示，ATF 就会流入变速器，在加注器出油口下面放上合适的容器。通过沿出油口的方向转动旋塞，如图 4–25 所示，检查 ATF 油位。

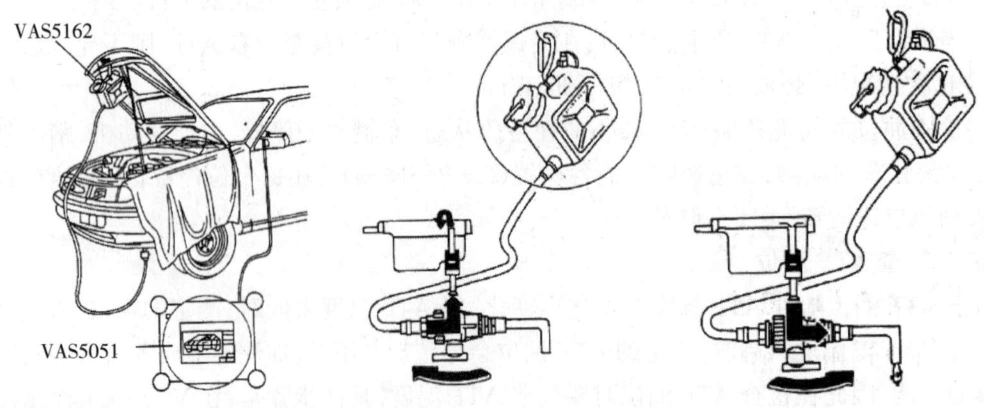

图 4–23 加注 ATF 步骤一　图 4–24 加注 ATF 步骤二　图 4–25 加注 ATF 步骤三

如果在达到 45℃前，只有少量的 ATF 从出油口中流出，则说明 ATF 油位正确。总是先有约 5L 的 ATF 从内油管中流出。如果没有 ATF 流出，重新沿加注器软接头方向转回旋塞，然后让更多的 ATF 流入，重新检查 ATF 油位，在达到正确的 ATF 油位后，再拧下螺塞。在拧下加注器 VAS5162 的旋塞后，以点滴方式加注 ATF，然后更换 ATF 检查螺栓，最迟在 ATF 温度达到 45℃时，拧紧检查螺栓，拧紧力矩为 20N·m。

注意：当 ATF 温度超过 45℃时，过热会使太多的 ATF 流出，变速器不能添加到足够的 ATF;键入选择结束功能“08”,即读取测量值,选择“06”,即结束任务,最后关闭点火开关,并断开诊断系统的插座连接。

（五）更换 ATF 及在维修后加注 ATF

在没有加注 ATF 的情况下,不得启动发动机,并且不得牵引车辆;原则上在安装更换的变速器前,必须用压缩空气(最大压力 1MPa)吹通 ATF 冷却器和 ATF 管路,然后更换 ATF 附加过滤器;加注器 VAS5162 上的旋塞必须关闭。

工作流程如下:

1. 举起车辆,松开快速连接件 2 和 3,然后取下隔音板,如图 4-26 所示。

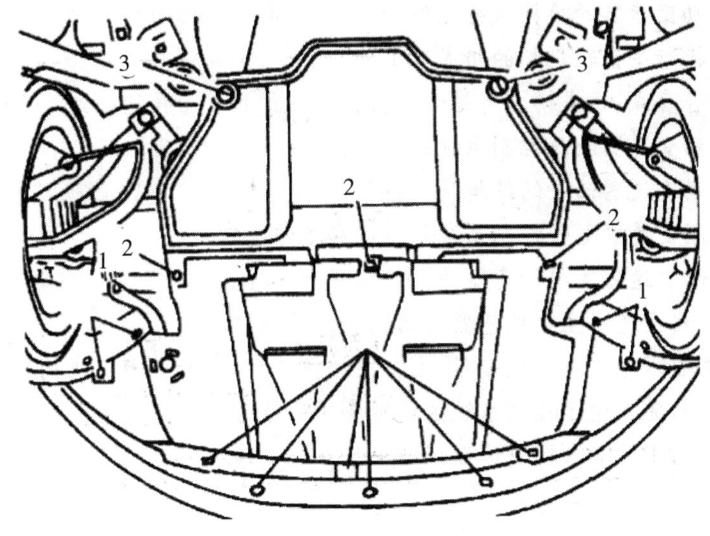

1、2、3—快速连接件

图 4-26　隔音板上的快速连接件

2. 将 ATF 收集槽放到变速器下面。
3. 用套筒扳手的接头 3357 拧出 ATF 放油螺栓,让 ATF 流出。
4. 用 24N·m 的力矩拧紧 ATF 放油螺栓。
5. 拧出 ATF 检查螺栓。
6. 将加注器 VAS5162 旋塞上的支撑拧入 ATF 检查螺栓口。
7. 沿着加注器软管的方向转动旋塞,ATF 就会流入变速器。
8. 加注 4.5～5L ATF 到变速器中。
9. 将变速杆换到 P 位,启动发动机并让其怠速运转。
10. 检查 ATF 油位并补充 ATF。

在整个工作过程中必须注意 ATF 油位的所有提示和检查条件。

项目五　自动变速器的检修

学习目标与要求

1. 了解液力变矩器的组成、作用及工作原理。
2. 说明锁止离合器的作用和控制方法。
3. 概述自动变速器的换挡执行元件的作用、组成和工作原理。
4. 概述单排行星齿轮机构的组成及工作原理。
5. 了解辛普森式、拉威挪式行星齿轮机构的结构和动力传递路线。
6. 概述自动变速器液压控制系统的组成、作用与工作原理。
7. 概述自动变速器油泵的结构及工作原理。
8. 了解自动变速器电子控制系统的组成和工作原理。
9. 了解自动变速器主要传感器的安装位置和作用。
10. 了解自动变速器主要传感器的结构和工作原理。
11. 按技术要求完成液力变矩器、主要换挡执行元件、行星齿轮机构及油泵的检修。
12. 查阅资料完成电子控制系统主要元件的检修。
13. 按技术要求完成自动变速器试验项目。

任务一　液力变矩器的检修

任务引入

液力变矩器常见的故障主要有油温过高、供油压力过低、漏油、机器行驶速度过低或行驶无力，以及工作时内部发出异常响声等 5 种。要求能按照标准完成液力变矩器的检修等工作。

任务分析

在此任务中要掌握液力变矩器的组成及检修，并通过使用通用工具、专用工具、设备和汽车维修资料等，按照标准完成液力变矩器的检修等工作。

任务实施

一、相关知识学习

在发动机和手动变速器之间有离合器总成，而在发动机和自动变速器之间是没有离合器总成的，液力变矩器正好处于离合器总成的位置，它是否要完成离合器的功用？它与离合器相比较有哪些不同？带着这些问题我们进入下面课程的学习。

（一）液力耦合器

液力变矩器是在液力耦合器的基础上发展而来的，为了更好地了解液力变矩器，要先认识液力耦合器。

1. 液力耦合器的组成。液力耦合器由主动元件的泵轮、从动元件的涡轮和耦合器外壳等部件组成，如图 5-1 所示。

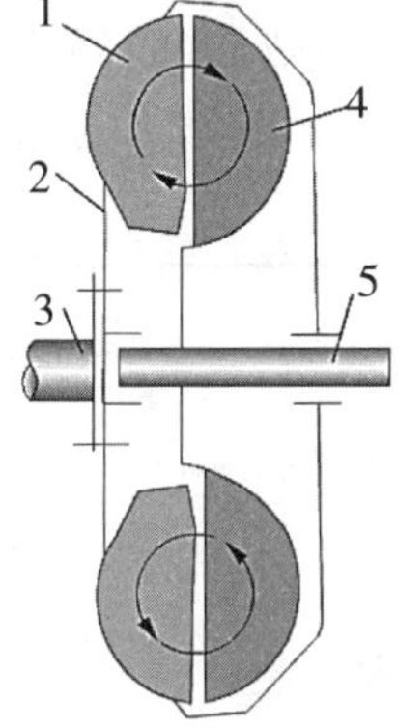

1—泵轮；2—耦合器外壳；3—发动机曲轴；4—涡轮；5—从动轴

图 5-1　液力耦合器的组成

泵轮：泵轮刚性连接在外壳上，与曲轴一起旋转。涡轮：涡轮连接在从动轴上。

泵轮和涡轮的结构如图 5-2 所示，在泵轮和涡轮上，均径向焊接带有一定弯度的叶片，用来传递动力。泵轮与涡轮叶片内圆有导流环，装合后通过轴线的纵断面构成循环圆，可促进油液循环。

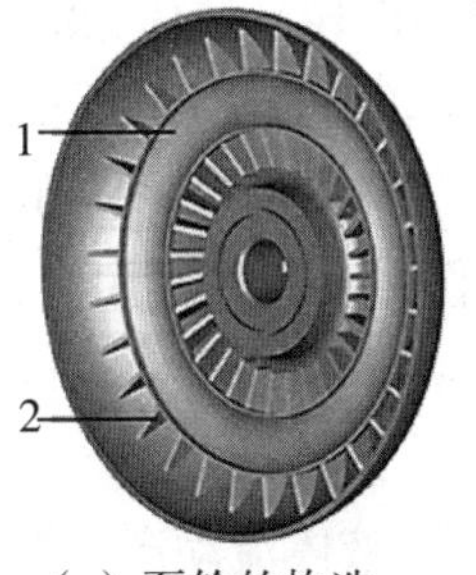

（a）泵轮的构造

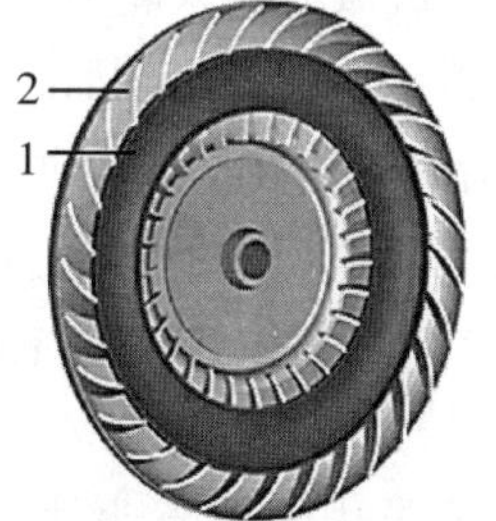

（b）涡轮的构造

1—导环；2—叶片

图 5-2　泵轮和涡轮的结构

2. 液力耦合器的工作原理。液力耦合器的工作原理可以用两台电风扇来形象地描述，如图 5-3 所示。两台风扇对置，一台通电转动，产生的气流可吹动不通电的风扇。液力耦合器中的泵轮相当于通电的风扇，涡轮相当于未通电的风扇，液力耦合器的工作介质是液压油，相当于空气。

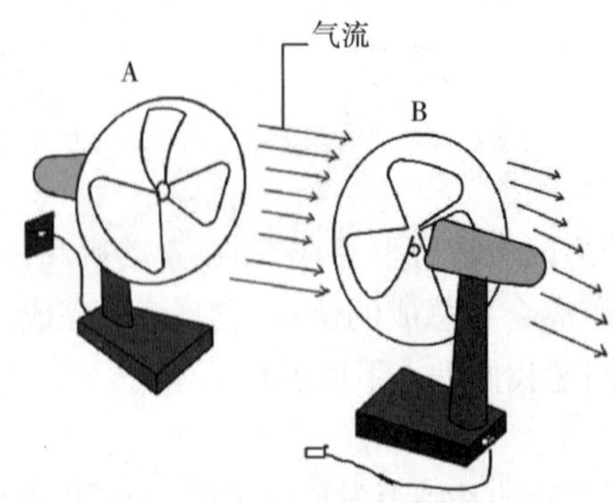

图 5-3 风扇能量传递

液力耦合器的工作原理如图 5-4 所示。当发动机运转时，曲轴带动液力耦合器的壳体和泵轮一起转动，泵轮叶片内的液压油在泵轮的带动下随之转动，在离心力的作用下，液压油沿叶片外缘被甩出，冲向涡轮叶片，使涡轮旋转。冲向涡轮的液压油沿涡轮叶片向内缘流动，返回到泵轮内缘的液压油，又被泵轮再次甩向外缘。液压油就这样从泵轮流向涡轮，又从涡轮返回到泵轮而形成循环的液流。

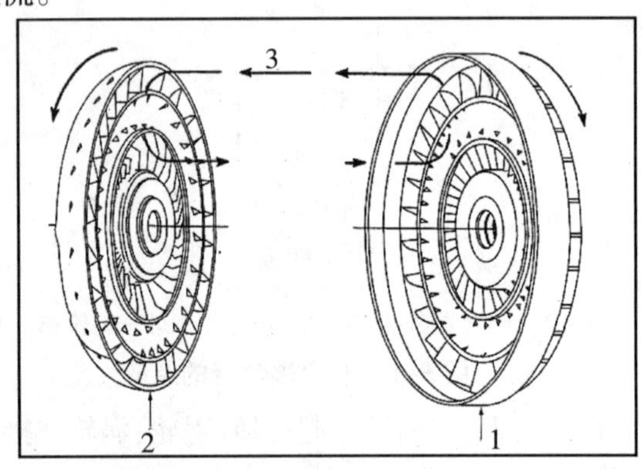

1—泵轮；2—涡轮；3—油流

图 5-4 液力耦合器的工作原理

能量转换：发动机的机械能→泵轮→流体的动能→涡轮→流体的能量转化为机械能。

可见，在液力耦合器工作时，发动机的动能通过泵轮传给工作油液，工作油液在循环流动的过程中又将动能传给涡轮输出。工作油液在循环流动的过程中，除了与泵轮和涡轮之间的作用力之外，没有受到其他任何的附加的外力。根据作用力与反作用力相等的原理，工作油液作用在涡轮上的转矩应等于泵轮作用在工作油液上的转矩，即：发动机传给泵轮的转矩与涡轮上输出的转矩相等。

3. 涡流和环流。耦合器内液体流动，如图 5-5 所示，液体流动产生涡流和环流。

（1）涡流的产生。当发动机曲轴带动泵轮旋转时，泵轮带动自动变速器油一起旋转，在离心力的作用下，液体沿泵轮叶片间的通道向外缘流动，外缘油压高于内缘油压，油液从泵轮外缘冲向涡轮外缘，又从涡轮内缘流入泵轮内缘，可见在轴向断面内液体流动形成循环流，称为涡流，如图 5-6 所示。

（2）环流的产生。ATF 在进行涡流的同时，又绕曲轴中心线旋转，我们把液体绕轴线旋转的流动称为环流，如图 5-6 所示。

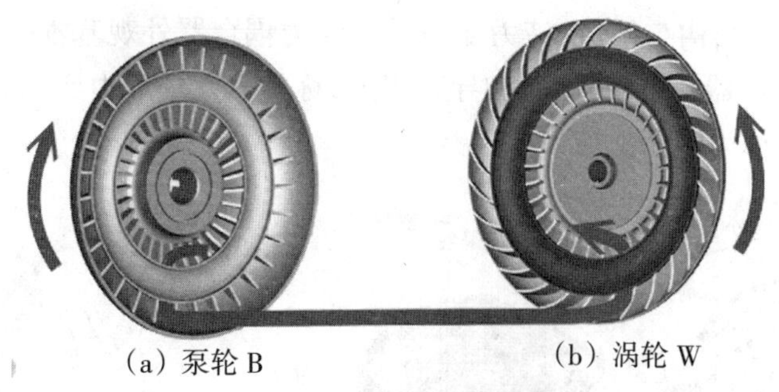

图 5–5　耦合器内液体流动

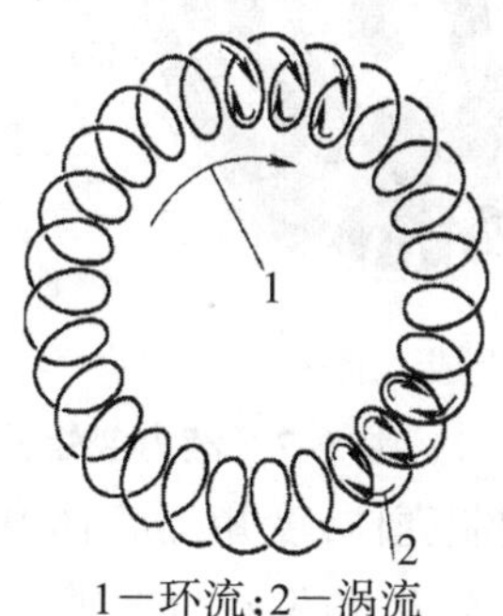

图 5–6　环流和涡流

4. 液力耦合器传动条件和扭矩传递。

(1) 传动条件。液力耦合器实现传动的必要条件是工作油液在泵轮和涡轮之间有循环流动,而这种循环流动的产生,是由于两个工作轮转速不等,故耦合器正常工作时,泵轮转速总是大于涡轮转速。如果二者转速相等,液力耦合器则不能起到传动作用。

(2) 扭矩传递。从液力耦合器的工作原理可见,液流在循环流动过程中,没有受到任何附加外力,故发动机发出的作用于泵轮上的扭矩与涡轮所接受并传给从动轴的扭矩相等,即液力耦合器只起到传递扭矩的作用,而不能改变扭矩的大小。

总之,液力耦合器不能使输出扭矩增大,只起液力联轴离合器的作用。它不能使发动机与传动系彻底分离,所以目前汽车上普遍采用液力变矩器。

(二) 液力变矩器的作用和结构

1. 液力变矩器的作用。液力变矩器位于发动机和自动变速器传动机构之间,以 ATF 为工作介质,主要完成以下功用:

(1) 传递转矩。发动机的转矩通过液力变矩器的主动元件,再通过 ATF 传给液力变矩器的从动元件,最后传给变速器。

(2) 无级变速。根据工况的不同,液力变矩器可以在一定范围内实现转速和转矩的无级变化。

(3) 自动离合。液力变矩器由于采用 ATF 传递动力,当踩下制动踏板时,发动机也不会熄火,此时相当于离合器分离;当抬起制动踏板时,汽车可以起步,此时相当于离合器接合。

(4) 驱动油泵。ATF 在工作的时候需要油泵提供一定的压力,而油泵是由液力变矩器壳体驱动的。

由于同时采用 ATF 传递动力,液力变矩器的动力传递柔和,且能防止传动系过载。

2. 液力变矩器的结构与组成。液力变矩器与液力耦合器外观基本一样，但其内部增加了一个导轮，即液力变矩器由泵轮、涡轮和导轮组成，称为三元件液力变矩器，如图 5–7 所示。有的采用两个导轮，则称为四元件液力变矩器。

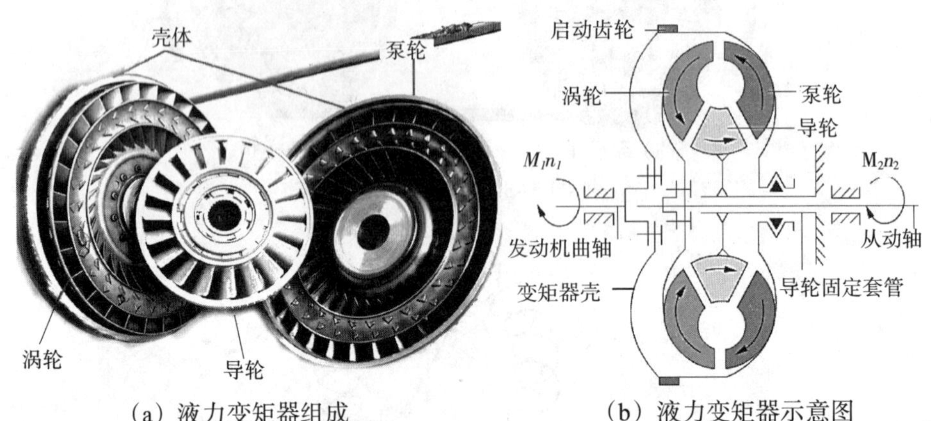

（a）液力变矩器组成　　（b）液力变矩器示意图

图 5–7　液力变矩器

液力变矩器总成封在一个钢制壳体（变矩器壳体）中，内部充满 ATF。液力变矩器壳体通过螺栓与发动机曲轴后端的飞轮连接，与发动机曲轴一起旋转。泵轮位于液力变矩器的后部，与变矩器壳体连在一起。涡轮位于泵轮前，通过带花键的从动轴向后面的变速器传动机构输出动力。导轮位于泵轮与涡轮之间，通过单向离合器支承在固定套管上，使得导轮只能单向旋转（顺时针旋转）。泵轮、涡轮和导轮上都带有叶片，液力变矩器装配好后形成环形内腔，其间充满 ATF。

提示：为了掌握液力变矩器的基本结构，此处可观看剖开的实物或模型、录像等以加深了解。

（三）液力变矩器的工作原理

液力变矩器除了具有液力耦合器的传递力矩的作用外，还具有改变力矩的作用。仍以两台风扇示意：如图 5–8 所示，在对置的两台风扇后面用一根空气管道相连通，通电的风扇叶片吹动气流冲击未通电的风扇叶片，未通电的风扇叶片与通电的风扇叶片同向旋转；同时，通过空气管道使穿过未通电风扇的气流通过空气通道的导向，从通电风扇的背面流回，这会加强通电风扇吹动的气流，使吹向未通电风扇的转矩增加。

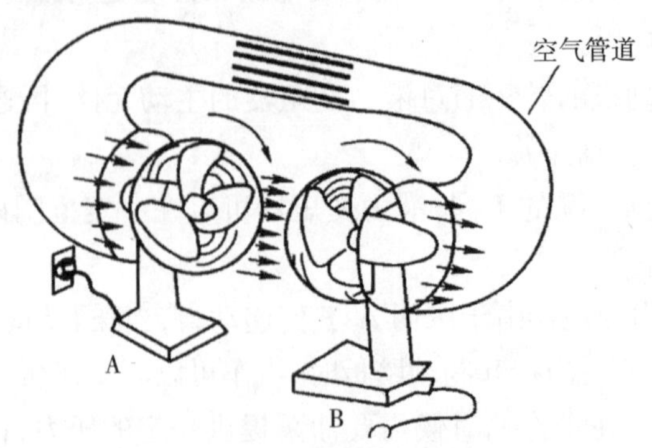

图 5–8　液力变矩器工作模型

1. 动力的传递。液力变矩器工作时，壳体内充满液压油，发动机带动壳体旋转，壳体带动泵轮旋转，泵轮的叶片将 ATF 带动起来，并冲击到涡轮的叶片；如果作用在涡轮叶片上的冲击力大于作用在涡轮上的阻力，涡轮将开始转动，并使变速器的输入轴一起转动。由涡轮叶片流出的 ATF 经过导轮后再流回泵轮，形成如图 5–9 所示的循环流动。

提示：涡轮的阻力包括 ATF 的摩擦阻力、与涡轮相联系的各元件的运动阻力等。

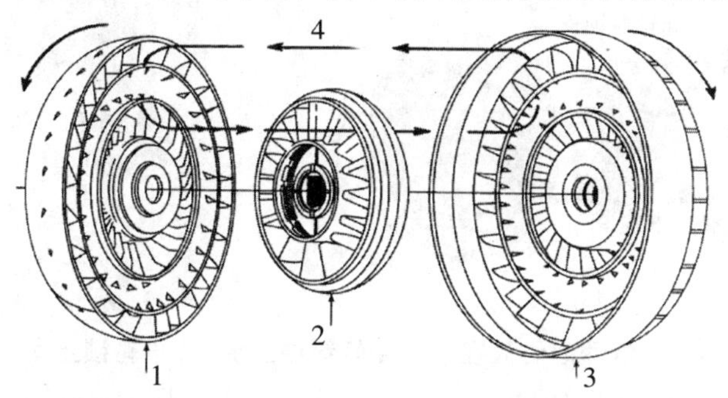

1—涡轮；2—导轮；3—泵轮；4—油流

图 5–9　ATF 在液力变矩器中的循环流动

具体来说，上述 ATF 的循环流动是两种运动的合运动。当液力变矩器工作，泵轮旋转时，泵轮叶片带动 ATF 也旋转起来，开始绕着泵轮轴线做圆周运动；同样随着涡轮的旋转，ATF 也绕着涡轮轴线做圆周运动。旋转起来的 ATF 在离心力的作用下，从内缘流向外缘。当泵轮转速大于涡轮转速时，泵轮叶片外缘的液压大于涡轮外缘的液压。因此，ATF 在做圆周运动的同时，在上述压差的作用下由泵轮流向涡轮，再流向导轮，最后返回泵轮，形成在液力变矩器环形腔内的循环运动。

总结：液力变矩器要想能够传递转矩，必须要有 ATF 冲击到涡轮的叶片，即泵轮与涡轮之间一定要有转速差(泵轮转速大于涡轮转速)。

2. 转矩的放大。耦合器在工作时，工作液体从泵轮流向涡轮，经涡轮出来之后再流向泵轮。工作液体从涡轮出来时的作用方向与泵轮的运动方向相反，有阻碍泵轮正常旋转的趋势，即泵轮的运动受到涡轮回油的阻碍，这是液力耦合器的最大缺点，也是它不能增大扭矩的原因。

液力变矩器的增扭如图 5–10 所示，由图可以看出，涡轮回流的 ATF 经过导轮叶片后改变流动方向，与泵轮旋转方向相同，从而使液力变矩器具有转矩放大的功用。

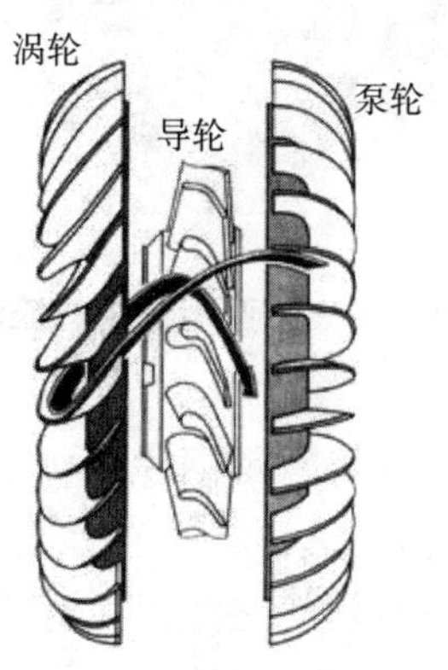

图 5–10　液力变矩器的增扭

车辆低速时，涡轮不动，泵轮开始转动，油液在导轮叶片作用下，流动方向会改变。当油液再流到泵轮时，流向与泵轮的运动方向相同。由于受到单向离合器的约束，导轮静止不动。这样也就增强了泵轮的旋转力矩，进而增加了涡轮的扭矩，如图 5-11 所示。

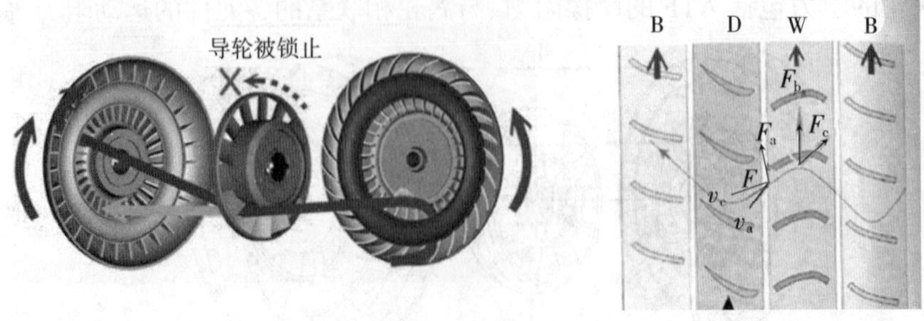

图 5-11 低速时油液在液力变矩器中的流向（导轮锁止）

随着涡轮转速逐渐升高，即涡轮的牵连速度逐渐增加时，从涡轮流入导轮的油液方向有所变化。在涡轮转动产生的离合器的作用下，油液不再直接射向导轮，而是越过导轮直接回到泵轮，因此失去了增扭作用。此时的液力变矩器变成了液力耦合器，如图 5-12 所示。

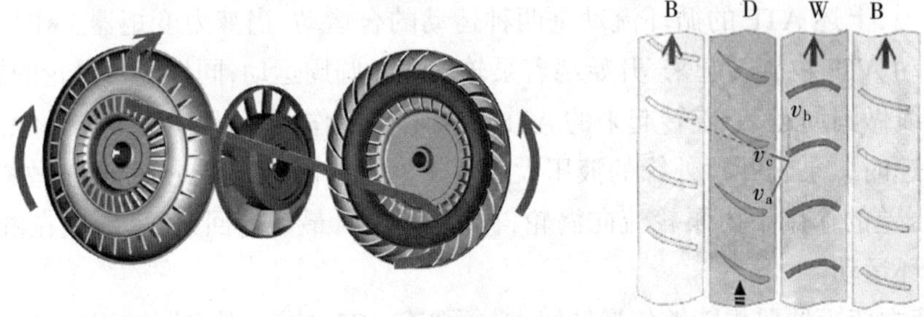

图 5-12 耦合状态时油液在液力变矩器中的流向（导轮不动）

涡轮转速继续增加，从涡轮流入导轮的油液冲击到导轮叶片的背面，导轮在油液冲击力的作用下开始转动，方向与涡轮和泵轮的一致，如图 5-13 所示。

当涡轮转速增大至与泵轮转速相等时，油液在循环圆中循环流动停止，液力变矩器失去传递动力的能力。

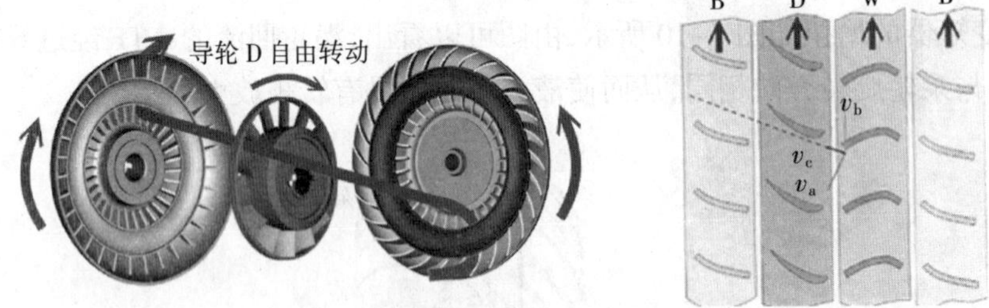

图 5-13 油液在液力变矩器中的流动（导轮转动）

（四）典型液力变矩器

提示：为了使得液力变矩器在高速区实现耦合传动，为此绝大多数液力变矩器在导轮机构中增设了单向离合器，也称自由轮机构。

由于液力传动的固有特性，泵轮和涡轮之间存在滑转现象，液力变矩器的传动效率总是小于 1，正常为 95%。为了提高液力变矩器在高传动比下的传动效率，目前汽车上装用的液力变矩器大多数为带有锁止离合器的液力变矩器。锁止离合器的结合与分离受电子控制单元的控制。

典型的液力变矩器如图 5-14 所示，带有锁止离合器。下面重点介绍单向离合器和锁止离合器。

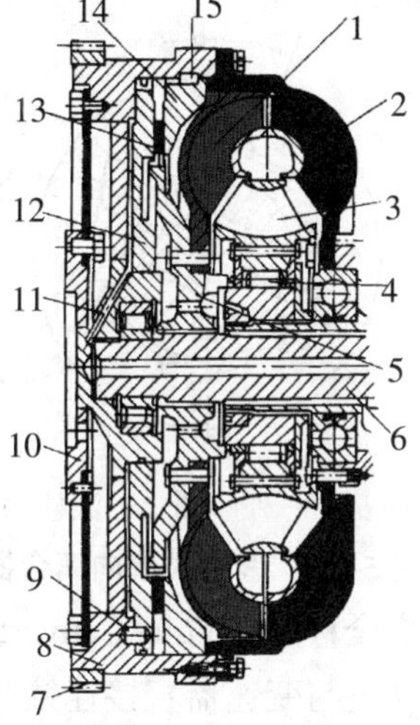

1—涡轮；2—泵轮；3—导轮；4—单向离合器；5—涡轮轮毂；6—输出轴；7—启动齿圈；8—伺服油缸；9—导向销；10—曲轴凸缘；11—油道；12—活塞；13—从动盘；14—传力盘；15—键

图 5-14　典型的液力变矩器

1. 单向离合器。单向离合器又称为自由轮机构、超越离合器，其功用是实现导轮的单向锁止，即导轮只能顺时针转动而不能逆时针转动，使得液力变矩器在高速区实现耦合传动。

常见的单向离合器有楔块式和滚柱式两种结构形式。

楔块式单向离合器如图 5-15 所示，由内座圈、外座圈、楔块、保持架等组成。导轮与外座圈连为一体，内座圈与固定套管刚性连接，不能转动。当导轮带动外座圈逆时针转动时，外座圈带动楔块逆时针转动，楔块的长径与内、外座圈接触，如图 5-15(a)所示，由于长径长度大于内、外座圈之间的距离，所以外座圈被卡住而不能转动。当导轮带动外座圈顺时针转动时，外座圈带动楔块顺时针转动，楔块的短径与内、外座圈接触，如图 5-15(b)所示，由于短径长度小于内、外座圈之间的距离，所以外座圈可以自由转动。

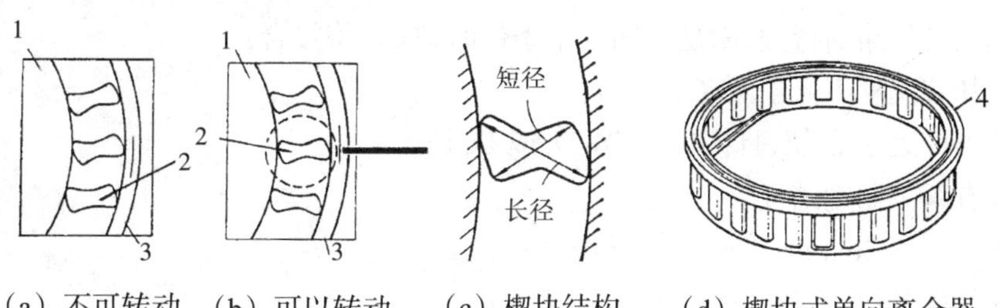

(a) 不可转动　(b) 可以转动　(c) 楔块结构　(d) 楔块式单向离合器

1—内座圈；2—楔块；3—外座圈；4—保持架

图 5-15　楔块式单向离合器

滚柱式单向离合器如图 5-16 所示，由内座圈、外座圈、滚柱、叠片弹簧等组成。当导轮带动外座圈顺时针转动时，滚柱进入楔形槽的宽处，内、外座圈不能被滚柱楔紧，外座圈和导轮可以顺时针自由转动。当导轮带动外座圈逆时针转动时，滚柱进入楔形槽的窄处，内、外座圈被滚柱楔紧，外座圈和导轮固定不动。

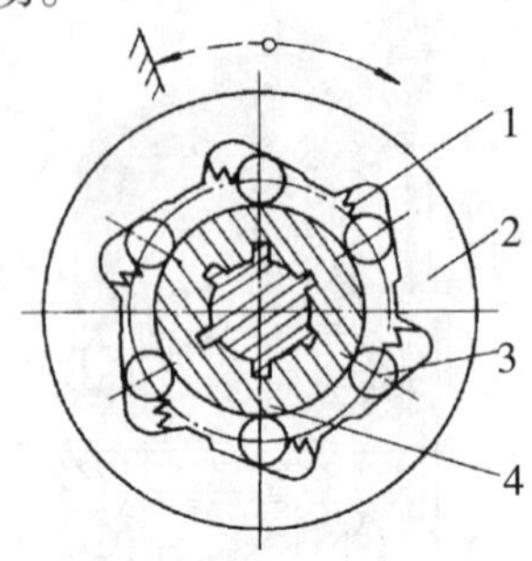

1—叠片弹簧；2—外座圈；3—滚柱；4—内座圈

图 5-16　滚柱式单向离合器

2. 锁止离合器。锁止离合器英文全称是 Torque Converter Clutch，简写为 TCC。TCC 可以将泵轮和涡轮直接连接起来，即将发动机与变速器直接连接起来，这样减少液力变矩器在高速比时的能量损耗，提高了传动效率，提高汽车在正常行驶时的燃油经济性，并防止 ATF 过热。

TCC 的结构和原理如图 5-17 所示。这种变矩器内有一个由液压油操纵的锁止离合器。锁止离合器的主动盘即为变矩器壳体，从动盘是一个可做轴向移动的压盘，它通过花键套与涡轮连接。

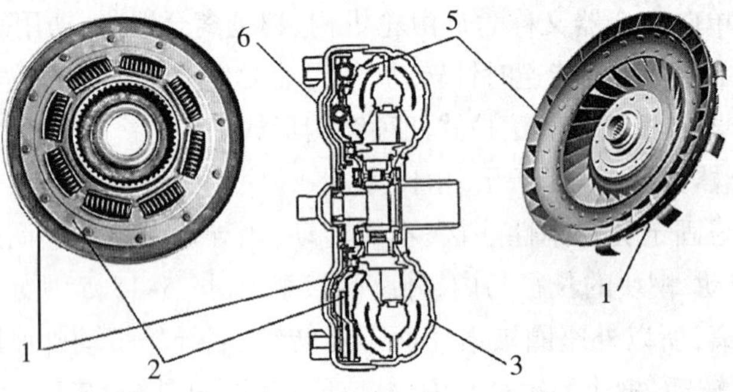

1—锁止离合器；2—减震盘；3—泵轮；4—涡轮；5—变矩器壳

图 5-17　TCC 的结构和原理

当车辆在良好路面行驶，满足下面 5 个条件时，TCC 将接合：

（1）冷却液温度不低于 65℃。

（2）选挡杆处于 D 位，且挡位在 D_2、D_3 或 D_4 挡。

（3）没有踩下制动踏板。

（4）车速高于 56km/h。

（5）节气门开启。

当 TCC 接合时如图 5-18 所示，锁止活塞被油压推动压靠在变矩器壳内的前部，与变矩器壳体连接成为一体，通过摩擦力矩使二者一起转动。此时发动机的动力经液力变矩器壳体、锁止活塞、扭转减震器、涡轮轮毂传给后面的机械变速器，相当于将泵轮和涡轮刚性连在一起，传动效率为 100%。

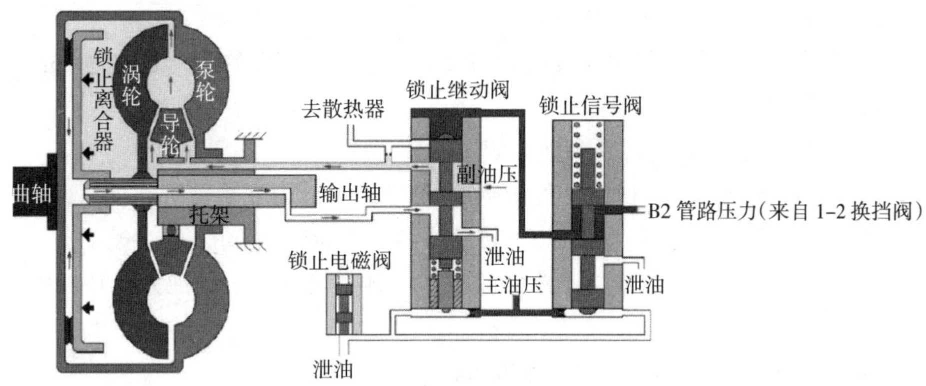

图 5-18　TCC 接合时

当车辆行驶速度较低时,TCC 的前后侧的压力相等,TCC 向后移动,TCC 处于分离状态,使液力变矩器具有变矩作用,如图 5-19 所示。

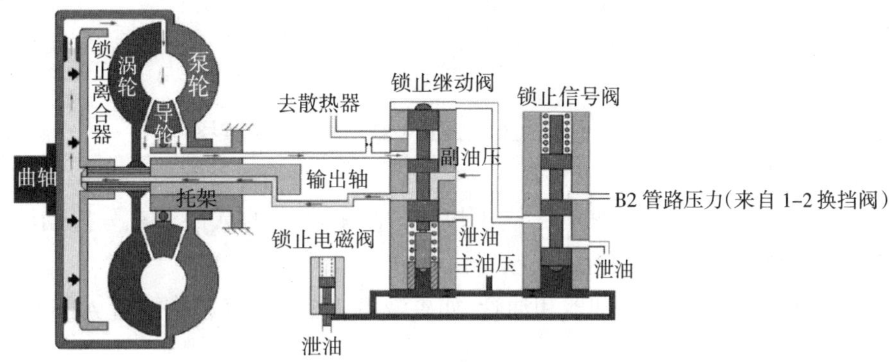

图 5-19　TCC 分离时

想一想:在不分解液力变矩器的情况下,如何检查 TCC 的工作是否正常?

提示:在满足 TCC 接合的情况下行驶车辆,快速将加速踏板踩下超过 2/3,如果发动机转速没有明显的上升,说明 TCC 已经接合;如果发动机转速明显上升,说明 TCC 没有工作。

二、实践操作

一般的维修厂只能对液力变矩器进行清洗、检查工作,液力变矩器的翻新和维修需要大量专业设备和高度的维修工艺。通常液力变矩器的翻新和维修由专业维修厂来进行。

(一)准备工作

1. 丰田卡罗拉轿车一辆。
2. 丰田卡罗拉自动变速器一台。
3. 百分表、磁力表座一套。
4. 常用工具、常用量具、干净的抹布。
5. 维修手册、工单。

(二)技术要求及注意事项(2007 款丰田卡罗拉轿车自动变速器)

1. 排出液力变矩器冷却器内的 ATF 时,从进油管喷入压缩空气的压力为 196kPa。
2. 驱动盘的跳动为 0.25mm,驱动盘紧固力矩为 64N·m。

3. 涡轮轴轴向间隙大于 0.08mm。

4. 传动桥装配面到驱动盘装配面和液力变矩器装配面的距离之差为 16mm。

(三)液力变矩器的检查

1. 如果出现下列情形,更换液力变矩器:

(1)失速测试或者当换挡杆处于空挡位置时,从液力变矩器听到任何金属声。

(2)单向离合器在两个方向均可转动或者都不能转动。

(3)ATF 中细粉末超过样本中的规格值。样本为从拆下的液力变矩器中提取的约 0.25L ATF,标准规格如图 5-20 所示。

提示:油液形成的圆环半径为 50mm。

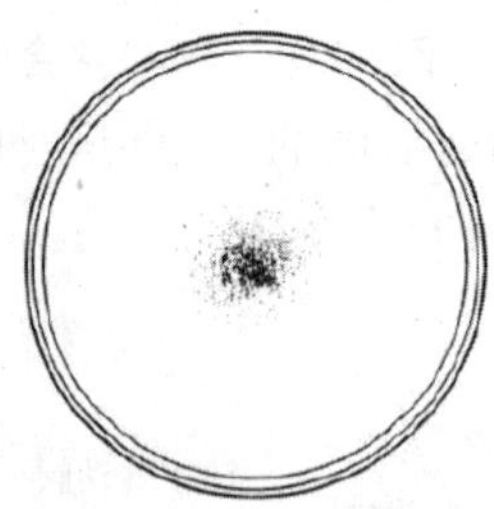

图 5-20 ATF 中细粉末的标准规格

2. 更换液力变矩器中的 ATF。

如果 ATF 已经变色或脏臭,应更换液力变矩器中的 ATF。充分搅动液力变矩器中的 ATF,然后将液力变矩器安装面朝上,排出 ATF。

3. 清洗并检查 ATF 冷却器和油管。如果液力变矩器已经检查或者 ATF 已经更换,应清洗 ATF 冷却器和油管。

(1)从进油管喷入压力为 196kPa 的压缩空气,吹出冷却器和油管内的 ATF,如图 5-21 所示。

(2)如果发现 ATF 中有大量的细粉末,使用加油枪加注 ATF 再次进行清洗。

(3)如果 ATF 浑浊,检查 ATF 冷却器。

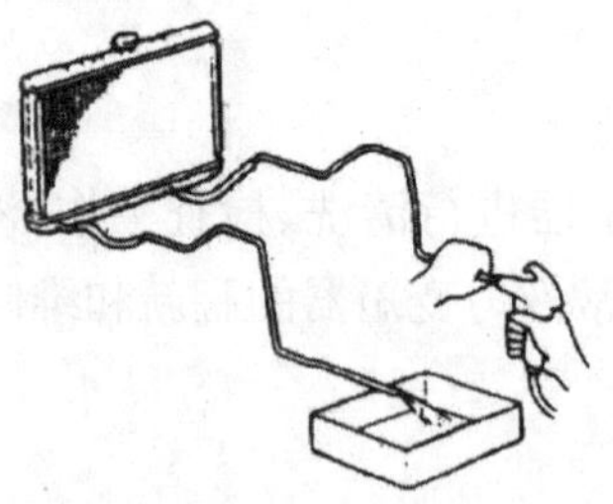

图 5-21 清除冷却器及油管内的 ATF

4. 目视检查。

(1)检查液力变矩器的外部有无损坏和裂纹,是否由于油温高而导致外表发蓝,是否有明显的高温烧灼现象。

(2)检查液力变矩器的连接螺栓,如有损坏,则予以更换。

(3)检查液力变矩器的传动毂是否光滑,如果毂磨损,则仔细检查油泵驱动部分,必要时更换液力变矩器,毂表面轻度的擦痕或损伤可以用细砂布磨光。

5. 检查驱动盘和齿圈。

（1）检查飞轮及挠性板是否翘曲，是否有裂纹。

（2）检查启动齿圈有无变形、损坏。

（3）如图 5-22 所示，安装一个百分表测量驱动盘的跳动量，最大跳动量不超过 0.25mm。

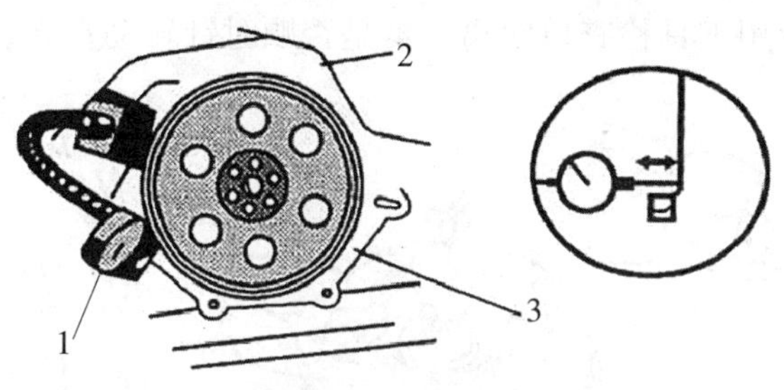

1—百分表；2—主动盘；3—齿圈

图 5-22　测量驱动盘的跳动量

（4）如果跳动量不是在规定范围之内或齿圈已损坏，应更换驱动盘。驱动盘紧固力矩为 64N·m。

6. 轴套径向跳动量的检查。

（1）把液力变矩器安装在驱动盘上，安装百分表测量液力变矩器轴套的径向跳动，如图 5-23 所示，最大径向跳动量为 0.20mm。如果径向跳动量不在规定范围之内，应重新调整安装方向加以更正。

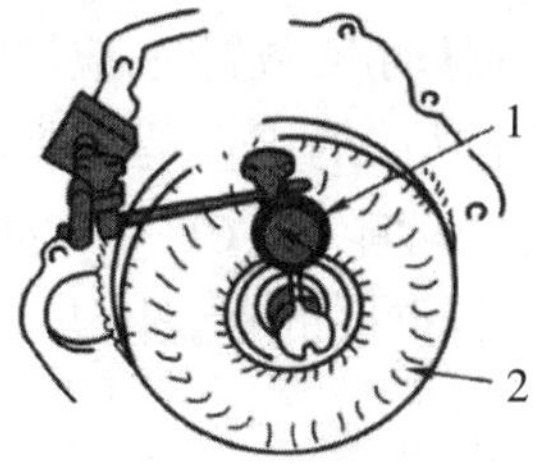

1—百分表；2—液力变矩器

图 5-23　测量液力变矩器轴套的径向跳动量

（2）如遇到后凸缘表面磨损、接缝或焊缝处漏油、传动毂松动、传动毂肩磨损或毂的径向跳动量过大等情况，测量时至少要选取 3 个测量点。

7. 液力变矩器涡轮轴的轴向间隙的检查。涡轮轴的轴向间隙是指涡轮前后间隙量。如果间隙值不准确，会导致液力变矩器内部元件的运动干涉。将百分表固定在液力变矩器壳体上，使表头在涡轮轴上方，测量涡轮轴的轴向间隙，如图 5-24 所示。如果涡轮轴的轴向间隙大于 0.08mm，则更换液力变矩器。

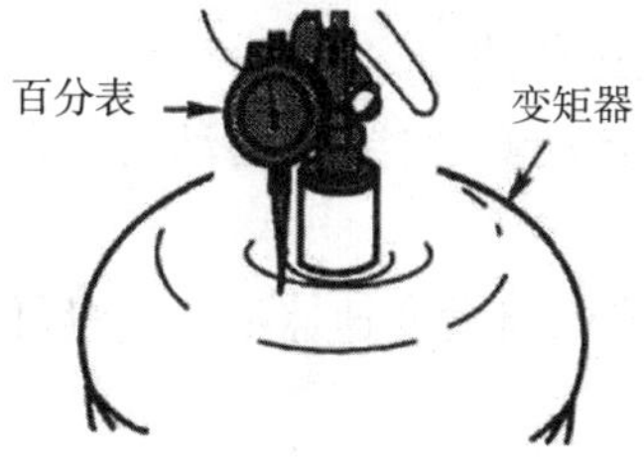

图 5-24　测量涡轮轴的轴向间隙

8. 导轮单向离合器的检查。导轮是起增矩作用的重要元件，如果不能实现单向锁止，将对汽车整车的动力性能产生很大影响，必须仔细检查导轮单向离合器的工作情况。

对于已拆下的液力变矩器，可用两个手指伸入滚子离合器花键内圈，并试着在两个方向上转动内圈，以此检查导轮滚子离合器，内圈应能顺时针自由转动，而逆时针不能转动或转动困难。如有条件，需用专用工具检查单向离合器是否顺时针转动自如、逆时针锁止，如图 5-25 所示。

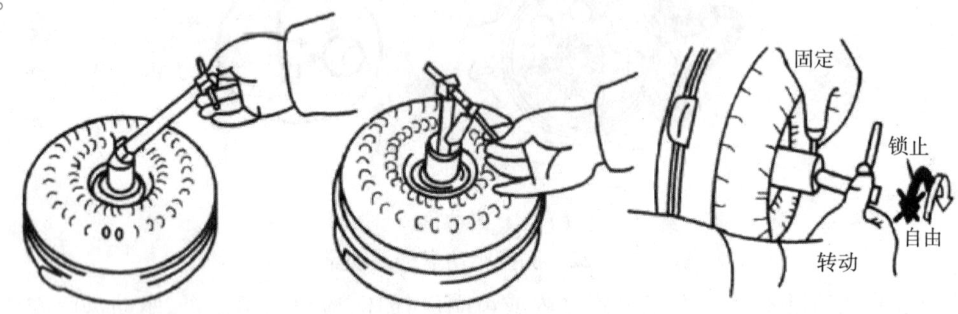

图 5-25　检查导轮单向离合器

提示：变速器装车后，在发动机性能正常的情况下，汽车从静止到起步的加速性能较差，车速在 30～35km/h 以后表现正常，可能是变矩器导轮的单向离合器损坏。

9. 检查内部干涉。液力变矩器内部的泵轮、导轮和涡轮之间应该是相互独立运动，如有相互碰撞和干涉将产生噪声，并可能损坏变矩器。当然，噪声也可能是泵轮、导轮和涡轮中某叶片脱焊造成的，同时也会造成动力性变差和 ATF 的脉动声。放置时，应将变矩器油泵驱动轴侧朝下。

10. TCC 的检查。摩擦材料和锁止功能的检查是非常重要的。如果液力变矩器倒出的 ATF 中有大量磨损材料脱落和金属残渣，可能是 TCC 中摩擦片磨损过量导致的。TCC 安装在液力变矩器的内部，只有解体时才能进行彻底的直观检查。一般建议送到专业的自动变速器修理厂进行修理或更换变矩器总成。

11. 清洗。有两种方法可以清洗液力变矩器。

第一种：将变矩器壳切割成两半，然后清洗部件。检查它们是否磨损，并更换磨损或断裂的部件，然后再将变矩器壳焊在一起做动平衡测试（由专业的自动变速器修理厂进行测试）。

第二种：用专用清洗机清洗液力变矩器。将液力变矩器安装在清洗机的固定架上，清洗机用加压的清洗剂对液力变矩器进行冲洗，清洗机的驱动装置在冲洗的同时还驱动变矩器涡轮。清洗工作需要进行 15min，可冲洗掉绝大多数的金属颗粒，完毕后将洗净的液力变矩器从清洗机上拆下，从放油螺栓孔放出残存的清洗剂。

在没有条件的情况下也可以手动清洗，步骤如下：

（1）倒出变矩器中残留的自动变速器油。

（2）向变矩器内加入 2L 干净的自动变速器油，摇动变矩器，清洗内部，然后将自动变速器油倒出。

（3）再次向变矩器内加入 2L 干净的自动变速器油，清洗后倒出。

任务二　自动变速器换挡执行元件的检修

任务引入

一辆丰田卡罗拉轿车，发动机型号为1ZR－FE，装备U340E自动传动桥，车主反映该车在D挡行驶时，踩下加速踏板车速不能升高，但发动机转速升高很快。经基本检查显示：自诊断系统无故障码存储；自动变速器油液位正常，但自动变速器油呈棕黑色且有烧焦味；自动变速器油压正常。

任务分析

自动变速器内部打滑的故障原因可以从执行元件本身和控制油压两大方面分析，而经检查油压正常，车主反映未使用非指定用油，液位也正常，因而故障原因很可能为自动变速器换挡执行元件本身出现故障。在此任务中要学会自动变速器换挡执行元件的检修。

任务实施

一、相关知识学习

自动变速器的不同挡位是通过变速器中行星齿轮的状态发生变化得到的，而行星齿轮的状态会发生变化，又是因为有不同的执行元件去控制行星齿轮机构。因此，在了解变速器的行星齿轮机构的工作原理之前，先了解变速器的换挡执行机构。

行星齿轮变速器中的所有齿轮都处于常啮合状态，挡位变化必须通过以不同方式对行星齿轮机构的基本元件的约束（即固定或连接某些基本元件）来实现。我们把对这些基本元件实施约束的机构称为行星齿轮变速器的换挡执行机构。

行星齿轮变速器的换挡执行机构由离合器、制动器和单向离合器三种不同的执行元件组成。

单向离合器的结构、原理同导轮单向离合器，前面已经介绍，在此不再叙述。下面重点介绍离合器和制动器。

（一）离合器

1. 离合器的作用。离合器主要起连接作用，即将行星齿轮机构的输入轴和行星排的某个元件连接，或将行星排的某两个基本元件连接在一起，使之成为一个整体，以实现直接传动。

2. 离合器的组成。离合器主要由离合器鼓、密封圈、活塞、回位弹簧、弹簧座、弹簧座卡环、摩擦片、钢片、卡环、止推轴承、离合器毂等组成，如图5-26所示。

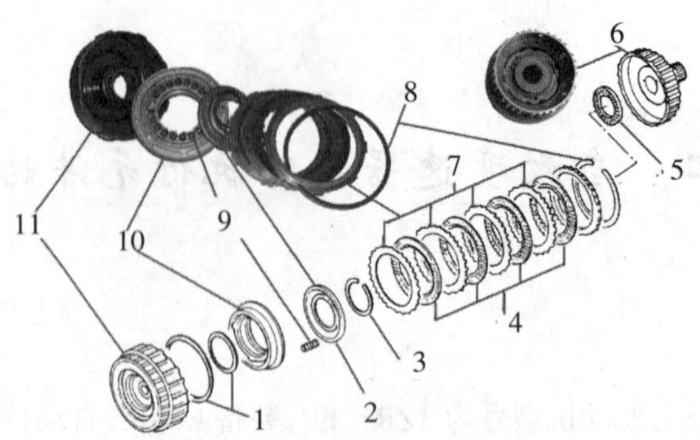

1—密封圈；2—弹簧座；3—弹簧座卡环；4—摩擦片；5—止推轴承；6—离合器毂；7—钢片；8—卡环；9—回位弹簧；10—活塞；11—离合器鼓

图 5-26 离合器零件分解图

3. 离合器的工作原理。

（1）离合器接合与分离。当压力油经油道进入活塞左面的液压缸时，液压作用力便克服弹簧力使活塞右移，将所有离合器片压紧，即离合器接合，与离合器主、从动部分相连的元件也被连接在一起，以相同的速度旋转，如图 5-27(a)所示。

当控制阀将作用在离合器液压缸的油压撤除后，离合器活塞在回位弹簧的作用下回复原位，并将缸内的变速器油从进油孔排出，使离合器分离，离合器主、从动部分可以以不同转速旋转，如图 5-27(b)所示。

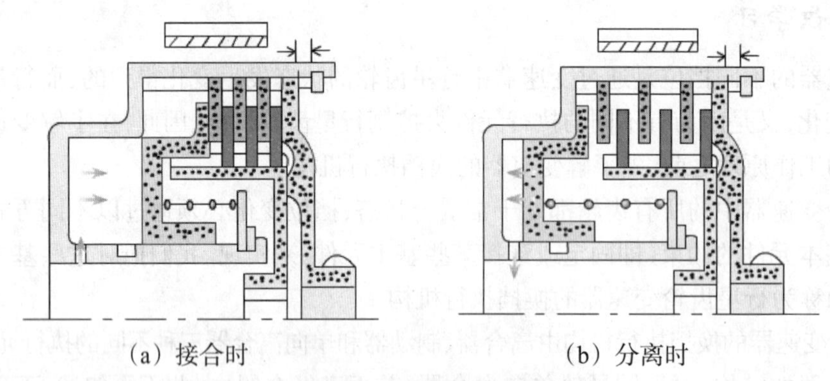

（a）接合时　　（b）分离时

图 5-27 离合器工作原理

（2）离合器单向阀。当离合器处于分离时，离合器液压缸内会残存少量的油液。当液压缸和离合器壳体一起旋转时，残存的油液也会随之旋转，油液受到离心力的作用，会被甩到液压缸的边缘，并产生一定的压力。该压力将会使离合器接合，造成离合器分离不彻底，由此给离合器片带来不正常的摩擦，使离合器片过量磨损，缩短它们的使用寿命。为了避免上述不利影响，就需要将残存油液压力泄掉，因此在离合器壳体上增加一个单向阀。

当离合器接合时，压力油进入液压缸，钢球在油压作用下压紧在阀座上，安全阀处于关闭状态，保证液压缸的密封，如图 5-28(a)所示。

当离合器处于分离时，压力油排出，缸体内的压力下降，安全阀在离心力的作用下离开阀座处于开启状态，残留在缸内的液压油因离心力作用排出，使离合器分离彻底，如图 5-28(b)所示。

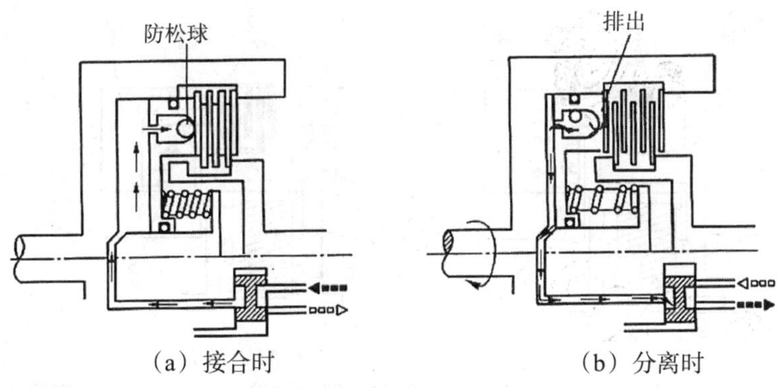

（a）接合时　（b）分离时

图 5–28　离合器单向阀工作原理

（二）制动器

1. 制动器的功用。制动器的功用是固定行星齿轮机构中的元件，防止其转动。常用的制动器有片式和带式两种形式。片式制动器与离合器的结构和原理相同，不同之处是，离合器是起连接作用而传递动力，而片式制动器是通过连接而起制动作用。

2. 片式制动器。

（1）片式制动器组成。湿式多片式制动器结构与离合器结构相似，如图 5–29 所示，由制动器活塞、回位弹簧、制动器毂、制动器摩擦片、制动器钢片等组成。

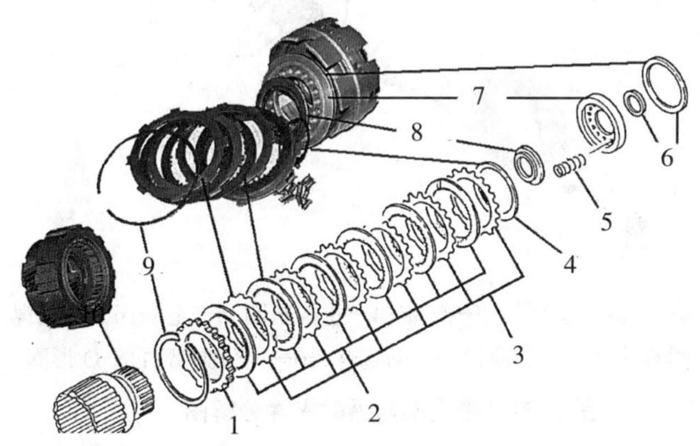

1—挡圈；2—摩擦片；3—钢片；4—碟形环；5—回位弹簧；
6—密封圈；7—活塞；8—弹簧座；9—卡环；10—制动器毂

图 5–29　湿式多片式制动器结构

（2）片式制动器工作原理。在制动器中，制动器摩擦片通过内花键齿与制动器毂的外花键齿相连，是主动元件；而制动器钢片则通过花键齿安装在固定于变速器壳体上的制动鼓内的花键齿上，或直接安装在变速器壳体上的内花键齿圈中，是固定不动的元件。制动器主动片的摩擦材料和离合器摩擦片的一样。

湿式多片式制动器的工作原理和片式离合器基本相同，如图 5–30 所示。当液压油进入活塞缸时，活塞在缸体内移动，促使制动器的摩擦片与钢片接触，在两片之间产生高摩擦力，与行星排的某一基本元件连接的制动器毂就被固定，即不能旋转；当液压油从活塞缸内排出时，回位弹簧将活塞复位至原始位置，导致制动器脱开，制动器毂可以自由旋转。

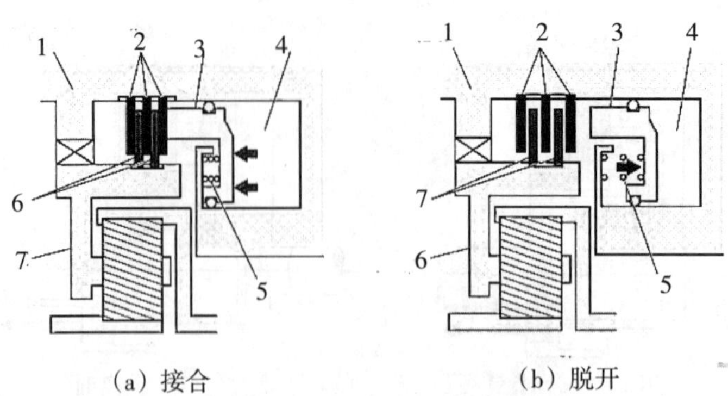

（a）接合　　　　（b）脱开

1－驱动桥箱；2－钢片；3－活塞；4－活塞缸；5－回位弹簧；6－行星架；7－摩擦片

图 5-30　片式制动器工作原理

3. 带式制动器。

（1）结构与组成。带式制动器由制动带和控制油缸组成，如图 5-31 所示为带式制动器的零件分解图。制动带是内表面带有镀层的开口式环形钢带。制动带的一端支承在与变速器壳体固连的支座上，另一端与控制油缸的活塞杆相连。

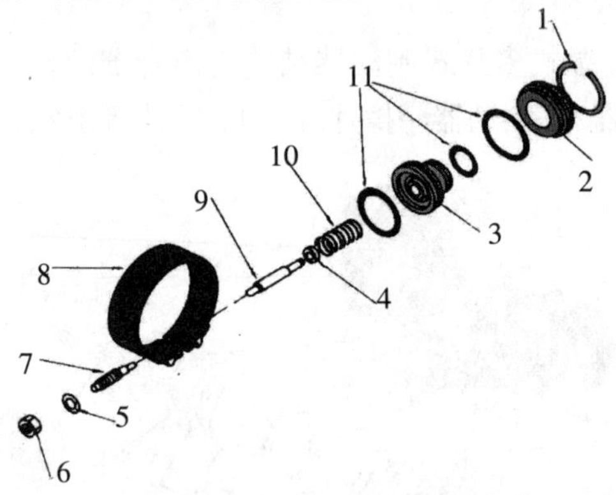

1－卡环；2－活塞定位架；3－活塞；4－止推垫圈；5－垫圈；6－锁紧螺母；7－调整螺钉；8－制动带；9－活塞杆；10－回位弹簧；11－O 形圈

图 5-31　带式制动器的零件分解图

（2）工作原理。带式制动器的工作原理如图 5-32 所示，制动带开口处的一端通过支柱支承于固定在变速器壳体的调整螺钉上，另一端支承于油缸活塞杆端部。非制动时，右腔油压小于回位弹簧的弹力，活塞和推杆都向油缸底部运动至右极限位置，此时，制动带和制动鼓之间存在一定间隙。

制动时，压力油进入活塞右腔，克服回位弹簧的作用力推动活塞左移，制动带以固定支座为支点收紧。在制动力矩的作用下，制动鼓停止旋转，行星齿轮机构某元件被锁止。

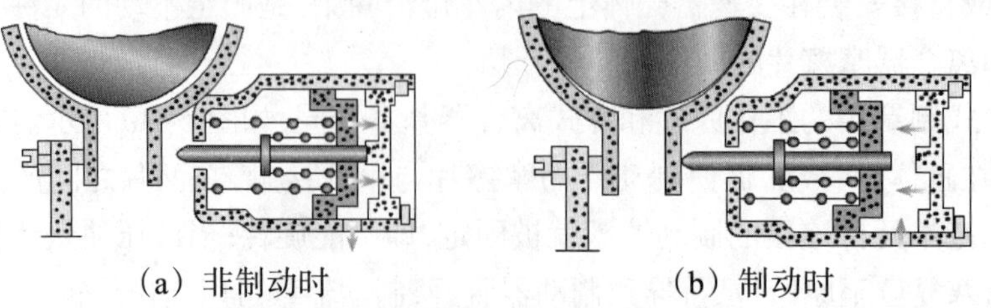

（a）非制动时　　　　（b）制动时

图 5-32　带式制动器的工作原理

二、实践操作

检修自动变速器时，应用煤油仔细清洗所有零件，并用压缩空气吹干，然后按照拆卸的顺序排放整齐。检修时应注意正确合理地使用专用工具和检测仪器，严格遵守安全操作规程，防止零件的损坏及人员的伤害。

（一）准备工作

在对自动变速器做基本检查之前，应做如下准备：

1. 装配 U340E 自动变速器的丰田卡罗拉轿车一辆。
2. U340E 自动变速器一台。
3. 磁力百分表一套。
4. 游标卡尺。
5. 常用工具、常用量具、干净抹布。
6. 维修手册、工单。

（二）技术要求及注意事项

1. 新的摩擦片装配之前，应在 ATF 中浸泡 15min 以上。
2. 前进挡离合器弹簧连同弹簧座的自由长度为 21.69mm。

（三）换挡执行元件的检修

以丰田卡罗拉轿车 U340E 自动变速器的换挡执行元件的检修为例，U340E 自动变速器采用了 CR-CR 型行星齿轮。换挡执行元件有 3 个离合器、3 个制动器和 2 个单向离合器，如图 5-33 所示。

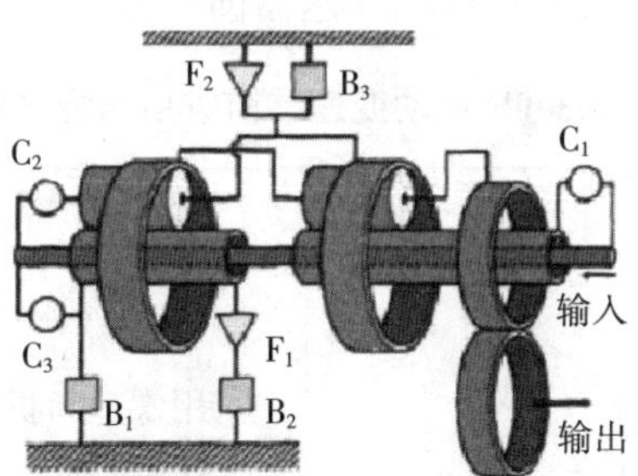

图 5-33　换挡执行元件

提示：各换挡执行元件的作用见表 5-1。

表 5-1　各换挡执行元件的作用

换挡执行元件		作用
C_1	前进挡离合器	用于连接输入轴和前行星太阳轮
C_2	直接挡离合器	用于连接中间轴和后行星齿轮
C_3	倒挡离合器	用于连接中间轴和后行星太阳轮
B_1	OD 挡和 2 挡制动器	用于锁止后行星太阳轮
B_2	2 挡制动器	用于阻止后行星太阳轮逆时针转动
B_3	1 挡和倒挡制动器	用于锁止前行星齿圈和后行星齿轮架
F_1	1 号单向离合器	用于阻止后行星太阳轮逆时针转动
F_2	2 号单向离合器	用于阻止前齿圈和后行星齿轮架逆时针转动

1. 离合器的检修。

这里以丰田卡罗拉轿车自动变速器 U340E 前进挡离合器为例，说明离合器的检修。前进挡离合器的作用是连接输入轴和前行星太阳齿轮。对前进挡离合器进行检修前，先弄清楚其分解图，如图 5-34 所示。

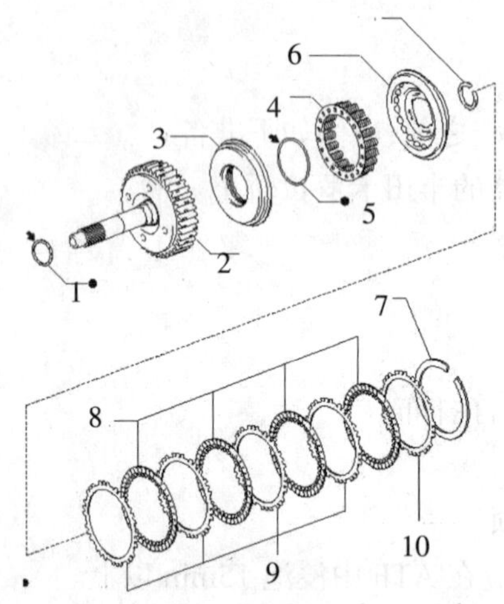

1－输入轴护油环；2－输入轴；3－前进挡离合器活塞；4－前进挡离合器回位弹簧分总成；5－前进挡离合器活塞 O 形圈；6－1 号离合器平衡器；7－卡环；8－前离合器盘；9－前进挡多片式离合器片；10－前进挡离合器法兰

图 5-34 前进挡离合器分解图

（1）前进挡离合器的分解。U340E 自动变速器前进挡离合器的拆卸见表 5-2。

表 5-2 U340E 自动变速器前进挡离合器的拆卸

拆卸内容	图示	拆卸步骤
拆卸前离合器盘		①用螺丝刀拆下卡环。 ②从输入轴上拆下调整钢片、4 个盘和 4 个片
拆卸前进挡离合器回位弹簧分总成		①在离合器平衡器上使用 SST，用压力机压缩回位弹簧。 提示：不要过度压缩回位弹簧。 ②用卡环扩张器拆下卡环
		③拆下离合器平衡器和活塞回位弹簧

续表

拆卸内容	图示	拆卸步骤
拆卸前进挡离合器活塞	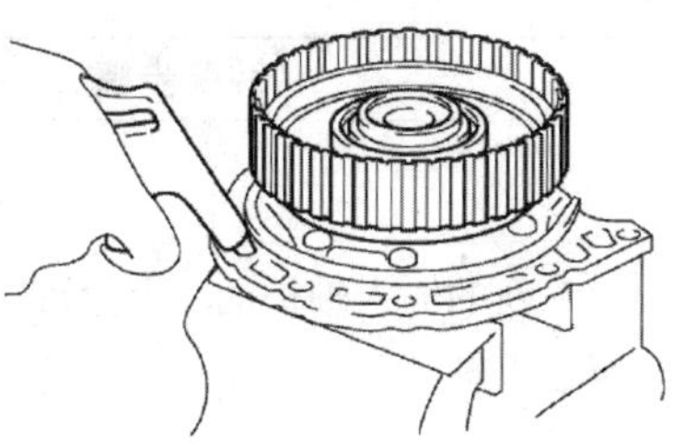	①将输入轴放置到机油泵上。 ②用手固定前进挡离合器活塞，向机油泵施加压缩空气 392kPa,以拆下前进挡离合器活塞。 提示:如果因为活塞倾斜而不能拆下,在保持活塞水平时再次施加压缩空气，或用尖嘴钳拆下活塞,尖嘴钳顶部应缠绕保护性胶带
拆卸前进挡离合器活塞 O 形圈	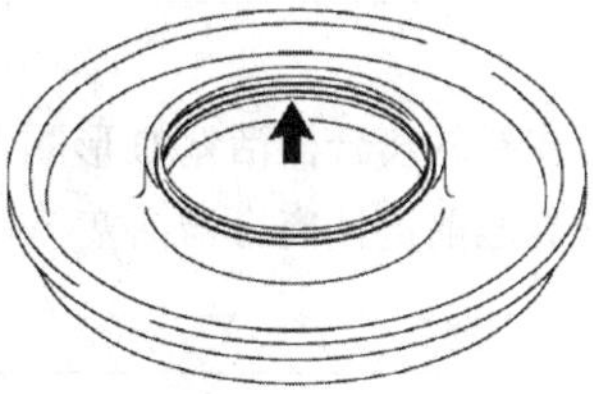	用螺丝刀从前进挡离合器活塞上拆下离合器活塞 O 形圈
拆卸输入轴护油环	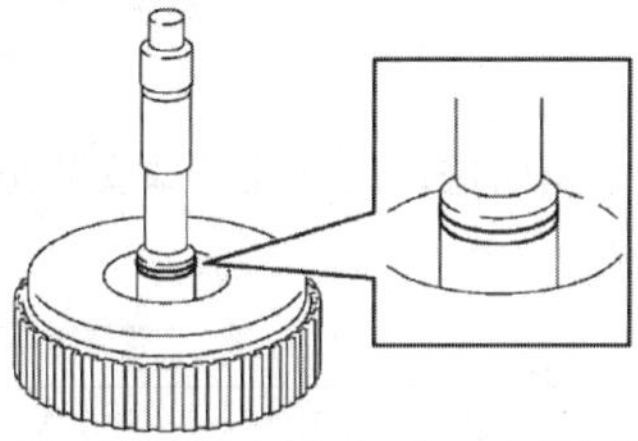	用螺丝刀从输入轴上拆下输入轴护油环

（2）前进挡离合器检查。U340E 自动变速器前进挡离合器的检查见表 5-3。

表 5-3　U340E 自动变速器前进挡离合器的检查

检查内容	图示	检查步骤
检查前离合器摩擦片、钢片和调整垫片	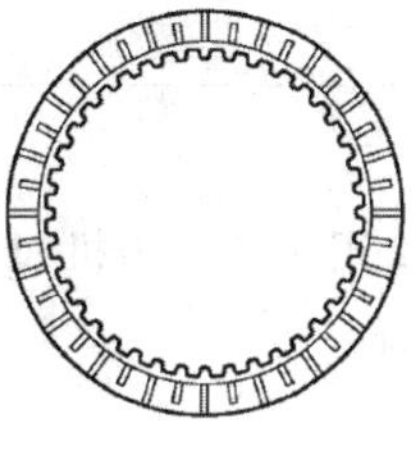	检查摩擦片、钢片和调整垫片的滑动表面是否有磨损或烧蚀。 提示:如有必要,应予更换。 如果任何盘摩擦衬片剥落或变色,或者印制有编号的部分被损坏,则更换所有盘。 组装新盘前,将其浸泡在 ATF 中至少 15min
检查卡环	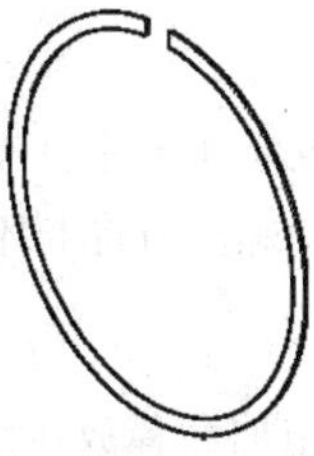	检查卡环是否有弯曲变形、弹性变弱、过热变色的痕迹,如有,应及时更换
检查前进挡离合器回位弹簧分总成	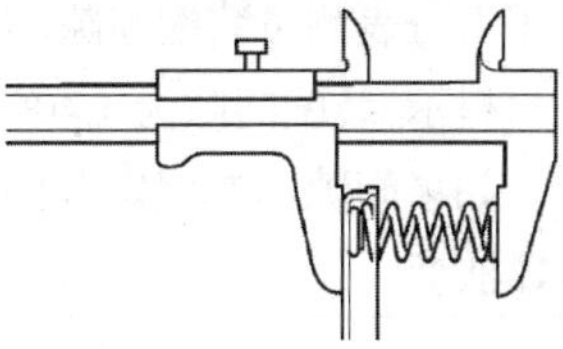	用游标卡尺测量弹簧连同弹簧座的自由长度。 提示:标准自由长度为 21.69mm

（3）前进挡离合器的装配。U340E 自动变速器前进挡离合器的装配见表 5-4。

表 5-4　U340E 自动变速器前进挡离合器的装配

装配内容	图示	装配步骤
安装输入轴护油环	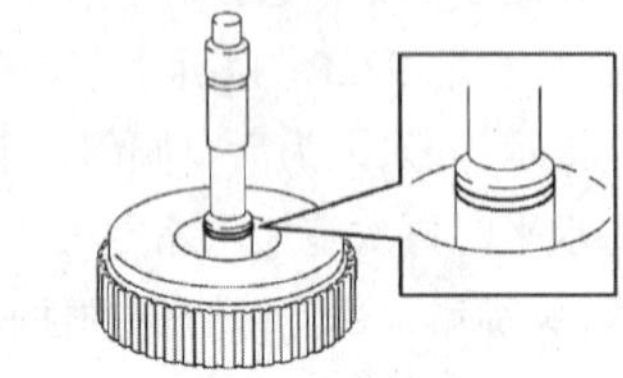	在新的输入轴护油环上涂 ATF，并将其安装至输入轴
安装前进挡离合器活塞 O 形圈	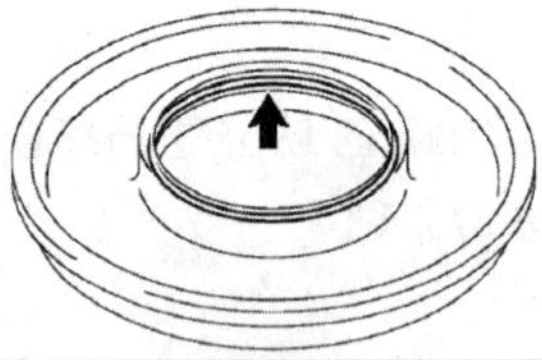	在新的离合器活塞 O 形圈上涂 ATF，并将其安装至前进挡离合器活塞
安装前进挡离合器活塞	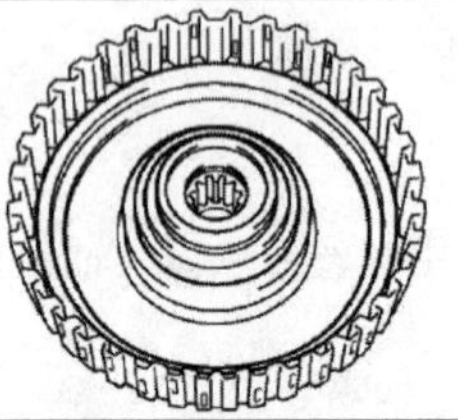	将前进挡离合器活塞安装至输入轴
安装前进挡离合器回位弹簧分总成	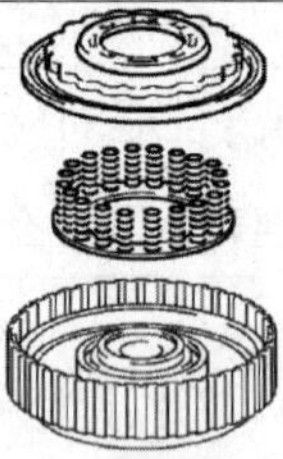	①将回位弹簧和离合器平衡器安装至输入轴
	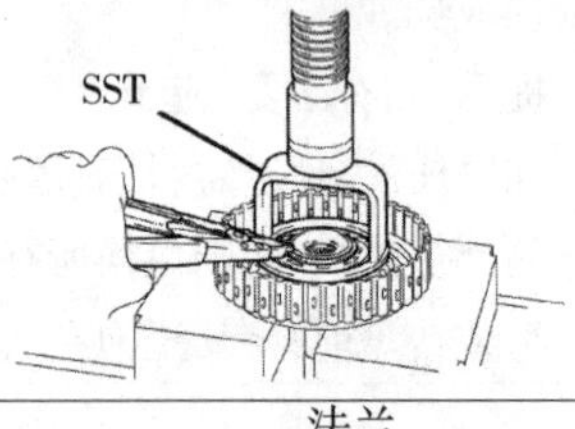 SST	②用 SST、压力机和卡环钳将卡环安装至输入轴
安装前离合器盘	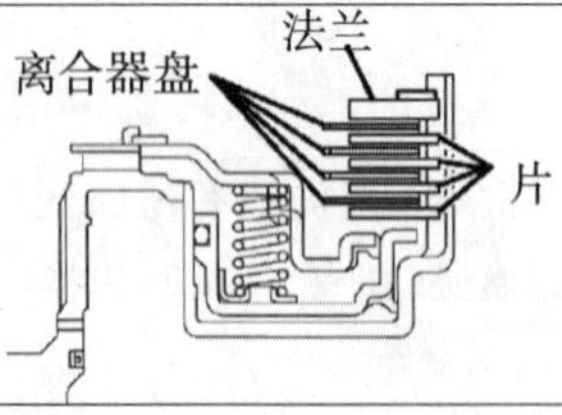 法兰 离合器盘 片	①安装 4 个片、4 个盘和法兰。 ②用螺丝刀将卡环安装至输入轴
检查前进挡离合器的装配间隙	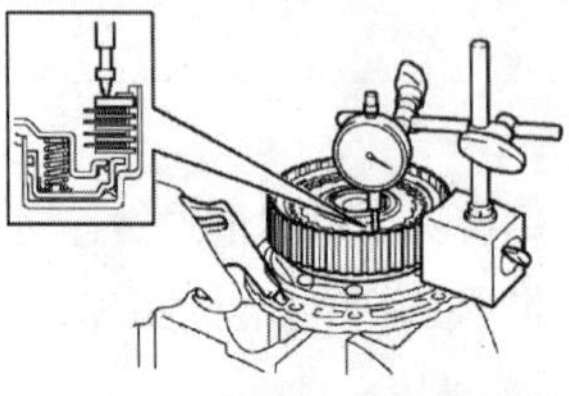	在施加和释放压缩空气 392kPa 的同时，使用百分表测量装配间隙。 提示：装配间隙为 1.406~1.806mm。 如果间隙不在规定范围内，应安装新的制动器法兰

2. 制动器的检修。片式制动器的检修方法与湿式多片式离合器相同,检修时可参照湿式多片式离合器进行。针对带式制动器的检修应注意以下两个方面:

(1)对制动带进行检查时,注意制动带不应有裂纹、烧蚀、脱落等现象,否则予以更换。

(2)转配后的带式制动器应进行自由间隙调整。制动带自由检修一般是用一定力矩将调整螺钉调紧后,再按要求返回一定的圈数,大多数自动变速器在自由间隙调整好后,看不到制动带被固定元件之间的明显间隙,需凭经验检查自由间隙调整得是否合适,可晃动被固定的元件,应无松动感,而制动鼓可自由转动。

3. 单向离合器的检修。

(1)单向离合器分解检查。将单向离合器分解,检查单向离合器的滚柱有无圆度磨损、压簧有无变形、弹力是否下降、塑料保持架有无变形或断裂、外环是否磨损等,损伤严重则更换单向离合器总成。

(2)单向离合器组合后检查。

提示:这里以丰田卡罗拉轿车自动变速器 U340E 的 F_1 单向离合器和 F_2 单向离合器为例,说明单向离合器的检修。

F_1 单向离合器的检修:固定住后行星太阳齿轮,转动单向离合器,确保单向离合器在逆时针旋转时自由转动,而顺时针旋转时则锁止,如图 5-35 所示。

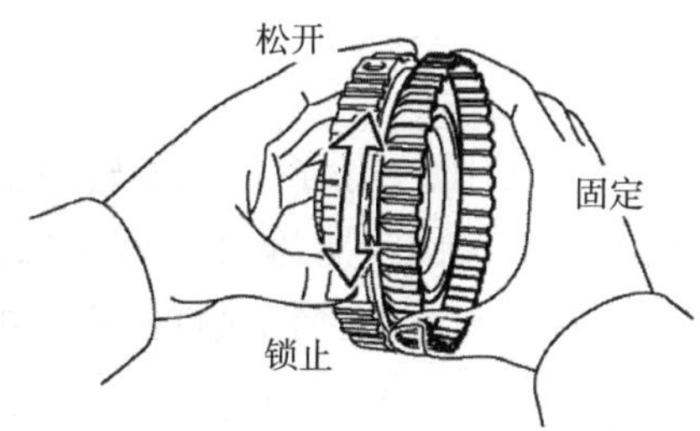

图 5-35　F_1 单向离合器的检修

F_2 单向离合器的检修:旋转后行星齿轮总成,确保后行星齿轮总成在逆时针旋转时自由转动,而顺时针旋转时则锁止,如图 5-36 所示。

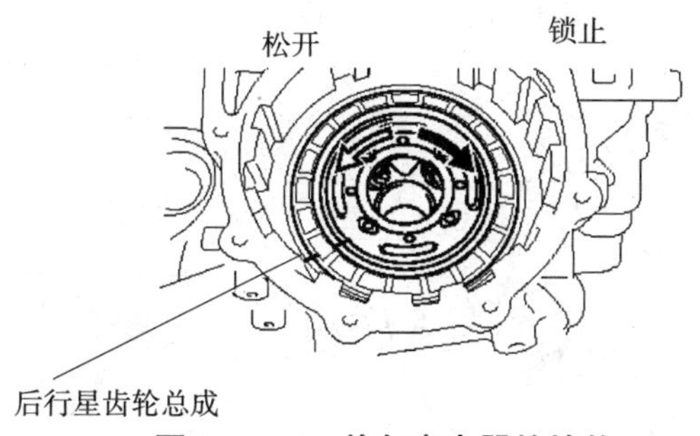

图 5-36　F_2 单向离合器的检修

任务三 自动变速器行星齿轮机构的检修

任务引入

一辆丰田卡罗拉轿车,发动机型号为 1ZR-FE,装备 U340E 自动传动桥,变速器内有异响。经外观检查,线束良好;打开变速器油底壳,发现油底壳内有铁屑。

任务分析

变速器内有异响,并且变速器油底壳内有铁屑,则故障多在行星齿轮机构,如齿轮、轴承等,需检修。在此任务中要掌握行星齿轮机构的工作原理,并按照标准规范完成行星齿轮机构的检修等工作。

任务实施

一、相关知识学习

行星齿轮变速机构能提供几种传动比,以获得适当的转矩及转动速度,满足行车条件及驾驶员的愿望;能提供倒挡实现倒车;能提供空挡,实现发动机怠速运转。

行星齿轮变速器是由多排行星齿轮机构和换挡执行机构等组成,先介绍单排行星齿轮机构以助于后续课程的学习。

(一)单排行星齿轮机构的结构

行星齿轮机构有不同的类型,其中最简单的行星齿轮机构由一个太阳轮、一个内齿圈、一个行星架及若干个行星齿轮组成,称为单排行星齿轮机构。太阳轮、内齿圈和行星架是行星排的 3 个基本构件,且具有公共的固定轴线,如图 5-37 所示。

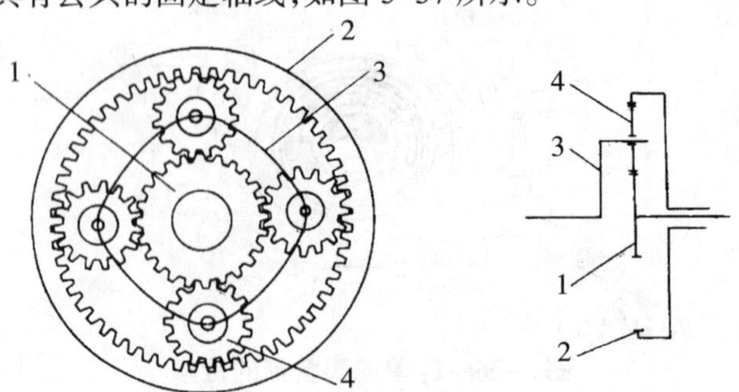

1—太阳轮;2—内齿圈;3—行星架;4—行星齿轮

图 5-37 单排行星齿轮机构

(二)单排行星齿轮机构工作原理

行星齿轮的动作(每个部件的转速和方向)取决于给定的条件。行星齿轮的一种典型动作是小齿轮的旋转,当小齿轮在内齿圈内“行走”,并在轴上旋转时,小齿轮围绕太阳轮旋转。换言之，即行星架围绕太阳轮旋转。这种动作类似太阳系中的地球运动，地球在环绕太阳公转的同时，又环绕地轴自转。

由于单排行星齿轮机构具有两个自由度，在 3 个基本件中，任选 2 个分别作为主动件和被动件，而使另一元件固定不动，或使其运动受到一定的约束（该元件的转速为定值），则机构只有一个自由度，整个轮系将以一定的传动比传递动力。下面分别讨论各种情况。

1. 内齿圈固定，太阳轮主动，行星架被动。当太阳轮按顺时针方向旋转时，小齿轮则按逆时针方向围绕小齿轮轴旋转（自转）。这种小齿轮的运动试图使内齿圈按逆时针方向旋转，但因内齿圈已被固定，小齿轮围绕小齿轮轴旋转，那么它必须在围绕内齿圈行走的同时按顺时针方向旋转（公转）。所以行星架按顺时针方向旋转，但因为比太阳轮具有更多数量的“齿”，所以与太阳轮相比，它以较低的转速旋转，这种组合为降速传动，减速相对较大，如图 5–38 所示。

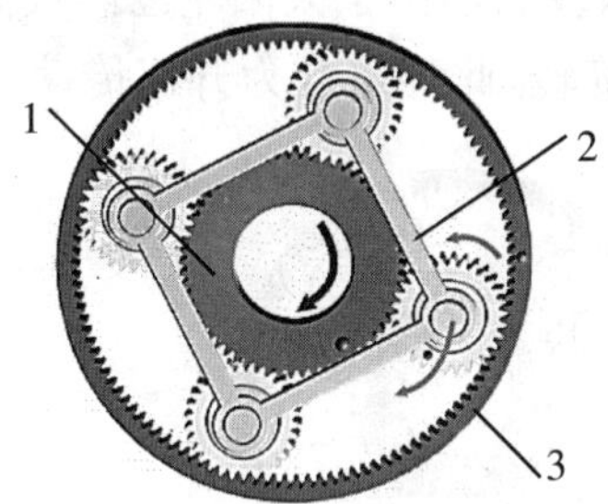

1－太阳轮（主动件）；2－行星架（从动件）；3－内齿圈（固定）

图 5–38 内齿圈固定，太阳轮主动，行星架被动

2. 内齿圈固定，行星架主动，太阳轮被动。当行星架按顺时针方向旋转时，行星齿轮试图带动内齿圈和太阳轮一起做顺时针转动，但由于内齿圈已固定，所以行星齿轮开始逆时针旋转，结果使得太阳轮按顺时针方向旋转。此种组合为升速传动，增速相对较大，如图 5–39 所示。

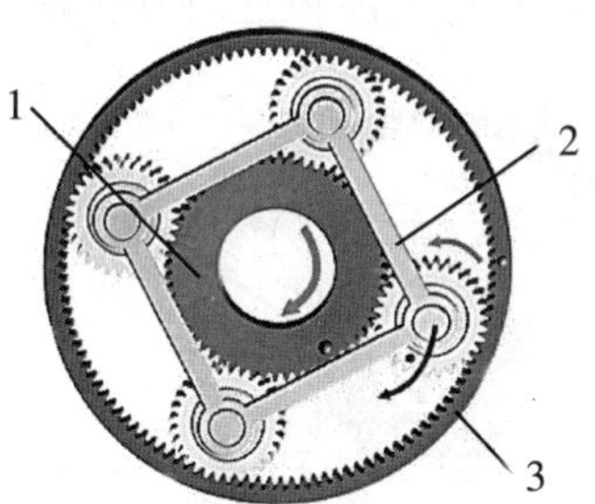

1－太阳轮（被动件）；2－行星架（主动件）；3－内齿圈（固定）

图 5–39 内齿圈固定，行星架主动，太阳轮被动

3. 太阳轮固定，内齿圈主动，行星架被动。当内齿圈按顺时针方向旋转，行星齿轮也按顺时针方向转动，并试图使太阳轮按逆时针方向转动，但因太阳轮已被固定，故使得行星架按顺时针方向旋转。此种组合为降速传动，减速相对较小，如图 5–40 所示。

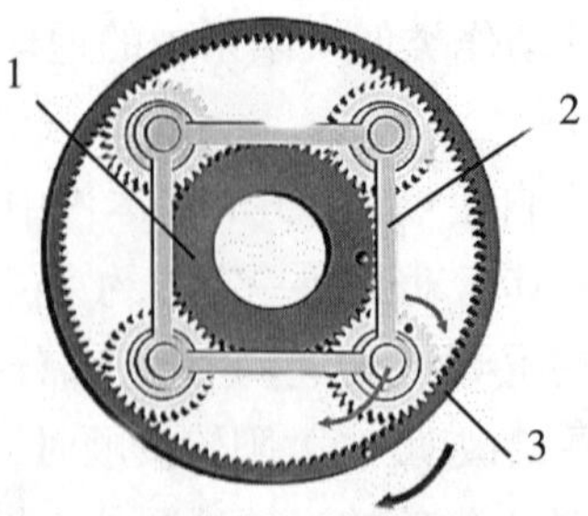

1－太阳轮(固定);2－行星架(被动件);3－内齿圈(主动件)

图 5-40 太阳轮固定,内齿圈主动,行星架被动

4. 太阳轮固定,行星架主动,内齿圈被动。当行星架按顺时针方向旋转时,行星齿轮试图带动内齿圈和太阳轮一起做顺时针转动,但由于太阳轮已经被固定,所以行星齿轮顺时针旋转,结果使内齿圈也按顺时针方向旋转。此种组合为升速传动,增速相对较小,如图 5-41 所示。

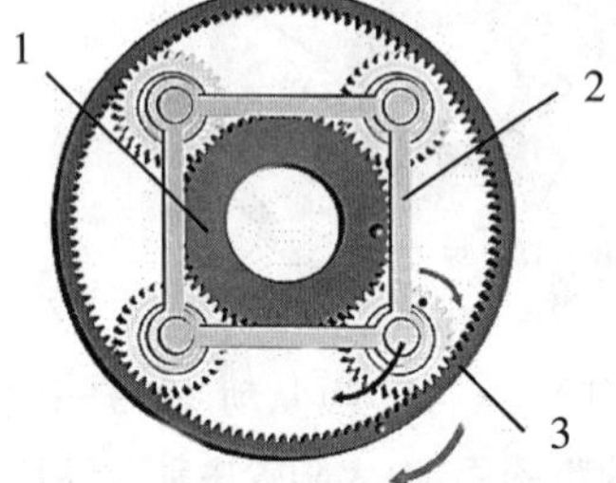

1－太阳轮(固定);2－行星架(主动件);3－内齿圈(被动件)

图 5-41 太阳轮固定,行星架主动,内齿圈被动

5. 行星架固定,太阳轮主动,内齿圈被动。当太阳轮齿轮按顺时针方向转动时,因行星架被固定,行星齿轮逆时针旋转,进而带动内齿圈也逆时针转动。此种组合为倒挡、减速挡,如图 5-42 所示。

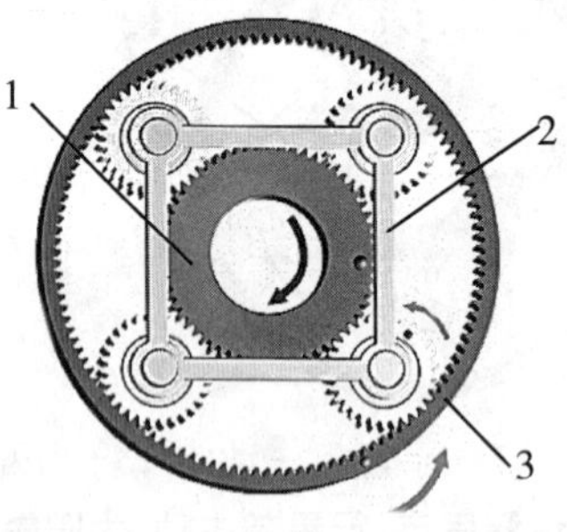

1－太阳轮(主动件);2－行星架(固定);3－内齿圈(被动件)

图 5-42 行星架固定,太阳轮主动,内齿圈被动

6. 行星架固定,内齿圈主动,太阳轮被动。当齿圈按顺时针方向旋转时,因行星架固定,行星齿轮按顺时针方向转动,并带动太阳轮逆时针方向转动。此种组合为倒挡、超速挡,如图 5-43 所示。

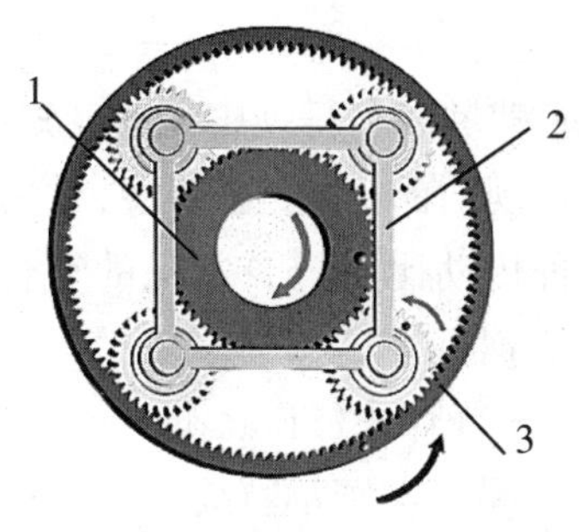

1－太阳轮(被动件);2－行星架(固定);3－内齿圈(主动件)

图 5-43　行星架固定,内齿圈主动,太阳轮被动

7. 把三元件中任意两元件结合为一体。当把行星架和内齿圈结合为一体作为主动件,太阳轮为被动件,或者把太阳轮和行星架结合为一体作为主动件,内齿圈作为被动件的运动情况,行星齿轮间没有相对运动,作为一个整体运转,传动比为 1,转向相同。汽车上常用此种组合方式组成直接挡,如图 5-44 所示。

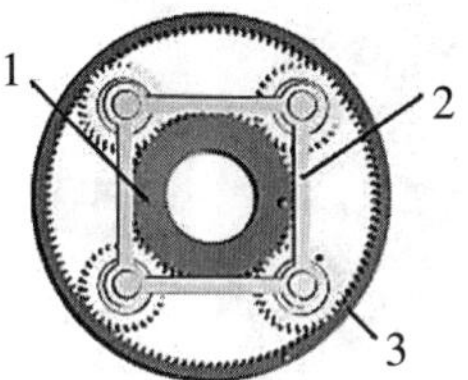

1－太阳轮;2－内行星架;3－内齿圈

(a) 内齿圈和行星架主动

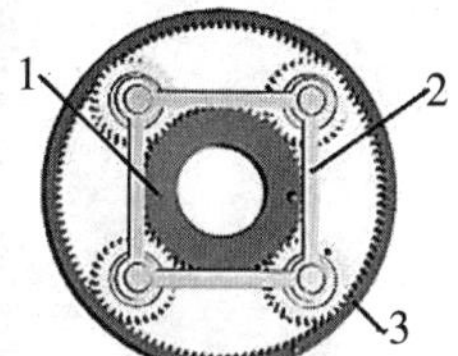

1－太阳轮;2－行星架;3－内齿圈

(b) 太阳轮和行星架主动

图 5-44　三元件中任意两元件结合为一体

8. 三元件中任一元件为主动,其余的两元件自由。从分析中可知,其余两元件无确定的转速输出。第六种组合方式,由于升速较大,主、被动件的转向相反,在汽车上通常不用这种组合。其余的七种组合方式比较常用。综上所述,单排行星齿轮机构的工作情况见表 5-5。

表 5-5　单排行星齿轮机构的工作情况

状态	挡位	固定部件	输入部件	输出部件	旋转方向
1	降速挡	齿圈	太阳轮	行星架	相同方向
2	超速挡		行星架	太阳轮	相同方向
3	降速挡	太阳轮	内齿圈	行星架	相同方向
4	超速挡		行星架	内齿圈	相同方向
5	倒挡位(降速)	行星架	太阳轮	内齿圈	相反方向
6	倒挡位(超速)		内齿圈	太阳轮	相反方向
7	直接挡	没有	任意两个	第三元件	同向同速
8	空挡位	没有	不定	不定	不转动

（三）组合行星齿轮系统

由于单排行星齿轮机构不能满足汽车行驶中变速变矩的需要，为了增加传动比的数目，可以通过增加行星齿轮机构来实现。在自动变速器中，常用两排或多排行星齿轮机构组合在一起来满足汽车行驶需要的多种传动比。目前，常见的复合式行星齿轮自动变速器有辛普森式自动变速器和拉威挪式自动变速器。

1. 辛普森式行星齿轮机构。辛普森式（Simpson）行星齿轮变速器是在自动变速器中应用最广泛的一种行星齿轮变速器，它是由美国福特公司的工程师H·W·辛普森发明的，目前多采用的是四挡辛普森行星齿轮变速器。

（1）辛普森式行星齿轮机构的特点。如图5-45所示为辛普森式行星齿轮机构的结构简图。辛普森式齿轮变速机构的特点：前、后行星排共用一个太阳轮，前排齿圈和后排行星架相连接或前排行星架和后排齿圈相连接。

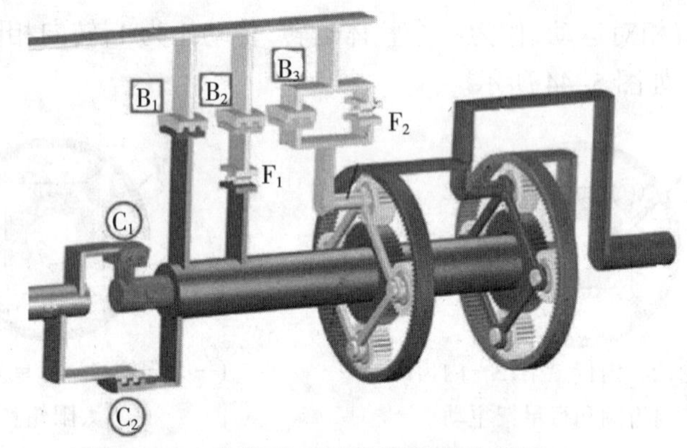

图5-45　辛普森式行星齿轮结构简图

（2）四挡辛普森行星齿轮机构的结构及组成。四挡辛普森行星齿轮机构由前行星排、后行星排和超速行星排以及三排行星齿轮机构组成，结构简图如图5-46所示。

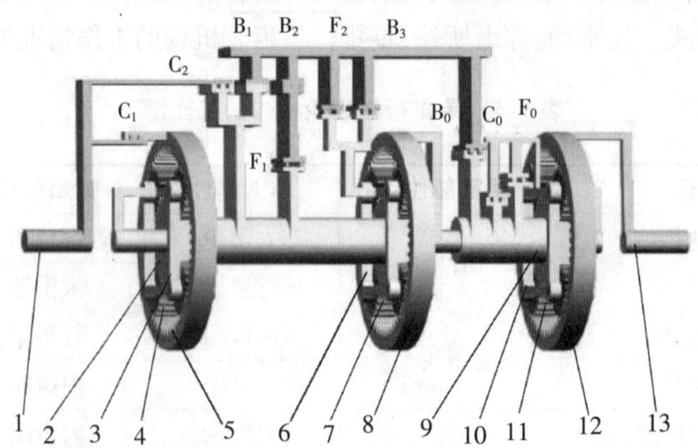

1—输入轴；2—太阳轮；3—前排行星架；4—前排行星轮；5—前排齿圈；6—后排行星架；7—后排行星轮；　8—后排齿圈；9—超速排太阳轮；10—超速排行星架；11—超速排行星轮；12—超速排齿圈；13—输出轴

图5-46　四挡辛普森行星齿轮变速器的结构简图

换挡执行机构包括3个离合器、4个制动器和3个单向离合器共10个元件。具体的功能见表5-6。

表 5-6　执行元件功能表

名　称	功　能
超速直接挡离合器 C_0	连接超速挡行星架与太阳轮
前进挡离合器 C_1	连接输入轴与前齿圈
直接挡离合器 C_2	连接输入轴与前、后太阳轮
超速挡制动器 B_0	锁定超速挡太阳轮，使之顺时针、逆时针都不转动
2 挡滑行制动器 B_1	锁定太阳轮，使之顺时针、逆时针都不转动
2 挡制动器 B_2	锁定太阳轮，在 F_1 动作时，不能逆时针方向转动
1 挡及倒挡制动器 B_3	锁定后行星架，使之顺时针、逆时针都不转动
超速挡单向离合器 F_0	锁定超速挡行星架，使之不能逆时针方向转动
1 号单向离合器 F_1	在 B_2 动作时，锁定太阳轮，使之不能逆时针方向转动
2 号单向离合器 F_2	锁定后行星架，使之不能逆时针方向转动

（3）各挡动力传动路线。

①D1 挡：

D－1 挡的工作元件：C_0、C_1、F_0 和 F_2。

D－1 挡的传动路线如图 5-47 所示。

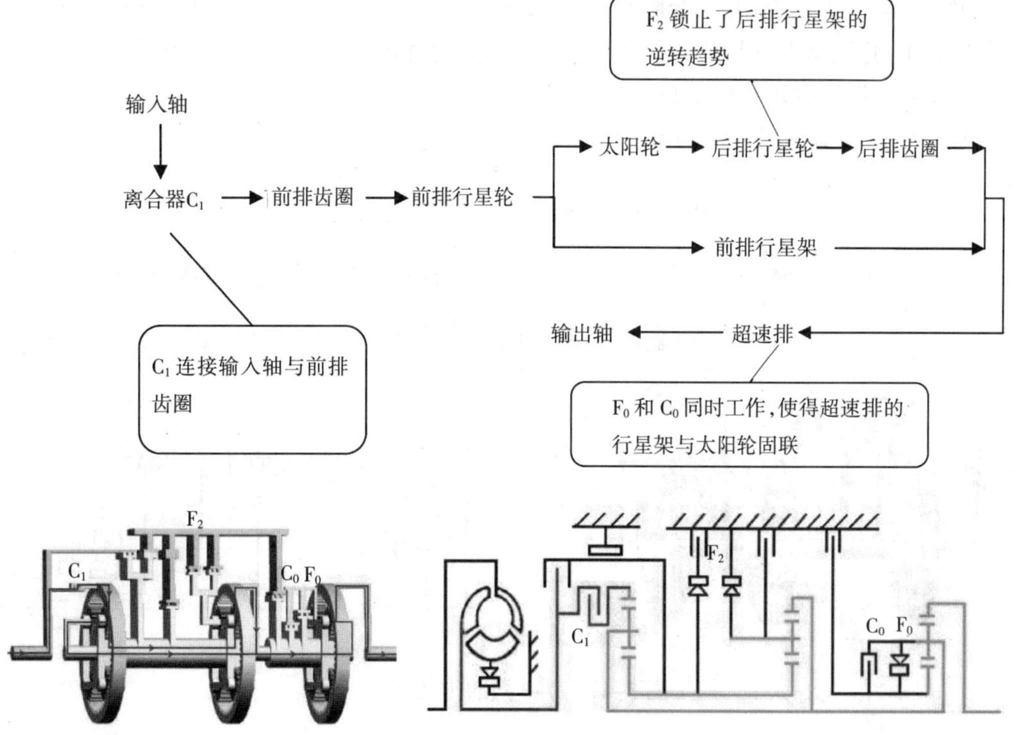

图 5-47　D-1 挡的传动路线

②D2 挡：

D－2 挡的工作元件：C_0、C_1、F_0、F_1 和 B_2。

D－2 挡的传动路线如图 5-48 所示。

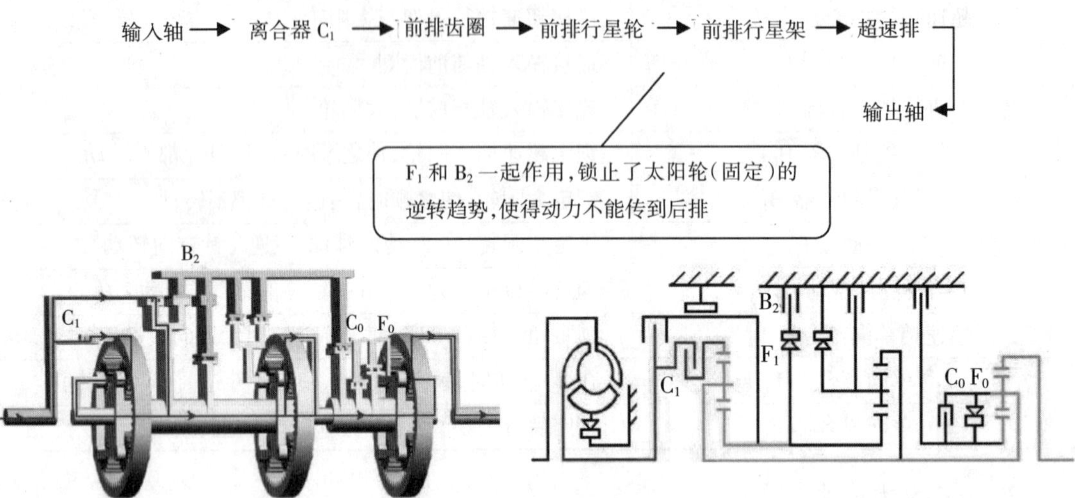

图 5-48　D-2 挡的传动路线

③D3 挡：

D-3 挡的工作元件：C_0、C_1、C_2、F_0 和 B_2。

注：由于 B_2 和 F_1 的作用，不会阻止太阳轮顺转，2 挡换 3 挡时只需增加一条 C_2 油路，B_2 可以继续保持，因此油路无须切换，这样保证了在换挡的过程中不会出现动力中断或动力干涉，这点与拉威挪式行星齿轮机构有显著的区别。

D-3 挡的传动路线如图 5-49 所示。

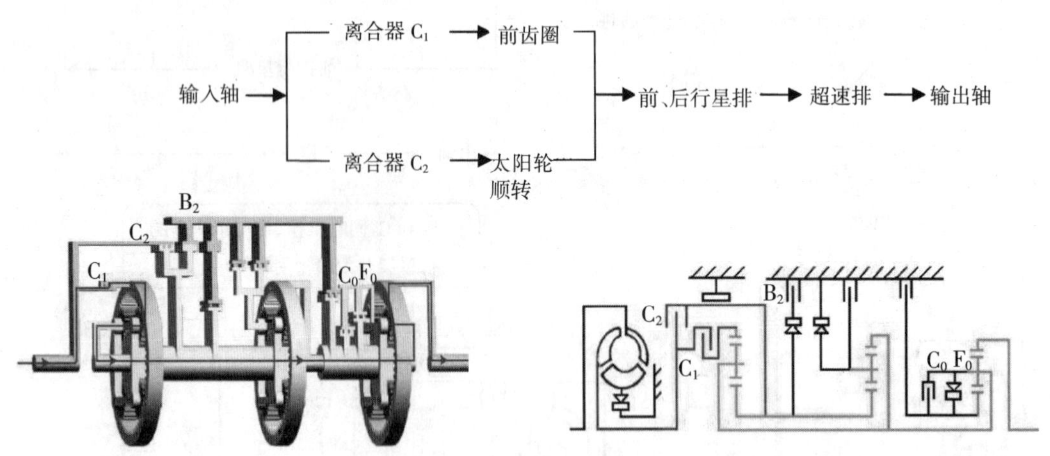

图 5-49　D-3 挡的传动路线

④D4 挡：

D－4 挡的工作元件：C_1、C_2、B_2 和 B_0。

D－4 挡的传动路线如图 5–50 所示。

输入轴 → 离合器 C_1、C_2 → 前、后行星排 → 超速排行星架 → 超速排行星齿轮 → 超速排齿圈 → 输出轴

（B_0 制动超速排太阳轮）

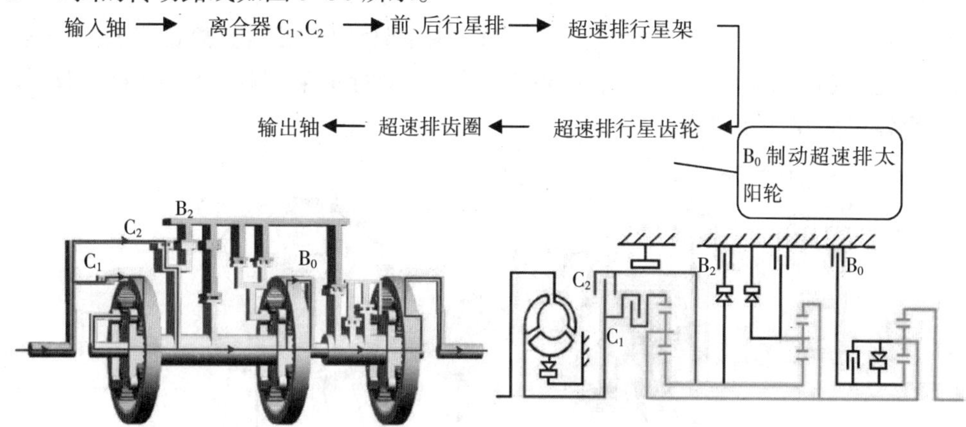

图 5–50　D–4 挡的传动路线

⑤倒挡：

倒挡的工作元件：C_0、C_2 和 B_3。

倒挡的传动路线如图 5–51 所示。

输入轴 → 离合器 C_2 → 后排太阳轮 → 后排齿圈 → 超速排 → 输出轴

（B_3 制动后排行星架）

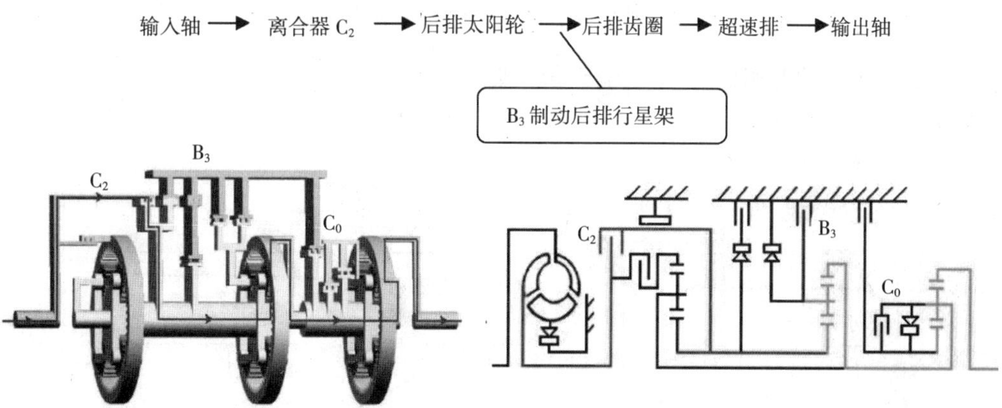

图 5–51　倒挡的传动路线

2. 拉威挪式自动变速器。

（1）拉威挪式行星齿轮机构的特点。拉威挪式行星齿轮机构也是一种常见的行星齿轮机构，如图 5–52 所示为拉威挪式行星齿轮机构的示意图，其特点是：在一个行星架上安装有互相啮合的两套行星齿轮，长行星齿轮同时与大太阳轮、短行星齿轮、内齿圈相啮合，短行星齿轮与长行星齿轮和小太阳轮相啮合，而长、短行星齿轮装在同一个行星架上。

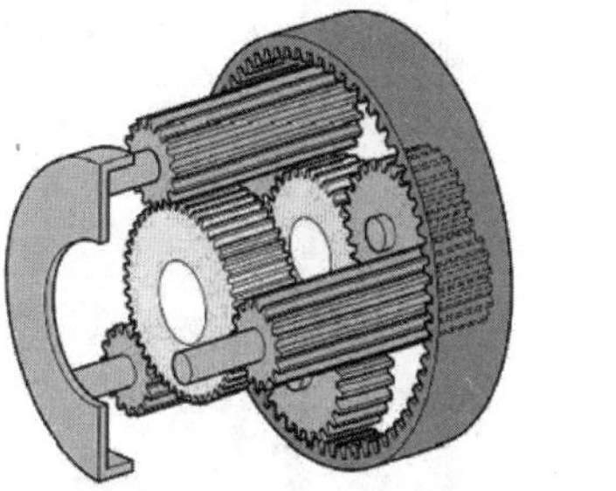

图 5–52　拉威挪式行星齿轮机构的示意图

这种行星齿轮机构具有机构简单、尺寸小、传动比变化范围大、灵活多变等特点，可以组成 3 个前进挡或 4 个前进挡的行星齿轮变速器。自 20 世纪 70 年代开始应用于许多轿车的自动变速器，特别是前轮驱动式轿车的自动变速器，如奥迪、大众、福特、马自达等车型。

（2）四挡拉威挪式行星齿轮机构的结构及组成。四挡拉威挪式行星齿轮机构自动变速器，主要由拉威挪式行星齿轮机构和离合器、制动器、单向离合器组成。

拉威挪式行星齿轮变速器的结构如图 5-53 所示。行星齿轮系由大、小太阳轮各一个，长短行星齿轮各 3 个，行星架和齿圈组成。离合器 K_1 用于驱动小太阳轮，离合器 K_2 用于驱动大太阳轮，离合器 K_3 用于驱动行星架，制动器 B_1 用于制动行星架，制动器 B_2 用于制动大太阳轮，单向离合器 F 防止行星架逆时针转动。

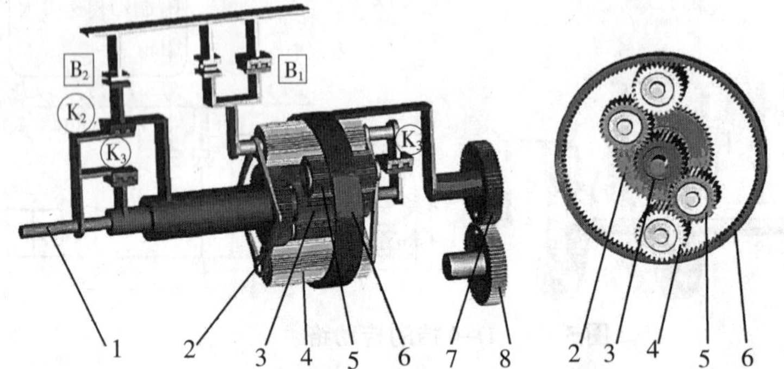

1—输入轴；2—大太阳轮；3—小太阳轮；4—长行星齿轮；5—短行星齿轮；6—内齿圈；7—输出齿轮；8—主减速器齿圈；K_1—1、2、3 挡离合器；K_2—倒挡离合器；K_3—3、4 挡离合器；B_1—1 挡、倒挡制动器；B_2—2、4 挡制动器；F—单向离合器

图 5-53　拉威挪式行星齿轮变速器的结构

（3）拉威挪式自动变速器各挡动力传动路线。

①D1 挡：

D—1 挡的工作元件：K_1、F。

D—1 挡的传动路线如图 5-54 所示。

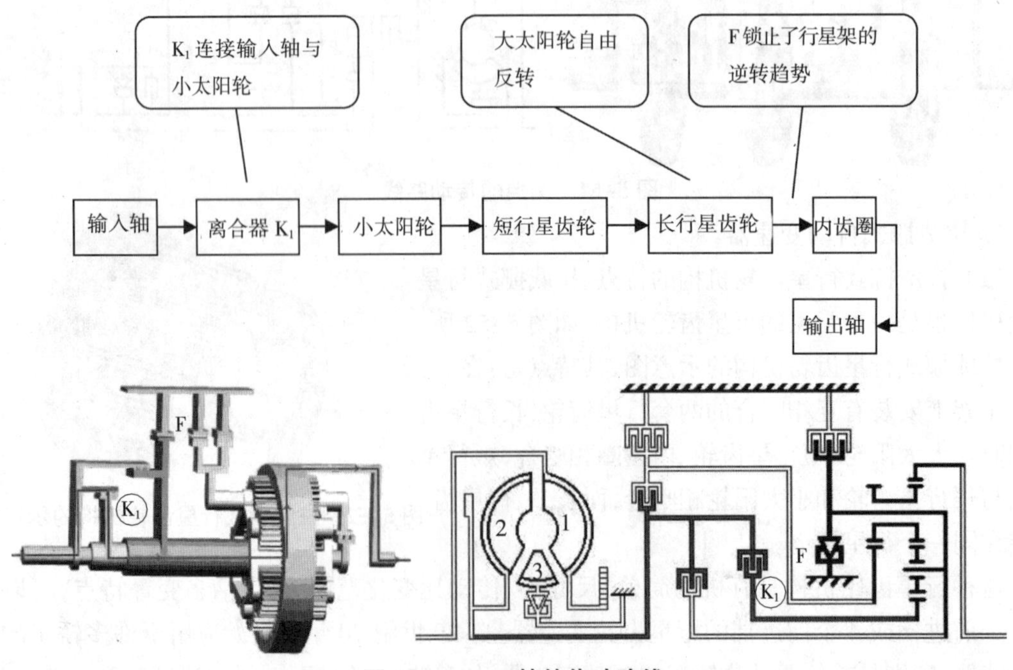

图 5-54　D-1 挡的传动路线

②D2 挡：

D－2 挡的工作元件：K_1、B_2。

D－2 挡的传动路线如图 5-55 所示。

B₂ 制动大太阳轮
输入轴
离合器 K₁
小太阳轮
短行星齿轮
长行星齿轮
内齿圈
输出轴
B₂
K₁
B₂
2
1
3
K₁

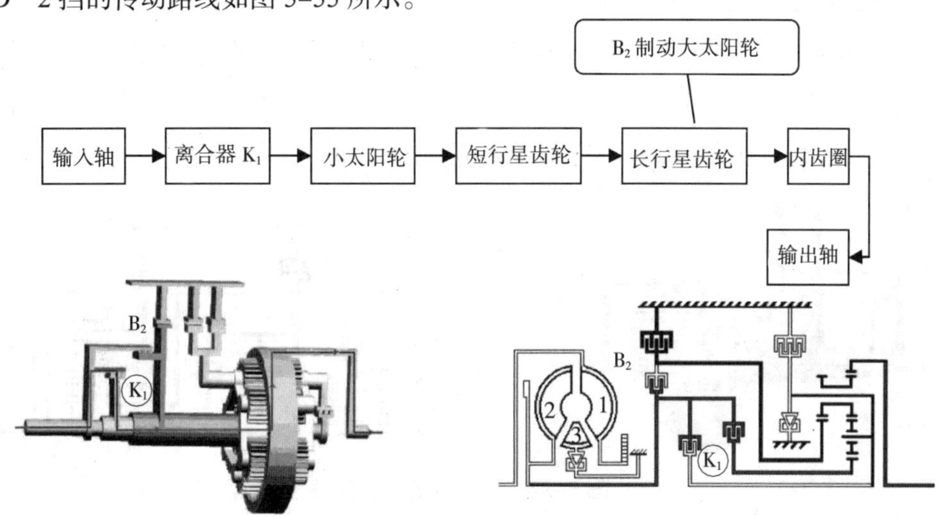

图 5-55　D-2 挡的传动路线

③D3 挡：

D－3 挡的工作元件：K_1、K_3。

D－3 挡的传动路线如图 5-56 所示。

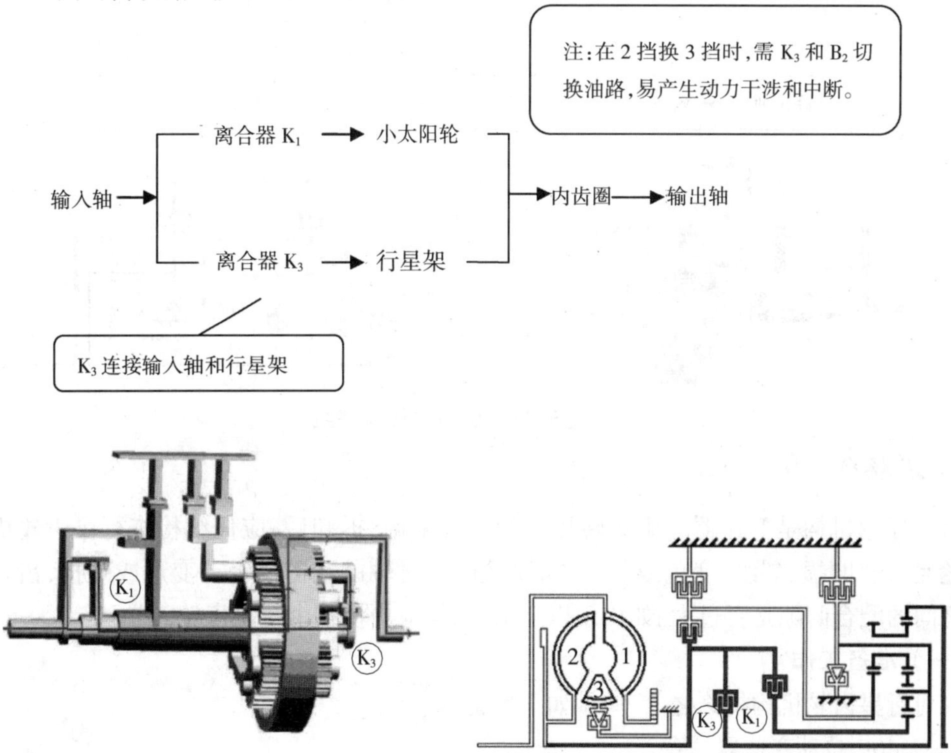

注：在 2 挡换 3 挡时，需 K₃ 和 B₂ 切换油路，易产生动力干涉和中断。
离合器 K₁
小太阳轮
输入轴
内齿圈
输出轴
离合器 K₃
行星架
K₃ 连接输入轴和行星架
K₁
K₃
2
1
3
K₃
K₁

图 5-56　D-3 挡的传动路线

④D4 挡：

D－4 挡的工作元件：K_3、B_2。

D－4 挡的传动路线如图 5-57 所示。

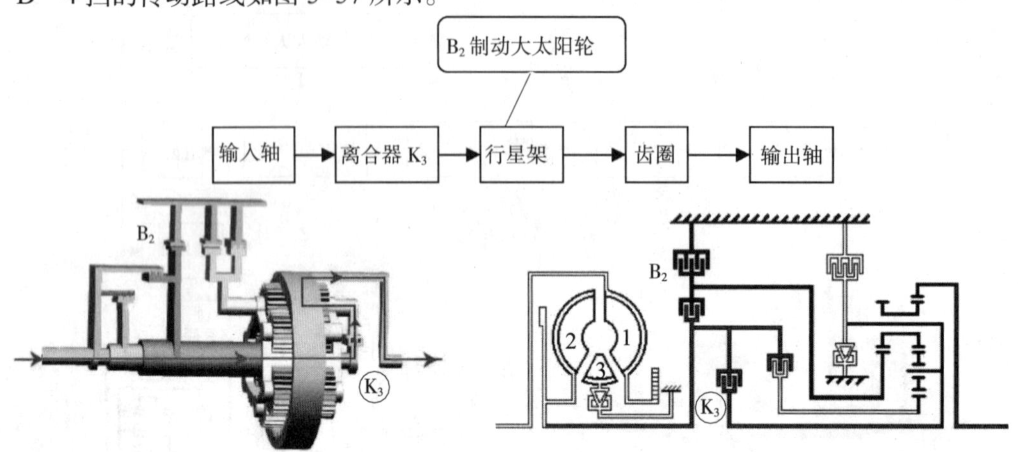

图 5-57　D-4 挡的传动路线

⑤倒挡：

倒挡的工作元件：K_2、B_1。

倒挡的传动路线如图 5-58 所示。

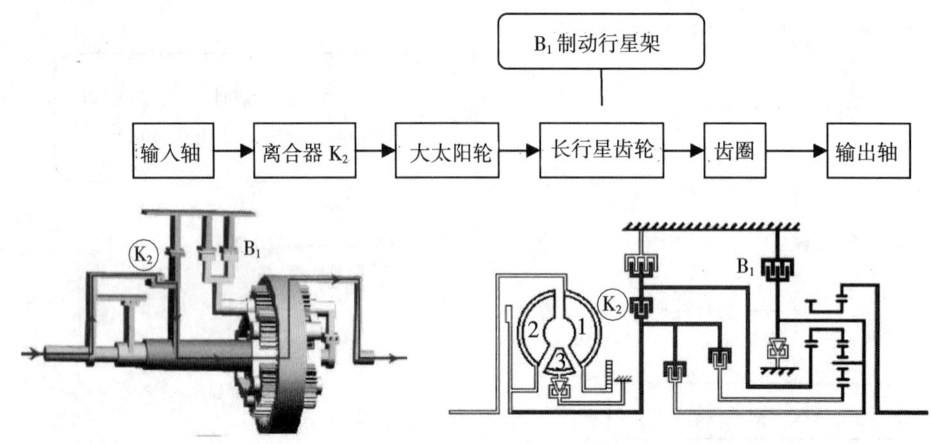

图 5-58　倒挡的传动路线

二、实践操作

行星齿轮机构是变速器产生运转噪声的主要来源。拆卸后，应仔细检查行星齿轮机构所有齿轮是否有磨损、裂纹、变色或剥落，所安装的花键轴的花键是否有变形或破损，齿轮与花键轴之间的配合间隙是否过大。如出现以上损伤，均应更换整个行星齿轮。

（一）准备工作

在对行星齿轮机构检修之前，应做如下准备：

1. U340E 自动变速器一台。

2. 百分表一只，磁力表座一套，游标卡尺、厚薄规等常用量具，常用工具。

3. 自动变速器专用工具、干净抹布。

4. 维修手册、工单。

（二）技术要求及注意事项

行星架齿轮轴向间隙，标准间隙为 0.2～0.6mm，最大间隙为 1.0mm。

（三）换挡执行元件的检修

以丰田卡罗拉轿车 U340E 自动变速器的换挡执行元件的检修为例，U340E 自动变速器采用了 CR－CR 型行星齿轮。换挡执行元件有 3 个离合器、3 个制动器和 2 个单向离合器。

1. 齿轮的检查。齿轮的检查包括检查齿轮是否折断，轴承是否磨损而松旷，齿面是否有烧蚀和斑点等，如有应更换整个行星排。

2. 检查每个齿轮是否松旷，转动是否正常，如果松动会造成齿轮在承载时抖动。检查行星架是否有变形、裂痕或其他故障。检查行星齿轮端面跳动，一般跳动值为 0.15～0.70mm，极限值为 1mm。不正常应更换。

3. 检查行星齿轮与行星架之间的间隙，如图 5-59 所示，其标准间隙为 0.2～0.6mm，最大不得超过 1.0mm，否则应更换止推垫片或行星架和行星齿轮组件。

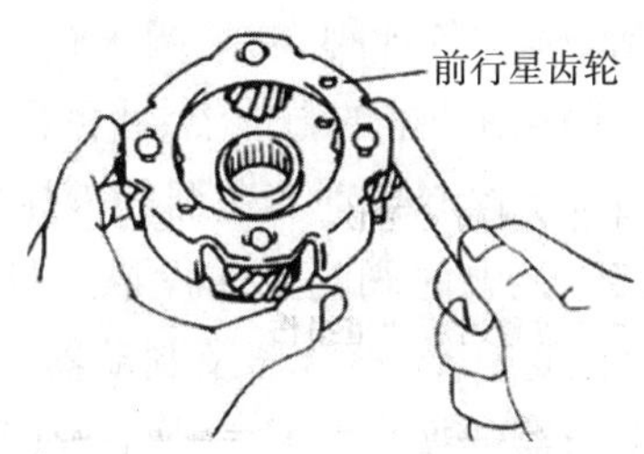

图 5-59　检查行星齿轮与行星架之间的间隙

任务四　液压控制系统的检修

任务引入

一辆卡罗拉轿车，行驶近 2.0×10^5 km，前进挡和倒挡均起步无力，自动变速器有打滑现象，经检查电子控制系统没有故障。

任务分析

前进挡和倒挡均起步无力，有打滑现象，经检查电子控制系统没有故障，可以初步确定是液压系统故障，如油泵损坏或主油路泄漏严重等。由于自动变速器结构复杂，维修难度大，未确定故障时不要轻易分解，还应结合自动变速器的试验来确定故障是否在液压控制系统。通过此任务应了解液压控制系统基本组成和工作原理，能解释液压控制系统主要元件的工作原理，能对液压控制系统中的油泵进行检修。

任务实施

一、相关知识学习

（一）液压控制系统的基本组成和工作原理

液压控制系统是由油泵、各种控制阀及与之相连通的液压换挡执行元件，如离合器、制动器油缸等组成液压控制回路。汽车行驶中根据驾驶人的要求和行驶条件的需要，控制离合器和制动器工作状况的改变来实现机械变速器的自动换挡。

1. 液压控制系统的基本组成。液压控制系统的基本组成包括动力源、执行机构和控制机构三大部分。

（1）动力源。液压控制系统的动力源是油泵（或称为液压泵），它是整个液压控制系统的工作基础，如各种阀体的动作、换挡执行元件的工作等都需要一定压力的 ATF。油泵的基本功用就是提供满足需求的 ATF 油量和油压。

（2）执行机构。执行机构主要由离合器、制动器油缸等组成。其功用是在控制油压的作用下实现离合器的接合和分离、制动器的制动和松开动作，以便得到相应的挡位。

（3）控制机构。控制机构包括阀体和各种阀，如主调压阀、手动阀、换挡阀等。液压控制系统还包括一些辅助装置，如用于防止换挡冲击的蓄能器、止回阀等。

2. 液压控制系统的工作原理。电子控制自动变速器的液压控制系统将油泵产生的经主油压调节阀调节后的液压油，通过阀体上电磁阀的工作操纵换挡阀，电磁阀由电子控制单元根据车辆的实际工况控制，控制作用在变矩器、离合器及制动器上的液压，以控制变速器的行星齿轮机构的工作。电子控制自动变速器的换挡不再根据节气门液压和速控液压，而是由电子控制单元根据传感器信号去控制电磁阀的工作来实现。

（二）液压控制系统主要元件

1. 油泵。

（1）功用。油泵是液压控制系统的动力源，其功用是产生一定压力和流量的 ATF，供给液力变矩器、液压控制系统和行星齿轮机构。

油泵一般位于液力变矩器和行星齿轮系统之间，由液力变矩器泵轮驱动。油泵的类型主要有齿轮泵、转子泵和叶片泵。

（2）结构、原理。如图 5-60 所示为内啮合齿轮泵的结构示意图，主要由主动齿轮、从动齿轮、月牙板、壳体等组成。主动齿轮为外齿轮，从动齿轮为内齿轮，在壳体上有一个月牙板，把主、从动齿轮不啮合的部分隔开，并形成两个工作腔，分别为进油腔和出油腔。进油腔与泵体上的进油口相通，出油腔与泵体上的出油口相通。主动齿轮内径上有两个对称的凸键，与液力变矩器后端油泵驱动毂的键槽或平面相配合。因此，只要发动机转动，油泵便转动并开始供油。

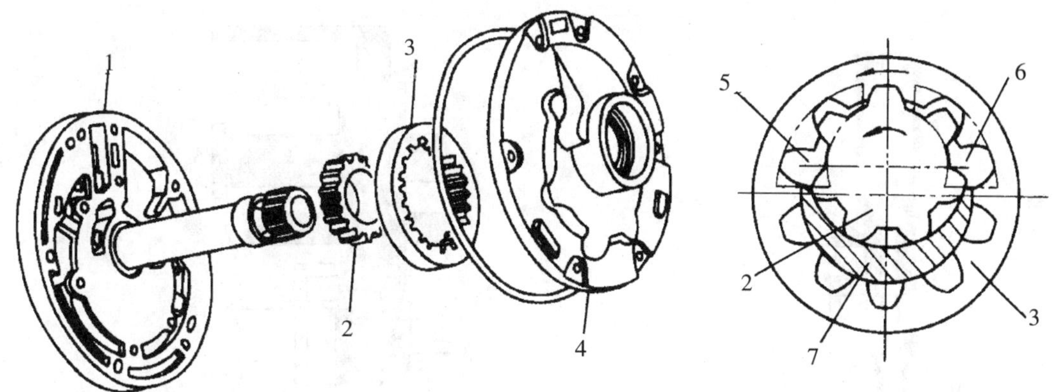

1－泵盖；2－主动齿轮；3－从动齿轮；4－壳体；5－进油腔；6－出油腔；7－月牙板

图 5-60　内啮合齿轮泵的结构示意图

油泵在工作过程中，主动齿轮带动从动齿轮转动，在齿轮脱离啮合的一端（进油腔），容积不断变大，产生真空吸力，把 ATF 从油底壳经滤网吸入油泵。在齿轮进入啮合的一端（出油腔），容积不断减小，油压升高，把 ATF 从出油腔挤压出去。这样，油泵不断地运转，就形成了具有一定压力的油液，供给自动变速器工作。

这种油泵要求具有严格的加工制造精度，因为齿轮之间、齿轮与泵体之间过大的磨损和间隙会导致油泵的性能下降，油压过低。而油压对于自动变速器的正常工作是非常重要的。

2. 主调压阀。主调压阀的作用是将液压泵输出压力精确调节到所需值后再输入主油路。其应满足主油路系统在不同工况、不同挡位时，具有不同油压的要求：

（1）节气门开度较小时，自动变速器所传递的转矩较小，执行机构中的离合器、制动器不易打滑，主油路压力可以降低。而当发动机节气门开度较大时，因传递的转矩增大，为防止离合器、制动器打滑，主油路压力要升高。

（2）汽车低速挡行驶时，所传递的转矩较大，主油路压力要高。而在高速挡行驶时，自动变速器传递的转矩较小，可降低主油路油压，以减小液压泵的运转阻力。

（3）倒挡的使用时间较少，为减小自动变速器尺寸，倒挡执行机构被做得较小，为避免出现打滑现象，需提高操纵油压。

主油路调压阀的结构如图 5-61 所示。油压的调节是靠电子控制，主油压电磁阀调整出不同的油压值，使滑阀改变节流口 a 的大小，通过节流作用控制主油压的大小。节流口 b 泄出的油压经二次调压阀的节流作用，调整出变矩器油压。

3. 次调压阀。次调压阀是把主油路调压阀泄出的油压调节成变矩器油压。如图 5-62 所示，滑阀上端作用着手动阀来的油压，向下推阀，还作用着一个由 3 油道来的主油压，也向下推阀。而向上推阀的力有弹簧弹力和来自主调压阀调节后的油压压力，上下两力的平衡决定了节流口 a 的开度，即通过节流口的开度将主油压调节成变矩器油压。

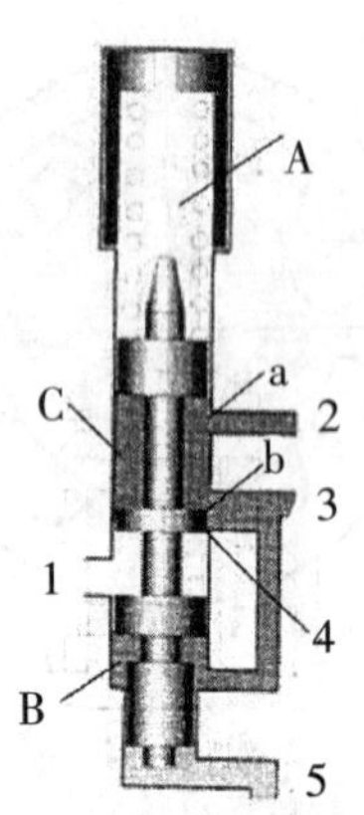

1、4—泄油口;2—来自油泵的油压;3—去次级调压阀;5—来自主调压电磁阀

图 5-61 主油路调压阀的结构

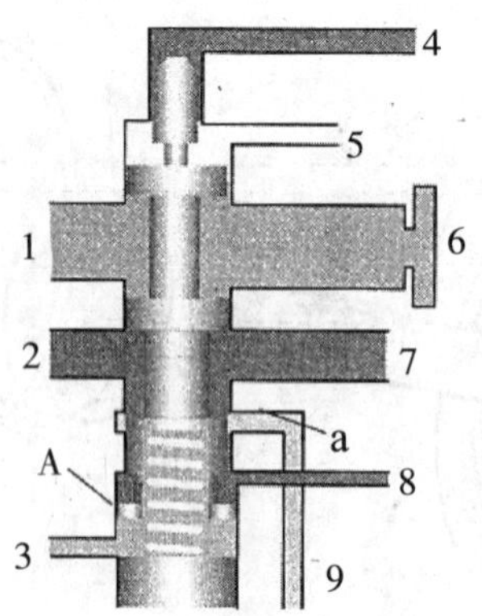

1—去油泵的油;2—来自油泵;3—来自主油压调节阀 3 油道;4、5—来自手动阀;6—来自油底;7—去手动阀和电磁阀压力调节阀;8—主油压;9—去变矩器压力调节阀

图 5-62 次调压阀的结构

4. 手动阀。手动阀又称为手控阀或手动换挡阀,与驾驶室内的选挡杆相连,其功用是控制各挡位油路的转换。如图 5-63 所示,当驾驶员操纵选挡杆时,手动阀会移动,使主油压通往不同的油道。如当选挡杆置于“P”位时,主油压会通往“P”“R”和“L”位油道;当选挡杆置于“R”位时,主油压会同时通往“P”“R”和“L”位油道与“R”位油道;当选挡杆置于“N”位时,手动阀会将主油压进油道切断,使不会有主油压通往各换挡阀;当选挡杆置于“D”位时,主油压会通往“D”、“2”和“L”位油道;当选挡杆置于“2”位时,主油压会同时通往“D”“2”和“L”位油道与“2”和“L”位油道;当选挡杆置于“L”位时,主油压会同时通往“D”“2”和“L”位油道与“2”和“L”位油道及“P”“R”和“L”位油道。

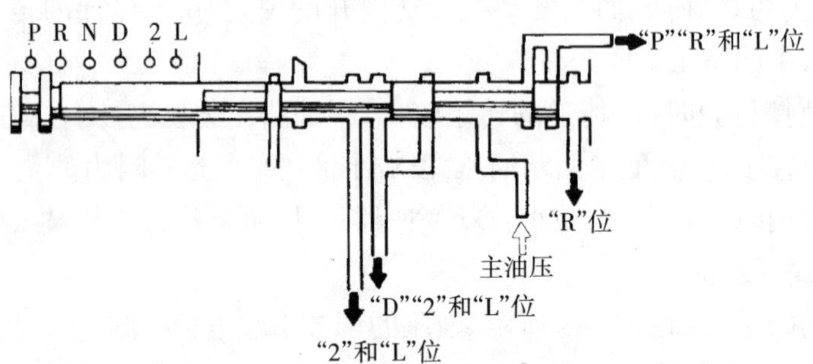

图 5-63 手动阀的结构

5. 换挡阀。电子控制自动变速器换挡阀的工作由换挡电磁阀控制,其控制方式有两种:加压控制和泄压控制,即通过开启或关闭换挡阀控制油路泄油孔来控制换挡阀的工作。加压控制方式的工作原理如图 5-64 所示,压力油经电磁阀后通至换挡阀的左端。当电磁阀关闭时,没有油压作用在换挡阀左端,换挡阀在右端弹簧力的作用下移向左端,主油路给换挡执行元件供油;当电磁阀开启时,压力油作用在换挡阀左端,使换挡阀克服弹簧力右移,从而改变油路,实现挡位变换。

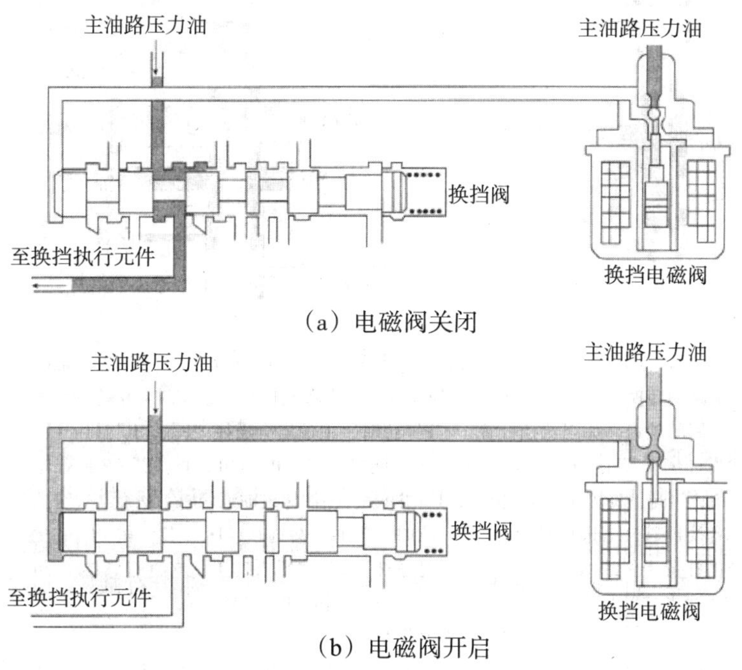

图 5-64　加压控制方式的工作原理

6. 锁止离合器控制阀。锁止离合器控制阀采用脉冲式电磁阀，ECU 可利用脉冲电信号占空比大小来调节锁止电磁阀的开度，以控制作用在锁止离合器控制阀右端的油压，调节锁止离合器控制阀左移时排油孔的开度，从而控制锁止离合器活塞右侧油压的大小，如图 5-65 所示。当作用在锁止电磁阀上的脉冲电信号的占空比为 0 时，电磁阀关闭，没有油压作用在锁止离合器控制阀的右端，此时锁止离合器活塞左右两侧的油压相同，锁止离合器处于分离状态。当作用在锁止电磁阀上的脉冲电信号较小时，电磁阀的开度和作用在锁止离合器控制阀右端的油压以及锁止控制阀左移打开的排油孔开度均较小，锁止离合器活塞左右两侧油压以及由此产生的锁止离合器接合力也较小，使锁止离合器处于半接合状态。ECU 在控制锁止离合器接合时，可以通过电磁阀来调节其接合速度，让接合器逐渐增大，使接合过程更加柔和。

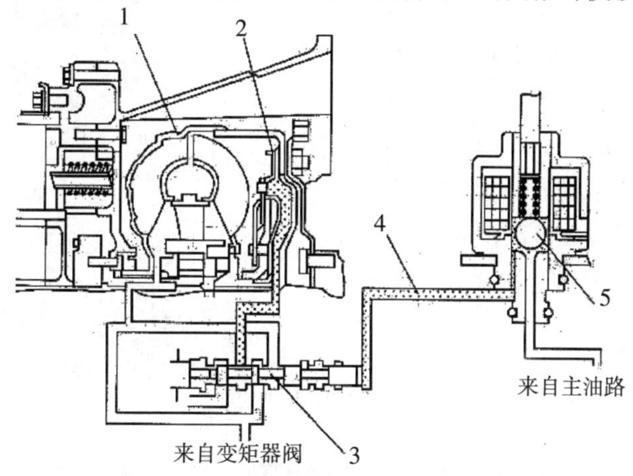

1—变矩器；2—锁止离合器；3—锁止离合器控制阀；4—可调节的控制压力；5—脉冲线性式锁止电磁阀

图 5-65　锁止离合器控制阀工作原理

二、实践操作

（一）准备工作

在检修之前，应做如下准备：

1. 丰田卡罗拉自动变速器台架。
2. 厚薄规。
3. 刀口尺。
4. 常用工具。
5. 干净的抹布。
6. 维修手册、工单。

（二）技术要求及注意事项

1. 自动变速器零件表面经过高精度加工而成，在重新装配前必须对这些零件进行仔细检查，即使是轻微划伤也可能导致漏油或影响性能，尽可能在对下一组零部件进行操作之前完成检查、维修和重新装配。如果在重新装配过程中发现某个零部件组有缺陷，则立即检查和维修此零部件组。

2. 所有拆解的零件均应清洗干净，油液通道和孔应使用压缩空气吹通。用压缩空气吹干所有零件，切勿使用棉丝抹布或其他布来擦干它们。使用压缩空气时，一定不要对准自己。

3. 清洗时，只能使用推荐的自动传动桥油或煤油。清洗后，各零件应按正确的顺序摆放，以便有效地进行检查、维修和重新装配。

4. 拆解阀体时，一定要将各阀与其对应的弹簧配对摆放在一起。

5. 确保卡环两端不对准任何切口，并且要正确地安装在槽内。

6. 更换磨损衬套时，含有衬套的分总成也必须更换。

7. 检查止推轴承和座圈是否磨损或损坏，必要时将其更换。

（三）油泵的检修

以丰田卡罗拉 U340E 自动变速器为例介绍油泵的检修方法。油泵一旦发生故障会对整个自动变速器的液压系统产生影响，而不是单独影响某一挡位的工作。当然，油泵故障对每一挡的影响是不同的，总的来说，油泵能引起前进挡和倒挡多种故障，如车辆在各挡均不能移动，前进挡和倒挡起步无力，自动变速器打滑，自动变速器换挡冲击、异响等。油泵分解图如图 5-66 所示。

1. 油泵的拆卸。U340E 自动变速器油泵的拆卸见表 5-7。

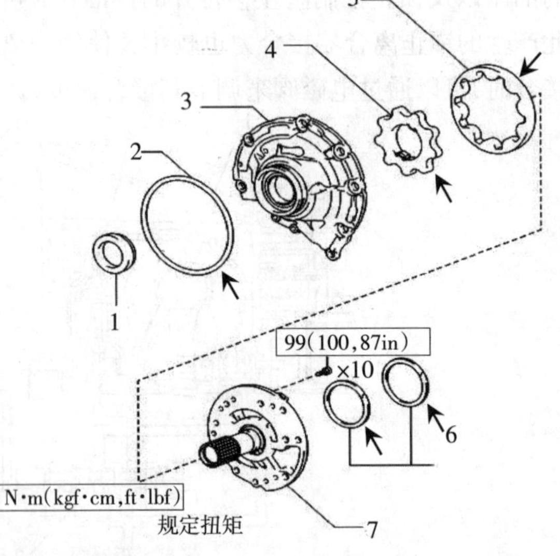

1—前机油泵油封；2—前机油泵体 O 形圈；3—前机油泵体；4—前机油泵主动齿轮；5—前机油泵从动齿轮；6—离合器鼓护油环；7—定子轴总成

图 5-66 油泵分解图

表 5-7　U340E 自动变速器油泵的拆卸

拆卸内容	图示	拆卸步骤
拆卸前机油泵体 O 形圈	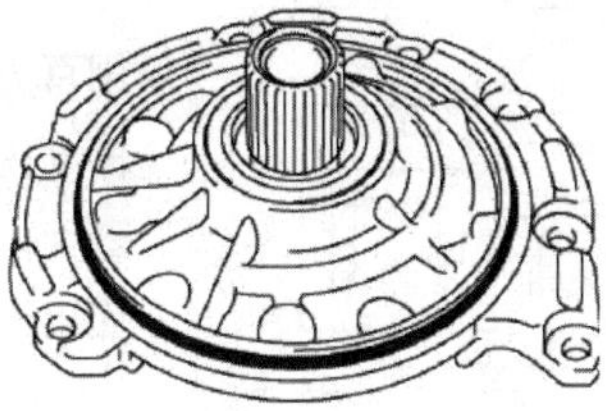	从机油泵上拆下前机油泵体 O 形圈
拆卸定子轴总成	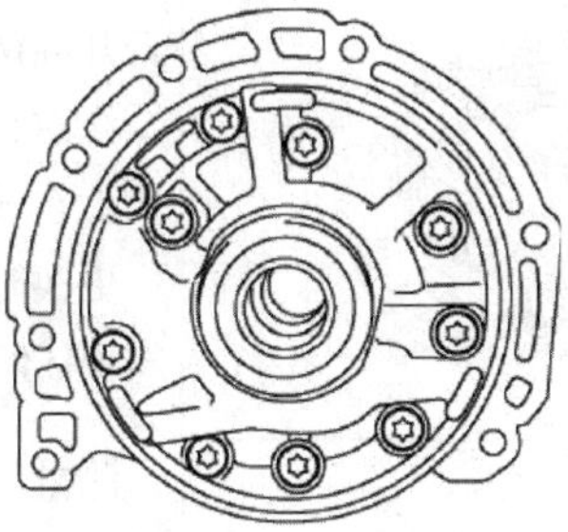	用“TORX”梅花套筒扳手(T30)拆下 10 个“TORX”梅花螺钉
拆卸前机油泵主动齿轮	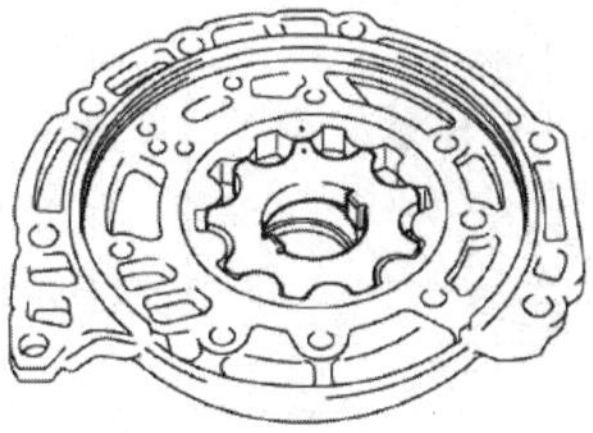	从机油泵体上拆下前机油泵主动齿轮
拆卸前机油泵从动齿轮	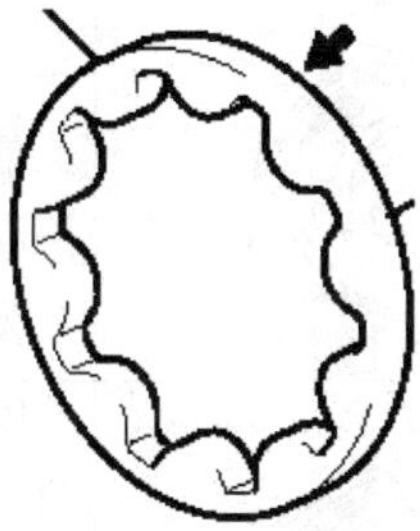	从机油泵体上拆下前机油泵从动齿轮
拆卸前机油泵油封	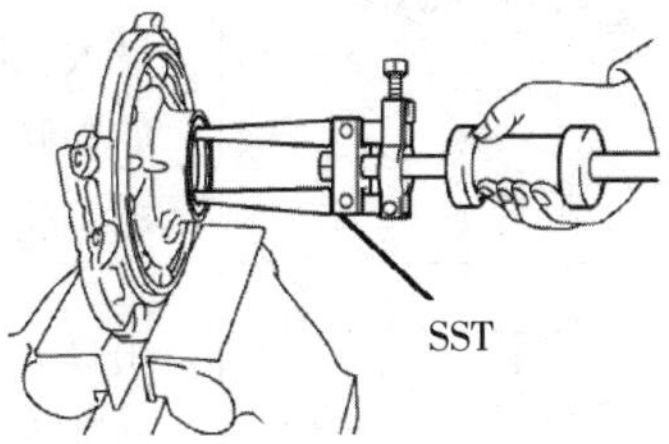 SST	用 SST 从机油泵体上拆下前机油泵油封

2. 油泵的检查。U340E 自动变速器油泵的检查见表 5-8。

表 5-8　U340E 自动变速器油泵的检查

检查内容	图示	检查步骤
检查定子轴总成		用百分表测量定子轴衬套的内径。 标准内径：21.500～21.526mm。 最大内径：21.526mm。 如果内径超过最大值，则更换定子轴
		将输入轴总成安装到定子轴总成上，检查并确认输入轴总成旋转平稳。 注意：如果运动不稳或发出异常噪音，则换上新的定子总成。 更换时检查输入轴与轴承的接触面，如果发现任何损坏或变色，则换上新的输入轴
检查机油泵齿轮间隙		测量从动齿轮齿顶和主动齿轮齿顶的间隙。 标准顶部间隙：0.07～0.15mm。 最大顶部间隙：0.15mm。 如果顶部间隙大于最大值，则更换机油泵体分总成
		将从动齿轮推向泵体一侧，用测隙规测量间隙。 标准泵体间隙：0.10～0.15mm。 最大泵体间隙：0.15mm。 如果泵体间隙大于最大值，则更换机油泵体分总成
		用刀口尺和测隙规测量这两个齿轮的侧隙。 标准侧隙：0.02～0.05mm。 最大侧隙：0.05mm。 如果侧隙大于最大值，则更换主动齿轮、从动齿轮或泵体
检查前机油泵体分总成		用百分表测量机油泵体衬套内径。 标准内径：38.113～38.138mm。 最大内径：38.138mm。 如果内径大于最大内径，则更换机油泵体分总成

3. 油泵的装配。U340E 自动变速器油泵的装配见表 5–9。

表 5–9　U340E 自动变速器油泵的装配

装配内容	图示	装配步骤
安装离合器鼓护油环		在两个新的离合器鼓护油环上涂 ATF,并将其安装至定子轴
安装前机油泵油封		用 SST 将前机油泵油封安装至机油泵体。 油封嵌入深度:−0.15～0.15mm
安装前机油泵从动齿轮		在前机油泵从动齿轮上涂 ATF,然后将其安装至机油泵体，有标记的一面朝上
安装前机油泵主动齿轮		在前机油泵主动齿轮上涂 ATF,然后将其安装至机油泵体，有标记的一面朝上
安装定子轴总成		使用“TORX”梅花套筒扳手(T30),用 10 个“TORX”梅花螺钉安装定子轴总成。 扭矩:9.8N·m
检查机油泵总成		用两把螺丝刀转动主动齿轮并确保它能平稳转动。 注意:切勿损坏油封唇口
安装前机油泵体 O 形圈		在新的前机油泵体 O 形圈上涂 ATF,并将其安装至机油泵

任务五　自动变速器电子控制系统的检修

任务引入

一辆装备 U340E 自动变速器的卡罗拉轿车，车主反映故障指示灯点亮，自动变速器没有高速挡。需要对故障进行检测并排除故障。

任务分析

电子控制单元内部设有专门的故障自诊断电路，在车辆行驶过程中不断检测自动变速器电子控制系统各传感器和电磁阀的工作状态，一旦发现自动变速器故障，自动变速器故障指示灯会闪烁，以提醒驾驶员将车辆送至修理厂。电子控制单元会将检测到的故障以故障码的形式存储在控制单元的存储器内。在此任务中应掌握电子控制系统的工作原理及检修。

任务实施

一、相关知识学习

（一）概述

电子控制系统是电子控制自动变速器的核心，它利用电子自动控制的原理，通过传感器将汽车行驶速度和发动机负荷等参数转变为电信号，电子控制单元（ECU）根据这些电信号作出是否需要换挡的判断，并按照设定的控制程序发出换挡指令，操纵各种电磁阀去控制阀体总成中各个控制阀的工作，驱动离合器、制动器、锁止离合器等液力执行零件，从而实现对自动变速器的全面控制。

自动变速器的电子控制系统包括传感器、电子控制单元和执行器三部分，其组成框图如图 5-67 所示。

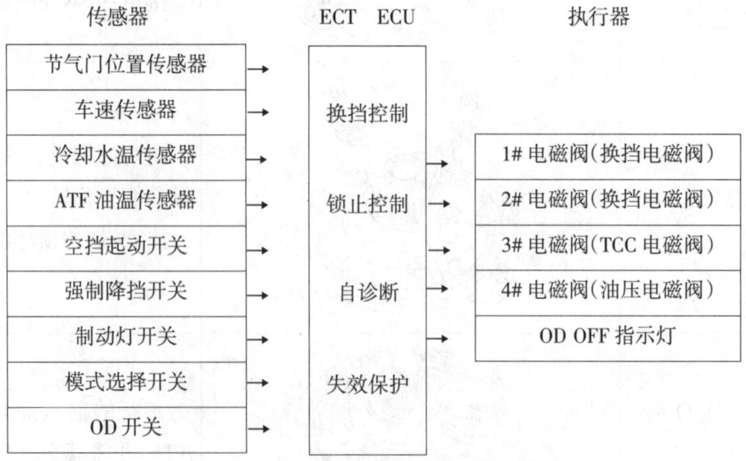

图 5-67　电子控制系统组成框图

传感器部分主要包括节气门位置传感器、车速传感器、发动机转速传感器、输入轴转速传感器、冷却水温传感器、ATF 油温传感器、空挡启动开关、强制降挡开关、制动灯开关、模式选择开关、OD 开关等。

执行器部分主要包括各种电磁阀和故障指示灯等。

ECU 主要完成换挡控制、锁止离合器控制、油压控制、故障诊断和失效保护等功能。

对于电子控制自动变速器，自动换挡主要取决于发动机负荷和车速，只不过是采用节气门位置传感器和车速传感器来感知发动机负荷和车速的情况，并将这两个信号发送给自动变速器 ECU，ECU 根据存储器中的换挡程序决定升挡或降挡，然后再给换挡电磁阀发出控制信号，换至相应挡位。

（二）传感器

1. 节气门位置传感器（TPS）。

（1）功用。节气门位置传感器安装在节气门体上，用于检测节气门开度的大小，并将数据传送给电脑，电脑根据此信号判断发动机负荷，从而控制自动变速器的换挡、调节主油压和对锁止离合器的控制。

（2）结构、原理。目前常用的节气门位置传感器有开关式、滑动电阻式、综合式和霍尔效应式等 4 种。

一般采用的是滑动电阻式、综合式节气门位置传感器，卡罗拉轿车采用的是霍尔效应式节气门位置传感器。

滑动电阻式节气门位置传感器如图 5-68 所示，是一个线性电位计，由节气门轴带动电位计的滑动触点。当节气门开度不同时，电位计输出的电压也不同，从而将节气门由全闭到全开的各种开度转换为大小不等的电压信号传输给电子控制单元，使其精确地判定发动机的运行工况。

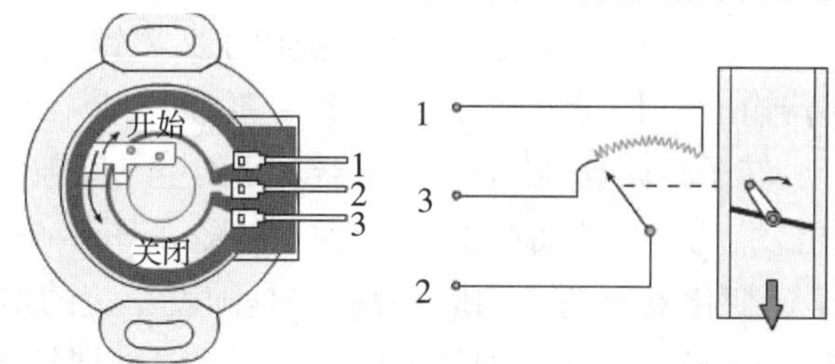

图 5-68 滑动电阻式节气门位置传感器

综合式节气门位置传感器如图 5-69 所示，它在滑动电阻式节气门位置传感器的基础上加装了一个怠速开关。怠速时怠速触点闭合，输出怠速工况信号，其他工况时节气门位置传感器信号电压随节气门开度的增大而升高。

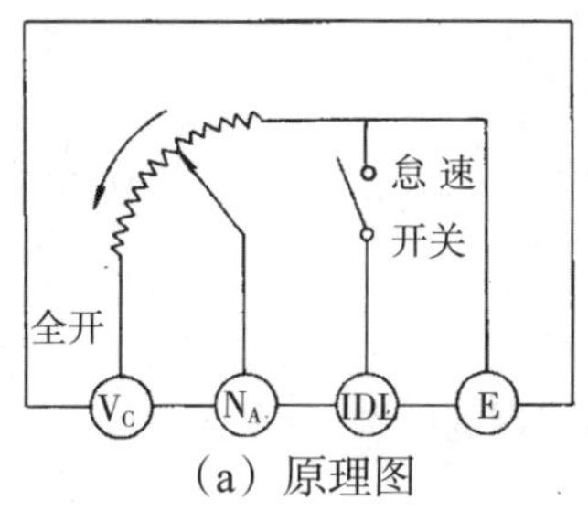

（a）原理图

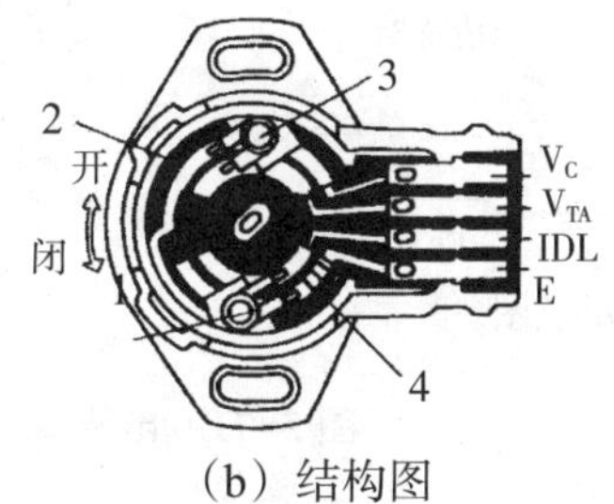

（b）结构图

1—怠速信号触点；2—电阻器；3—节气门开度信号触点；4—绝缘体

图 5-69 综合式节气门位置传感器

霍尔效应式节气门位置传感器如图 5–70 所示。以卡罗拉轿车为例，磁轭围绕霍尔集成电路，随着磁轭转动，霍尔集成电路将磁通量的适时变化情况转换为电信号输出至发动机 ECM，显示节气门的开度。霍尔集成电路包括用于主信号和副信号的电路。

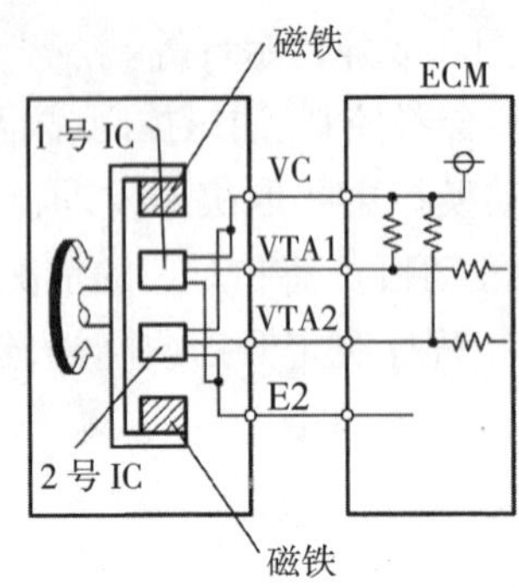

图 5–70 霍尔效应式节气门位置传感器

2. 车速传感器（VSS）。

（1）功用。车速传感器用于检测自动变速器输出轴转速，自动变速器 ECU 根据车速传感器输入的信号计算出车速，并以此信号控制自动变速器的换挡和锁止离合器的锁止。

（2）类型。常见的车速传感器有电磁式、舌簧开关式、光电式 3 种形式。有些自动变速器装有两个车速传感器，分为 1 号和 2 号传感器。2 号车速传感器一般为电磁式的，它装在变速器输出轴附近的壳体上，为主车速传感器；1 号车速传感器一般为舌簧开关式的，为副车速传感器，它装在车速表的转子附近，负责车速的传输，它同时也是 2 号车速传感器的备用件，当 2 号车速传感器失效后，由 1 号车速传感器代替工作。

（3）电磁式车速传感器的结构、原理。下面以常见的电磁式车速传感器为例介绍其结构、原理和检修。如图 5–71（a）所示，电磁式车速传感器主要由永久磁铁、电磁感应线圈、转子等组成。转子一般安装在变速器输出轴上，永久磁铁和电磁感应线圈安装在变速器壳体上，如图 5–71（b）所示。当输出轴转动，转子也转动，转子与传感器之间的空气间隙发生周期性变化，使电磁感应线圈中的磁通量也发生变化，从而产生交流感应电压，如图 5–71（c）所示，并输送给电脑。交流感应电压随着车速变化具有两个响应特性：一是随着车速的增加，交流感应电压增高；二是随着车速的增加，交流感应电压脉冲频率也增加。电脑是根据交流感应电压脉冲频率大小计算车速，并以此控制自动变速器的换挡。车速传感器信号相当于液控自动变速器中的速控油压，电子控制自动变速器没有速控阀。

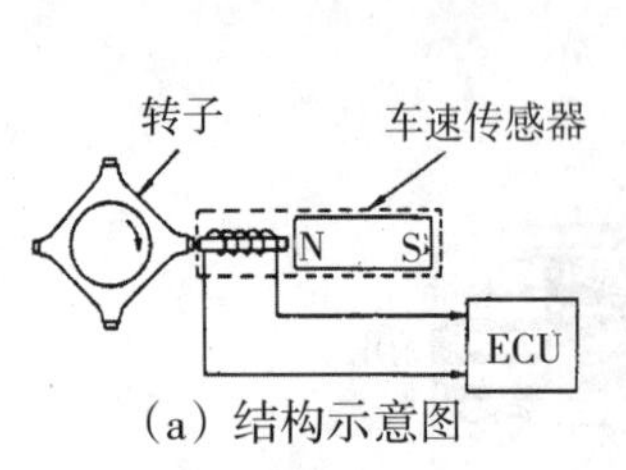

（a）结构示意图

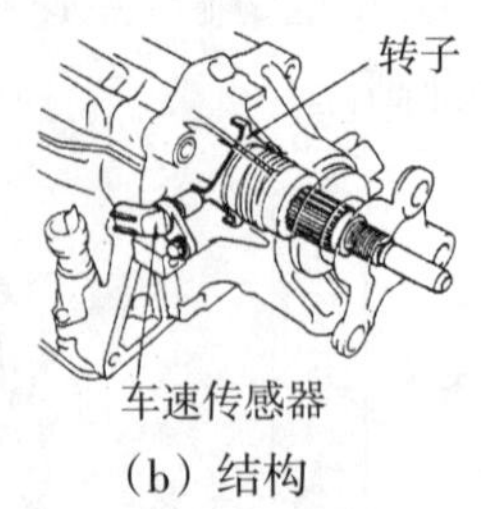

（b）结构

发生的波形
+v
o
−v
输出电压

（c）发生波形

图 5–71 电磁式车速传感器的结构、原理

3. 输入轴转速传感器。对于轿车自动变速器，一般在变速器输入轴附近的壳体上装有检测输入轴转速的输入轴转速传感器。该传感器一般也是采用电磁式，其结构、原理及检测与车速传感器一样。

自动变速器ECU根据输入轴转速传感器的信号可以更精确地控制换挡。另外，ECU还可以把该信号与发动机转速信号进行比较，计算出变矩器的转速比，使主油压和锁止离合器的控制得到优化，以改善换挡、提高行驶性能。

4. 油温传感器。自动变速器的油温传感器多为负热敏电阻，用于检测变速器温度，温度升高时，电阻的阻值会下降。安装在油底壳内的液压控制阀上，可作为ECU进行换挡控制、油压控制、液力变矩器锁止离合器控制的依据。

5. 模式选择开关。

（1）功用。模式选择开关是供驾驶员选择所需要的行驶换挡模式的开关。大部分车型都具有常规模式（N或NORM）和动力模式（P或PWR），有些车型还有经济模式（E或ECO）。自动变速器ECU根据所选择的行驶模式执行不同的换挡程序，控制换挡和锁止正时。如选择动力模式，自动变速器会推迟升挡，以提高动力性；而选择经济模式，自动变速器会提前升挡，以提高经济性；常规模式介于两者之间。

（2）结构、原理。如图5-72所示为常见的具有常规和动力两种模式的模式选择开关线路图，当开关接通NORM（常规模式），仪表盘上NORM指示灯点亮，同时自动变速器ECU的PWR端子的电压为0V，ECU从而知道选择了常规模式。当开关接通PWR（动力模式），仪表盘上PWR指示灯点亮，同时自动变速器ECU的PWR端子的电压为12V，ECU从而知道选择了动力模式。

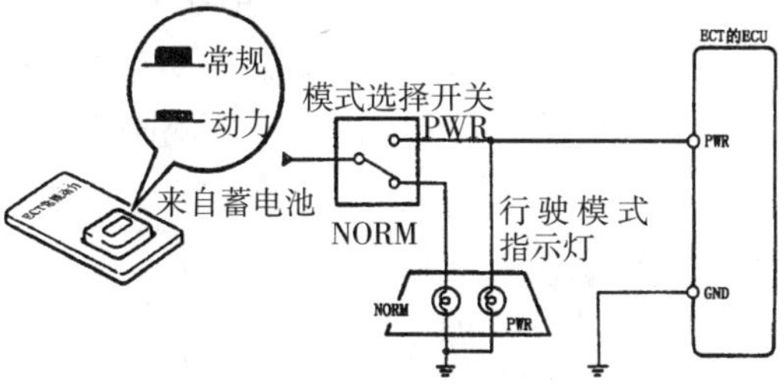

图5-72 模式选择开关线路图

6. 空挡启动开关。

（1）功用。空挡启动开关有两个功用，一是给自动变速器ECU提供挡位信息，二是保证只有选挡杆置于P或N位才能启动发动机。

（2）结构、原理。如图5-73所示，当选挡杆置于不同的挡位时，仪表盘上相应的挡位指示灯会点亮。当ECU的端子N、2或L与端子E接通时，ECU便分别确定变速器位于N、2或L位，否则ECU便确定变速器位于D位。只有当选挡杆置于P或N位时，端子B与NB接通，才能给启动机通电，使发动机启动。

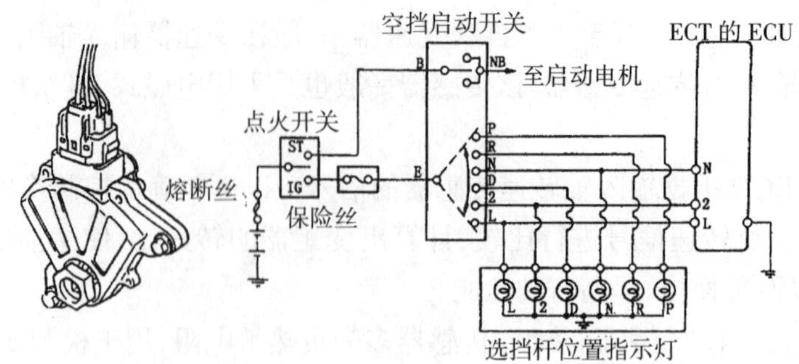

图 5-73 空挡启动开关线路图

7. OD 开关。

（1）功用。OD 开关（超速挡开关）一般安装在选挡杆上，由驾驶员操作控制，可以使自动变速器有或没有超速挡。

（2）原理。如图 5-74 所示，当按下 OD 开关（ON），OD 开关的触点实际为断开，此时 ECU 的 OD_2 端子的电压为 12V，自动变速器可以升至超速挡，且 OD OFF 指示灯不亮。

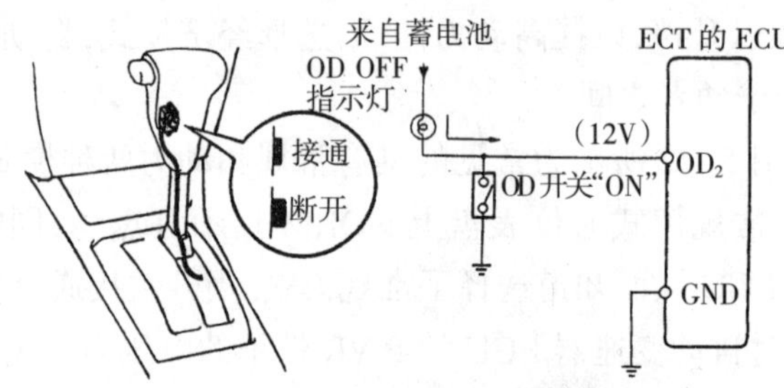

图 5-74 OD 开关 ON 的线路图

如图 5-75 所示，当再次按下 OD 开关，OD 开关会弹起（OFF），OD 开关的触点实际为闭合，此时 ECU 的 OD_2 端子的电压为 0V，自动变速器不能升至超速挡，且 OD OFF 指示灯点亮。

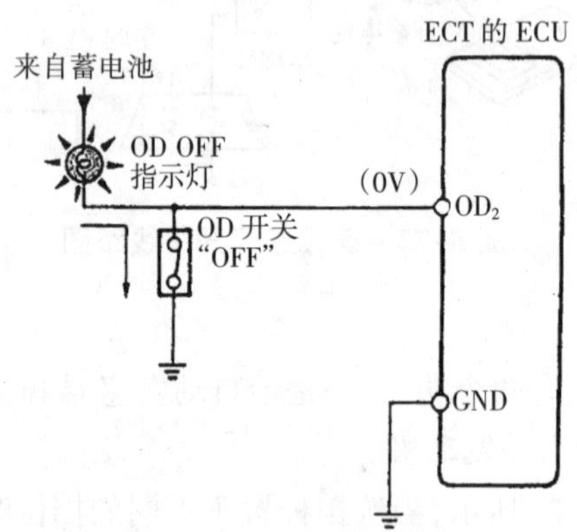

图 5-75 OD 开关 OFF 的线路图

8. 制动灯开关。

（1）功用。自动变速器 ECU 通过制动灯开关检测是否踩下制动踏板，如果踩下制动踏板，ECU 会取消锁止离合器的工作。

（2）原理。如图 5-76 所示，制动灯开关安装在制动踏板支架上。当踩下制动踏板，开关接通，ECU 的 STP 端子电压为 12V；当松开制动踏板，开关断开，STP 端子电压为 0V。ECU 根据 STP 端子的电压变化了解制动踏板的工作情况。

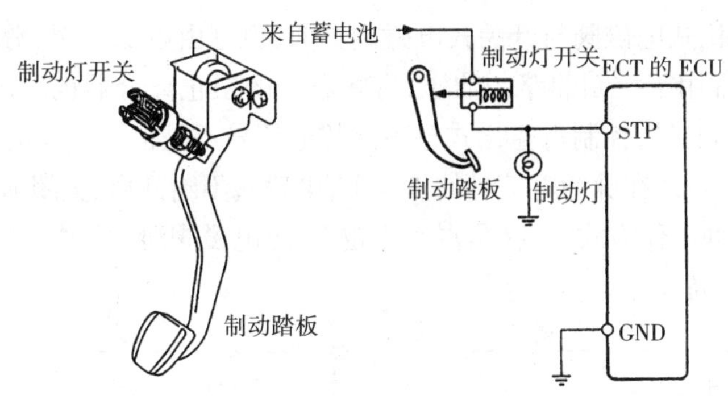

图 5-76　制动灯开关线路图

（三）执行器

电子控制系统的执行器主要指电磁阀和故障指示灯，这里只介绍电磁阀。

1. 分类。电磁阀根据功能的不同可以分为换挡电磁阀、锁止离合器电磁阀和油压电磁阀。根据工作原理的不同可以分为开关式电磁阀和占空比式（脉冲线性式）电磁阀。

2. 开关式电磁阀。

（1）功用。开关式电磁阀的功用是开启或关闭液压油路，通常用于控制换挡阀和部分车型锁止离合器的工作。

（2）结构、原理。开关式电磁阀由电磁线圈、衔铁、阀芯等组成，如图 5-77 所示。当电磁阀通电时，在电磁吸力作用下衔铁和阀芯下移，关闭泄油口，主油压供给到控制油路。当电磁阀断电时，在回位弹簧的作用下衔铁和阀芯上移，打开泄油口，主油压被泄掉，控制油路压力很小。

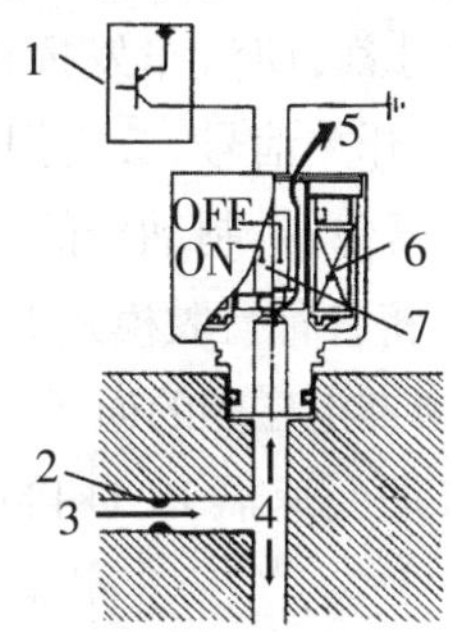

1—ECU；2—节流口；3—主油路；4—控制油路；5—泄油口；6—电磁线圈；7—衔铁和阀芯

图 5-77　开关式电磁阀

3. 占空比式电磁阀。

（1）占空比的概念。占空比是指一个脉冲周期中通电时间所占的比例（百分数），如图 5-78 所示。

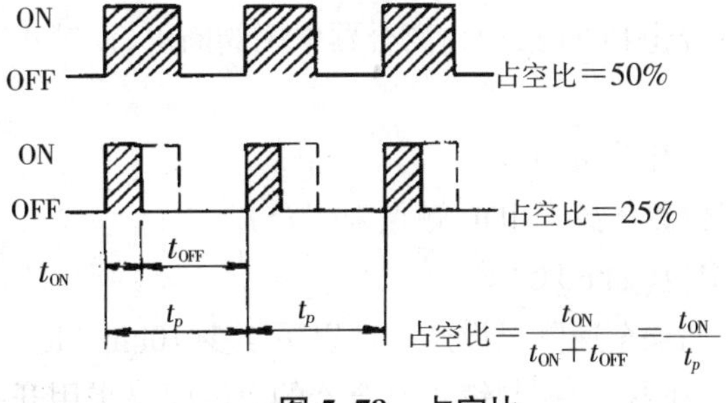

图 5-78　占空比

（2）结构、原理。占空比式电磁阀与开关式电磁阀类似，也是由电磁线圈、滑阀、弹簧等组成，如图 5-79 所示。它通常用于控制油路的油压，有的车型的锁止离合器也采用此种电磁阀控制。与开关式电磁阀不同的是，控制占空比式电磁阀的电信号不是恒定不变的电压信号，而是一个固定频率的脉冲电信号。在脉冲电信号的作用下，电磁阀不断开启、关闭泄油口。

占空比式电磁阀有两种工作方式：一种是占空比越大，经电磁阀泄油越多，油压就越低；另一种是占空比越大，油压越高。

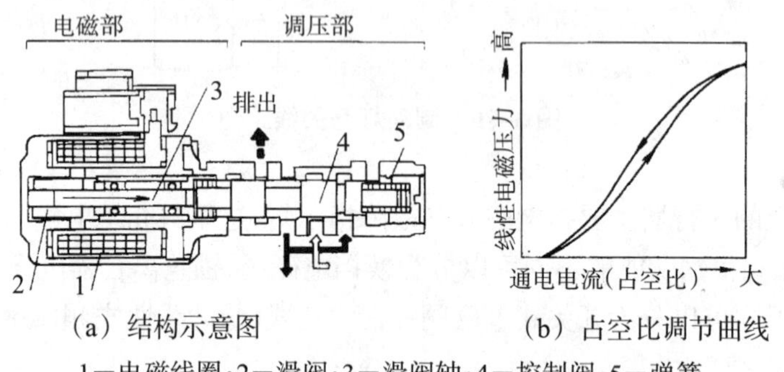

（a）结构示意图　　（b）占空比调节曲线

1—电磁线圈；2—滑阀；3—滑阀轴；4—控制阀；5—弹簧

图 5-79　占空比式电磁阀

（四）电子控制单元

电子控制单元，英文缩写为 ECU，俗称电脑。自动变速器 ECU 具有换挡控制、锁止离合器控制、换挡平顺性控制、故障诊断、失效保护等功能。

1. 换挡控制。自动变速器换挡时刻的控制是 ECU 最重要的控制内容之一。汽车在某个特定工况下都有一个与之对应的最佳换挡时刻，使汽车发挥出最好的动力性和经济性。汽车行驶过程中，自动变速器 ECU 根据模式选择开关信号、节气门开度信号、车速信号等参数来打开或关闭换挡电磁阀，从而打开或关闭通往离合器、制动器的油路，使变速器升挡或降挡。

2. 锁止离合器控制。自动变速器 ECU 将各种行驶模式下锁止离合器的工作方式编程存入存储器，然后根据各种输入信号，控制锁止离合器电磁阀的通、断电，从而控制锁止离合器的工作。

（1）锁止离合器工作的条件。若让自动变速器 ECU 接通锁止离合器电磁阀，使锁止离合器处于接合状态，需满足以下 5 个条件：

①选挡杆置于 D 位，且挡位在 D2、D3 或 D4 挡。

②车速高于规定值。

③节气门开启（节气门位置传感器 IDL 触点未闭合）。

④冷却液温度高于规定值。

⑤未踩下制动踏板（制动灯开关未接通）。

（2）锁止的强制取消。若让 ECU 给锁止离合器电磁阀断电，使锁止离合器分离，需符合以下条件中的任何一项：

①踩下制动踏板（制动灯开关接通）。

②发动机怠速（节气门位置传感器 IDL 触点未闭合）。

③冷却液温度低于规定值（如 60℃）。

④当巡航系统工作时，如果车速降至设定车速以下至少 10km / h。

早期的电子控制自动变速器中，控制锁止离合器的电磁阀是采用开关式电磁阀，即通电时锁止离合器接合,断电时锁止离合器分离。目前许多新型电子控制自动变速器采用占空比式电磁阀作为锁止离合器电磁阀,电脑在控制锁止离合器接合时,通过改变脉冲电信号的占空比,让锁止离合器电磁阀的开度缓慢增大,以减小锁止离介器接合时所产生的冲击,使锁止离合器的接合过程变得更加柔和。

3. 换挡平顺性控制。自动变速器改善换挡平顺性的方法有换挡油压控制、减少转矩控制和N—D换挡控制。

(1)换挡油压控制。自动变速器在升挡和降挡的瞬间,ECU会通过油压电磁阀适当降低主油压,以减少换挡冲击,改善换挡。也有的自动变速器是在换挡时通过电磁阀来减小蓄能器背压,以减缓离合器或制动器油压的增长率,来减少换挡冲击。

(2)减少转矩控制。在自动变速器换挡的瞬间,通过推迟发动机点火时刻或减少喷油量,减少发动机输出转矩,以减少换挡冲击和输出轴的转矩波动。

(3)N—D换挡控制。当选挡杆由P位或N位置于D位或R位时,或由D位或R位置于P位或N位时,通过调整喷油量,把发动机转速的变化减少到最小限度,以改善换挡。

(五)自诊断功能

电子控制单元内部设有专门的故障自诊断电路,在车辆行驶过程中不断检测自动变速器各传感器和电磁阀的工作状态,一旦发现自动变速器故障,自动变速器故障指示灯会闪亮,以提醒驾驶员将车辆送至修理厂维修。电子控制单元会将检测到的故障以故障码的形式存储在控制单元的存储器内,以便故障诊断仪能够通过诊断接口检索到故障信息。

(六)故障保护功能

在传感器和电磁阀出现故障时,安全保护功能可以尽可能地维持车辆的行驶性能;在检测到一个故障后,如果恢复了正常状态,安全保护功能将不再工作。

例如U540E自动变速器的电子控制单元检测到发动机转速传感器故障时,会启动P0725故障失效保护,即车辆换入3挡,而后根据车速和节气门开度信号,自动变速器在1～3挡范围内变换。

二、实施操作

电子控制自动变速器系统出现故障时,电子控制单元的自诊断系统会记录下故障代码,因此,在检修前首先进行故障自诊断操作,即利用检测仪器或特定的方法将故障代码从电子控制单元中读出,为迅速诊断故障提供依据。另外,电子控制系统检修时需要对主要传感器和执行器进行检测。

(一)准备工作

1. 汽车万用表。
2. 测试连接延长线、探针、夹子等汽车通用电工工具。
3. 汽车故障诊断仪。
4. 维修变速器所需的电路图。
5. 卡罗拉轿车一辆。

(二)技术要求及注意事项

1. 注意人身安全,认真执行“7S”管理。

2. 发动机在无负荷的情况下，高速运转不能超过3s，以免引起不可恢复性机械故障。

3. 严格遵守拆装规程，避免人为损坏零部件及电气插接件。

4. 使用高阻抗数字万用表，控制模块是精密元件，拆装时要小心谨慎，轻拿轻放。

（三）电子元件检修

下面以卡罗拉轿车的U340E自动变速器为例，讲解主要电子元件的检测。

1. 节气门位置传感器的检测。

（1）卡罗拉轿车节气门位置传感器介绍。卡罗拉轿车节气门位置传感器安装在节气门体总成上，检测节气门开度。该传感器为非接触型。使用霍尔效应元件，以便在极端的行驶条件下，如高速以及极低车速下，也能生成精确的信号。节气门位置传感器有两个传感器电路VTA1和VTA2，如图5-80所示，各传送一个信号。VTA1用于检测节气门开度，VTA2用于检测VTA的故障。传感器信号电压与节气门开度成比例，在0～5V间变化，并且传送至ECM的VTA端子。

当节气门关闭时，传感器输出电压降低，当节气门开启时，传感器输出电压升高。ECM根据这些信号来计算节气门开度并响应驾驶员输入来控制节气门执行器。这些信号同时也用来计算空燃比修正值、功修正值和燃油切断控制。

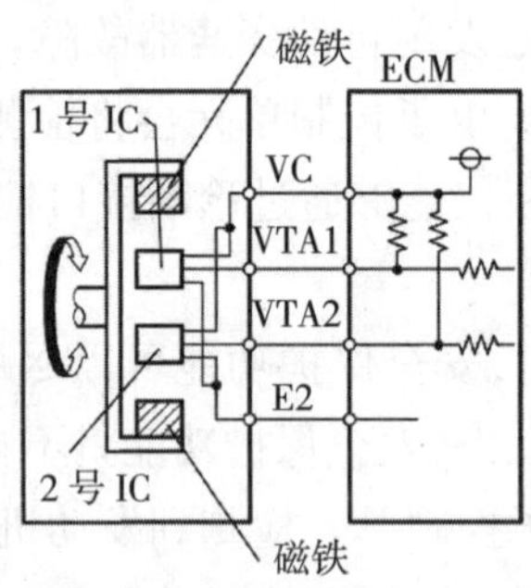

图5-80 节气门位置传感器工作原理

（2）节气门位置传感器的检测。

①首先将故障诊断仪连接到DLC3上。

②将点火开关置于ON位置，开启故障诊断仪。

③选择以下菜单项：Powertrain/ Engine and ECT / DTC。

④读取DTC。节气门位置传感器故障代码见表5-10。

表5-10 节气门位置传感器故障代码

DTC代码	检测项目
P0120	节气门 / 踏板位置传感器 / 开关“A”电路故障
P0122	节气门 / 踏板位置传感器 / 开关“A”电路低输入
P0123	节气门 / 踏板位置传感器 / 开关“A”电路高输入
P0220	节气门 / 踏板位置传感器 / 开关“B”电路
P0222	节气门 / 踏板位置传感器 / 开关“B”电路低输入
P0223	节气门 / 踏板位置传感器 / 开关“B”电路高输入
P2135	节气门 / 踏板位置传感器 / 开关“A” / “B”电压相关性

设置以上任一 DTC 时，通过选择智能检测仪上的以下菜单项检查节气门开度数据：Powertrain / Engine and ECT/ Data List / Throttle Position No. 1 and Throttle Position No. 2。Throttle Position No. 1 表示 VTA1 信号，Throttle Position No. 2 表示 VTA2 信号。

⑤选择以下菜单项：Powertrain / Engine and ECT / Data List / Throttle Position No.1 and Throttle Position No. 2。

⑥读取检测仪上节气门位置传感器数据流，数据流诊断见表 5-11。

表 5-11　节气门位置传感器数据流诊断

1 号节气门位置（VTA1）松开油门踏板时	2 号节气门位置（VTA2）松开油门踏板时	1 号节气门位置（VTA1）踩下油门踏板时	2 号节气门位置（VTA2）踩下油门踏板时	故障诊断
0～0.2V	0～0.2V	0～0.2V	0～0.2V	VC 电路断路
4.5～5.0V	4.5～5.0V	4.5～5.0V	4.5～5.0V	E2 电路断路
0～0.2V 或 4.5V～5.0V	2.4～3.4V（失效保护）	0～0.2V 或 4.5～5.0V	2.4～3.4V（失效保护）	VTA1 电路断路或对搭铁短路
0.7～1.3V（失效保护）	0～0.2V 或 4.5～5.0V	0.7～1.3V（失效保护）	0～0.2V 或 4.5～5.0V	VTA2 电路断路或对搭铁短路
0.5～1.1V	2.1～3.1V	3.3～4.9V（非失效保护）	4.6～5.0V（非失效保护）	节气门位置传感器电路正常

⑦检测节气门体总成。节气门体总成检测见表 5-12。

表 5-12　节气门体总成检测

检测内容	检测步骤
节气门控制电动机的工作声音检测	①将点火开关置于 ON 位置。 ②踩下油门踏板时，检查电动机的工作声音，确保电动机没有摩擦噪声。如果有摩擦噪声，则更换节气门体
节气门位置传感器检测	①将智能检测仪连接到 DLC3。 ②将点火开关置于 ON 位置并开启检测仪。 ③选择以下菜单项：Powertrain / Engine and ECT/ Data List / Throttle Position。 ④节气门全开时，检查并确认“Throttle Position”值在规定范围内。 标准节气门开度百分比：60%或更高。注意：检查标准节气门开度百分比时，换挡杆应在 N 位置。如果百分比小于 60%，则更换节气门体

⑧检测节气门位置传感器线束和连接器。节气门位置传感器线束和连接器检测见表 5-13。

表 5-13 节气门位置传感器线束和连接器检测

<table>
<tr><th>检测内容</th><th>图示</th><th>检测步骤</th></tr>
<tr><td>ECM 的 VC 电压检测</td><td>线束和连接器前视图(至节气门体): 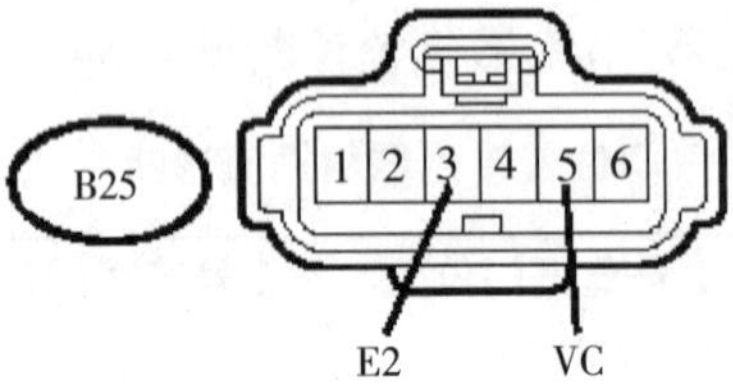
B25
1 2 3 4 5 6
E2 VC</td><td>断开节气门体连接器，将点火开关置于 ON 位置;,测量 B25－5(VC)与 B25－3（E2）间电压，正常值 4.5～5.5V。否则检测 VC 和搭铁线,线路正常则检测 ECM</td></tr>
<tr><td>线路断路检测</td><td>线束和连接器前视图(至节气门体): 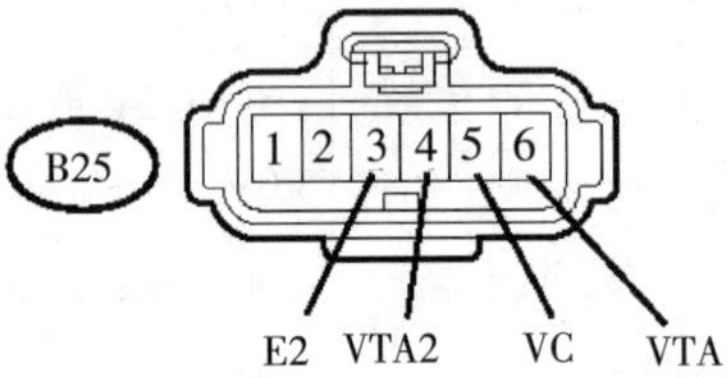
B25
1 2 3 4 5 6
E2 VTA2 VC VTA</td><td>①断开节气门体连接器。
②断开 ECM 连接器。
③根据下表中的值测量电阻。
根据下表中测量:
<table>
<tr><th>检测仪连接</th><th>规定状态</th></tr>
<tr><td>B25－5(VC)～
B31－67(VCTA)</td><td>小于 1Ω</td></tr>
<tr><td>B25－6(VTA)～
B31－115(VTA1)</td><td>小于 1Ω</td></tr>
<tr><td>B25－4(VTA2)～
B31－114(VTA2)</td><td>小于 1Ω</td></tr>
<tr><td>B25－3(E2)～
B31－91(ETA)</td><td>小于 1Ω</td></tr>
</table></td></tr>
<tr><td>短路检测</td><td>线束和连接器前视图(至 ECM):
B31
VCTA VTA2 VTA1 ETA</td><td>根据下表中的值测量:
<table>
<tr><th>检测仪连接</th><th>规定状态</th></tr>
<tr><td>B25－5 或 B31－67
至车身搭铁</td><td>10k 或更大</td></tr>
<tr><td>B25－6 或 B31－115
至车身搭铁</td><td>10k 或更大</td></tr>
<tr><td>B25－4 或 B31－114
至车身搭铁</td><td>10k 或更大</td></tr>
</table></td></tr>
</table>

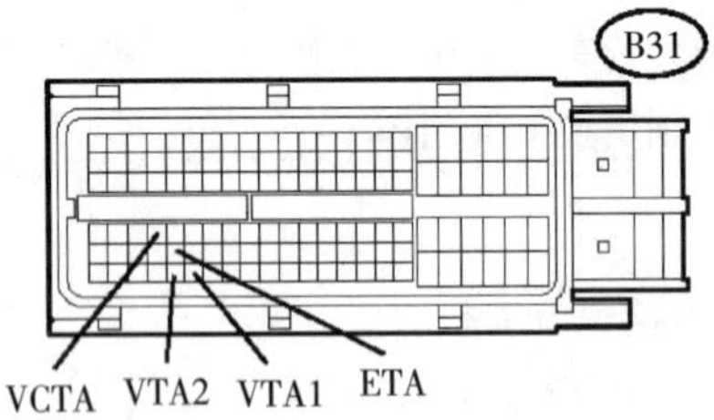

2.变速器转速传感器的检测。变速器转速传感器检测涡轮输入转速,通过将涡轮输入转速信号和输出转速进行比较,ECM(engine control module，引擎控制模块)检测出换挡正时,并根据各种条件相应控制发动机转矩和液压,从而达到平稳换挡的效果。电路图如图 5-81 所示。

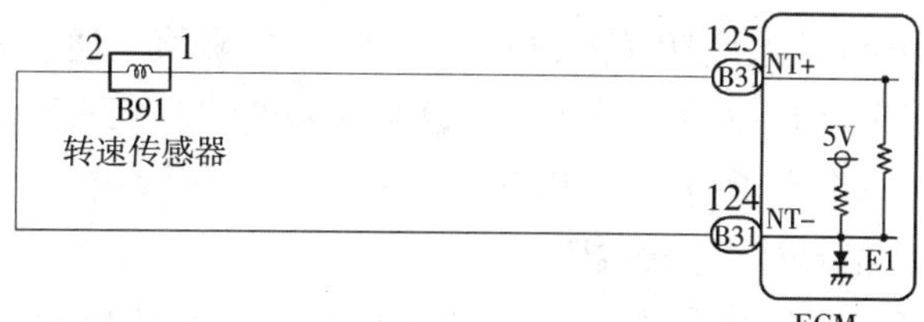

图 5-81　变速器转速传感器的电路图

变速器转速传感器的检测见表 5-14。

表 5-14　变速器转速传感器的检测

检测内容	图示	检测步骤
转速传感器安装情况检测	正常　异常	正常安装:正确拧紧安装螺栓,传感器和传动桥壳之间无间隙
转速传感器的感应线圈电阻的检测	B91　2　1	①从传动桥上断开转速传感器连接器,端子图如左图。 ②用万用表测量转速传感器两接线端之间的电阻，在 20℃时，标准电阻是 560～680Ω,若不符,应更换转速传感器
转速传感器线束和连接器检测	B31　NT−　NT+	①连接转速传感器连接器。 ②断开连接器 ECM。 ③用万用表测量 ECM 的 NT＋与 NT－之间的电阻，在 20℃时，标准电阻是 560～680Ω,若不符,维修或更换线束和连接器
NT＋、NT－与车身搭铁间的短路检测		NT＋与车身搭铁间的电阻为 10kΩ 或更大,NT－与车身搭铁间的电阻为 10kΩ 或更大,若异常,维修或更换线束或连接器

3. 自动变速器油温传感器的检测。自动变速器油温传感器的电路图如图 5-82 所示,其检测见表 5-15。

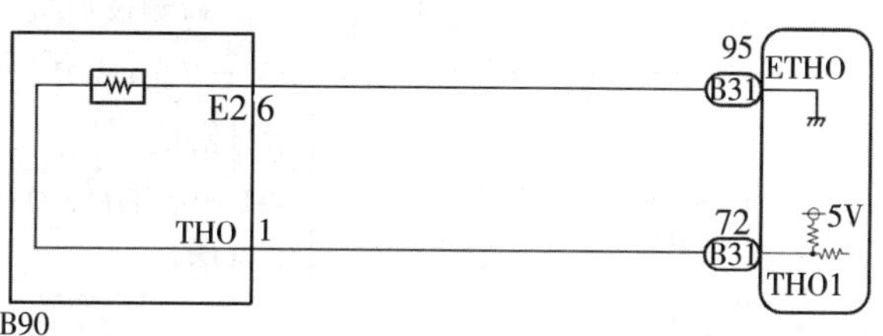

图 5-82　自动变速器油温传感器的电路图

ATF 温度传感器将油液温度转换为输入到 ECM 的电阻值。通过 ECM 端子 THO1,ECM 将电压施加到温度传感器。传感器电阻随着变速器油温度的改变而改变,随着温度升高,传感器电阻减小。传感器的一个端子搭铁,所以随着温度升高,传感器电阻减小,THO1 端子电压会降低。ECM 根据此电压信号计算油液温度。

提示:可以用故障诊断仪读取 ATF 温度。当电阻值小于 79Ω 时(存在短路),无论实际温度如何,数据流都显示 150℃或更高;当电阻值大于 156kΩ 时(存在断路),无论实际温度如何,数据流都显示−40℃。

表 5–15 自动变速器油温传感器的检测

<table>
<tr><th>检测内容</th><th>图示</th><th>检测步骤</th></tr>
<tr><td>传感器电阻及传感器与车身是否短路检测</td><td>没有线束连接的零部件(变速器线束): 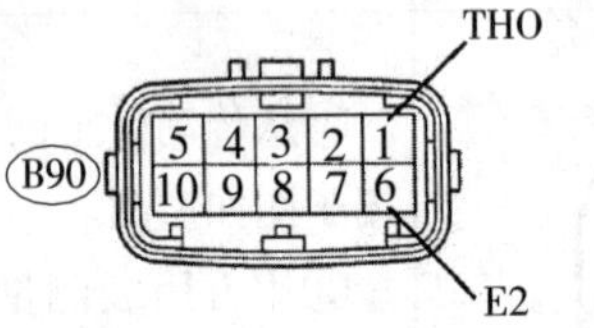
THO
B90
5 4 3 2 1
10 9 8 7 6
E2</td><td>①从传动桥上断开变速器线束连接器。
②测量传感器电阻。
端子 1 与端子 6 之间的电阻，规定值:79Ω~156kΩ。
不同温度下的电阻值参考:
10℃时规定值,5 ~8 kΩ。
25℃时规定值,2.5 ~ 4.5 kΩ。
110℃时规定值,0.22 ~ 0.28 kΩ。
③测量传感器与车身是否短路。
端子 1 与车身搭铁之间的电阻，规定值:10kΩ或更大。
端子 6 与车身搭铁之间的电阻,规定值:10kΩ</td></tr>
<tr><td>线束和连接器检测</td><td>线束连接器前视图(至 ECM): 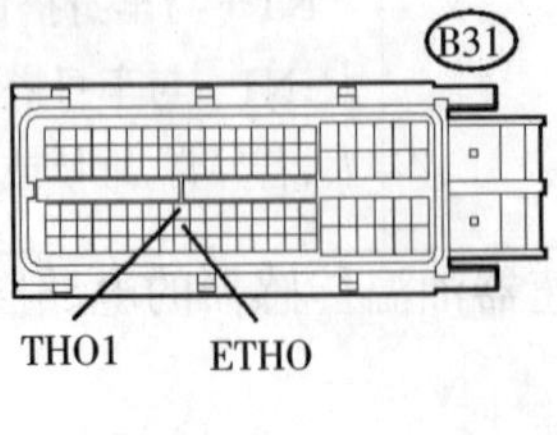
B31
THO1 ETHO</td><td>①将变速器线束连接器连接至传动桥。
②断开 ECM 连接器。
③检测线束有无断路,线束间有无短路。
<table><tr><th>检测仪连接</th><th>规定状态</th></tr><tr><td>B31−72(THO1)至B31−95(ETHO)</td><td>79Ω~156kΩ</td></tr></table>④检查线束与搭铁间有无短路。
<table><tr><th>检测仪连接</th><th>规定状态</th></tr><tr><td>B31−72(THO1)−车身搭铁</td><td>10kΩ 或更大</td></tr><tr><td>B31−95(ETHO)−车身搭铁</td><td>10kΩ 或更大</td></tr></table></td></tr>
</table>

4. 驻车 / 空挡开关的检测。驻车 / 空挡启动开关安装位置不当或内部触点接触不良时，其开关信号将可能不正确。这时需拔开开关线束插接器，如图 5-83 所示，分别检测各挡位下各端子之间的通断情况，并与维修手册比较。

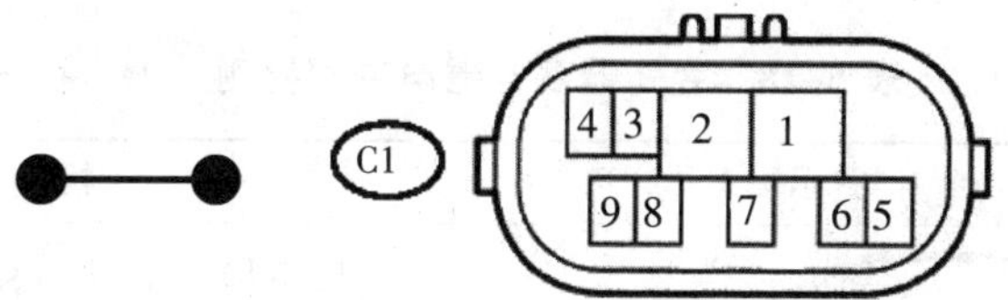

图 5-83　驻车/空挡位置开关端子

各挡位下端子的通断情况见表 5-16。如果与正常不符，应调整或更换。

表 5-16　各挡位下端子的通断情况

换挡位置 \ 端子	4	5	2	1	3	6	7	8	9
P	●	●	●	—	—	●			
R			●	●					
N	●	●	●	—	—	—	—	—	●
D			●	—	—	—	●		
2			●	—	●				
L			●	—	—	—	—	●	
说明：●——● 表示通路									

5. 电磁阀检测。通过从 ECM 发出的信号将换挡电磁阀 SL 打开或关闭，以控制锁止中继阀上的液压工作，此锁止中继阀进而控制锁止离合器工作。如果 ECM 检测到故障，它将关闭换挡电磁阀 SL。

使用专用故障诊断仪进行主动测试，无需拆下任何零件就可以进行继电器、VSV、执行器和其他项目的操作。表 5-17 为用解码器驱动功能做电磁阀检测。

执行主动测试：

a. 使发动机暖机。

b. 将点火开关置于 OFF 位置。

c. 将智能检测仪连接到 DLC3。

d. 将点火开关置于 ON 位置。

e. 打开检测仪。

f. 选择项目“Enter /Powertrain / Engine and ECT / ACTIVW TSET”。

g. 按照检测仪上的显示执行“ACTIVW TSET”。

表 5-17　用解码器驱动功能做电磁阀检测

检测仪显示	测试部位	控制范围	诊断备注
Activate the Lock Up	【测试细节】控制换挡电磁阀 SL 将自动传动桥设置为锁止状态。 【车辆状态】节气门开度：小于 35%。车速：58km/h 或更高，4 挡	ON/OFF	可以检测 SL 的工作情况

可在车速为 58km/h 或更高时进行本测试。也可在 3 挡或 4 挡时执行此测试，轻踩油门踏板，检查并确认发动机转速不急剧发生变化。

变矩器离合器电磁阀检测。变矩器离合器电磁阀检测见表 5-18。

表 5-18 变矩器离合器电磁阀检测

检测内容	图示	检测步骤
电磁阀连接器—电磁阀阀体检测	Ω	①拆下换挡电磁阀 SL。 ②测量电阻。 提示： 在 20℃温度下，标准阻值：11～15Ω
电磁阀通电测试	(+) B (−)	将正极（＋）引线连接至电磁阀连接器端子，并将负极（－）引线连接至电磁阀阀体。 提示： 正常：电磁阀发出工作声音

任务六 自动变速器的试验

任务引入

自动变速器出现故障，进行基本检查和调整后未能排除故障，应通过自动变速器试验进行性能检测。

任务分析

由于自动变速器结构复杂，维修难度大，在基本检查和调整后未确定故障时不能轻易分解，应通过自动变速器试验进行性能检测，确定其是否具有正常工作的能力，以免造成不必要的失误。自动变速器的试验包括手动换挡试验、失速试验、油压试验、延时试验、道路试验。完成此任务后，应掌握自动变速器试验方法及试验分析。

任务实施

一、相关知识学习

（一）自动变速器检修原则

1. 首先检查常见故障部位。电子控制自动变速器的机械部件和液压部件的制造加工精度都比较高，所以正常情况下 1～2 年内不会发生故障。而比较常见的故障是：自动变速器 ATF 液面高度不当或油质老化变质，液压系统漏油，节气门拉索（杆）或换挡杆等联动装置松动或调节不当，发动机怠速不稳，电子控制系统线路连接松动或接触不良。通过外观检查，上述故障可以迅速排除。

2. 充分利用自诊断系统和检测仪器。电子控制自动变速器系统出现故障时，电子控制单元的自诊断系统会记录下故障代码，因此在检修前先进行故障自诊断操作，即利用检测仪器或特定的方法将代码从电子控制单元中读出，为迅速诊断故障的范围提供依据。

3. 未确定故障大致范围时不要轻易分解。自动变速器的分解应该是故障诊断的最后步骤，因为在未分解前，可通过相关的试验方法判断故障是在液压系统还是机械系统，或者是电子控制系统，通过具体的试验还可以判断出是液压系统的哪一部分故障。这样可以避免不必要的拆卸，对判断故障部位非常有利。

（二）自动变速器试验

1. 失速试验。失速试验是检查发动机功率大小、液力变矩器性能好坏及自动变速器中有关换挡执行元件的工作是否正常的一种常用方法。失速试验的测量数据为失速工况下发动机最大转速。

提示：失速工况，指涡轮固定不动而泵轮仍在旋转。我们通过在对车轮进行制动时，踩下加速踏板来实现失速工况。

2. 油压试验。油压试验是在自动变速器工作时，通过测量液压控制系统各管路的压力，判断液压控制系统及电子控制系统各零件的功能是否正常的一种试验方法。油压试验检查油泵、油压调节器、节气门阀、油压电磁阀、调速器及自动变速器液压油等的工作状况，是自动变速器性能分析和判断的主要依据。

3. 时滞试验。在怠速状态下将换挡手柄从 N 挡换入 D 挡或 R 挡，从开始换挡到感到汽车振动或车辆运动时存在一定的时差，称为时滞。时滞试验就是测出自动变速器换挡的迟滞时间，根据迟滞时间的长短来判断主油路油压及换挡执行元件的工作是否正常。

4. 手动换挡试验。手动换挡试验的目的是为确定电子控制自动变速器的故障部位，以便区分故障是由机械系统还是液压系统引起，或是由电子控制系统引起的。

手动换挡试验时，将电子控制自动变速器所有换挡电磁阀的线束插头全部脱开，此时自动变速器 ECU 不能通过换挡电磁阀来控制自动换挡。手动换挡试验应根据不同的车型以及电子控制自动变速器的特点，用操纵手柄来直接控制换挡；或通过连接器按机械换挡规律，手动控制各挡电磁阀的工作状况。观察手动换挡试验期间发动机转速和车速的对应关系，即可判断自动变速器所处挡位和实际工作状况是否良好。

若手动换挡试验与检查正常，则说明电子控制自动变速器的液压控制系统以及换挡执行元件基本工作正常；反之，则相关部位存在故障。试验结束后，应接好连接线束的插头，并清除电脑中的故障代码，防止影响自动变速器的故障自诊断工作。

5. 道路试验。进行道路试验是诊断、分析自动变速器故障最有效的手段之一，自动变速器在修复后，通过道路试验检查工作性能和修理质量。道路试验的项目主要包括换挡车速、换挡点、换挡质量以及换挡执行元件的工作性能等。

二、实施操作

检修自动变速器时，应用煤油仔细清洗所有零件（摩擦片、橡胶密封垫除外），并用压缩空气吹干，然后按照拆卸的顺序排放整齐，检修时应注意正确合理地使用专用工具和检测仪器，严格遵守安全操作规程，防止零件的损坏及人员的伤害。

（一）准备工作

1. 装备自动变速器的卡罗拉轿车一辆。

2. 油压表一套。

3. 常用工具、常用量具、干净抹布。

4. 维修手册、工单。

5. 发动机性能应该良好。

6. 变速器的油面、油温和油质应该正常。

7. 有良好的安全条件，制动器和驻车制动器性能良好，并用三角木将车轮塞住。

8. 汽车周围不应有人或障碍物。

9. 必须有发动机转速表，操作者有一定的反应能力。

（二）失速试验

1. 注意事项。进行失速试验具有一定的破坏性，在失速工况下，发动机的动力全部消耗在液力变矩器内自动变速器油的内部摩擦损耗上，油温会急剧上升。

（1）在正常工作温度下进行该试验（50～80℃）。

（2）该试验不得连续进行超过 5s。

（3）试验次数不得多于 3 次。

（4）中间必须怠速冷却 1min，否则会使自动变速器油因温度过高而变质，甚至损坏密封圈等零件。

（5）带有废气涡轮增压的发动机不能做失速试验。

（6）许多装有电子节气门的车辆不能做失速试验，这类车型的节气门开度是由控制单元 ECU 综合各种信号分析决定的。因为这类车型当油门踏板踩到底时，节气门开度不一定最大，不符合失速试验的要求。

（7）为保证安全，请在宽阔水平地面上进行，并确保试验用车前后无人。

（8）失速试验应两人共同完成，一人观察车轮情况或车轮塞木情况，另一人进行试验。失速试验是通过测量在 D、R 位时的失速转速来检查发动机及变速器的总体性能。

2. 方法、步骤（图 5-84）。

（1）塞住前、后车轮。

（2）拉紧驻车制动手柄。

（3）左脚踩下制动踏板。

（4）启动发动机。

（5）将选挡杆置于 D 位。在左脚踩紧制动踏板的同时，用右脚把加速踏板踩到底，当发动机转速不再升高时，迅速读取发动机转速，此转速即为失速转速。

注意：如果在发动机转速未达到规定失速转速之前，后轮开始转动，应放松加速踏板停止试验。

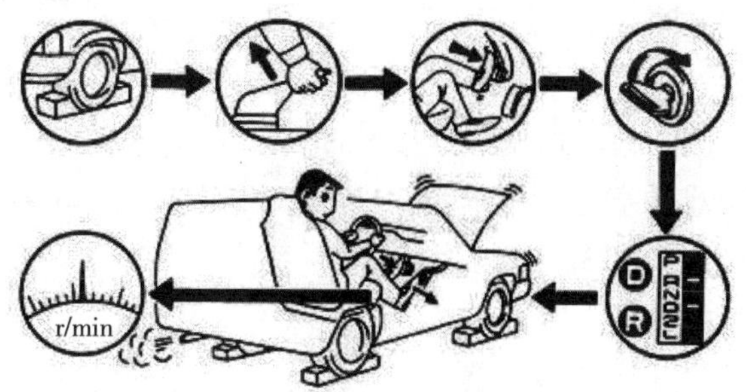

图 5-84　失速试验

（6）将换挡杆拨入 P 或 N 位置，让发动机怠速运转 1min，以防止液压油因温度过高而变质。

（7）将换挡杆拨入其他挡位（R、S、L 或 2、1），做同样试验。

常见车型自动变速器的失速转速一般为 2300r/min 左右，但也有的自动变速器的失速转速低于 1800r / min，有的自动变速器的失速转速高于 2800r/min。

3. 试验结果分析。不同的车型，由于结构不同，试验结果体现的故障也不同，下面仅以常见自动变速器为例进行说明，如果失速转速与标准值相符，说明自动变速器的油泵、主油路油压及各个换挡执行元件的工作基本正常。不同挡位失速转速不正常的原因见表 5-19。

表 5-19　不同挡位失速转速不正常的原因

操纵手柄位置	失速转速	故障原因
所有位置	过高	主油路油压过低；前进挡和倒挡的换挡执行元件打滑；低挡及倒挡制动器打滑
	过低	发动机动力不足；变矩器故障，如变矩器导轮的单向超越离合器打滑
仅在 D 挡	过高	前进挡油路油压过低；前进挡离合器打滑
仅在 R 挡	过高	倒挡油路油压过低；倒挡及高挡离合器打滑

（三）油压试验

自动变速器的油压过高，会造成严重的换挡冲击，甚至损坏控制系统；油压过低，会造成换挡执行元件打滑，甚至造成摩擦片烧蚀。

油压试验是测量控制管路中的油压，用来判断各种泵、阀的工作性能好坏的一种试验方法。测试主油路油压时，应分别测出前进挡和倒挡主油压。

1. 注意事项。

（1）在 ATF 的正常工作温度（50～80℃）下执行测试。

（2）管路压力测试务必由两人一起完成，一名技师进行测试时，另一名技师应在车外观察车轮或车轮挡块的状况。

（3）注意不要使 SST 软管妨碍排气管。

（4）检测必须在检查和调整发动机之后进行。

（5）检测应在关闭空调的情况下进行。

（6）失速测试时，测试的持续时间不得超过 5s。

2. 方法、步骤(图 5–85)。

(1) 使 ATF 变暖。

(2) 拆下传动桥壳左前侧的检测螺塞并连接 SST。

(3) 完全拉紧驻车制动器并塞住 4 个车轮。

(4) 将智能检测仪连接到 DLC3。

(5) 启动发动机并检查怠速。

(6) 用左脚踩住制动踏板并换至 D 位置。

(7) 在发动机怠速运转时测量管路压力。

(8) 将油门踏板踩到底,发动机转速达到失速转速时,迅速读取最高管路压力。

(9) 用同样的方法在 R 位置进行测试。

图 5–85　油压试验

丰田 U340E 自动变速器的主油压值见表 5–20。

表 5–20　丰田 U340E 自动变速器的主油压值

条　件	D 位置	R 位置
怠速运转时	372～412kPa	553～623kPa
失速测试	1120～1230kPa	1660～1870kPa

3. 试验结果分析。将测试结果与标准值进行比较,油压不正常的原因见表 5–21。

表 5–21　油压不正常的可能原因

故　障	可能原因
如果在所有位置测量值都偏高	换挡电磁阀 SLT 故障;调压器阀故障
如果在所有位置测量值都偏低	换挡电磁阀 SLT 故障;调压器阀故障;机油泵故障
如果仅在 D 位置压力偏低	D 位置油路漏油;前进挡离合器故障
如果仅在 R 位置压力偏低	R 位置油路漏油;倒挡离合器故障;1 挡和倒挡制动器故障

(四) 时滞试验

发动机怠速转动时拨动选挡杆,在感觉振动前会有一段时间的迟滞或延迟,这用于检查 OD 挡离合器、前进挡离合器、直接挡离合器及 1 挡、倒挡制动器的工作情况。

1. 注意事项。

(1) 在正常工作油温下进行该试验(50～80℃)。

(2) 在各试验中保证有 1min 间隔。

(3) 进行 3 次试验并取平均值。

2. 方法、步骤(图 5-86)。

(1) 预热发动机和变速器达到正常的温度。

(2) 将汽车停放在水平地面,拉紧手制动。

(3) 启动发动机并检查怠速。如不正常,应按标准予以调整。

(4) 将选挡杆从 N 拨向 D 位。用秒表测量拨动选挡杆到感觉振动的时间,该时间称为 N-D 的时滞时间。

(5) 将变速杆置于 N 位,让发动机怠速运转 1min 后,再做一次同样的试验。

(6) 做 3 次试验,并取平均值。

(7) 按上述方法将变速杆由 N 位拨至 R 位,测量 N－R 的时滞时间。

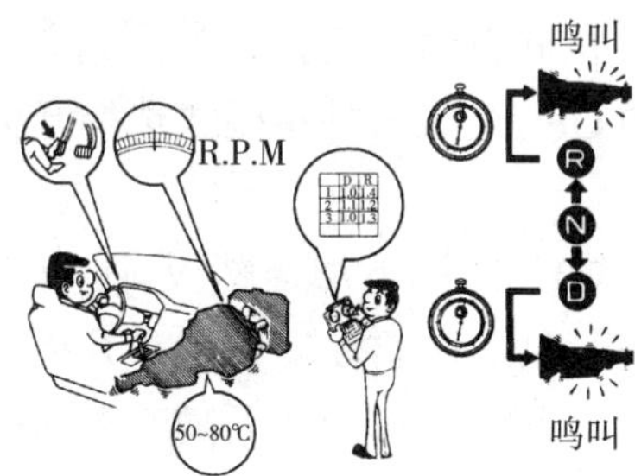

图 5-86　时滞试验

3. 试验结果分析。

时滞试验的结果分析见表 5-22。

表 5-22　时滞试验结果分析

正常数据	现象	原因分析
N－D 时滞时间小于 1.2s	N－D 时滞时间过长	油路压力过低;前进挡离合器摩擦片磨损过甚;单向离合器打滑(有此配置时);超速离合器打滑(有此配置时)
N－R 时滞时间小于 1.5s	N－R 时滞时间过长	油路压力过低;倒挡离合器磨损;倒挡制动器磨损;单向离合器打滑(有此配置时)

(五) 手动换挡试验

手动换挡试验用于判断故障是来自电子控制系统还是机械系统。

1. 注意事项。手动换挡试验结束,插上换挡电磁阀连接器,清除控制模块中的故障码。

2. 方法、步骤。

(1) 脱开换挡电磁阀连接器。

(2) 将换挡杆置于不同位置,然后做道路试验(也可以将驱动轮悬空,进行台架试验)。

(3) 当换挡杆移至各挡位时,检查传动桥工作情况。

提示:断开变速器线束时,传动桥挡位设置见表 5-23。

表 5-23　断开变速器线束时,传动桥挡位设置

换挡杆	P	R	N	D	3	2	L
挡位	驻车挡	倒挡	空挡	3 挡	3 挡	3 挡	3 挡

(4) 将点火开关置于 OFF 位置。

(5) 插上换挡电磁阀连接器,清除故障码。

3. 试验结果分析。若换挡杆位于不同位置时自动变速器的挡位与表 5-23 相同,说明电子控制自动变速器的阀板及换挡执行元件基本上工作正常。否则,说明自动变速器阀体或换挡执行元件有故障。

(六) 道路试验

道路试验是诊断、分析自动变速器故障最有效的手段之一。此外,自动变速器在修复之后,也应进行道路试验,以检测其工作性能,检验修理质量。自动变速器的道路试验内容主要有检查换挡车速、换挡质量以及检查换挡执行元件有无打滑等。在道路试验之前,应先让汽车以中低速行驶 5～10min,让发动机和自动变速器都达到正常工作温度。在试验中,通常应将 OD 开关置于 ON 的位置(即 OD OFF 熄灭),并将模式选择开关置于常规模式或经济模式。道路试验的方法如下:

1. 升挡检查。将换挡杆置于"D"位,踩下加速踏板,使节气门保持在 50%开度左右,让汽车起步加速,检查自动变速器的升挡情况。自动变速器在升挡时发动机会有瞬时的转速下降,同时车身有轻微的闯动感。正常情况下,汽车起步后随着车速的升高,试车者应能感觉到自动变速器顺利地由 1 挡升入 2 挡,随后再由 2 挡升入 3 挡,最后升入超速挡。若自动变速器不能升入高挡(3 挡或超速挡),说明控制系统或换挡执行元件有故障。

2. 升挡车速的检查。在上述升挡检查的过程中,当察觉到自动变速器升挡时,记下升挡车速。一般 4 挡自动变速器在节气门开度 50%时由 1 挡升至 2 挡的车速为 25～35km/h,由 2 挡升至 3 挡的车速为 55～70km/h,由 3 挡升至 4 挡(超速挡)的车速为 90～120km/h。由于升挡车速和节气门开度有很大的关系,即节气门开度不同时,升挡车速也不同,而且不同车型的自动变速器各挡位传动比的大小都不相同,其升挡车速也不完全一样。因此,只要升挡车速基本保持在上述范围内,而且汽车行驶中加速良好,无明显的换挡冲击,都可认为其升挡车速基本正常。若汽车行驶中加速无力,升挡车速明显低于上述范围,说明升挡车速过低(即升挡提前);若汽车行驶中有明显的换挡冲击,升挡车速明显高于上述范围,说明升挡车速过高(即升挡滞后)。

升挡车速太低一般是控制系统的故障所致; 升挡车速太高则可能是控制系统的故障所致,也可能是换挡执行元件的故障所致。

3. 换挡质量的检查。换挡质量的检查内容主要是检查有无换挡冲击。正常的自动变速器只能有不太明显的换挡冲击,特别是电子控制自动变速器的换挡冲击应十分微弱。若换挡冲击太大,说明自动变速器的控制系统或换挡执行元件有故障,其原因可能是主油压高或换挡执行元件打滑,应做进一步的检查。

4. 锁止离合器工作状况的检查。自动变速器液力变矩器中锁止离合器的工作是否正常也可以采用道路试验的方法进行检查。试验中,让汽车加速至超速挡,以高于 80km/h 的车速行驶,并让节气门开度保持在低于 50%的位置,使变矩器进入锁止状态。此时,快速将加速踏板踩下,使节气门开度超过 85%,同时检查发动机转速的变化情况。若发动机转速没有太大的变化,说明锁止离合器处于接合状态;反之,若发动机转速升高很多,则表明锁止离合器没有接合,其原因通常是锁止控制系统有故障。

5. 发动机制动作用的检查。检查自动变速器有无发动机制动作用时，应将换挡杆置于 2 或 L 位。在汽车以 2 挡或 1 挡行驶时，突然松开加速踏板，检查是否有发动机制动作用。若松开加速踏板后车速立即随之下降，说明有发动机制动作用，否则说明控制系统或换挡执行元件有故障。

6. 强制降挡功能的检查。检查自动变速器强制降挡功能时，应将换挡杆置于“D”位，保持节气门开度为 30%左右，在以 2 挡、3 挡或超速挡行驶时突然将加速踏板完全踩到底，检查自动变速器是否被强制降低一个挡位。在强制降挡时，发动机转速会突然升至 4000r/min 左右，并随着加速升挡，转速逐渐下降。若踩下加速踏板后没有出现强制降挡，说明强制降挡功能失效。若在强制降挡时发动机转速升高反常，达 5000r/min，并在升挡时出现换挡冲击，则说明换挡执行元件打滑，应拆修自动变速器。

项目六　万向传动装置的检修

学习目标与要求

1. 概述万向传动装置的作用。
2. 列举万向传动装置的主要零部件。
3. 说明各种万向节的特点。
4. 按技术要求完成万向节的装配、检修。
5. 概述传动轴的工作过程。
6. 按技术要求对传动轴与中间支承进行检修。

任务一　万向节的检修

任务引入

一辆卡罗拉轿车，起步或低速转向时有异响，并伴有前轮摆振。经检查分析，可能是因为车辆在转弯时，半轴轴向与万向节的轴向存在一定夹角，使万向节过度磨损，从而发出异响，需检查或更换相关元件。

任务分析

万向传动装置是汽车传动系的组成部件，万向节是万向传动装置的一个主要部件，对于不同的车型万向节的结构相差很大。万向节故障，通常会出现异响或振动。通过此任务的学习，应懂得万向节的安装操作规程和安装后的基本检查方法。

任务实施

一、相关知识学习

汽车在行驶过程中，由于悬架受路面冲击而产生振动，使变速器的输出轴与驱动轮之间的相对位置发生变化。因此，需要通过万向传动装置来实现两轴线不重合、有相对位置变化的两根转轴之间的动力传递。

（一）万向传动装置的功用和组成

1. 功用。万向传动装置的功用，即在轴线相交且相互位置经常发生变化的两转轴之间传递动力。如图 6–1 所示为在汽车中最常见的应用，位于变速器与驱动桥之间的万向传动装置。

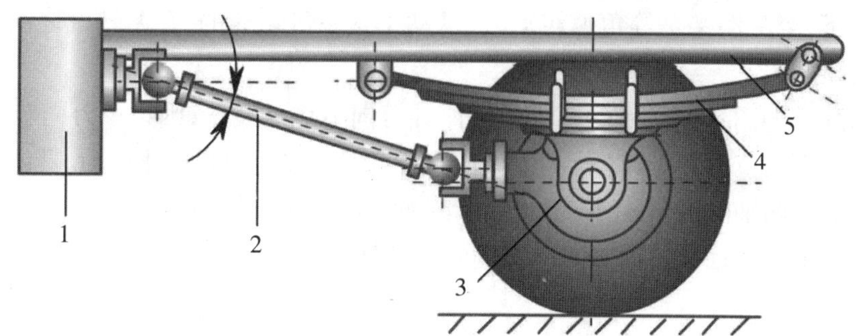

1—变速器；2—万向传动装置；3—驱动桥；4—后悬架；5—车架

图 6–1　变速器与驱动桥之间的万向传动装置

2. 组成。万向传动装置主要包括万向节和传动轴，对于传动距离较远的分段式传动轴，为了提高传动轴的刚度，还设有中间支撑，如图 6–2 所示。

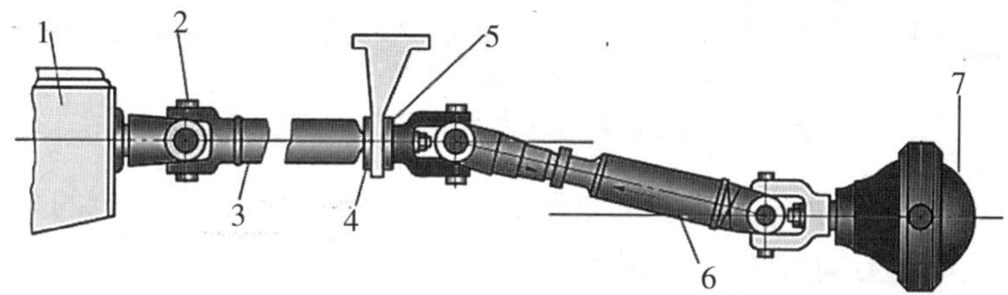

1—变速器；2—万向节；3、6—传动轴；4—球轴承；5—中间支撑；7—驱动桥

图 6–2　万向传动装置的组成

（二）万向节

在汽车上使用的万向节可以从不同的角度分类。按其刚度大小，可分为刚性万向节和柔性万向节。刚性万向节按其速度特性分为不等速万向节（常用的为十字轴式）和等速万向节（包括球叉式、球笼式和三销式）。

1. 十字轴式刚性万向节。如图 6–3 所示，它允许相邻两轴的交角范围为 15°～20°。

（1）构造。主要由十字轴、万向节叉等组成。万向节叉上的孔分别套在十字轴的四个轴颈上。在十字轴轴颈与万向节叉孔之间装有滚针和套筒，用带有锁片的螺钉和轴承盖使之轴向定位。为了润滑轴承，十字轴内钻有油道，且与油嘴、安全阀相通，如图 6–3 所示。万向节轴承的常见定位方式，除了用盖板定位外，还有用内、外弹性卡环进行定位。

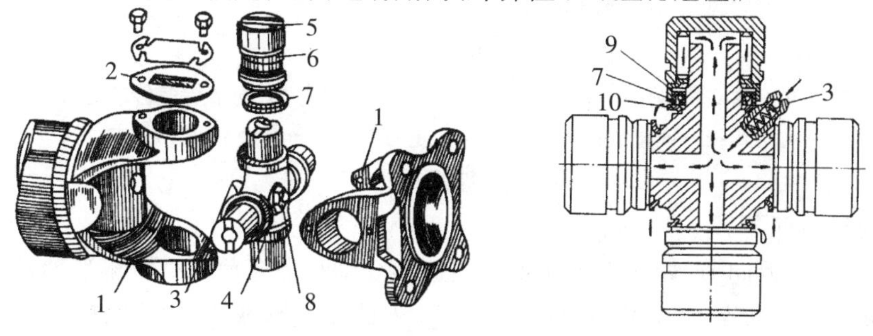

1—万向节叉；2—轴承盖；3—滑脂嘴；4—十字轴；5—滚针轴承套；6—滚针；7—油封；8—安全阀；9—油封座；10—油封挡盘

图 6–3　十字轴式刚性万向节

（2）十字轴式刚性万向节的速度特性。单个十字轴式刚性万向节在主动轴和从动轴之间有夹角的情况下，当主动叉是等角速转动时，从动叉是不等角速的，且两转轴之间的夹角 α 越大，不等速性就越大。

所以可以采用如图 6-4 所示的双十字轴刚性万向节传动装置，则第一万向节的不等速特性就可以被第二万向节的不等速特性所抵消，从而实现两轴间的等角速传动。具体条件：

①第一万向节两轴间夹角 α_1 与第二万向节两轴间夹角 α_2 相等。

②第一万向节的从动叉与第二万向节的主动叉处于同一平面。

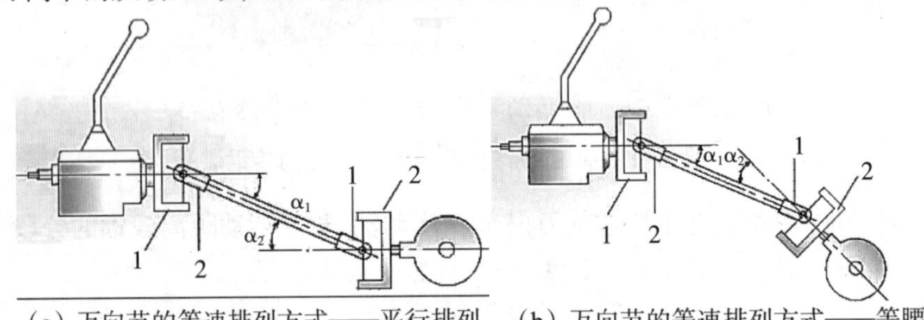

（a）万向节的等速排列方式——平行排列　（b）万向节的等速排列方式——等腰式排列

1－主动叉；2－从动叉

图 6-4　双十字轴刚性万向节等速传动装置

2. 等速万向节。等速万向节的基本原理是传力点永远位于两轴交点的平分面上。两齿轮的角速度也相等。等速万向节的常见结构形式有球叉式、球笼式和三销式。

（1）球叉式万向节。球叉式万向节如图 6-5(a)所示，它主要由主动叉、从动叉、4 个传动钢球、定心钢球、定位销及锁止销组成。主、从动叉分别与内、外半轴制成一体，叉内各有 4 条曲面凹槽，装合后形成两条相交的环槽，作为钢球 4 的滚道，定心钢球装在两叉中心凹槽内，以定中心。球叉式万向节等速传动的原理如图 6-5(b)所示，主、从动叉曲面凹槽的中心线分别是以 O_1、O_2 为圆心的两个半径相等的圆，且圆心 O_1、O_2 到万向节中心 O 的距离相等，因而保证了等速传动。

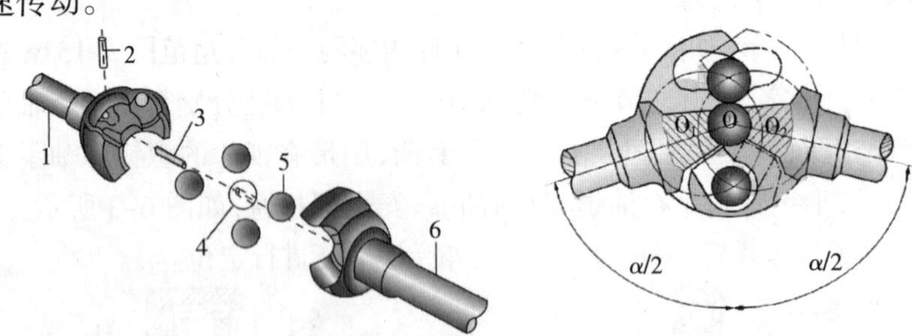

（a）球叉式等角速万向节　（b）球叉式万向节等速传动原理

1－从动叉；2－锁止销；3－定位销；4－定心钢球；5－传动钢球；6－主动叉

图 6-5　球叉式万向节

（2）球笼式万向节。

①RF 型球笼式万向节。如图 6-6 所示为奥迪 100 型和上海桑塔纳轿车半轴外万向节所采用的 RF 型球笼式万向节。它主要由内球座、球笼、外球座及钢球等组成。内球座通过花键与中段半轴相连。内球座的外表面有 6 条曲面凹槽，形成内滚道。外球座与带外花键的外半轴制成一体，内表面制有相应的 6 条曲面凹槽，形成外滚道。6 个钢球分别装于 6 条凹槽中，并用球笼

使之保持在一个平面内。

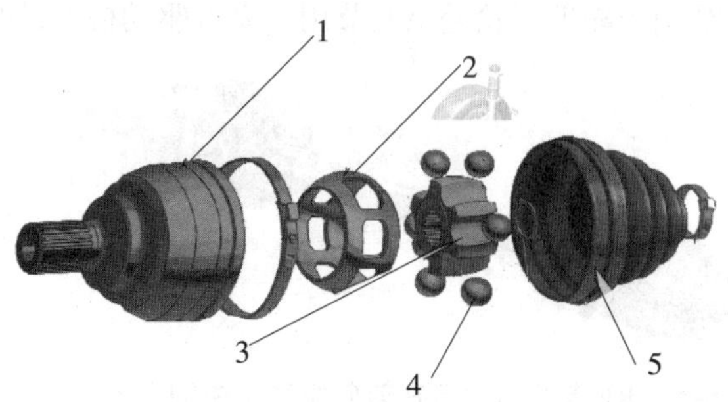

1－主动轴;2－球笼(保持架);3－星形套(内滚道);4－钢球;5－球形壳(外滚道)

图 6-6　RF 型球笼式万向节

动力由中段半轴传至内球座,经 6 个钢球、外球座输出。当中段半轴(主动轴)和外球座轴(从动轴)之间夹角 α 发生变化时,传力钢球中心始终位于两轴交角的平分面上,并且到两轴线的距离相等(图 6-7),从而保证了主、从动轴以相等的角速度旋转。

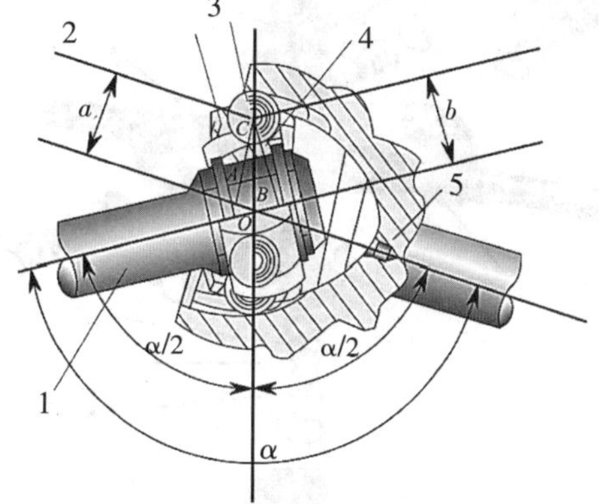

1－主动轴;2－保持架(球笼);3－钢球;4－星形套(内滚道);5－球形壳(外滚道)

图 6-7　固定型球笼式万向节等角速传动原理

②VL 型球笼式万向节。VL 型球笼式万向节又称为伸缩型等速万向节,如图 6-8 所示为奥迪 100 型和上海桑塔纳轿车转向驱动桥半轴内万向节(靠近主减速器处)所采用的 VL 型球笼式万向节。

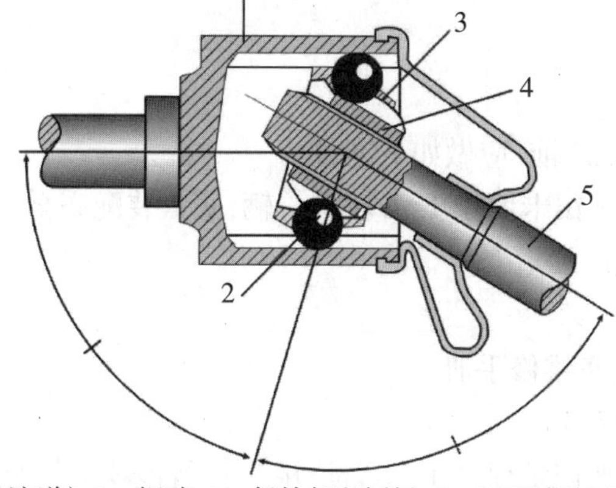

1－筒形壳(外滚道);2－钢球;3－保持架(球笼);4－星形套(内滚道);5－主动轴

图 6-8　伸缩型球笼式万向节(VL 节)

RF 节和 VL 节广泛应用于采用独立悬架的轿车的转向驱动桥，如红旗、桑塔纳、捷达、宝来、奥迪等轿车的前桥。其中 RF 节用于靠近车轮处，VL 节用于靠近驱动桥处，如图 6–9 所示。

图 6–9　RF 节与 VL 节在转向驱动桥中的布置

（3）三销式等速万向节。如图 6–10 所示为三销式等速万向节（也称三角式万向节），主要由三销总成和万向节套组成。三销总成的花键孔与传动轴内花键配合，3 个销轴上均装有轴承，以减小磨损。

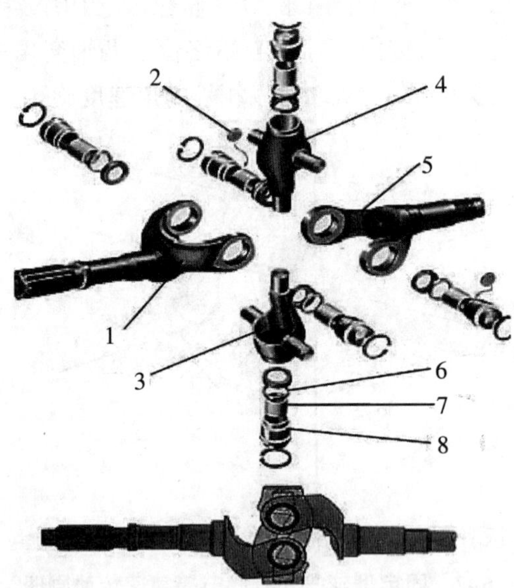

1－从动偏心轴叉；2－止推垫片；3、4－三销轴；5－主动偏心轴叉；6－毛毡圈；7－衬套；8－轴承座

图 6–10　三销式等速万向节结构

二、实践操作

（一）准备工作

在对万向节做基本检查之前，应做如下准备：

1. 装配手动变速器的丰田卡罗拉 1.6L 轿车一辆，底盘装配齐全。
2. 常用工具、干净抹布。
3. 举升设备一台。
4. 丰田卡罗拉 1.6L 轿车维修手册。

（二）技术要求及注意事项

1. 安装防尘套卡夹时要佩戴保护手套以防伤手。执行该项操作时，内侧万向节的内部必须保持在大气压力下。

2. 安装前桥半轴防尘罩应完全安装到位，注意不要损坏防尘罩。

3. 安装前桥外侧万向节防尘套卡夹，不要损坏导流板，确保外侧万向节与工作面直接接触。

（三）万向节的装配

万向节的装配见表 6–1。

表 6–1　万向节的装配

内容	图示	步骤
安装前桥左半轴防尘罩； 安装前桥右半轴防尘罩； 安装前桥左半轴孔卡环； 安装前桥右半轴孔卡环		使用 SST 和压力机，压进一个新的半轴防尘罩。 注意： 防尘罩应完全安装到位，不要损坏防尘罩
安装左前桥外侧万向节防尘套（左侧）		①用保护性胶带缠绕外侧万向节轴的键。 ②按以下顺序，将新零件安装到外侧万向节轴： a. 2 号外侧万向节防尘套卡夹。 b. 外侧万向节防尘套。 c. 外侧万向节防尘套卡夹。 ③用防尘套维修组件中的润滑脂涂抹外侧万向节轴和防尘套。标准润滑脂容量：135～145g。 ④将外侧万向节防尘套安装在外侧万向节轴槽上
安装前桥外侧万向节防尘套 2 号卡夹（左侧）		①将防尘套卡夹安装到外侧万向节防尘套上并暂时将杆折回。将杆正确地安装至导槽，将卡夹安装至车辆内侧尽可能远处。将杆折回前，检查箍带和杆有没有变形。 ②朝工作面按压外侧万向节，同时把身体重量倚靠到手上并向前转动外侧万向节。转动外侧万向节并折叠杆直至听到咔嗒声。 不要损坏导流板，确保外侧万向节与工作面直接接触
		③调整杆和槽之间的间隙以使锁扣边缘和杆端之间的间隙均匀，同时用塑料锤敲击锁扣将其固定。 注意：不要损坏外侧万向节防尘套

续表

内容	图示	步骤
安装前桥外侧万向节防尘套卡夹(左侧)	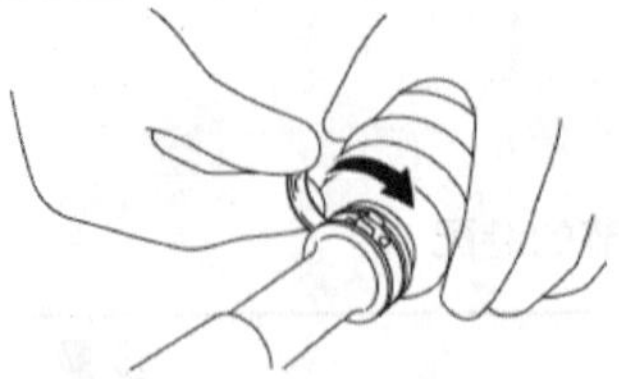	①将防尘套卡夹安装到外侧万向节防尘套上并暂时将杆折回。 注意:佩戴保护手套以防伤手;将杆正确地安装至导槽;将杆折回前,检查箍带和杆有没有变形
	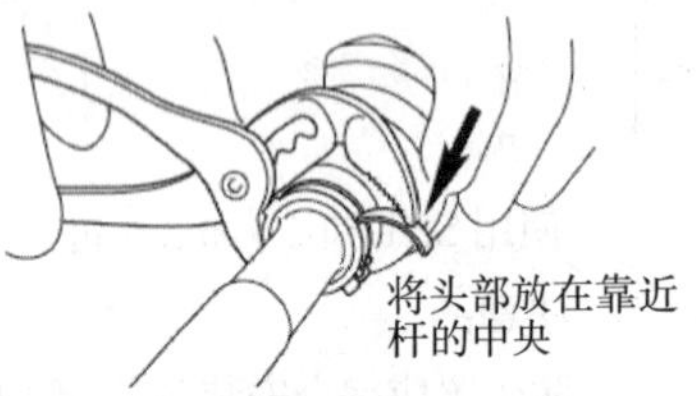 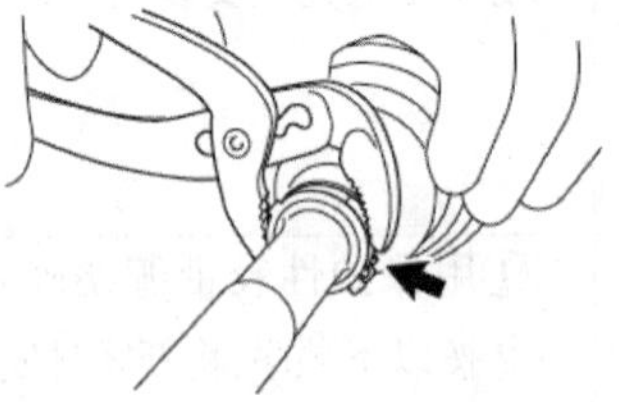 将头部放在靠近杆的中央	②用水泵钳子夹住防尘套卡夹，暂时将其固定。 ③调整杆和槽之间的间隙以使锁扣边缘和杆端之间的间隙均匀,同时用塑料锤敲击锁扣将其固定。 注意:不要损坏外侧万向节防尘套
安装前桥右半轴减振器(右侧)	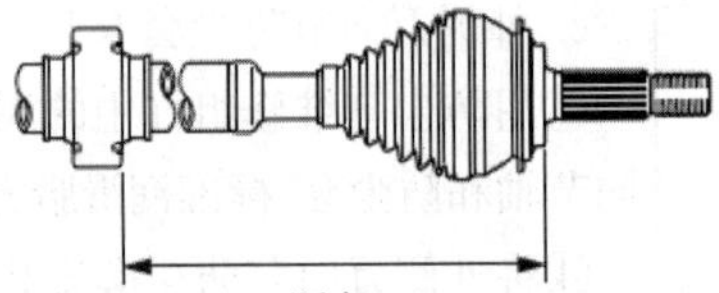 距离	①按以下顺序,将零件安装到外侧万向节轴上: a. 驱动轴减振器卡夹。 b. 驱动轴减振器。 c. 驱动轴减振器卡夹。 ②确保减振器在轴的凹槽上。 ③按下述规定设置距离: 标准距离:458.0～462.0mm
安装前桥右半轴减振器卡夹(右侧)	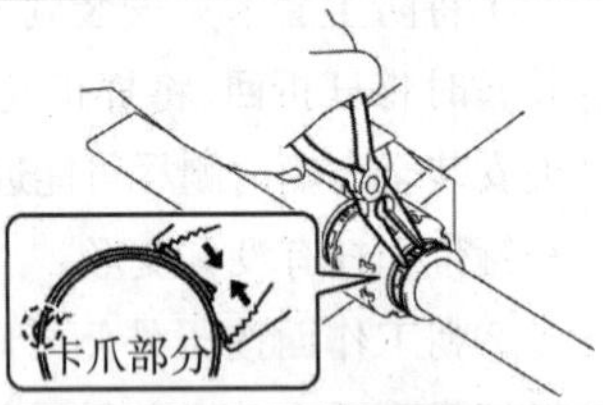 卡爪部分	①在台钳上的两个铝板之间夹住前桥半轴。 ②将驱动轴减振器卡夹安装至减振器。 注意:确保将卡夹安装到正确的位置。 ③如图所示,用尖嘴钳安装2个驱动轴减振器卡夹
暂时安装前桥内侧万向节防尘套	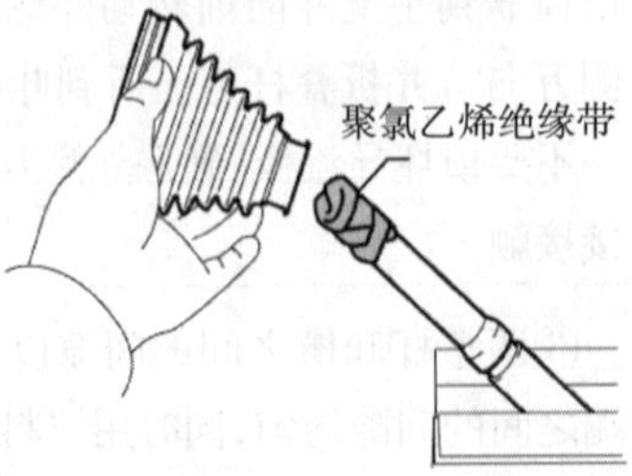 聚氯乙烯绝缘带	①用塑料带缠绕外侧万向节轴的花键，以防止防尘套损坏。 提示:在安装防尘套之前,请用塑料带缠绕驱动轴的花键,以防止防尘套损坏。 ②按以下顺序,将新零件安装到外侧万向节轴上: a. 内侧万向节防尘套卡夹。 b. 内侧万向节防尘套。 c. 2号内侧万向节防尘套卡夹

续表

内容	图示	步骤
安装前桥内侧万向节密封垫	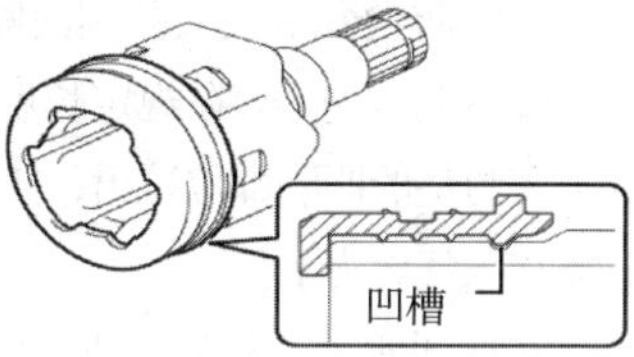 凹槽	将一个新的内侧万向节密封垫安装到内侧万向节槽上。 注意：将内侧万向节密封垫上的凸出部分牢固地安装至内侧万向节槽
安装前桥左半轴内侧万向节总成； 安装前桥右半轴内侧万向节总成	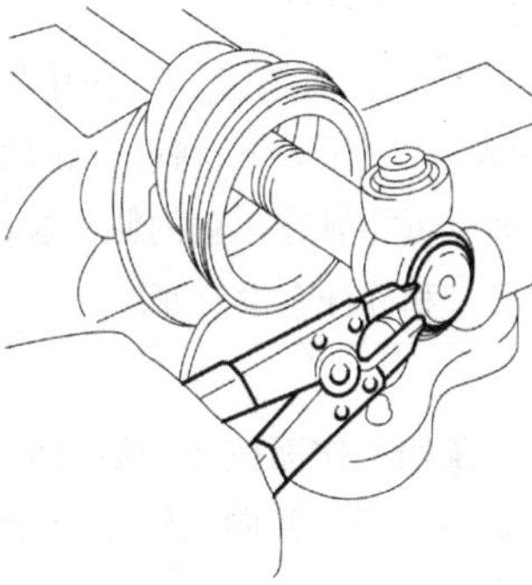	①使三销架轴向花键的斜面朝向外侧万向节。 ②在拆卸之前，对准做好的装配标记。 ③用铜棒和锤子，把三销式万向节敲进驱动轴。不要敲击滚子，并确保以正确方向安装三销架。 ④用防尘套维修组件中的润滑脂涂抹内侧万向节轴和防尘套。 标准润滑脂容量：175～185g。 ⑤使用卡环扩张器，安装一个新的半轴卡环。 ⑥对准装配标记，将内侧万向节安装至外侧万向节轴。
安装前桥内侧万向节防尘套	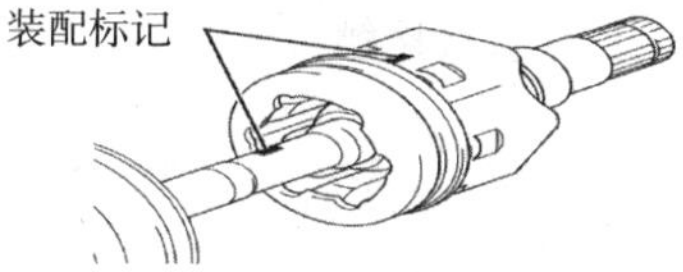 装配标记	将内侧万向节防尘套安装至内侧万向节密封垫和外侧万向节轴的槽中。 注意：槽里不能有润滑脂
安装前桥内侧万向节防尘套卡夹	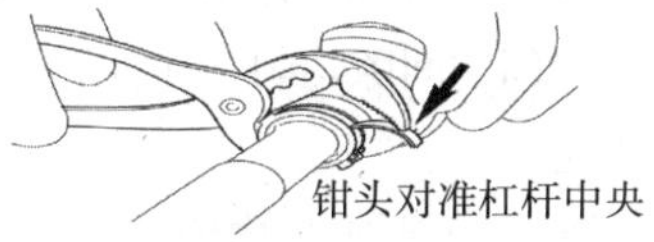 钳头对准杠杆中央 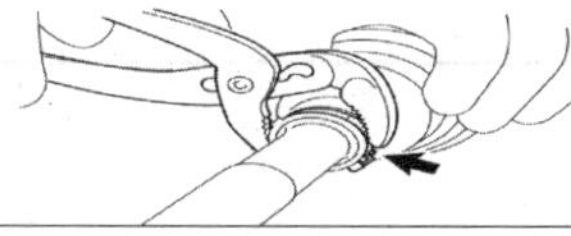	①将防尘套卡夹安装到内侧万向节防尘套上并暂时将杠杆折回。将杠杆正确地安装至导槽。将杠杆折回前，检查箍带和杠杆有没有变形。 ②用水泵钳子夹住防尘套卡夹，暂时将其固定 注意：佩戴保护手套以防伤手。
		③调整杠杆和槽口之间的间隙以使锁扣边缘和杆端之间的间隙均匀，同时用塑料锤敲击锁扣将其固定。 注意：不要损坏内侧万向节防尘套

续表

内容	图示	步骤
安装前桥内侧万向节防尘套2号卡夹	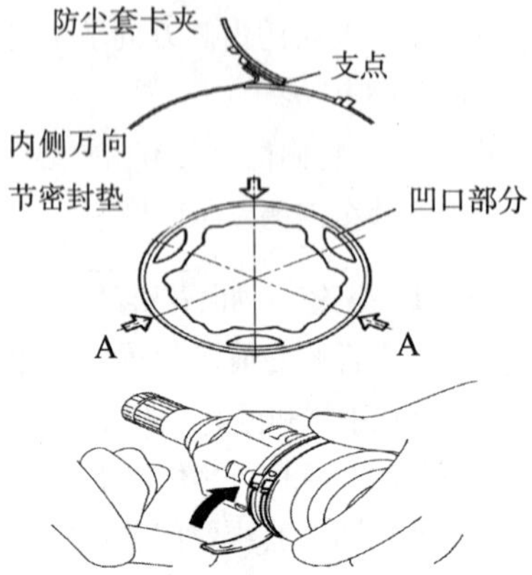 防尘套卡夹 支点 内侧万向节密封垫 凹口部分 A　A	①将防尘套卡夹安装到内侧万向节防尘套上。 ②保持尺寸(A)在规定长度内,同时将内侧万向节密封垫的凹陷部位拉出，使内侧万向节的内部暴露在大气压力下。 ③如图所示，将杠杆支点设置在任一A点处并暂时弯曲杠杆。 注意:执行该操作时,内侧万向节的内部必须保持在大气压力下;将杠杆正确地安装至导槽,将卡夹尽可能靠近车辆内侧安装;将杠杆折回前,检查箍带和杠杆有没有变形
	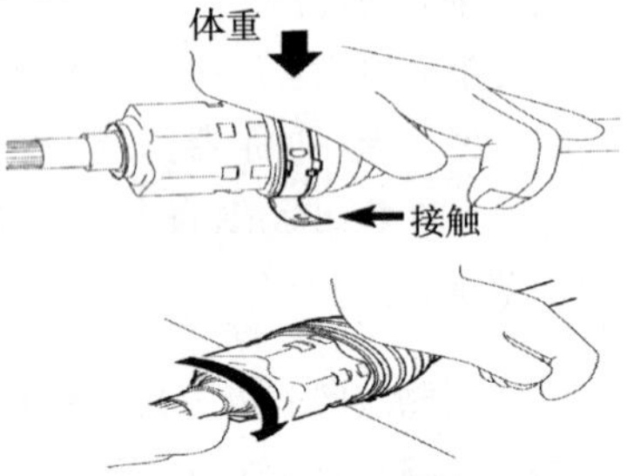 体重 接触	④朝工作面按压内侧万向节,同时把身体重量集中到手上并向前转动内侧万向节。转动内侧万向节并折起杠杆直至听到咔嗒声。 注意:不要损坏导流板,确保内侧万向节与工作面直接接触
	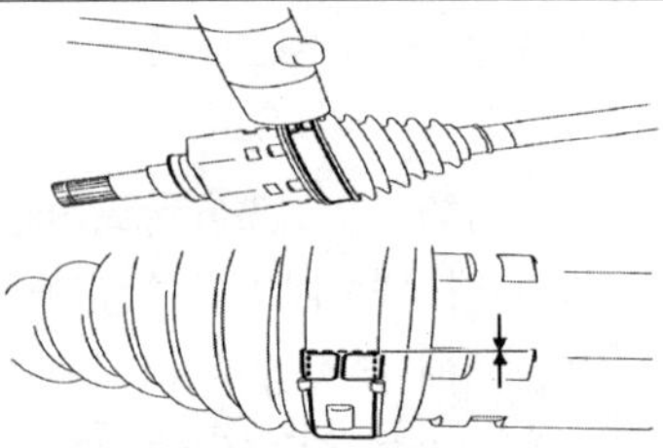	⑤调整杆和槽之间的间隙以使锁扣边缘和杆端之间的间隙均匀,同时用塑料锤敲击锁扣将其固定。 注意:不要损坏内侧万向节防尘套

(四) 万向节的检查

装配后万向节的检查见表6–2。

表6–2　万向节的检查

内容	图示	步骤
前桥半轴万向节	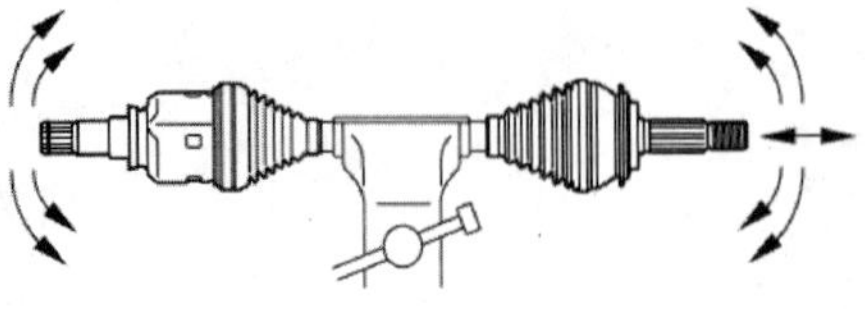	①检查并确定外侧万向节在径向上没有过大间隙。 ②检查并确定内侧万向节在止推方向上滑动顺畅。 ③检查并确定内侧万向节在径向上没有过大间隙

续表

<table>
<tr><th>内容</th><th>图示</th><th>步骤</th></tr>
<tr><td>前桥半轴万向节</td><td>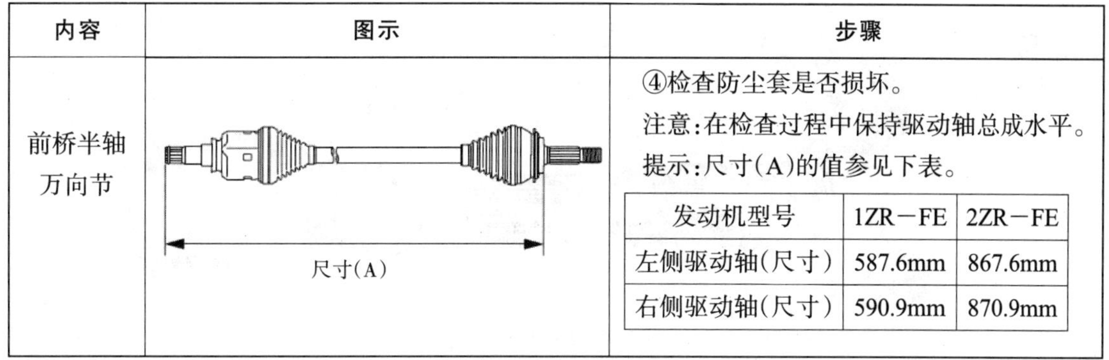</td><td>④检查防尘套是否损坏。
注意:在检查过程中保持驱动轴总成水平。
提示:尺寸(A)的值参见下表。<table>
<tr><td>发动机型号</td><td>1ZR－FE</td><td>2ZR－FE</td></tr>
<tr><td>左侧驱动轴(尺寸)</td><td>587.6mm</td><td>867.6mm</td></tr>
<tr><td>右侧驱动轴(尺寸)</td><td>590.9mm</td><td>870.9mm</td></tr>
</table></td></tr>
</table>

任务二　传动轴和中间支承的检修

任务引入

一辆加长东风汽车,在行驶中发出周期性的响声,速度越快响声越大,甚至伴随车身振动。经检查确认离合器、变速器技术状况良好,需对万向传动装置进行检修。

任务分析

传动轴是万向传动装置的组成部件,传动轴的长短、类型随发动机的安装位置和汽车的驱动方式不同有较大差异。通过此任务的学习,应掌握传动轴的组成、作用及安装位置,明确传动轴和中间支承的检修操作规程。

任务实施

一、相关知识学习

(一)传动轴

1. 功用。传动轴是万向传动装置中的主要传力部件。通常用来连接变速器(或分动器)和驱动桥,在转向驱动桥和断开式驱动桥中,则用来连接差速器和驱动车轮。

2. 构造。传动轴有实心轴和空心轴之分。转向驱动桥、断开式驱动桥或微型汽车的传动轴通常制成实心轴。

如图6-11所示为汽车的万向传动装置,因传动轴过长时,自振频率降低,易产生共振,故将其分成两段并加中间支承,中间传动轴前端焊有万向节叉,后端焊有花键轴,其上套装带内花键的凸缘盘;主传动轴前端焊有花键轴,其上套装滑动叉并在花键轴上可轴向滑动,适应变速器与驱动桥相对位置的变化,滑动部位用润滑脂润滑,并用油封(即橡胶伸缩套)防漏、防水、防尘,滑动叉前端装有带小孔的堵盖,保证花键部位伸缩自如。

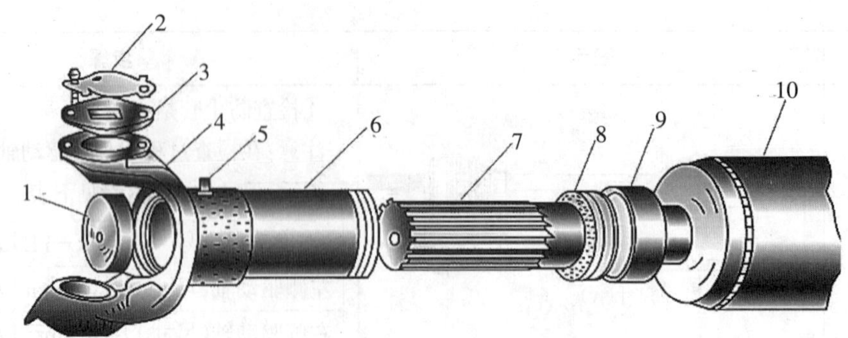

1－盖子；2－盖板；3－盖垫；4－万向节叉；5－滑脂嘴；6－伸缩套；7－滑动花键轴；8－油封；9－油封盖；10－传动轴管

图 6–11　万向传动装置

（二）中间支承

1. 功用。传动轴分段时需加中间支承，中间支承通常装在车架横梁上，能补偿传动轴轴向和角度方向的安装误差，以及汽车行驶过程中因发动机窜动或车架变形等引起的位移。

2. 结构。中间支承常用弹性元件来满足上述功用，由支架和轴承等组成，双列锥轴承固定在中间传动轴后部的轴颈上。带油封的支承盖之间装有弹性元件橡胶垫环，用三个螺栓紧固。紧固时，橡胶垫环会径向扩张，其外圆被挤紧于支架的内孔。

东风 EQ1090 汽车的中间支承如图 6–12 所示。轴承可在轴承座内轴向滑动，轴承座装在蜂窝型橡胶垫内，通过 U 形支架固定在车架横梁上。

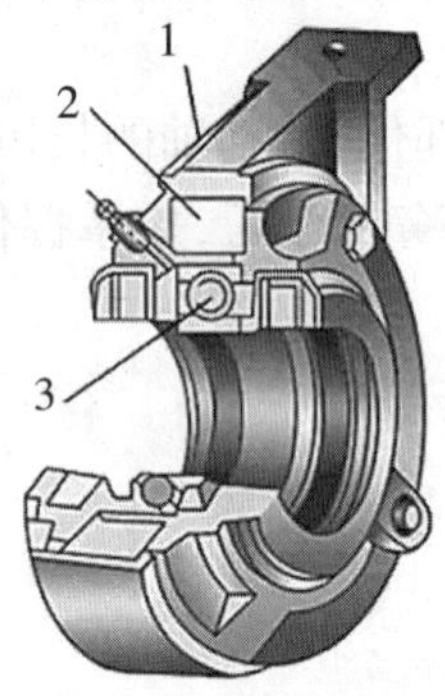

1－支承座；2－中间轴承缓冲垫；3－球轴承

图 6–12　汽车传动轴的中间支承

二、实践操作

（一）准备工作

在对传动轴做基本检查之前，应做如下准备：

1. 装配手动变速器的丰田卡罗拉 1.6L 轿车一辆，底盘装配齐全。

2. 常用工具、干净抹布。

3. 举升设备一台。

4. 丰田卡罗拉 1.6L 轿车维修手册、工单。

（二）技术要求及注意事项

1. 在拆卸传动轴时，要在前后传动轴连接凸缘上做好记号，然后拆卸，以保持原安装位置。

2. 安装前桥半轴时,要检查传动轴套管无裂纹、变形或过度磨损,否则应更换传动轴套管。

3. 传动轴两端的连接件装好后,应进行动平衡试验。

(三)传动轴的检修

传动轴轴管不得有裂纹及严重的凹瘪。

检查传动轴轴管全长上的径向圆跳动,如图 6–13 所示,应符合表 6–3 的规定。

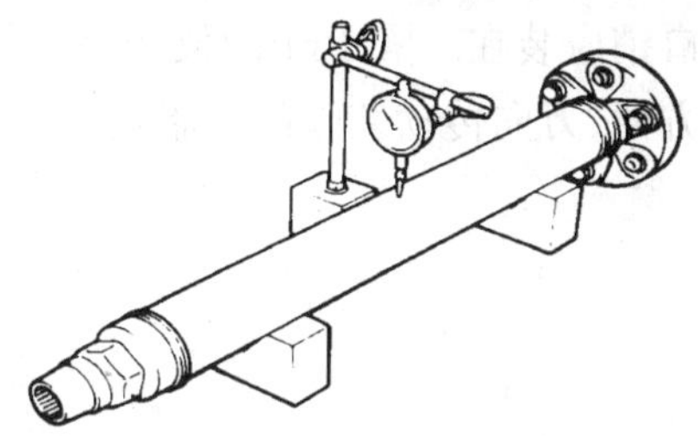

图 6–13 检查传动轴轴管的径向圆跳动

表 6–3 传动轴轴管的径向圆跳动公差

轴长 / mm	小于 600	600～1000	大于 1000
径向圆跳动 / mm	0.6	0.8	1.0

轿车传动轴径圆全跳动应比表 6–3 的值相应减小 0.2mm。中间传动轴支承轴颈的径向圆跳动为 0.1mm。当传动轴轴管的径向圆跳动超过表 6–3 的规定时,应对传动轴进行校正或更换。

传动轴花键与滑动叉花键、凸缘叉与所配合花键的侧隙:轿车应不大于 0.15mm,其他类型的汽车应不大于 0.30mm,装配后应能滑动自如。

(四)中间支承检修

检查中间支承的橡胶垫环是否开裂、油封磨损是否过甚而失效、轴承松旷或内孔磨损是否严重,如图 6–14 所示,如果是,均应更换新的中间支承。

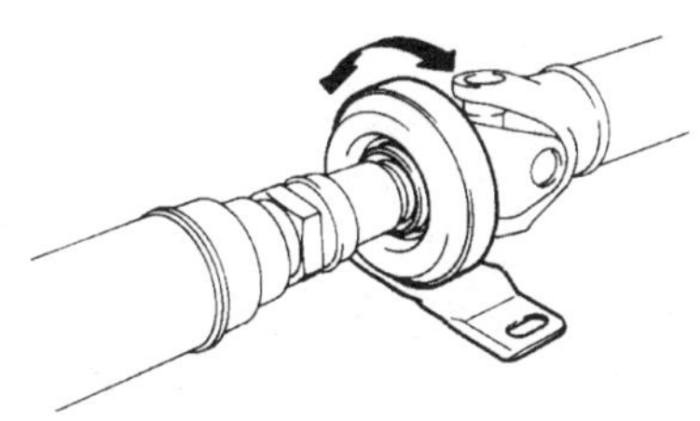

图 6–14 检查中间支承

中间支承轴轴承经使用磨损后,需及时检查和调整,以恢复其良好的技术状况。以解放 CA1092 型汽车为例,其传动系中间支承为双列圆锥滚子轴承,有两个内圈和一个外圈,两内圈中间有一个隔套,供调整轴向间隙用。

磨损使中间支承轴轴向间隙超过 0.30mm 时,将引起中间支承轴发响和传动轴严重振动,导致各传力部件早期损坏。

调整方法:拆下凸缘和中间轴承,将调整隔板适当磨薄,传动轴承在不受轴向力的自由状态下,轴向间隙在 0.15～0.25mm,装配好后用 195～245N·m 的扭矩拧紧凸缘螺母,保证轴承轴向间隙在 0.05mm 左右，即转动轴承外圈而无明显的轴向游隙为宜，最后从滑脂嘴注入足够的润滑脂，以减小磨损。

（五）传动轴的平衡

传动轴两端的连接件装好后，应进行动平衡试验。在质量轻的一侧补焊平衡片，使其不平衡量不超过规定值。为防止装错位置和破坏平衡，滑动叉、轴管上都应刻有带箭头的记号。为保持平衡，油封上两个带箍的开口销应装在间隔 180°的位置上，万向节的螺钉、垫片等零件不应随意改换规格。为加注润滑脂方便，万向传动装置的滑脂嘴应在一条直线上，且万向节上的滑脂嘴应朝向传动轴。

项目七　驱动桥的检修

学习目标与要求

1. 说明驱动桥的结构，辨认主要零部件。
2. 解释差速器的工作原理。
3. 完成驱动桥的分解、零件检验与装配。

任务一　驱动桥总成的拆装

任务引入

驱动桥常见故障有主减速器早期损坏，驱动桥发响、发热、漏油，出现故障时应及时排除。请按技术要求，正确地进行驱动桥总成的拆卸和装配。

任务分析

驱动桥是汽车传动系的组成部分，它不仅能改变动力传递方向，而且还有减速增扭作用。驱动桥工作状况的好坏对汽车使用性能至关重要。通过对驱动桥的学习，懂得其组成、作用及安装位置。为了完成驱动桥的分解与装配工作，请你按照技术规范，正确地进行驱动桥的拆装，安装后能使其正常工作。

任务实施

一、相关知识学习

（一）概述

1. 驱动桥的作用。驱动桥的作用是将万向传动装置传来的发动机动力经减速增扭改变传动方向后，分配给左、右驱动轮，并且允许左、右驱动轮以不同转速旋转。

需要说明的是，如果汽车采用前横置发动机、前轮驱动的布置形式，则主减速器并不需要改变动力的传动方向。

2. 驱动桥的结构。驱动桥的基本结构如图 7-1 所示，一般是由主减速器、差速器、半轴、桥壳等组成的。驱动桥是传动系的最后一个总成，发动机的动力传到驱动桥后，首先传到主减速器，在这里将转矩放大并降低转速后，经差速器分配给左、右半轴，最后通过半轴外端的凸缘传到驱动车轮的轮毂。

3. 驱动桥的分类。按照悬架结构的不同，驱动桥可以分为整体式驱动桥和断开式驱动桥，整体式驱动桥又称为非断开式驱动桥。

（1）非断开式驱动桥。非断开式驱动桥的整个车桥通过弹性悬架与车架相连，桥壳是刚性整体结构，两根半轴和驱动轮在横向平面内无相对运动，非断开式驱动桥如图 7–1 所示。

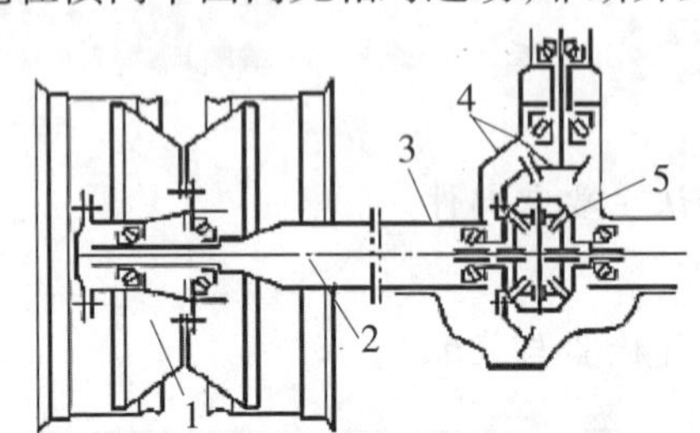

1－轮毂；2－半轴；3－驱动桥壳；4－主减速器；5－差速器

图 7–1 驱动桥的基本结构

（2）断开式驱动桥。一些轿车或越野汽车为了提高汽车行驶的平顺性或通过性，在它们的全部或部分驱动轮上采用独立悬架，即两侧驱动轮分别用弹性悬架与车架相连，两驱动轮彼此可独立地相对于车架或车身上下跳动。主减速器固定在车架或车身上，驱动桥壳制成分段并以铰链方式相连，同时半轴也分段且各段之间用万向节连接，断开式驱动桥如图 7–2 所示。

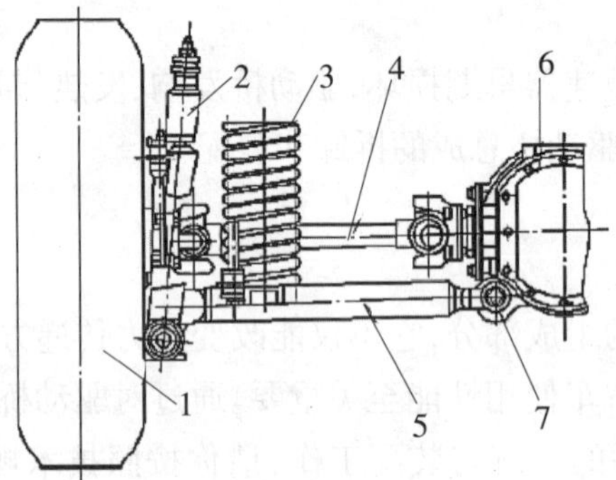

1－车轮；2－减振器；3－弹性元件；4－半轴；5－摆臂；6－主减速器；7－摆臂轴

图 7–2 断开式驱动桥

（3）转向驱动桥。具有转向功能的驱动桥称为转向驱动桥。前轮驱动汽车的前桥都是转向驱动桥。

（二）半轴和桥壳

1. 半轴。半轴是差速器与驱动轮之间传递转矩的实心轴，如图 7–3 所示为卡罗拉轿车前桥半轴。其内端一般通过花键与半轴齿轮连接，外端以凸缘与轮毂连接。

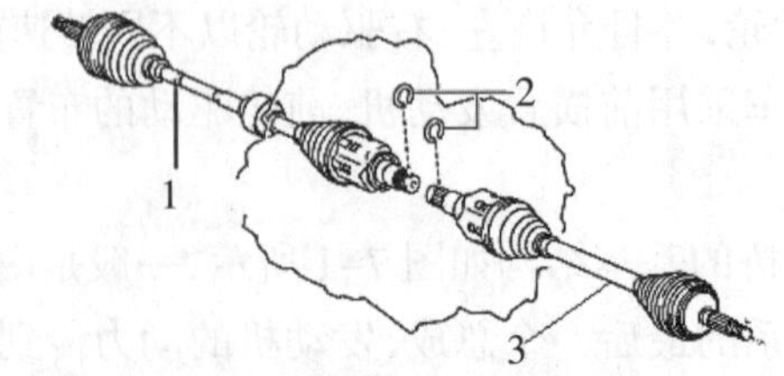

1－右半轴总成；2－半轴孔卡环；3－左半轴总成

图 7–3 卡罗拉轿车前桥半轴

半轴分为全浮式半轴和半浮式半轴两种。

（1）全浮式半轴。全浮式半轴广泛用于载货汽车上，它只传递转矩，不承受任何的外力和弯矩。这种支承型式的半轴除承受转矩外，两端均不承受任何反力和弯矩，故称为全浮式半轴。

（2）半浮式半轴。半浮式半轴除要承受转矩外，外端还要承受车轮传来的全部反力及弯矩。这种半轴内端免受弯矩，而外端却承受全部弯矩的半轴，称为半浮式半轴。

2. 桥壳。桥壳用以支承并保护主减速器、差速器和半轴等，与从动桥一起支承车架及其上的各总成重量，并承受汽车行驶时由车轮传来的各种反力及力矩，经悬架传给车架。

桥壳有整体式和分段式两种。

（1）整体式桥壳。它的特点是桥壳与主减速器壳分开制造，两者用螺栓连接在一起，如图 7–4 所示。

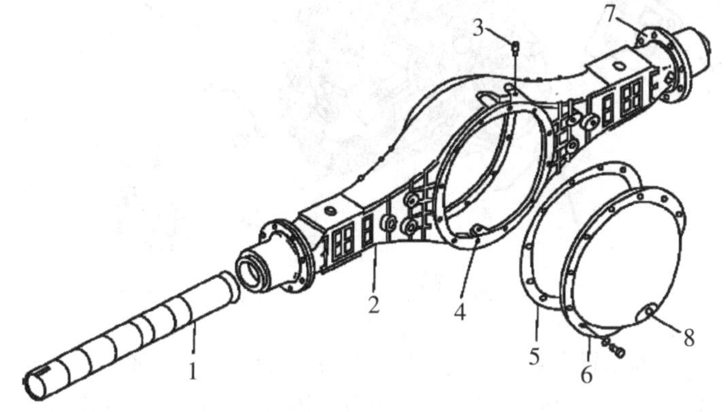

1—半轴套管；2—后桥壳；3—通气孔；4—放油孔；5—后桥壳垫片；6—后盖；7—凸缘孔；8—油孔观察孔

图 7–4　整体式桥壳

（2）分段式桥壳。它的结构如图 7–5 所示。分段式桥壳分为左、右两段，由螺栓连成一体。它由主减速器壳、盖、两个半轴套管及凸缘盘等组成。其易于制造，加工简单，但维修时需将桥壳整体从车上拆下，目前较少使用。

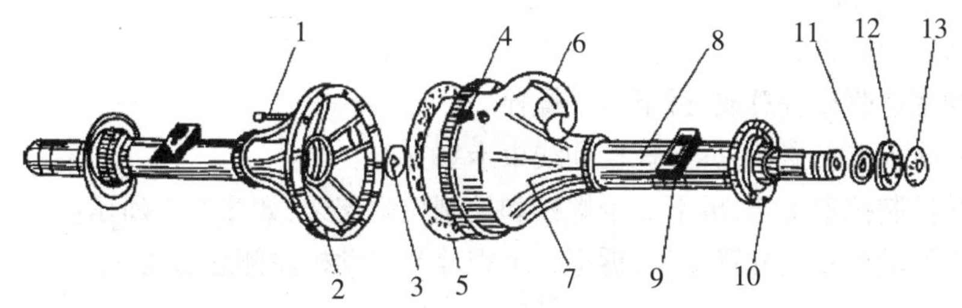

1—螺栓；2—盖；3—油封；4—注油孔；5—垫片；6—主减速器壳颈部；7—主减速器壳；8—半轴套管；9—弹簧座；10—凸缘盘；11—调整螺母；12—止动垫片；13—锁紧螺母

图 7–5　分段式桥壳

二、实践操作

（一）作业前的准备

1. 丰田卡罗拉 1.6L 轿车底盘、驱动桥拆装作业台及压力机各一台。

2. 常用工具、量具各一套，卡罗拉专用工具一套。

3. 相关挂图或图册若干、维修手册等。

（二）技术要求及注意事项

1. 按照安全规范升起汽车检修驱动桥时，请确认各支撑点牢固可靠。
2. 拆装驱动桥时，应先放净驱动桥油（卡罗拉汽车手动驱动桥 2.0L，自动驱动桥 6.5L）。
3. 进行驱动桥检修工作时，请使用适当的工具。

（三）就车拆装变速驱动桥

卡罗拉轿车变速驱动桥结构如图 7–6 所示。

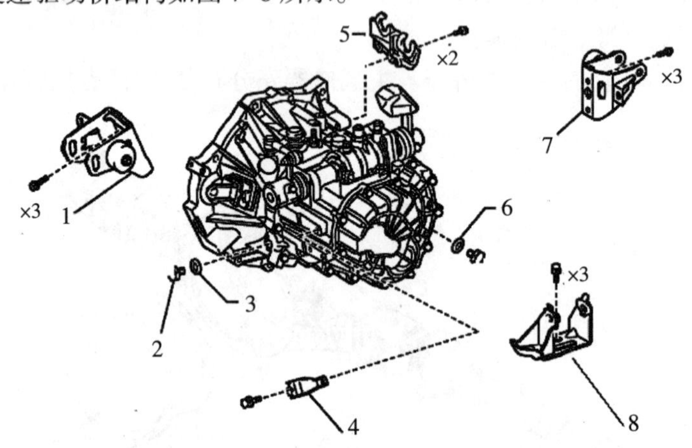

1—发动机前悬置支架；2—注油螺塞；3—衬垫；4—线束卡夹支架；5—控制拉索支架；6—衬垫；7—发动机后悬置支架；8—发动机左侧悬置支架

图 7–6　卡罗拉轿车变速驱动桥

1. 拆卸。

（1）拆卸带传动桥的发动机总成。

（2）拆卸发动机后悬置隔振垫。

（3）安装发动机吊架。

（4）拆卸飞轮壳侧盖。

（5）拆卸启动机总成。

（6）拆卸变速驱动桥总成，拆下 7 个螺栓。

（7）拆卸线束卡夹支架，拆下螺栓和线束卡夹支架。

（8）拆卸控制拉索支架，拆下 2 个螺栓和控制拉索支架，如图 7–7 所示。

（9）拆卸发动机左侧悬置支架，拆下 3 个螺栓和发动机左侧悬置支架。

图 7–7　就车拆装变速驱动桥（1）

（10）拆卸发动机前悬置支架，拆下 3 个螺栓和发动机前悬置支架。

（11）拆卸发动机后悬置支架，拆下 3 个螺栓和发动机后悬置支架。

2. 安装。

（1）安装发动机后悬置支架，用 3 个螺栓安装发动机后悬置支架。

（2）安装发动机前悬置支架，用 3 个螺栓安装发动机前悬置支架。

（3）安装发动机左侧悬置支架，用 3 个螺栓安装发动机左侧悬置支架。

（4）安装控制拉索支架，用 2 个螺栓安装控制拉索支架。

（5）安装线束卡夹支架，用螺栓安装线束卡夹支架。

（6）安装变速驱动桥总成，使输入轴和离合器盘对齐，将变速驱动桥安装至发动机并安装 7 个螺栓，如图 7–8 所示。

注意：①紧固螺栓前将定位销牢固插入定位销孔，使变速驱动桥总成端面紧贴发动机总成。

②确保定位销未松动、弯曲、损坏或刮破，然后使发动机和传动桥的接触面相互接触，将传动桥安装至发动机。

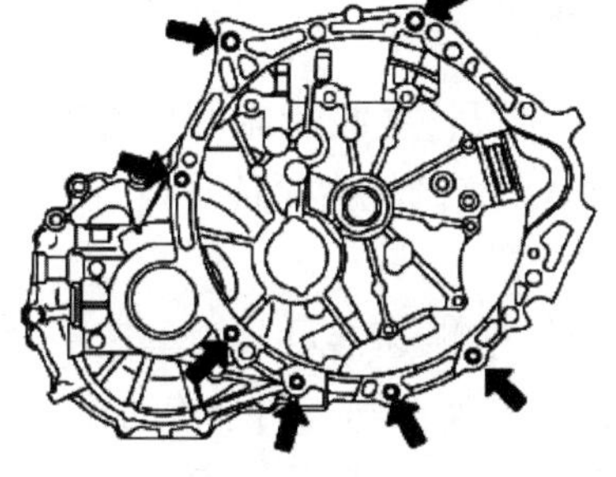

图 7–8　就车拆装变速驱动桥（2）

（7）安装启动机总成。

（8）安装飞轮壳侧盖。

（9）安装发动机后悬置隔振垫。

（10）安装带传动桥的发动机总成。

（11）检查 ABS 转速传感器信号。

任务二　主减速器、差速器的检修

任务引入

一辆丰田卡罗拉轿车，累计行驶里程约 2.2×10^5km。据车主反映，最近在该车的前部位（尤其靠近驱动桥部位）总是有异常响声发出且比较频繁，在 4、5 挡位置时异响声较为明显。

任务分析

异响是驱动桥最常见的故障之一。当汽车转弯时，在驱动桥部位产生的异响一般来自于差速器；当汽车上坡、急加速时产生的异响，一般是由主减速器的主、从动齿相互敲击所产生的。在此任务中要掌握主减速器、差速器的工作原理，并按照标准规范完成检修等工作。

任务实施

一、相关知识学习

（一）主减速器

1. 主减速器的作用。

（1）将万向传动装置传来的发动机转矩传给差速器。

（2）在动力的传动过程中将转矩增大并相应降低转速。

（3）对于纵置发动机，还要将转矩的旋转方向改变 90°。

2. 主减速器的分类。

（1）按参加减速传动的齿轮副数目，主减速器可分为单级主减速器和双级主减速器。有些重型汽车又将双级主减速器的第二级圆柱齿轮传动设置在两侧驱动车轮附近，称为轮边减速器。

（2）按主减速器传动比的个数，主减速器可分为单速主减速器和双速主减速器。单速主减速器的传动比是固定的，而双速主减速器则有两个传动比。

（3）按齿轮副结构形式，主减速器可分为圆柱齿轮主减速器和圆锥齿轮主减速器。圆柱齿轮主减速器又可分为定轴轮系和行星轮系主减速器。圆锥齿轮主减速器又可分为螺旋锥齿轮和准双曲面齿轮主减速器。

目前，在轿车中主要应用单级、准双曲面齿轮主减速器。

3. 单级主减速器。单级主减速器的结构如图 7-9 所示。它只有一对锥齿轮传动，其结构简单、重量轻、体积小、传动效率高。由于发动机前置前轮驱动，因此其主减速器装于变速器壳体内，没有专门的主减速器壳体，变速器的输出轴即为主减速器主动轴，如丰田卡罗拉、别克凯越等。如图 7-10 所示为卡罗拉轿车主减速器和差速器总成。

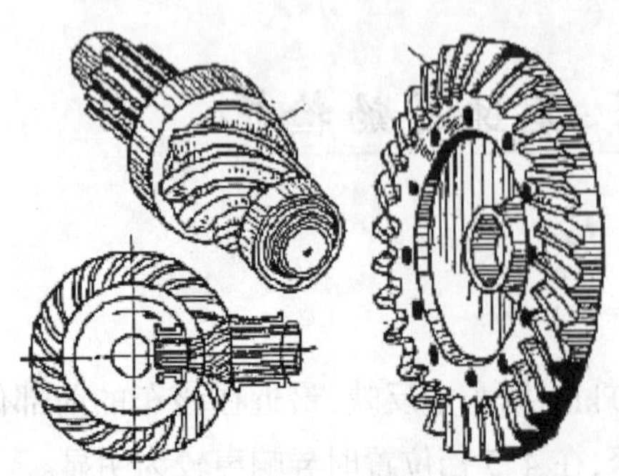

1—主动齿轮；2—从动齿轮

图 7-9 单级主减速器的结构

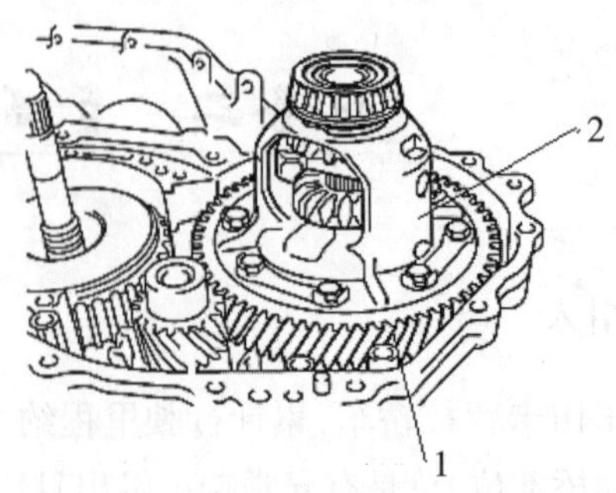

1—主减速器从动齿；2—差速器壳体

图 7-10 卡罗拉轿车主减速器和差速器总成

4. 双级主减速器。当主减速器需要较大的传动比时，需要用由两对齿轮传动的双级主减速器，双级主减速器的结构如图 7-11 所示，主要由一对螺旋锥齿轮和一对斜齿圆柱齿轮组成。

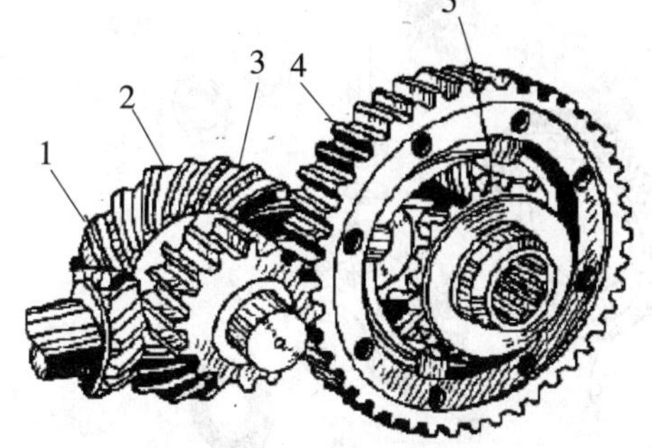

1—圆锥主动齿轮；2—圆锥从动齿轮；3—圆柱主动齿轮；4—圆柱从动齿轮；5—差速器行星齿轮

图 7-11　双级主减速器

（二）差速器

1. 差速器的作用、类型。汽车安装差速器后，左右车轮可以以不同的转速旋转，能够保证车轮在地面上做纯滚动。而且差速器能够把主减速器传来的转矩平均分配给左右半轴，使左右驱动轮产生相等的驱动力。

当汽车转弯行驶时，内外两侧车轮中心在同一时间内移过的曲线距离不同，即外侧车轮移过的距离大于内侧车轮。若两侧车轮都固定在同一刚性轴上，两车轮的加速度相等，则此时外侧车轮必然是边滚动边滑移，内侧车轮必然是边滚动边滑转。

车轮对地面的滑动不仅会加速轮胎的磨损，增加汽车的动力消耗，而且可能导致转向和制动性能的恶化。所以在正常行驶条件下，应使车轮尽可能不发生滑动。因此，为了允许左右车轮以不同的角速度旋转，就必须在传动系中安装差速器。

差速器按其工作特性分为普通差速器和防滑差速器两大类。当遇到左右（或前后）驱动轮与路面之间的附着条件相差较大的情况时，普通差速器将无法保证汽车得到足够的驱动力。此时，只是附着较差的驱动轮高速滑转，而汽车却不能行驶。故经常遇到这种情况的汽车应当采用防（限）滑差速器。

2. 结构和工作原理。

（1）结构。差速器一般由差速器壳、行星齿轮、行星齿轮轴、半轴齿轮等组成。如图 7-12 所示为卡罗拉轿车差速器。

（2）工作原理。差速器的工作情况如图 7-13 所示（为明确显示，图中从动齿轮及主动轴均以反方向绘出）。

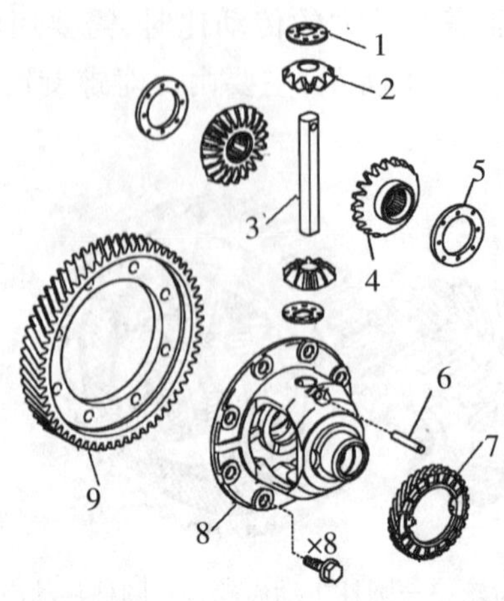

1—行星齿轮止推垫圈；2—行星齿轮；3—1号行星齿轮轴；4—半轴齿轮；5—1号半轴齿轮止推垫圈；6—行星齿轮轴直销；7—速度表主动齿轮；8—差速器壳；9—主减速器从动齿轮

图 7–12　卡罗拉轿车差速器

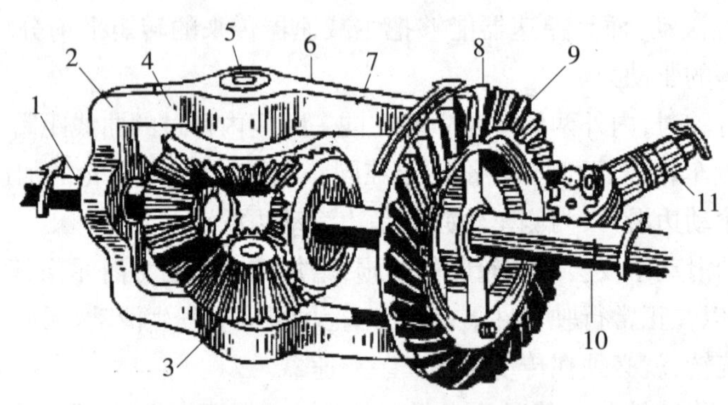

1—半轴；2—差速器壳；3—行星齿轮2；4—半轴齿轮1；5—十字轴；6—行星齿轮1；7—半轴齿轮2；8—从动齿轮；9—主动齿轮；10—半轴；11—主传动轴

图 7–13　差速器的工作情况

汽车在平坦道路上直线行驶时，两驱动轮转速相等，行星齿轮 1 和行星齿轮 2 与差速器壳一起旋转，行星齿轮不绕自己轴旋转。半轴齿轮 1 和半轴齿轮 2 的转速与从动齿轮的转速相同。

汽车转弯时，例如右转弯，右驱动轮因滚动阻力大而行驶路程较短，所以其转速也较左驱动轮慢。此时，行星齿轮 1 及行星齿轮 2 除随差速器壳公转外，还在转得较慢的车轮的半轴齿轮 2 上滚动。行星齿轮 1 和行星齿轮 2 按顺时针方向绕十字轴自转，其速度增加值等于半轴齿轮 2 的降低值，达到汽车转弯时允许两驱动轮以不同速度旋转的目的。

若一侧半轴齿轮不动，差速器壳旋转时，行星齿轮将绕本身的轴线旋转并沿不动一边半轴齿轮滚动，而另一边的半轴齿轮则以两倍于差速器壳的转速旋转。因此，两驱动轮转速之和始终等于差速器壳转速的两倍。当差速器壳不动时，若一个车轮旋转，行星齿轮则在原位旋转，并带着另一车轮以相同的转速反方向旋转。

二、实践操作

（一）作业前的准备

1. 丰田卡罗拉 1.6L 轿车底盘、驱动桥拆装作业台及压力机各一台。
2. 常用工具、量具各一套，卡罗拉专用工具一套。
3. 相关挂图或图册若干、维修手册等。

（二）技术要求及注意事项

1. 按照安全规范升起汽车检修驱动桥时，请确认各支撑点牢固可靠。
2. 拆装驱动桥时，应先放净驱动桥油（卡罗拉汽车手动驱动桥 2.0L，自动驱动桥 6.5L）。
3. 进行驱动桥检修工作时，请使用适当的工具。

（三）减速器和差速器总成的拆装

减速器和差速器总成的结构如图 7–14 所示。

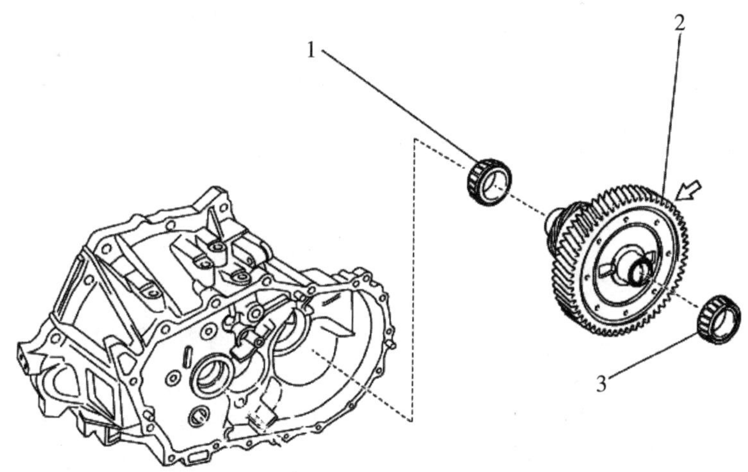

1—前滚锥轴承；2—减速器和差速器总成；3—后滚锥轴承

图 7–14 减速器和差速器总成

1. 减速器和差速器总成的拆卸。卡罗拉轿车减速器、差速器的拆卸见表 7–1。

表 7–1 卡罗拉轿车减速器、差速器的拆卸

拆卸内容	图示	拆卸步骤
拆卸差速器壳前、后滚锥轴承	专用工具	①用专用工具从传动桥壳上拆下差速器壳前、后滚锥轴承（外座圈）和平垫圈。 ②用专用工具从差速器壳总成上拆下差速器壳前、后滚锥轴承（内座圈）
拆卸差速器齿圈	装配标记	①从差速器壳上拆下速度表主动齿轮。 ②拆卸差速器齿圈。用塑料锤从差速器壳上拆下差速器齿圈。 注意：在差速器齿圈和差速器壳上做好装配标记

续表

拆卸内容	图示	拆卸步骤
拆卸差速器行星齿轮轴直销		拆卸差速器行星齿轮轴直销。用冲子和锤子松开差速器壳的锁紧部件
拆卸差速器		从差速器壳上拆下 2 个差速器行星齿轮、2 个差速器行星齿轮止推垫圈、2 个差速器 1 号半轴齿轮止推垫圈和 2 个差速器半轴齿轮

2. 减速器和差速器总成的安装。卡罗拉轿车减速器、差速器的安装见表 7–2。

表 7–2 卡罗拉轿车减速器、差速器的安装

安装内容	图示	安装步骤
安装差速器半轴齿轮		①在差速器半轴齿轮的滑动面和旋转面上涂抹齿轮油。 ②将 2 个差速器 1 号半轴齿轮止推垫圈安装至 2 个差速器半轴齿轮。 ③将 2 个差速器半轴齿轮、2 个差速器行星齿轮和 2 个差速器行星齿轮止推垫圈安装至差速器壳。 提示：转动差速器半轴齿轮，安装 2 个差速器行星齿轮和 2 个差速器行星齿轮止推垫圈
安装差速器行星齿轮轴		①在差速器 1 号行星齿轮轴上涂抹通用润滑脂。 ②将差速器 1 号行星齿轮轴安装至差速器壳，使差速器行星齿轮轴直销孔与差速器壳上的孔对准。 ③调节差速器半轴齿轮齿隙。用百分表测量差速器半轴齿轮齿隙，标准齿隙：0.05～0.20mm。 ④安装差速器行星齿轮轴直销

续表

安装内容	图示	安装步骤
安装差速器齿圈	90～110℃	①清洁差速器壳和齿圈的接触面。 ②用加热器将差速器齿圈加热到 90～110℃。 ③待齿圈上的水分完全蒸发后，将齿圈迅速安装至差速器壳。 ④对准装配标记，将差速器齿圈迅速安装至差速器壳。 ⑤安装 8 个螺栓
安装速度表主动齿轮		安装速度表主动齿轮
安装差速器壳前、后滚锥轴承	SST	安装差速器壳前、后滚锥轴承

（四）主减速器检修

1. 主、从动圆锥齿轮齿面检验。

（1）检查前必须把所有齿轮清洗干净，检查齿轮有无剥落，啮合印痕是否正确，磨损是否严重。

（2）若齿面上有轻微擦伤或毛刺，应修磨后再使用。

（3）检查主动齿轮的花键部分是否磨损过度，如是，应更换。

（4）若主动和从动齿轮疲劳性剥落，轮齿损坏超过齿长的 1/5 和齿高的 1/3，主动和从动齿轮应成对更换，不准新旧搭配使用。两齿轮同时更换应注意选择同一组编号的齿轮配对使用，配对编组号码是厂家用电刻在主、从动齿轮的端面上，选择齿轮时应注意查看。

2. 轴承检查。轴承应能自由转动，不应有受阻的感觉；如轴承内座圈、外座圈或滚柱损坏，磨损或间隙过大应更换轴承；如剥落、支持架变形也应更换轴承。

3. 轴承预紧度的检查与调整。轴承预紧度调整在装配时十分重要，要具有一定预紧度。调整齿轮轴承预紧度的同时会影响到主、从动锥齿轮的啮合印痕，应先调整合适轴承预紧度，然后调整啮合间隙或啮合印痕。

（1）检查方法。最简单的方法是经验法，用手转动主、从动锥齿轮，应该转动自如，轴向推动无间隙感觉。另一个方法是测量法，用扭力扳手或弹簧秤拉动主、从动锥齿轮检查，如图 7-15 所示，要求当凸缘螺母以 300～600N·m 的力矩拧紧后，用弹簧秤匀速旋转主动锥齿轮的力矩应在 0.5～1.5N·m 为合适，否则要用调整垫片进行调整。

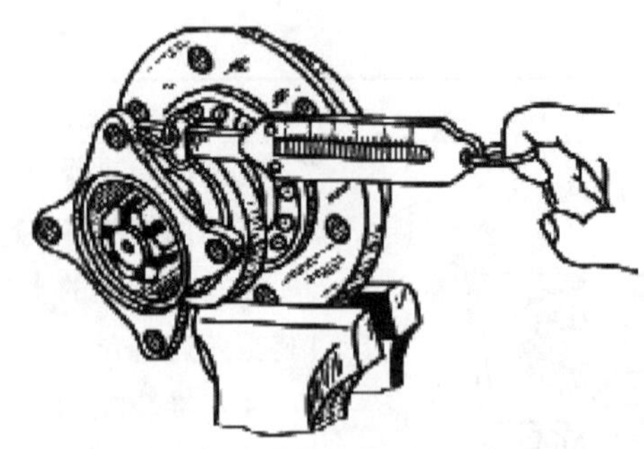

图 7–15　轴承预紧度的检查

（2）调整方法。一般情况下，主动锥齿轮轴承预紧度都是通过调整垫片厚度大小来调整的。从动锥齿轮轴承的预紧度通过调整垫片厚度大小或调整螺母进行调整。不论用哪种方法调整，必须先检查和调整合适轴承预紧度后，再进行主、从动锥齿轮啮合印痕和啮合间隙的检查与调整。

4. 主、从动锥齿轮啮合印痕检查与调整。主、从动锥齿轮啮合印痕大小和位置影响到主、从动锥齿轮传递作用力和力矩，影响到主减速器使用寿命，必须给予足够重视，并认真检查与调整。

（1）检查方法。在从动锥齿轮上相隔 120°的三处齿面上薄薄地涂上一层红丹油或红丹粉与机油的混合物，在齿轮的正反面各涂 2～3 个齿，再用手对从动锥齿轮稍施加阻力并正反向转动主动齿轮数圈，观察从动锥齿轮上的啮合印痕。

（2）调整方法。通过检查，不良的接触面说明啮合印痕调整不当，要重新调整垫片厚度或调整螺母使其达到正常。

对于准双曲面齿轮，如果啮合印痕位置不正确，调整方法是移动主动锥齿轮。如果啮合间隙不符合要求，需要进行调整，方法是移动从动锥齿轮。

对于螺旋锥齿轮，先检查啮合印痕，若不符合要求，应进行调整。调整前先将主、从动锥齿轮安装好，并按规定调好轴承预紧度，然后根据检查所得的印痕情况通过主、从动锥齿轮向内或向外移动来调整，其调整方法可概括为“顶进主、根出主、大进从、小出从”，如图 7–16 所示。“顶进主”是指齿轮接触面靠近齿轮顶部，则应使主动锥齿轮靠近从动锥齿轮，否则相反；“大进从”是指齿轮接触面靠近齿轮大端，就应使从动锥齿轮靠近主动锥齿轮，否则相反。

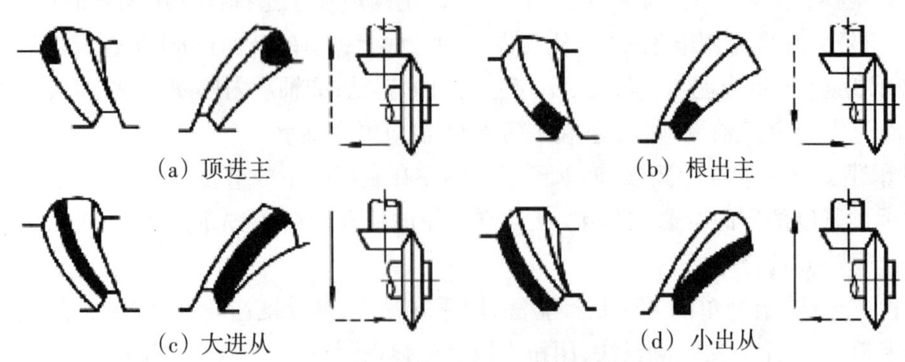

（图中标示的实线先调整，虚线后调整）

图 7–16　啮合印痕调整方法

进、出主动锥齿轮是通过增减轴承座与主减速器壳之间的调整垫片来实现的。进、出从动锥齿轮是通过调整差速器两端的调整螺母来实现的，一端拧进多少圈，另一端就要拧出多少圈，保证差速器轴承预紧度不变。若需要通过调整垫片调整啮合间隙或啮合印痕时，一定要将减少一侧的垫片数，如数地加到另一侧去，从而确保轴承预紧度不变。

在调整啮合印痕的过程中，可能会使已符合要求的啮合间隙变得不合要求，重新调整啮合间隙时又将破坏正确的啮合印痕。出现这些情况时，应以啮合印痕为主，而把啮合间隙放宽一些，但放宽量最大不能超过 1mm，否则应成对更换主、从动锥齿轮。此外，还应注意啮合印痕应以前进面为主，适当兼顾齿轮倒向行驶面。

5. 主、从动锥齿轮的啮合间隙检查与调整。

（1）检查方法。主、从动锥齿轮啮合间隙的检查方法有 3 种：

①将装有百分表的支架固定于主减速器壳上，用百分表触针抵在从动锥齿轮正面的大端处，沿圆周均布不少于 4 个齿进行测量，并使百分表有一定的预压量。用手把住主动锥齿轮，周向往复摆转从动齿轮，百分表上反映的数值即为主、从动锥齿轮的啮合间隙。

②用厚约 1.5mm、宽约 5mm、长约 5mm 的铅条置于主、从动锥齿轮的轮齿之间，用手沿前进方向转动主动锥齿轮轴，铅条被碾压后，取出用游标卡尺测量被碾压的厚度，即为主、从动锥齿轮的啮合间隙。在周向均布取至少 3 个点进行测量，取其平均值。

③用厚薄规插入啮合着的主、从动锥齿轮间测量齿隙；检查间隙时，应在从动齿轮圆周上每相隔 120°取 3 点进行测量，取其平均值。

（2）调整方法。调整方法因结构不同而不同，可通过交替拧动调整螺母或增减调整垫片来使啮合间隙达到规定值。注意调整时不能改变已调好的圆锥轴承预紧度，两侧调整螺母或调整垫片必须等量地旋出或旋入，一侧拧入多少，另一侧就要拧出多少。主、从动锥齿轮的啮合间隙调整合适后，用规定扭紧力矩拧紧轴承盖或调整螺母。

（五）差速器的检修

1. 行星齿轮轴的检查。检查行星齿轮轴与壳孔及行星齿轮内孔的配合情况，行星齿轮轴与齿轮为间隙配合，磨损严重时要更换。行星齿轮轴放入差速器壳承孔时，不允许有翘曲现象。

2. 差速器壳的检查。检查从动锥齿轮和差速器壳的接触面，要确保它们完全接触。

3. 行星齿轮和半轴齿轮工作面的检查。行星齿轮和半轴齿轮工作面不允许有明显剥落和烧蚀，否则应予以更换。损坏沿齿高超过 1/4 及沿齿长超过 1/5 时，应予以更换。

4. 行星齿轮与半轴齿轮啮合间隙的检查。行星齿轮与半轴齿轮磨损量通过行星齿轮与半轴齿轮啮合间隙的检查来进行，常用方法有以下 4 种：

（1）使用百分表检查半轴齿轮与行星齿轮啮合间隙，将百分表吸盘支架置于差速器壳上，百分表触头垂直于行星齿轮或半轴齿轮的齿面，然后一手固定半轴或行星齿轮，另一手轻轻来回拨动行星齿轮或半轴齿轮，此时百分表指针的摆动量即为半轴齿轮与行星齿轮的啮合间隙值。

（2）使用软金属丝检查，将软金属丝夹在半轴齿轮与行星齿轮的工作面上，转动齿轮挤压金属丝，测量经挤压后金属丝的厚度即可得到其啮合间隙。

（3）如没有软金属丝，还可通过测量半轴齿轮的轴向间隙予以间接判断。在半轴齿轮端面上放进一个适当厚度的平垫圈或平板，然后用百分表进行测量，如其轴向间隙小于规定值，则表明其啮合间隙是正常的。

（4）还可用厚薄规从差速器壳承孔处测量。半轴齿轮与壳之间的垫片经过特殊的磷化处理，垫片不能用一般垫片代替。半轴齿轮两端的止推垫片应装同一厚度的垫片，行星齿轮的止推垫片厚度均应相同。

项目八 机械转向系的检修

学习目标与要求

1. 概述转向系的作用、类型。
2. 概述转向系统的基本组成。
3. 描述转向系统的转向原理。
4. 描述转向盘的自由行程。
5. 辨认各总成零件。
6. 概述机械转向器的类型。
7. 概述齿轮齿条式与循环球式的优缺点。
8. 描述齿轮齿条式转向器的工作原理。
9. 描述循环球式转向器的工作原理。
10. 学会对转向器进行调整及检修。

任务一 转向盘自由行程的检查与调整

任务引入

汽车每行驶 1.2×10^4 km 左右，应检查转向盘的自由行程。请正确检查与调整转向盘自由行程。

任务分析

转向盘自由行程对于缓和路面冲击及避免驾驶员过于紧张是有利的，但过大的自由行程会影响转向灵敏性，所以汽车维护中应定期检查转向盘自由行程。标准值(GB7258－1997)：机动车转向盘的最大自由转动量从中间位置向左或向右均应≤10°(最大设计车速≥100km/h 的机动车)或 15°(最大设计车速＜100km/h 的机动车)。若超过此规定值，则必须进行调整。通常是通过调整转向器传动副的啮合间隙来调整转向盘自由行程的。

任务实施

一、相关知识学习

（一）概述

1. 转向系的作用。

（1）使汽车在行驶中能按驾驶员的操纵要求而适时地改变其行驶方向。

（2）在车轮受到路面传来的偶然冲击，意外地偏离行驶方向时，能与行驶系配合共同保持汽车稳定的直线行驶。

2. 转向系的分类及组成。汽车转向系按转向能源的不同分为机械转向系和动力转向系两大类。现代汽车转向系都由转向操纵机构、转向器和转向传动机构三大部分组成。

（1）机械转向系。它是以驾驶员的体力作为转向能源的转向系，其中所有传力件都由机械元件组成，如图 8-1、图 8-2 所示。

（2）动力转向系。它是机械转向系和动力转向加力装置共同作用的转向系。在正常使用情况下，汽车转向所需能源的一小部分由驾驶员体力提供，而大部分由发动机通过动力转向加力装置提供。汽车转向控制量仍由驾驶员通过机械转向系提供，如图 8-3 所示。

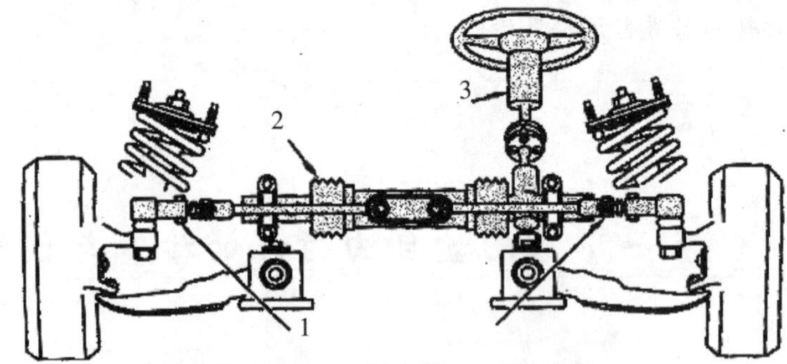

1—转向传动机构；2—转向器；3—转向管柱

图 8-1　轿车机械转向系的组成

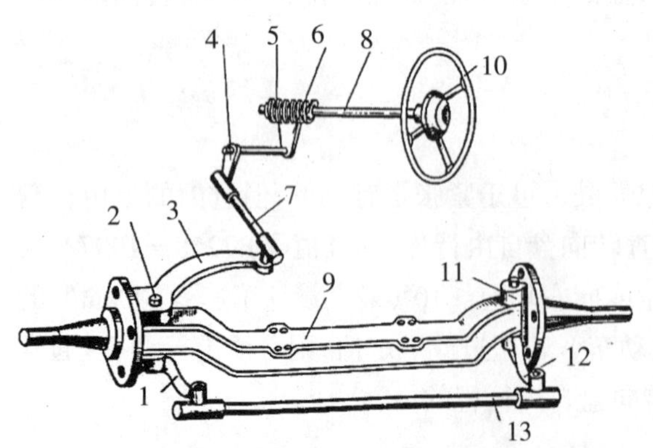

1—转向节臂；2—主销；3—转向臂；4—转向垂臂；5—蜗杆；6—齿扇；7—转向纵拉杆；8—转向轴；9—前轴；10—转向盘；11—右转向节；12—转向节臂；13—转向横拉杆

图 8-2　货车机械转向系的组成

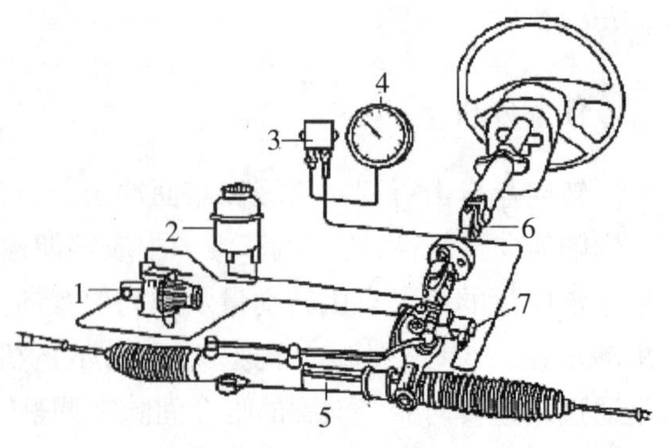

1—液压油泵；2—储油罐；3—电子控制装置；4—车速表；5—齿轮齿条式转向器；6—万向节；7—电液传感器

图 8-3　动力转向系的组成

3. 转向系的参数。

（1）转向系角传动比。转向系角传动比是指转向盘的转角与转向盘同侧的转向轮偏转角的比值，一般用 i_w 表示。

传动比计算公式：$i_w = i_1 \times i_2$。

转向器角传动比(i_1)是转向盘转角和转向摇臂摆角之比。转向传动机构角传动比(i_2)是转向摇臂摆角与同侧转向轮偏转角之比。

转向系角传动比越大，增矩作用加大，转向操纵越轻便，但由于转向盘转的圈数过多，导致操纵灵敏性变差，所以转向系角传动比不能过大。而转向系角传动比太小又会导致转向沉重，所以转向系角传动比既要保证转向轻便，又要保证转向灵敏。但机械转向系很难做到这一点，所以越来越多的车辆采用动力转向系。

（2）转向时车轮运动规律。为了避免汽车转向时产生的路面对汽车行驶的附加阻力和轮胎过快磨损，转向时所有车轮的轴线都必须相交于一点，此交点 O 称为“转向中心”，即保证所有车轮均做纯滚动，使阻力和轮胎磨损减少到最小，如图 8-4 所示。

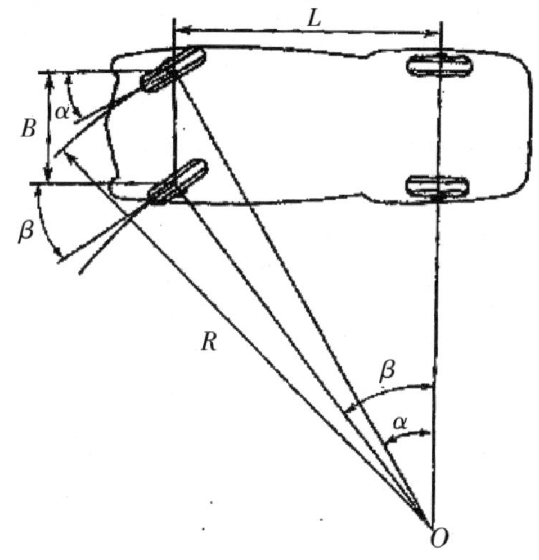

图 8-4　汽车转向示意图

由转向中心 O 到外转向轮与地面接触点的距离 R 称为“汽车转弯半径”。转弯半径越小，汽车转向所需场地就越小，机动性能越好。

（3）转向盘自由行程。转向盘的自由行程是指转向盘在空转阶段的角行程，这主要是由于转向系各传动件之间的装配间隙和弹性变形所引起的。由于转向系各传动件之间都存在着装配间隙，而且这些间隙将随零件的磨损而增大，因此在一定的范围内转动转向盘时，转向轮并不随即同步转动，而是在消除这些间隙并克服机件的弹性形变后，才进行相应的转动，即转向盘有一个空转过程。

（二）机械转向系

1. 转向操纵机构。

转向操纵机构主要由转向盘、转向轴和转向管柱等组成。它的作用是将驾驶员转动方向盘的操纵力传给转向器，如图 8-5 所示。

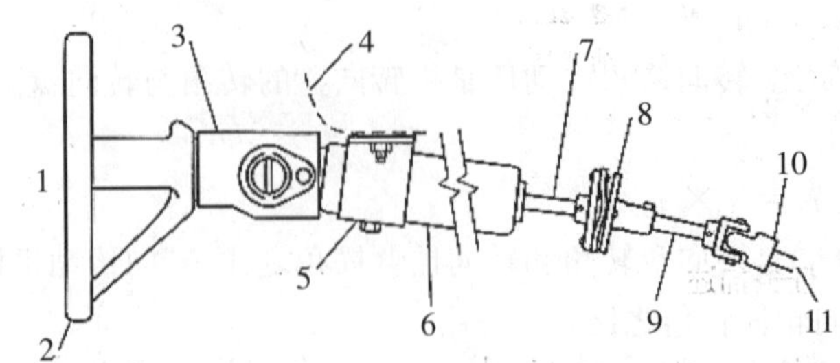

1—管柱；2—转向盘；3—上罩；4—仪表板；5—安装支架；6—下罩；
7—下转向主轴；8—联轴器总成；9—中间轴；10—万向节；11—转向器

图 8–5　转向操纵机构组成

转向轴能改变转向盘的工作角度和转向盘的高度，从而方便不同身材的驾驶员操作。目前，越来越多的汽车由于总布置的要求，在转向操纵机构上采用了万向节和传动轴。转向操纵机构中采用万向节和传动轴不但对制造和安装有好处，而且在发生交通事故时能互相错位，更好地保护驾驶员的安全。

2. 转向器。转向器的作用是将方向盘的转动变为转向摇臂的摆动或齿条的直线往复运动，并对转向操纵力进行放大。

3. 转向传动机构。转向传动机构的功用是连接转向器和转向轮，并将转向器输出的动力和运动传给左、右转向节，使转向轮偏转，并保证左、右转向轮的偏转角按一定关系变化。

转向传动机构的主要部件有转向摇臂、转向直拉杆、转向横拉杆及转向减振器等。

（1）转向摇臂。常见转向摇臂如图 8–6 所示，其大端有三角细花键锥形孔，用以与转向摇臂轴外端相连接，并用螺母固定；其小端带有球头销，以便与转向直拉杆作空间铰链连接。转向摇臂安装后从中间位置向两边摆动的角度应大致相等，故在把转向摇臂安装到摇臂轴上时，两者相应的角度位置应正确。为此，常在摇臂大孔外端面上和摇臂轴的外端面上各刻有短线，或是在两者的花键部分都少铣一个齿作为装配标记。装配时应将标记对齐。

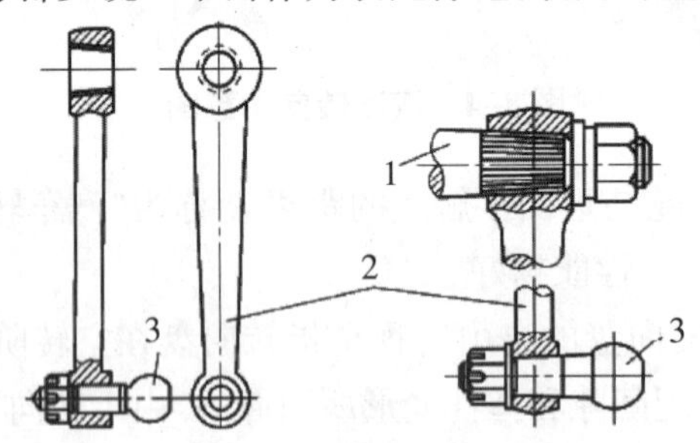

1—转向摇臂轴；2—转向摇臂；3—球头销

图 8–6　常见转向摇臂

（2）转向直拉杆。转向直拉杆的作用是把转向摇臂传来的力和运动传给转向梯形臂或转向节臂，它既受拉力也受压力，转向直拉杆及接头的结构如图 8–7 所示。球头销的锥形部分与转向摇臂连接，并用螺母固定；其球头部分的两侧与两个球头座配合，前球头座靠在端部螺塞上，后球头座在弹簧的作用下压靠在球头上，这样，两个球头座就将球头紧紧夹持住。为保证球头与球头座的润滑，可从油嘴注入润滑脂。

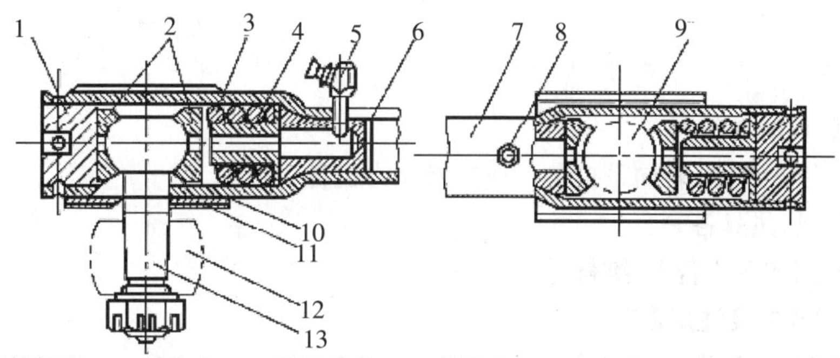

1—端部螺塞；2—球头座；3—压缩弹簧；4—弹簧座；5、8—油嘴；6—座塞；7—直拉杆体；9—转向节臂球头销；10—油封垫；11—油封垫护套；12—转向摇臂；13—球头销

图 8-7　转向直拉杆及接头的结构

（3）转向横拉杆。转向横拉杆的作用是连接左、右梯形臂并使其协调工作，它在行驶中反复承受拉力和压力，转向横拉杆及接头的结构如图 8-8 所示。横拉杆体用钢管制成，其两端切有螺纹，一端为右旋，一端为左旋，与横拉杆接头旋装连接。旋松锁紧螺母以后，转动横拉杆体，可改变转向横拉杆的总长度，从而调整转向轮前束。

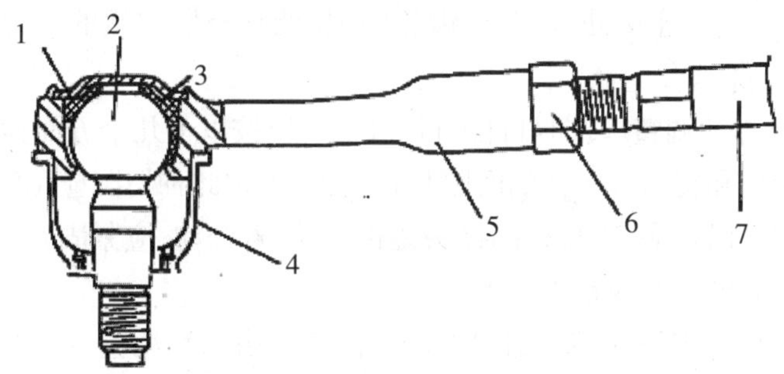

1—堵盖；2—球头销；3—球头销座；4—防尘套；5—横拉杆接头总成；6—锁紧螺母；7—横拉杆体

图 8-8　转向横拉杆及接头的结构

（4）转向减振器。转向减振器的作用是克服汽车行驶时转向轮产生的摆振，并提高汽车行驶的稳定性和舒适性，转向减振器的结构如图 8-9 所示。

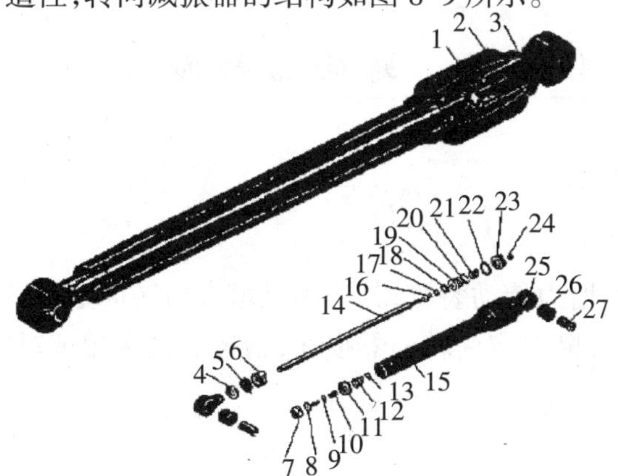

1—套筒；2—橡胶储液囊；3—底盖；4—固定垫圈；5—密封圈；6—导向座；7—压缩阀座；8—压缩阀杆；9—压缩阀片；10—柱形弹簧；11—压缩阀体；12—锥形弹簧；13—垫片；14—活塞杆；15—缸筒；16—伸张阀杆；17—垫片；18—星形阀片；19—阀片；20—节流阀片；21—伸张阀弹簧；22—活塞环；23—活塞；24—螺母；25—吊环；26—橡胶支承圈；27—衬套

图 8-9　转向减振器的结构

二、实践操作

（一）作业前的准备

1. 桑塔纳轿车底盘、转向系拆装作业台及压力机各一台。
2. 常用工具、量具各一套。
3. 相关挂图或图册若干、维修手册等。

（二）技术要求及注意事项

1. 拆卸转向盘时，为了安全，请使用正确的拔出器拆卸。
2. 有时横拉杆会被卡住，请使用正确的工具拆卸横拉杆（如叉形撬杆）。

（三）转向盘自由行程的检查与调整

1. 齿轮齿条式转向系转向盘自由行程的检查。使汽车前轮处于直线行驶状态，用指尖向左、右侧轻轻推动转向盘，在转向盘外圆周上测量手感变重时（即轮胎开始转动）的自由行程。如该值在规定值之内，说明状况正常。桑塔纳轿车转向盘自由行程在转向盘边缘处测量，其值为15～20mm。原则上运动副为无间隙配合，应无自由行程。当自由行程过大时，说明齿条与转向齿轮啮合间隙偏大，或各连接处松旷，或齿轮磨损。调整补偿弹簧的压力，可使齿条微量变形，实现无间隙或小间隙啮合。

2. 转向盘自由行程的调整。转向盘自由行程过大，应按以下几个方面检查并进行调整：

（1）检查轮毂轴承和转向节主销的间隙是否过大，出现此种情况应调整。

（2）检查转向节臂以及横、直拉杆的接头是否松动，若松动，应紧固。

（3）检查转向传动副的磨损是否过大。

（4）对于使用除齿轮齿条式转向器以外的转向盘自由行程调整方法基本相同，主要是通过调整转向器传动副的啮合间隙来进行的。松开锁紧螺母，向里转动调整螺钉，使啮合间隙减小，自由行程变小；反之则增大。

任务二 转向器的检修

任务引入

转向器是转向系中的减速增力传动装置，其功用是增大由转向盘传到转向节的力，并改变力的传动方向。经维修技师诊断确定为转向器损坏，请按照技术规范对转向器正确地进行装配、调整和检修。

任务分析

转向器工作状况的好坏对汽车的转向性能和行驶的安全性影响很大。通过对转向器的学习，应懂得其组成、作用及工作原理，明确转向器装配、调整的操作规程和检修方法。

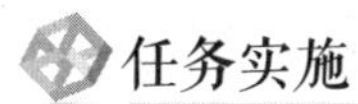

任务实施

一、相关知识学习

（一）概述

转向器是汽车转向系的重要组成部分，在转向盘与转向摇臂之间，其功用是将驾驶员加在转向盘上的力矩放大，并降低速度，改变力的传递方向，再通过转向传动机构拉动转向轮偏转。转向器实质上是一个减速器，用来放大作用在转向盘上的操纵力矩。要求应有较大的传动比，使操纵省力；要具有较高的传动效率；要有适当的传动可逆性，以便地面情况适当地反馈到转向盘上来，使操作人员能够获得“路感”；传动间隙应能调整，以控制转向盘的自由间隙在规定的范围内，保持操纵的灵敏性。

转向器的输出功率与输入功率之比称为转向器的传动效率。由于转向器是一个大传动比的机构，其传动效率一般较低。当转向操纵力由转向轴输入，由转向摇臂输出的情况下求得的传动效率称为正效率，而在传动方向与此相反时求得的效率为逆效率。为了减轻驾驶员操纵转向盘的体力消耗，应尽可能提高转向器的传动效率。正效率与逆效率均很高的转向器称作可逆式转向器，逆效率极低的转向器称为不可逆式转向器，逆效率略高于不可逆式转向器的称为极限可逆式转向器。

对转向器要求有一定的可逆性，即从操纵省力、转向轮自动回正和传递适当路感这三个因素综合考虑。

可逆式转向器可以使转向结束后转向轮及转向盘自动回正，但汽车在坏路面行驶时，转向轮受到的冲击力会传到转向盘上，发生“打手”现象。经常在良好路面行驶的汽车，多采用可逆式转向器。不可逆式转向器使转向轮受到的冲击力不会传到转向盘上，但也使转向轮及转向盘无自动回正作用，而且还使驾驶员无法由转向盘感受地面对转向轮的作用力。不可逆式转向器难以使转向轮转向后自动回正及获得一定的路感。因此，目前汽车上一般不采用不可逆式转向器。极限可逆式转向器使驾驶员有一定的路感，转向轮与转向盘也具有一定的回正力矩，而且只有在路面冲击力很大时才能部分地传给转向盘，此种转向器多用于中型以上越野汽车和自卸汽车。

汽车上采用的转向器有多种结构形式，如齿轮齿条式、循环球式、蜗杆滚轮式和蜗杆曲柄指销式转向器等。

（二）齿轮齿条式转向器

齿轮齿条式转向器广泛应用于各种轿车上。如图 8-10 所示，它主要由齿轮齿条转向器、左右转向横拉杆和转向节等组成。驾驶员转动方向盘，转向齿轮带动转向齿条左右移动，再通过左右转向横拉杆带动转向节转动，从而使左右转向轮偏转，实现汽车的转向。

齿轮齿条式转向器结构简单，可靠性好，也便于独立悬架的布置；同时，由于齿轮齿条直接啮合，故转向灵敏、轻便。另外，转向齿条的节距由齿条端头起至齿条中心逐渐由大变小，转向齿轮与转向齿条的啮合深度逐渐变大，在转向盘转动量相同的条件下，齿条的移动距离在靠近齿条端头要比靠近齿条中心部位稍短些，这与转向初期转向灵敏、转向后期省力的要求正好吻合。此时，转向器的传动比为可变传动比，如图 8-11 所示。目前，轿车已经广泛采用可变传动比的齿轮齿条式转向器。

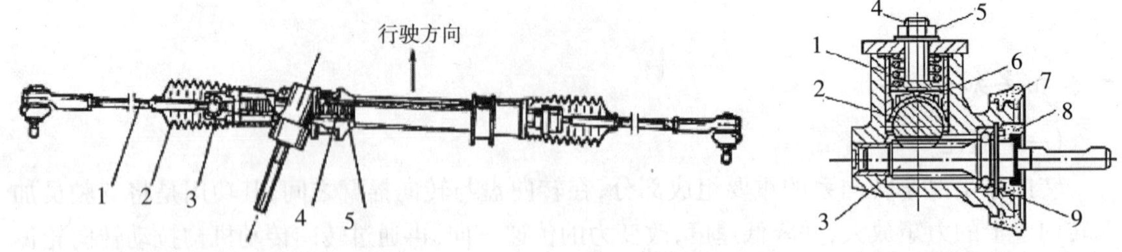

1—转向横拉杆；2—防尘套；3—球头座；4—转向齿条；5—转向器壳体

图 8-10　齿轮齿条式转向器

1—补偿弹簧；2—转向齿轮；3—转向齿条；4—调整螺钉；5—螺母；6—压板；7—防尘罩；8—油封；9—轴承

图 8-11　齿轮与齿条的啮合装配图

转向器检修后或自由行程过大，必须调整齿轮齿条间隙。调整方法是：将车轮着地并处于直线行驶位置，松开锁紧螺母，向里拧动调整螺栓，直至调整螺栓与压块接触为止。检查转向盘应处于间隙啮合状态，转动灵活。调好后，拧紧锁紧螺母。

（三）循环球式转向器

循环球式转向器的整体结构如图 8-12 所示。它有两级传动副，一级是与转向轴连接的螺杆和转向螺母，另一级是齿条和齿扇。转向螺母既是第一级传动副的从动件，又是第二级传动副的主动件。

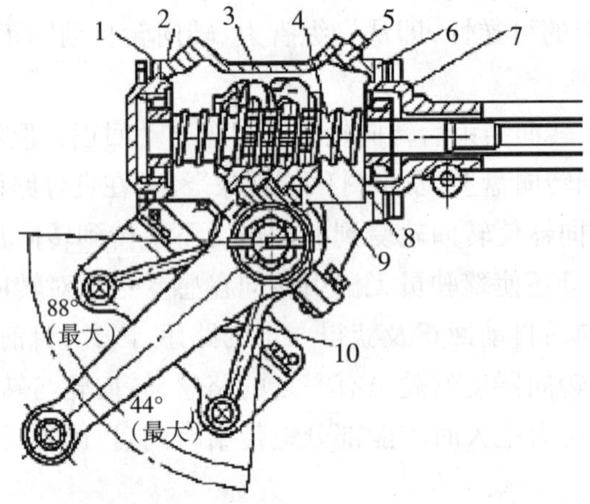

1—下盖；2—垫片；3—外壳；4—转向螺杆；5—螺塞；6—垫片；7—上盖；8—导管；9—滚珠；10—转向摇臂

图 8-12　循环球式转向器

为了减少转向螺杆与转向螺母之间的摩擦，两者的螺纹并不直接接触，其间装有多个钢球，以实现滚动摩擦。转向螺杆和螺母上都加工出断面轮廓为不同心圆弧组成的近似半圆的螺旋槽，两者的螺旋槽能配合形成近似圆形断面的螺旋管状通道。螺母侧面有两对通孔，可将钢球从此孔塞入螺旋形通道内。转向螺母外有两根钢球导管，每根导管的两端分别插入螺母侧面的一对通孔中，导管内也装满了钢球。这样，两根导管和螺母内的螺旋管状通道组合成两条各自独立的封闭钢球“流道”。

循环球式转向器齿轮机构如图 8-13 所示。当转向盘转动时，转向轴带动转向螺杆旋转，通过滚珠将力传给转向螺母，使得转向螺母沿轴向移动，从而通过螺母外部的齿条带动了扇形齿轮轴的转动，进而带动转向摇臂转动，实现车轮的转向。

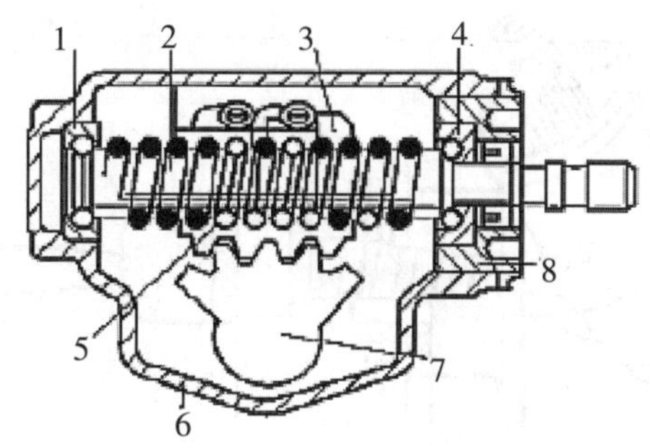

1—轴承；2—转向螺杆；3—转向螺母；4—轴承；5—滚珠；6—外壳；7—扇形齿轮轴；8—调整螺母

图 8–13　循环球式转向器齿轮机构

需要调整时，齿条与齿扇的啮合必须处在中间位置才能进行，否则间隙不准确。一般是利用调整螺钉来进行调整摇臂轴轴向位移。调整螺钉旋进，啮合间隙减小，反之增大。当齿扇在中间位置时，不允许有间隙但应转动自如，无轻重不均匀感觉或卡滞现象，最后拧紧锁紧螺母。

循环球式转向器转动效率很高，操纵轻便，且工作可靠，使用寿命长，广泛应用于各类各级汽车上。

二、实践操作

（一）作业前的准备

1. 转向系拆装作业台、压力机各一台。

2. 常用工具、量具各一套。

3. 相关挂图或图册若干、维修手册等。

（二）技术要求及注意事项

1. 拆装时，应按规定的顺序进行，否则可能会引起部件意外掉落和弹出。故务必按照生产商要求的程序从转向器拆卸各零部件。

2. 进行转向器检修工作时，请戴好安全眼镜。

3. 按照安全规范升起汽车，检修转向系时，请确认各支撑点牢固可靠。

（三）转向器的装配

1. 齿轮齿条式转向器的装配与调整。

（1）调整转向器齿条，使左右伸出长度相等，如图 8–14 所示。

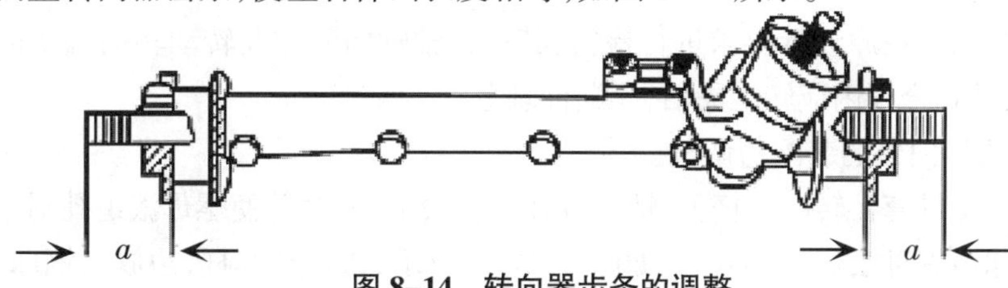

图 8–14　转向器齿条的调整

（2）将锁紧螺母拧到齿条的末端，将横拉杆拧到 b＝70.5mm 时为止，测量壳体凸缘到球铰链凸缘的距离，如图 8–15 所示。

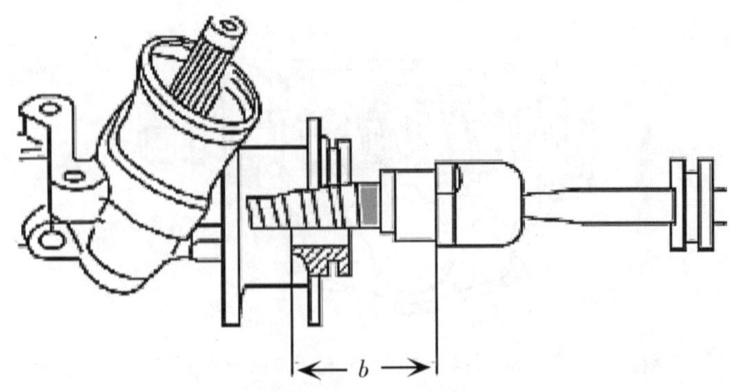

图 8-15　横拉杆的调整

（3）按拆卸相反顺序安装转向器总成，检查前轮定位和转向盘位置。

（4）车轮位于直线行驶位置。

（5）把锁紧调整螺钉旋松 20°。

（6）进行道路试验，转向盘如能自己回到直线位置，应把调整螺钉松开一点，如图 8-16 所示。当齿条 1 置于中间位置时，在它的后侧装上顶块 2、弹簧 3，在调整螺钉 4 表面涂上密封胶后旋入，一边来回移动齿条 1，一边从主动齿轮 6 处用扭力扳手 7 测量转动力矩。在主动齿轮 6 从中间位置到两边 180°范围内，在测得最大的转动力矩处停下移动齿条，用扭力扳手 9 在该处将调整螺钉 4 旋至力矩 4.9～5.9N·m，同时用扳手 8 旋紧螺母 5，检查主动齿轮 6 的转动力矩，应在 0.8～1.3N·m，否则，应重新调整。

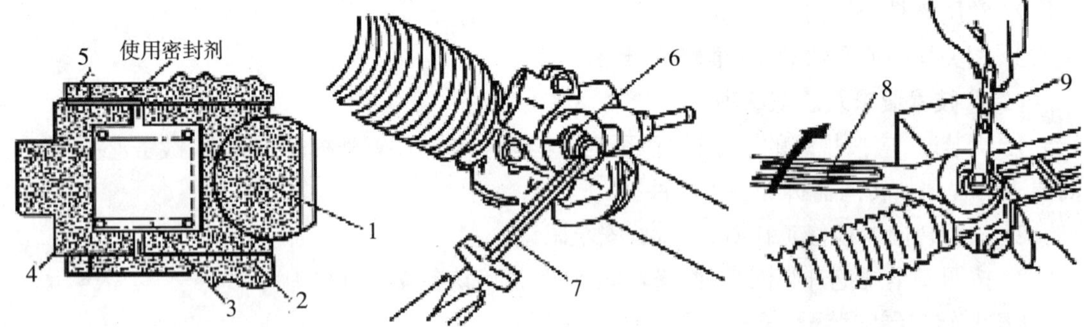

1—齿条；2—顶块；3—弹簧；4—调整螺钉；5—螺母；6—主动齿轮；7—扭力扳手；8—扳手；9—扭力扳手

图 8-16　齿条调整螺钉的安装与调整

转向器装合后应按原设计要求进行检验，其摇臂轴轴向间隙及转动转向轴所需扭矩应符合原设计规定，并在全程内应转动灵活，无漏油现象。

2. 循环球式转向器的装配与调整。

（1）将转向螺母套在转向螺杆上，螺母放在螺杆滚道一端，并使螺母滚道孔对准滚道。

（2）将钢球由螺母滚道孔中放入，如图 8-17(a)所示，边转动螺杆，边放入钢球，两滚道可同时进行。

（3）向两个导管内装满钢球，如图 8-17(b)所示。

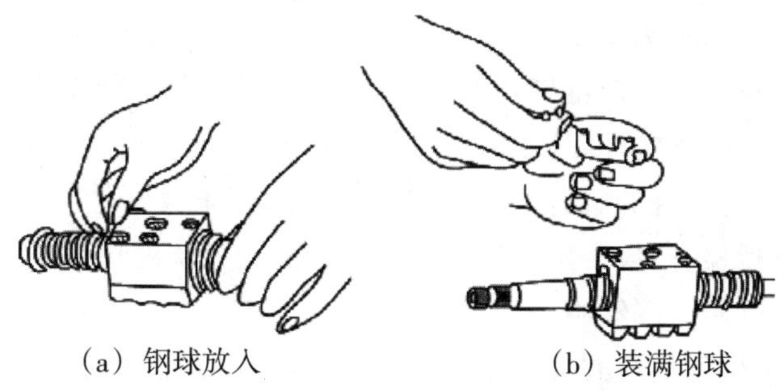

（a）钢球放入　　（b）装满钢球

图 8–17　转向螺杆和螺母的装配

（4）将两导管端涂少量润滑脂分别插入螺母的导管孔中，如图 8–18 所示。然后用橡胶锤轻轻打入导管，使其落底到位，再用螺钉加弹簧垫圈拧紧固定。装配后，用手转动螺杆时，在滚道全程范围内应转动灵活，不应有阻滞现象。正常情况下，当螺杆、螺母总成处于垂直位置时，螺母应能从螺杆上端自由匀速地落下。

（5）将推力向心球轴承外圈装入壳和盖内到位，并将推力向心球轴承内环装入转向轴上到位。然后将转向轴及螺杆螺母总成装入壳体中，再将上盖装入壳体，用手压紧上盖，用厚薄规测量上盖与壳体之间的间隙。选好一组与此间隙相同厚度的调整垫片，垫于壳体与上盖之间，用螺栓紧固上盖后，通过转向轴的转动力矩来检查轴承预紧度，如图 8–19 所示，应在 0.5～1.0N·m。若力矩不足应减少垫片，若力矩过大则应增加垫片。调好后，卸下上盖，取下调整垫片，在其上涂密封胶后放回上盖，同上盖一起装复。

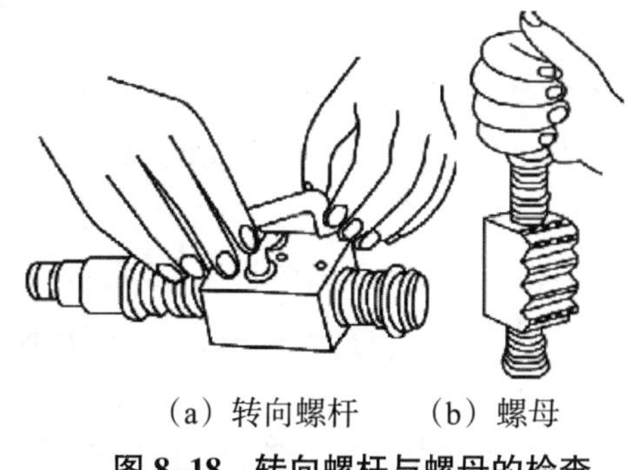

（a）转向螺杆　　（b）螺母

图 8–18　转向螺杆与螺母的检查

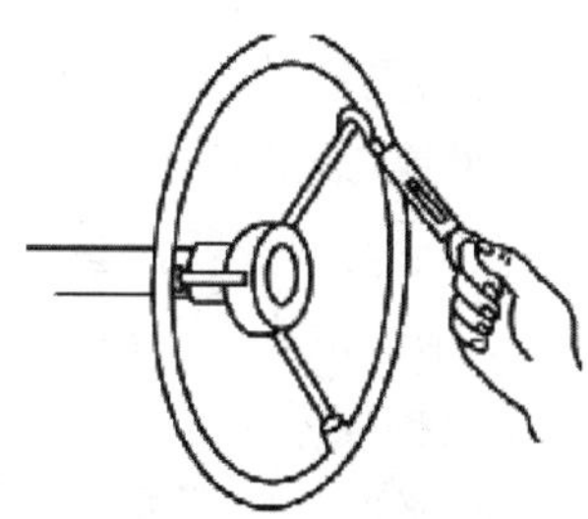

图 8–19　轴承预紧度的检查

（6）测量转向臂轴孔底到孔中弹性挡圈的距离，再测出调整螺栓的厚度，选择一个合适的调整垫片，使其厚度加调整螺栓头的厚度之和小于转向臂轴孔底到孔中弹性挡圈的距离，但其差值不应超过 0.08mm。装配时，将选好的调整垫片放在调整螺钉上，一起装入转向臂轴孔中，然后把带摇臂轴衬套的侧盖拧到调整螺钉上，并与侧盖衬垫一起装入壳体中，用螺栓紧固。装配时，应使转向螺母在转向螺杆的中间位置。

（7）用调整螺钉调整转向螺母和转向臂轴扇齿啮合间隙时，要求其间隙应满足要求，转动转向轴应轻松灵活，既无阻滞现象又无松旷的感觉即为合适。在中间位置时，螺杆转动力矩应为 1.0～2.0N·m。

（四）转向器的检修

转向器经过使用后出现一定磨损易造成转向沉重或转向盘自由行程过大、转向不灵敏、操纵不稳定、高速摆振等，因此要及时维修。

1. 齿轮齿条式转向器的检修。

（1）分解清洗后，检查转向齿轮与齿条有无磨损与损坏，转向器壳体上是否有裂纹。

注意：转向器上的零件不允许焊接或矫正，只能更换。

（2）检查转向齿条是否挠曲，齿面是否磨损或损坏，齿条背面是否磨损或损坏。齿条的挠曲可按图 8–20 所示进行检查，齿条挠度极限值为 0.15mm。如挠度超过规定值，则应更换齿条。要注意清洁齿条时，不可使用钢丝刷。

（3）检查转向齿条衬套是否磨损或损坏。如有不良情形，则应更换转向器壳体。

（4）检查转向齿条导向座或压缩衬套是否磨损或损坏，检查齿条导向座弹簧是否弹性减弱。如有不良情形，则予以更换。

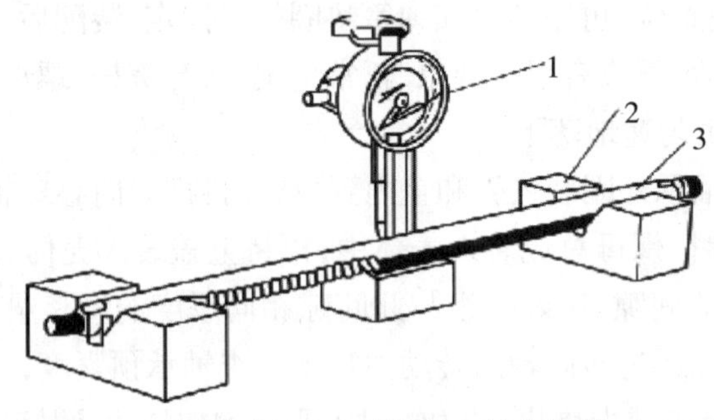

1—百分表；2—V 形架；3—转向齿条

图 8–20　齿条的挠曲检查

2. 循环球式转向器的检修。

（1）转向器壳体及盖的检修。转向器壳体和盖的裂纹可用渗透探伤等方法检验，如有裂纹，一般应予更换。裂纹不大时允许焊补。转向器壳体和盖上各轴承孔与轴承的配合间隙不得大于原设计规定，转向摇臂衬套磨损应更换。

（2）传动副的检修。蜗杆和摇臂轴经探伤检查不得有裂纹，否则应报废。摇臂轴花键应无明显扭曲，螺纹损伤不多于两齿。检查止推轴承、扇形齿轮轴、滚针轴承有无损伤、凹陷、锈蚀及裂纹等情况，必要时应更换。

（3）滚球与转向螺母总成的检查。将蜗杆垂直竖立，观察滚球螺母随着平滑转动是否下降，如果滚球螺母以自重下降不平滑，应检查蜗杆轴是否弯曲，球槽是否有伤痕、毛刺和杂质。下降过快、卡滞或配合间隙超过规定时，应成对更换，也可换用加大尺寸组的钢球。

检查时，注意不要使螺母碰到涡轮轴，否则会损坏球管。

转向螺母的滚道应无金属剥落，滚球规格及数量应符合原设计规定，直径差不大于 0.01mm。滚球与滚道配合间隙可用百分表抵住螺母，通过径向摆动螺母进行检查，其方法如图 8–21 所示，其值应不大于 0.05mm。各种形式的啮合副因磨损使之在中间位置间隙合适，但在两端位置发生啮合干涉时，也应成对更换。

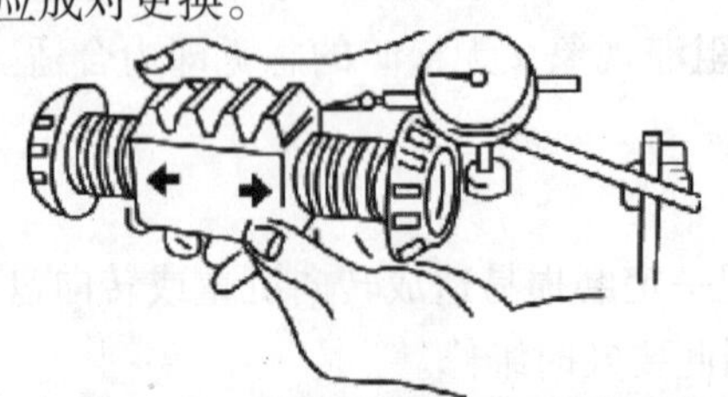

图 8–21　滚球与滚道配合间隙的检查

项目九　动力转向系统的检修

学习目标与要求

1. 概述动力转向系统的作用、类型。
2. 概述液压动力转向系统的组成、工作原理。
3. 概述电子控制动力转向系统的作用、分类、特点、工作原理。
4. 解释电子控制动力转向系统的拆装。
5. 描述转向油泵的工作原理。
6. 辨别液压动力转向装置。
7. 完成液压动力转向系统的检修。

任务一　动力转向系统的拆装

任务引入

一辆丰田卡罗拉轿车，在行驶转向时出现转向沉重，并伴有助力转向系统异响的现象，经诊断动力转向系某些零件需更换，要求完成拆装。

任务分析

动力转向系统，使转向操纵轻便，同时转向器的角传动比较小，故又能满足转向灵敏的要求。动力转向系统故障将导致转向沉重、异响等故障。通过对本任务的学习，应掌握动力转向系统的作用、组成和工作原理，能按技术要求完成电动转向系统的拆装。

任务实施

一、相关知识学习

动力转向系统一般有液压动力转向系统和电动动力转向系统两种形式。

（一）液压动力转向系统

1. 作用和分类。动力转向系统将发动机输出的部分机械能转换为压力能，对转向器施加液压或气压作用力，以减小驾驶员转动转向盘的操纵力，减轻驾驶劳动强度，尤其在低速或车辆原地转向时使操作更加轻便。

动力转向系统按传递动力介质的不同分为气压式和液压式两种。液压式动力转向系统按液流形式可以分为常流式和常压式，按转向控制阀的运动方式又可以分为滑阀式和转阀式。

由于常流式液压动力转向系统应用广泛，在各种货车和轿车上都有应用，所以仅介绍常流式液压动力转向系统。

2. 工作原理。常流式液压动力转向系统如图 9–1 所示。当汽车直线行驶时，转向控制阀 6 处于图示位置，使得转向动力缸 8 的活塞两侧都和低压油路及转向油罐 1 相通，压力相等，转向动力缸 8 不动，转向油泵 2 空转，油液处于低压流动状态。当驾驶员转动方向盘，通过机械转向器 7 使流量控制阀 4 处于某一工作位置时，转向动力缸 8 的活塞一侧与回油管隔绝，与转向油泵 2 相通，压力升高（由于地面转向阻力通过转向传动机构传到转向动力缸 8 的推杆和活塞上形成较大的油泵输出阻力）；另一侧仍然与回油管路相通，压力较低，转向动力缸 8 的活塞移动，产生推力。转向盘停止转动后，转向控制阀 6 回到图示的中立位置，转向动力缸 8 停止工作。无论汽车是否处于转向状态，液压系统管路中的油液总是在流动的，压力较低，只有在转向时才产生瞬时高压，因此称为“常流式”。

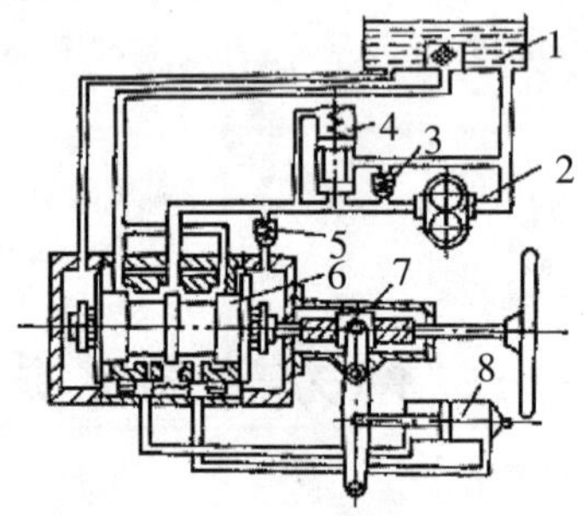

1－转向油罐；2－转向油泵；3－安全阀；4－流量控制阀；
5－单向阀；6－转向控制阀；7－机械转向器；8－转向动力缸

图 9–1　常流式液压动力转向系统

常流式液压动力转向系统的优点是结构简单，油泵寿命长，泄漏较少，消耗功率也较少，因此广泛应用于各种汽车上。

3. 组成部件。动力转向系建立在机械转向系的基础上，一般由机械转向器、转向控制阀、转向动力缸、转向油泵、转向油罐等组成。

（1）转向油泵。转向油泵是液压式动力转向装置的动力源，由发动机驱动，其功用是将发动机的机械能转变为驱动转向动力缸工作的液压能。

转向油泵的结构类型有多种，常见的有齿轮式（图 9–2）、转子式（图 9–3）和叶片式，目前应用最为广泛的是双作用叶片式转向油泵（图 9–4）。

双作用叶片式转向油泵，驱动轴上压有一个皮带轮并由曲轴上的皮带轮通过皮带驱动转向油泵。当发动机带动油泵逆时针旋转时，叶片在离心力的作用下紧贴在定子的内表面上，工作容积开始由小变大，从进油口吸进油液，而后工作容积由大变小，压缩油液，经出油口向外供油。再转 180°完成一次吸压油过程。双作用叶片式转向油泵有两个工作腔，转子每转一周，每个工作腔都各自吸压油一次；单作用式叶片泵的转子每转一周，叶片在转子槽内做往复伸缩运动各一次，完成一次吸压油。

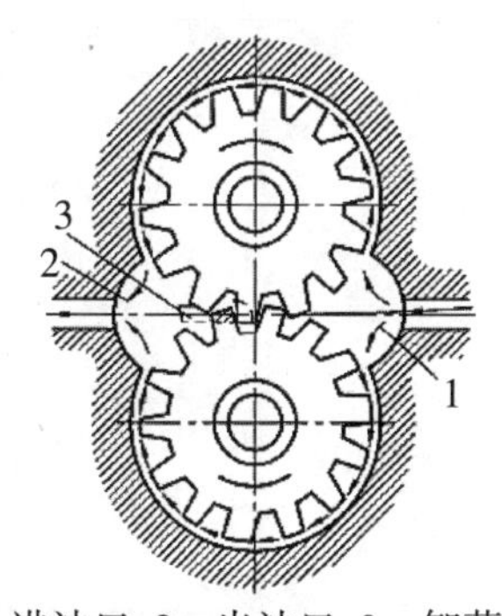

1—进油口;2—出油口;3—卸荷槽

图 9-2　齿轮式转向油泵

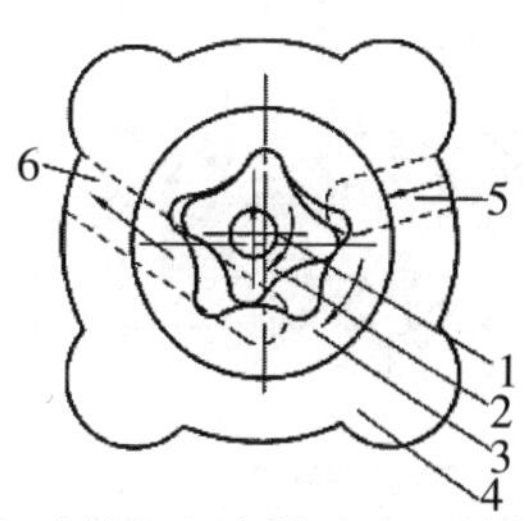

1—主动轴;2—内转子;3—外转子;4—油泵壳体;5—进油口;6—出油口

图 9-3　转子式转向油泵

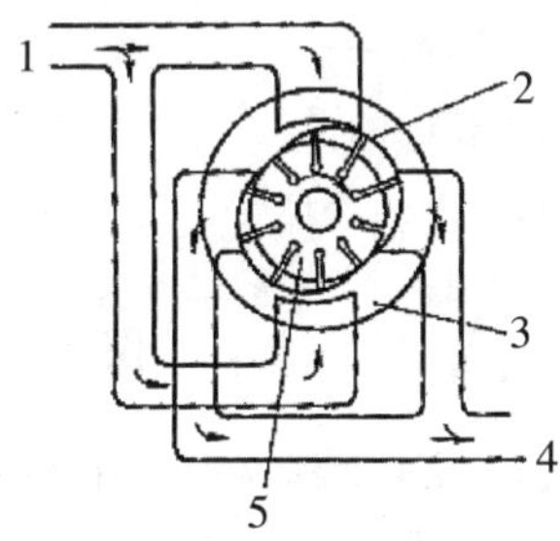

1—进油口;2—叶片;3—定子;4—排油口;5—转子

图 9-4　双作用叶片式转向油泵

（2）转向油罐。转向油罐的功用是储存、滤清并冷却液压动力转向系统的工作油液，如图 9-5 所示。

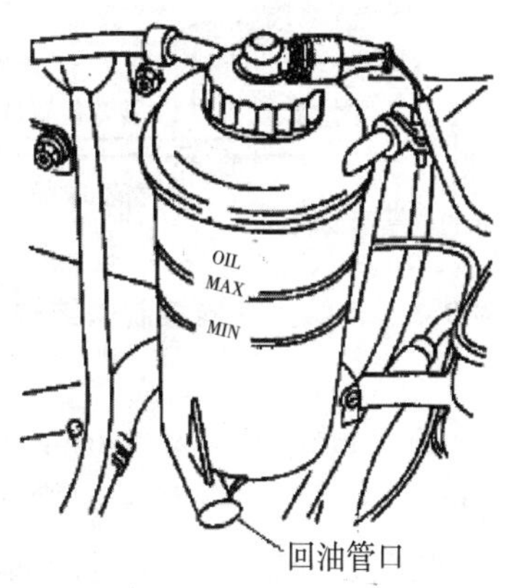

图 9-5　转向油罐

转向油罐侧面标有刻度线，实际液面高度必须在 MAX（最高）与 MIN（最低）之间，因此要定期检查油罐液面高度。

（3）转向控制阀。转向控制阀是在驾驶员的操纵下控制转向动力缸输出动力的大小、方向和增力快慢的控制阀。按阀体的运动方向，转向控制阀分为滑阀式和转阀式两种。

①滑阀式转向控制阀。滑阀式转向控制阀结构如图 9-6 所示。工作时是靠阀体轴向移动来控制动力转向器油的流量和流向，产生助力作用，如图 9-7 所示。

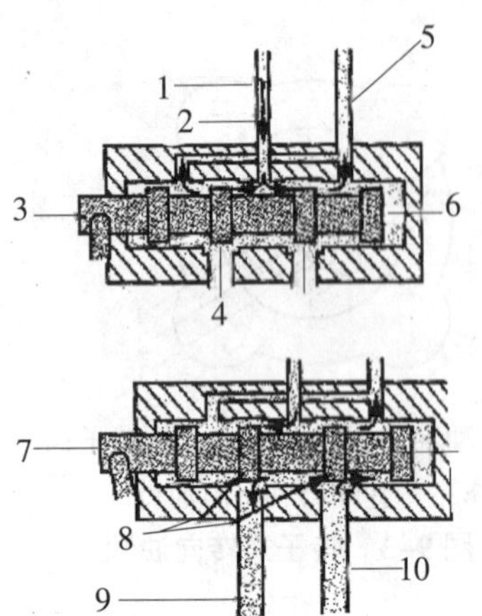

1－通动力转向油泵；2－高压；3－中立位置；4－到循环螺母两端的油压相等；5－回到动力转向的泵；6－中间阀套；7－转向位置；8－关闭；9－到循环球螺母的一端；10－通到循环球螺母的另一端

图 9-6 滑阀式转向控制阀结构

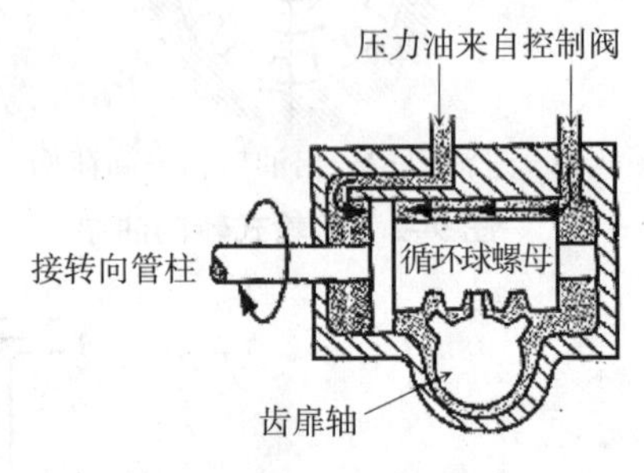

图 9-7 滑阀式转向控制阀工作示意图

②转阀式转向控制阀。转阀式转向控制阀结构如图 9-8 所示。通过改变阀体和阀杆的相对位置，改变了控制阀阀上转向油道的通断关系和工作油的流动方向，实现转向助力作用。

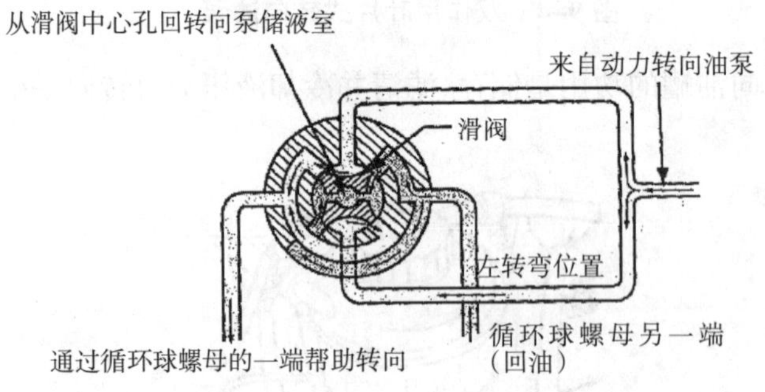

图 9-8 转阀式转向控制阀结构

（二）电动动力转向系

电子控制动力转向系统（electronic control power steering，EPS），其中电动动力转向系统是主要应用的一种形式，如图 9-9 所示。

1. 工作原理。当操纵转向盘时，装在转向轴上的转矩传感器不断测出转向轴上的转矩，并由此产生一个电压信号。该信号与车速信号同时输入电子控制单元，电子控制单元根据这些输入信号进行运算处理，确定助力转矩的大小和转向，即选定电动机的电流和转向，调整转向的助力。电动机的转矩由电磁离合器通过减速机构减速增矩后，加在汽车的转向机构上，使之得到一个与工况相适应的转向作用力。

2. 组成部件。如图 9-10 所示，该系统通常由转矩传感器、车速传感器、电动机、电磁离合器、减速机构、电子控制单元等组成。

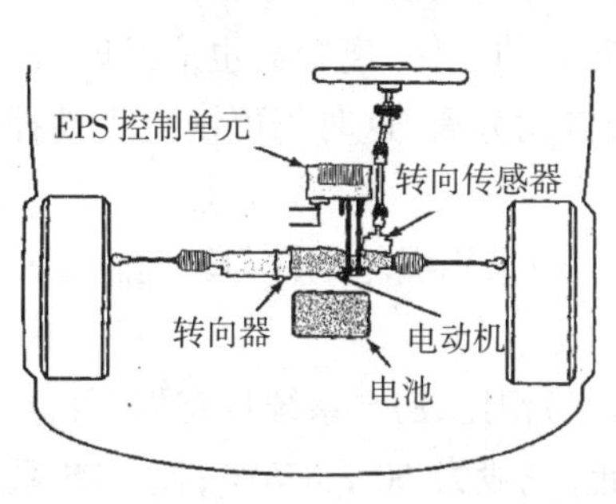

图 9-9　电动动力转向系统

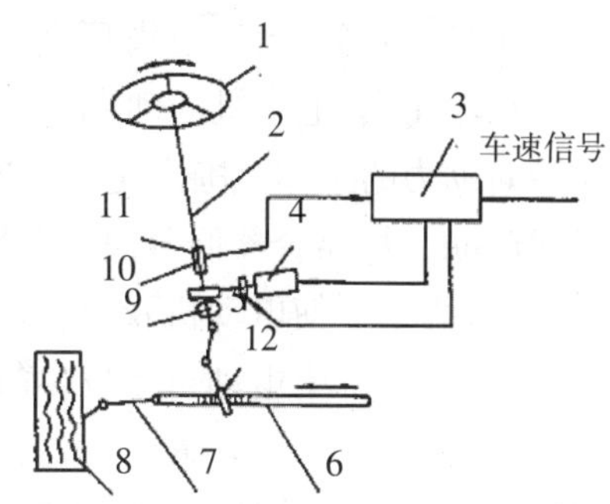

1—转向盘;2—输入轴(转向轴);3—电子控制单元;4—电动机;5—电磁离合器;6—转向齿条;7—转向横拉杆;8—轮胎;9—输出轴;10—扭力杆;11—转矩传感器;12—转向齿轮

图 9-10　电动动力转向系统的组成

(1) 转矩传感器。转矩传感器也称为转向传感器,其作用是通过测定转向盘与转向器之间的相对转矩,作为电动助力的依据之一,如图 9-11 所示。

(2) 电动机、电磁离合器与减速机构。电动机、电磁离合器和减速机构组成的整体称为电机组件,其结构如图 9-12 所示。

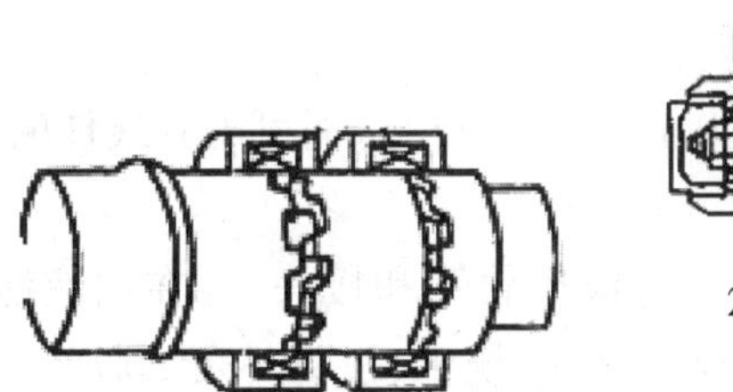

图 9-11　转矩传感器结构

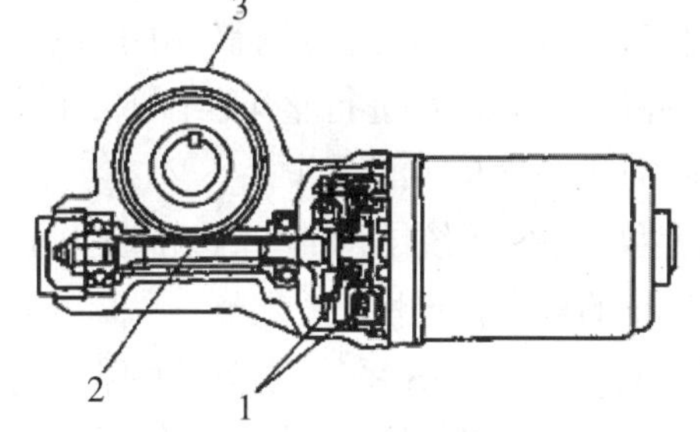

1—电磁离合器;2—涡轮;3—斜齿轮

图 9-12　电机组件结构

①电动机。转向助力电动机就是一般的永磁电动机,电动机的输出转矩控制是通过控制其输入电流来实现的,而电动机的正转和反转则是由电子控制单元输出的正反转触发脉冲控制的。

②离合器。一般使用干式单片电磁离合器,如图 9-13 所示。工作电压为 12V,额定转速时传递的转矩为 15N·m,线圈电阻(20℃时)为 19.5Ω。

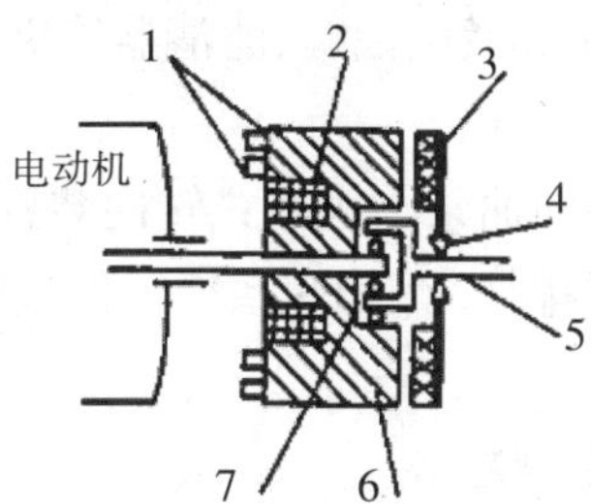

1—滑环;2—线圈;3—压板;4—花键;5—从动轴;6—主动轮;7—滚珠轴承

图 9-13　干式单片电磁离合器的结构

其工作原理是:当电流通过滑环进入离合器线圈时,主动轮产生电磁吸力,带花键的压板被吸引与主动轮压紧,电动机的动力经过轴、主动轮、压板、花键、从动轴传给执行机构。

由于转向助力的工作范围限定在一速度区域内,所以离合器一般设定一个速度范围,如当车速超过 30km/h 时,离合器便分离,电动机也停止工作,这时就没有转向助力的作用。当电动机停止工作时,为了不使电动机及离合器的惯性影响转向系的工作,离合器也应及时分离,以切断辅助动力。当系统中电动机等发生故障时,离合器会自动分离,这时仍可恢复手动控制转向。

③减速机构。目前使用的减速机构有多种组合方式,一般采用涡轮蜗杆与转向轴驱动组合式。也有的采用两级行星齿轮与传动齿轮组合式。

3. 与液压助力转向系统(hydraulic power steering, HPS)相比,EPS 系统具有如下特点:

(1) 效率高。HPS 系统为机械和液压连接,效率较低,一般为 60%～70%;而 EPS 系统为机械和电气连接,效率较高,有的可高达 90%以上。

(2) 能耗少。汽车在实际行驶过程中,处于转向状态的时间约占总行驶时间的 5%。对于 HPS 系统,发动机运转时,油泵始终在工作,油液一直在管路中循环,从而使轿车燃油消耗增加 4%～6%;而 EPS 系统仅在需要转向时,才启动电机产生助力。因此,轿车装用 EPS 系统比装用 HPS 系统燃油消耗可减少 3.5%～5%。

(3) 助力特性可通过软件进行调整。由于 EPS 系统集成了电子控制系统,所以其助力特性可以通过软件进行调节。在进行整车匹配时,不用对机械参数进行修改,直接可以通过软件调整助力特性,简化了整车匹配工作。

(4) 回正性好。EPS 系统结构简单,内部阻力小,回正性好,从而可得到最佳的转向回正特性,且可改善汽车的操纵稳定性。

(5) 对环境污染少。HPS 系统的液压回路中有液压软管和接头,存在油液泄漏问题,而且液压软管是不可回收的,对环境有一定的污染;EPS 系统中,没有不可回收的油管,也没有油液泄漏问题,对环境几乎没有污染,同时消除了转向堵转过程中 HPS 系统油泵的噪音,利于环保。

(6) 可以独立于发动机工作。传统的 HPS 系统以发动机为动力源,当发动机熄火或转速较低时,便不能产生助力或助力不足,造成转向困难;而 EPS 系统以电池为能源,以电机为动力元件,只要电池电量充足,不论发动机处于何种工作状态,都可以产生助力。

(7) 应用范围广。EPS 系统适用于各种汽车,目前主要用于轿车和轻型载货汽车;而对于环保型纯电动汽车,由于没有发动机,因此 EPS 系统为其最佳选择。

(8) 结构简单。没有液力转向泵、油管、油罐、滤清器等机构,节省安装空间,便于整车设计布置。

(9) 装配性好。HPS 系统中,转向油泵与机械式转向装置相互分离,装配时不仅要安装油泵、支架、油管、接头等,而且还需要排气;而 EPS 系统元件数目少且为模块化结构,安装方便、省时。

因此,电动动力转向系统将是发展趋势。

二、实践操作

（一）作业前的准备

1. 丰田卡罗拉 1.6L 轿车底盘、转向系拆装作业台及压力机各一台。

2. 常用工具、量具各一套。

3. 相关挂图或图册若干、维修手册等。

（二）技术要求及注意事项

1. 拆装时，应按规定的顺序进行，否则可能会引起部件意外掉落和弹出。故务必按照生产商要求的程序从转向器拆卸各零部件。

2. 进行转向系检修工作时，请使用适当的工具。

3. 按照安全规范升起汽车检修转向系时，请确认各支撑点牢固可靠。

（三）卡罗拉轿车电动动力转向系的装配

卡罗拉轿车电动动力转向系统结构如图 9–14 所示。

1. 动力转向器的拆卸。卡罗拉轿车动力转向器总成如图 9–15 所示，其拆卸步骤见表 9–1。

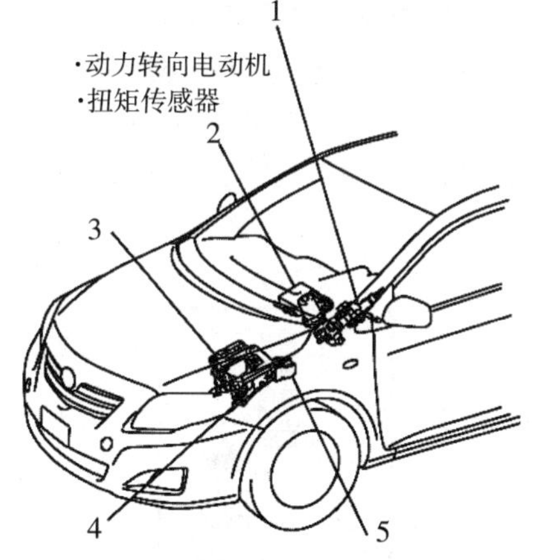

1－转向柱总成；2－动力转向 ECU；3－ECM；4－发动机室接线盒和继电器盒；5－防滑控制 ECU

图 9–14　卡罗拉轿车电动动力转向系统结构

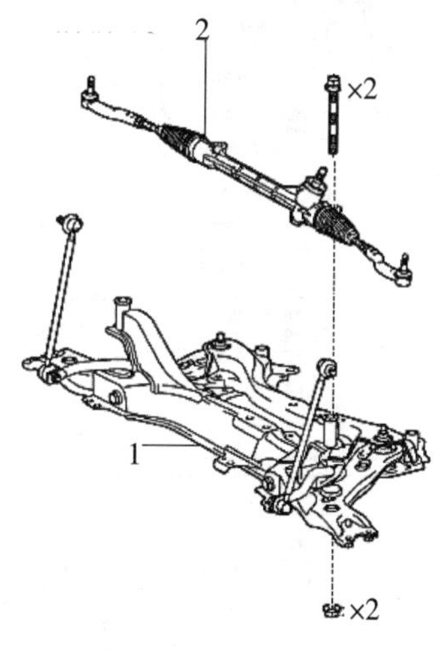

1－前悬架横梁分总成；2－转向拉杆总成

图 9–15　卡罗拉轿车动力转向器总成

表 9–1　卡罗拉轿车动力转向器总成的拆卸步骤

图示	拆卸步骤
	①使前轮处于正前位置。 ②用座椅安全带固定方向盘以防止其转动。 ③拆卸转向柱孔盖消音板。 ④分离 2 号转向中间轴总成

续表

<table>
<tr><th>图示</th><th>拆卸步骤</th></tr>
<tr><td>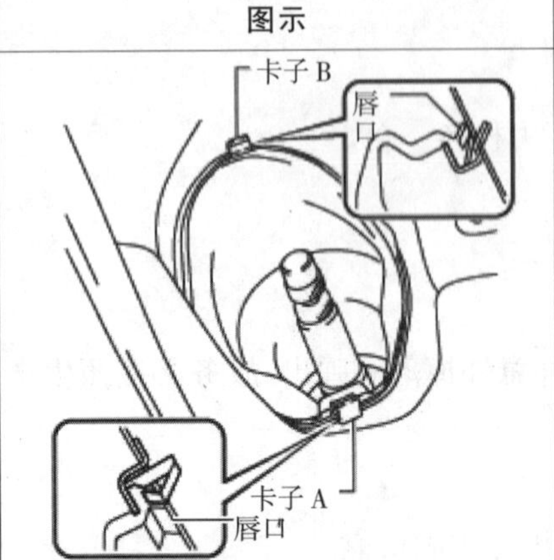</td><td>⑤拆下卡子 A 和转向柱 1 号孔盖分总成，并从车身上分离卡子 B。
注意:不要损坏卡子 A 和 B。
⑥拆卸前轮。
⑦拆卸发动机 1 号、2 号底罩。
⑧拆卸发动机后部左侧、右侧底罩。
⑨拆卸发动机前悬置支架下加强件。
⑩拆卸左前悬架横梁加强件。
⑪拆卸右前悬架横梁加强件</td></tr>
<tr><td>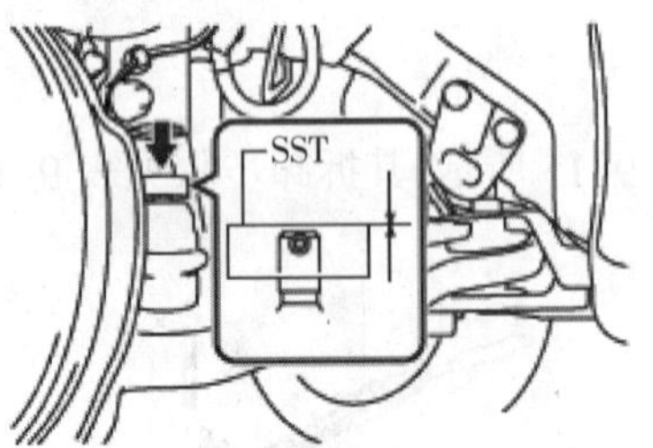</td><td>⑫分离左前稳定杆连杆总成。
⑬ 分离右前稳定杆连杆总成。
⑭ 分离左侧横拉杆接头分总成。拆下开口销和螺母,用 SST 从左侧转向节上分离横拉杆接头,如左图所示。
注意:将 SST 固定在转向节上时,确保已绑紧 SST 的线绳以防其掉落,安装 SST 以使 A 和 B 平行,如下图所示。拆卸时不要损坏前盘式制动器防尘罩、球节防尘罩和转向节</td></tr>
<tr><td colspan="2">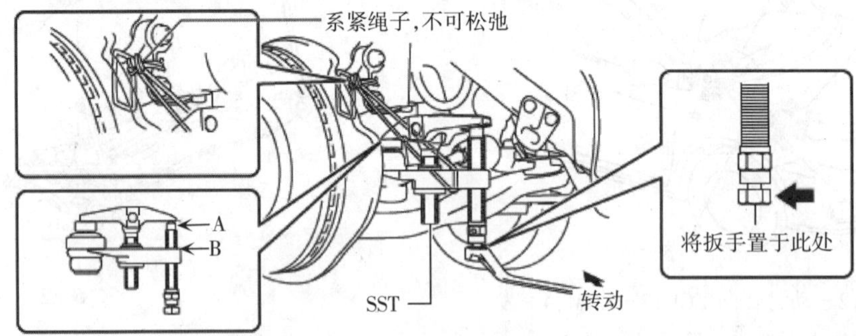</td></tr>
<tr><td>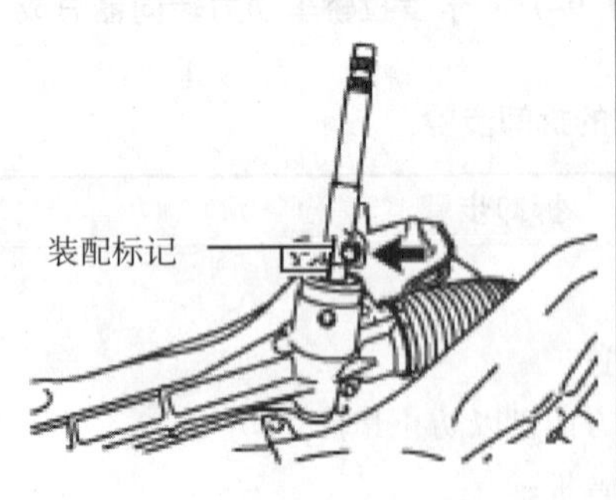</td><td>⑮分离右侧横拉杆接头分总成,执行与左侧相同的程序。
⑯分离左前悬架 1 号下臂分总成。
⑰分离右前悬架 1 号下臂分总成。
⑱拆卸左前悬架横梁后支架。
⑲拆卸右前悬架横梁后支架。
⑳拆卸前悬架横梁分总成。
㉑从转向拉杆总成上拆下转向柱 1 号孔盖分总成。
㉒在转向中间轴和转向拉杆总成上做好装配标记,从转向拉杆总成拆下螺栓和转向中间轴</td></tr>
</table>

续表

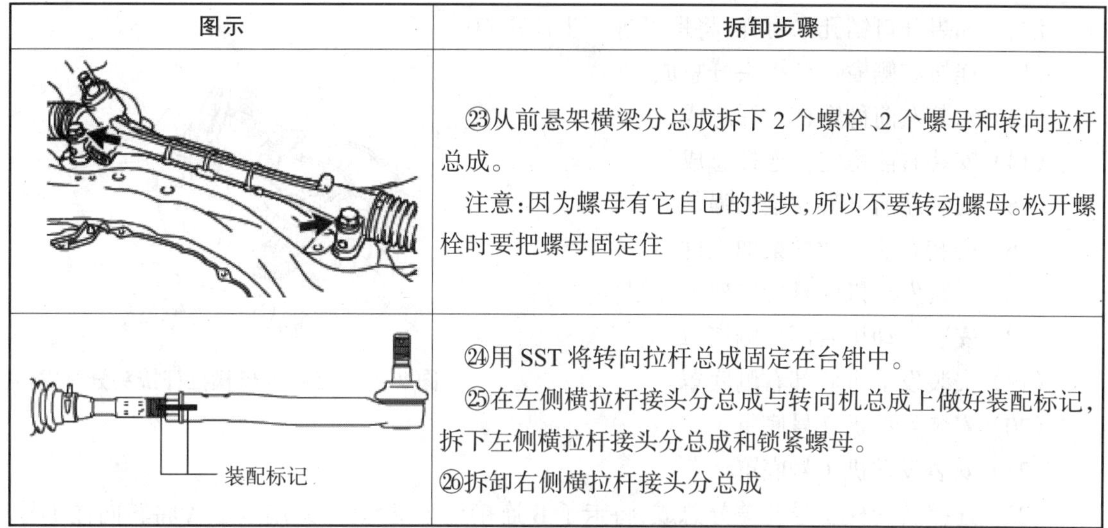

图示	拆卸步骤
	㉓从前悬架横梁分总成拆下 2 个螺栓、2 个螺母和转向拉杆总成。 注意:因为螺母有它自己的挡块,所以不要转动螺母。松开螺栓时要把螺母固定住
装配标记	㉔用 SST 将转向拉杆总成固定在台钳中。 ㉕在左侧横拉杆接头分总成与转向机总成上做好装配标记,拆下左侧横拉杆接头分总成和锁紧螺母。 ㉖拆卸右侧横拉杆接头分总成

2. 动力转向器的装复。

（1）安装左侧横拉杆接头分总成,将锁紧螺母和左侧横拉杆分总成安装至转向机总成,直至装配标记对齐。

（2）安装右侧横拉杆接头分总成。

（3）安装转向拉杆总成,用 2 个螺栓和 2 个螺母将转向拉杆总成安装至前悬架横梁分总成。扭矩:138N·m。

注意:确保从车辆左侧开始拧紧螺栓。因为螺母有它自己的挡块,所以不要转动螺母。拧紧螺栓时要把螺母固定住。

（4）安装转向中间轴,对准装配标记将转向中间轴安装至转向拉杆总成。螺栓扭矩:35N·m。

（5）安装转向柱 1 号孔盖分总成,将转向柱 1 号孔盖分总成上的圆孔与转向拉杆总成的凸出部分对准,以安装孔盖,如图 9–16 所示。

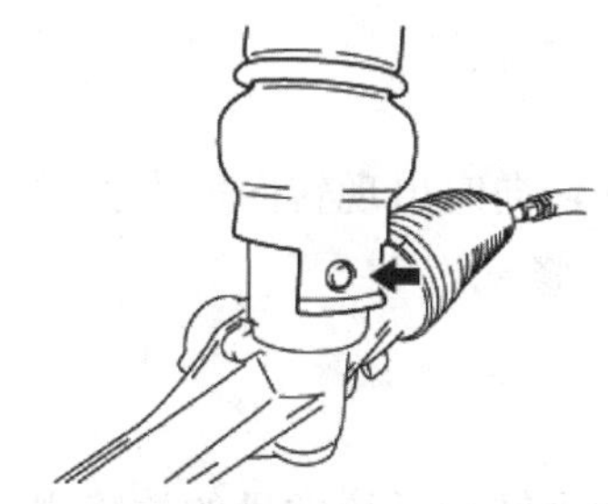

图 9–16　安装转向柱 1 号孔盖分总成

（6）安装前悬架横梁分总成。

（7）安装左前悬架横梁后支架。

（8）安装右前悬架横梁后支架。

（9）连接左前悬架 1 号下臂分总成。

（10）连接右前悬架 1 号下臂分总成。

（11）连接左侧横拉杆接头分总成,用螺母将左侧横拉杆接头分总成连接至转向节。扭矩:

49N·m,如图 9–17 所示。

注意:如果开口销孔未对齐,将螺母进一步拧紧 60°。

（12）连接右侧横拉杆接头分总成。

（13）安装左前稳定杆连杆总成。

（14）安装右前稳定杆连杆总成。

（15）安装左前悬架横梁加强件。

（16）安装右前悬架横梁加强件。

（17）安装发动机前悬置支架下加强件。

（18）安装发动机后部左侧底罩。

（19）安装发动机后部右侧底罩。

（20）安装发动机 2 号底罩。

（21）安装发动机 1 号底罩。

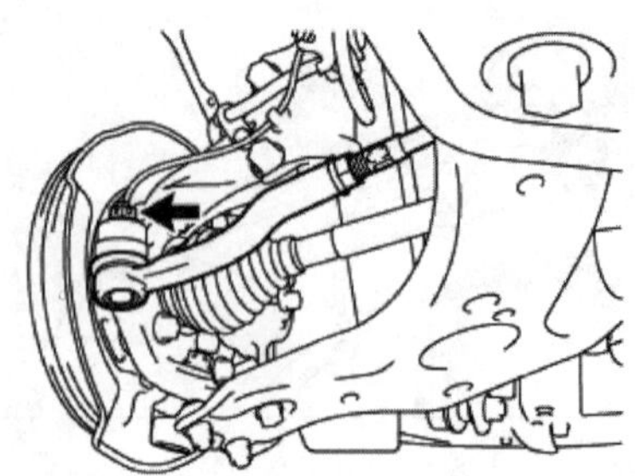

图 9–17　连接左侧横拉杆接头分总成

（22）连接转向柱 1 号孔盖分总成,将卡子 B 连接至车身部分,并用卡子 A 将转向柱 1 号孔盖分总成安装至车身部分。

注意:确保转向柱 1 号孔盖分总成唇口部分未损坏。

（23）连接 2 号转向中间轴总成。

（24）安装转向柱孔盖消音板。

（25）安装前轮,扭矩:103N·m。

（26）调整前轮定位。

任务二　动力转向系统的检修

任务引入

一辆别克君威轿车,在行驶转向时出现转向助力失效,经初步检查,发现助力油泵漏油,需对助力转向系统进行分解并检修。

任务分析

工作中,助力油泵漏油是动力转向系统常见的故障之一,它将直接危害到汽车行驶的安全性。在日常的汽车维护中,应经常检查储油罐的液位高度,以防故障发生。通过本任务的学习,能对液压动力转向系统进行维护和检修。

任务实施

一、相关知识学习

检查汽车动力转向装置的转向是否轻便，这是汽车动力转向装置的工作性能检查方法。

将汽车停在平坦地面上，两轮气压正常，处于直行位置，发动机怠速运转，用弹簧秤检查转向盘从居中位置分别向左、右方向转动的拉力应不大于规定值，如轻型车一般应不大于40N，重型车一般应不大于70N。若拉力过大，可能是油泵带轮松弛或损伤，油量不足，油液中有空气，软管压瘪或扭变，油泵或限压阀故障引起油压不足，或控制阀、动力缸有泄漏等原因，应及时检修。

二、实践操作

（一）作业前的准备

1. 别克君威轿车底盘、转向系拆装作业台及压力机各一台。

2. 常用工具、量具各一套。

3. 相关挂图或图册若干、维修手册等。

（二）技术要求及注意事项

1. 拆装时，应按规定的顺序进行，否则可能会引起部件意外掉落和弹出。故务必按照生产商要求的程序从转向器拆卸各零部件。

2. 进行转向系检修工作时，请使用适当的工具。

3. 按照安全规范升起汽车检修转向系时，请确认各支撑点牢固可靠。

（三）主要部件检修

动力转向装置主要部件经检查，性能不符合要求的，一般不予修复而整体更换总成和元件。只有个别密封件损坏，才通过更换修复。

1. 检查动力转向器壳体是否漏油，若漏油，应更换油封；螺栓松动，应拧紧。

2. 检查轴承是否松旷，若松旷，应调整；磨损超差，应更换。

3. 检查转向控制阀油封与轴的接触面是否有磨损、烧蚀或刻痕等，若有，应更换转向轴。油封老化变形应更换。检查转向控制阀上的密封环是否有过量磨损、断裂，若有，应更换密封环。

4. 检查油泵前后壳轴套的磨损和损坏情况，观察有无裂痕，如有，应更换油泵。

5. 检查油泵转子在装叶片的槽内是否有污垢，如有，应进行清洗。

6. 检查油泵转子、定子表面是否有严重的烧蚀、磨损，如有，应更换油泵。

7. 配合副磨损特别是控制阀的阀芯与阀体等精密配合表面磨损超过规定时，以及动力缸磨损超过极限和有明显拉伤时，应更换总成和元件。

（四）动力转向装置的维护

1. 动力转向装置的维护要点。

（1）定期清洗滤清器及管路，视需要更换滤清器滤芯，检查液压系统管路及油泵各接合部位，应密封完好。

（2）部件的拆装必须注意清洁，防止脏物带入，定期检查转向油泵、转向控制阀、动力缸的固定连接情况，以免在运行中突然松脱危及安全。

（3）检查油面高度，油量不足时应予添加；所用的油料应符合规定，不得随意代用；添加油液时，应经过滤清，缺油过多应进行排出空气作业。

（4）定期检查油液油质，不符合要求应更换。

（5）定期润滑各连接处的球头销及球头销座，必要时应进行清洗维护并进行润滑。

（6）定期检查油泵皮带张紧力或齿轮传动等部位，动力转向系统油液流量和压力是否正常，如不符合技术规范，应予调整。

2. 液压油的检查、更换与排气。液压油减少、进入空气或磨料污染，不仅将直接影响动力转向装置的工作性能，还会影响其使用寿命。因此，检查、补充、更换和排气，不仅是动力转向装置工作性能检查的前提，而且也是一项重要的常规性维护作业。

（1）液压油的检查。发动机怠速运转，反复将转向盘打到底，使液压油温度达到 40~80℃，如油液起泡或发白，应换油；油面应在规定范围之间，若油液不足，在检查各部位无泄漏后，应按规定牌号补足液压油。

（2）液压油的更换。除发现液压油油质变坏需更换外，还应定期更换。

首先架空汽车前轮，松开动力转向装置下的放油螺塞或回油管，把油放到容器中。启动发动机怠速运转，一面排油，一面将方向盘反复打到底，直至液压油排净。

添加液压油时，应向储油罐内加注规定牌号的液压油至规定液面，并用滤网过滤，以免杂质混入油中。

在发动机怠速运转情况下，左右转动转向盘，但不要打死，直到油液中没有气体存在，油液呈现乳白色为止。然后把转向盘打到直行位置，让发动机继续运转 2～3min，观察油液是否又发白，正常后即可停止发动机运转。

汽车进行路试后，再次检查油面高度是否符合要求。

由于动力转向装置中油液流通的通道弯曲而细小，而且正常工作温度较冷态时温差较大，所以油面高度应在热状态下确定。

（3）液压油的排气。动力转向装置在使用和加油中不允许有空气存在，尤其在对其组件拆修后必须进行排气，以保证其使用正常。

架起转向轮，发动机怠速运转，将塑料软管的一端套在动力转向装置放气螺塞上，一端插入容器中，反复将转向盘打到底。等到动力转向装置内初步充满液压油后将车轮放下，旋松放气螺塞，使系统在较高压力下通过放气螺塞放气。将转向盘再次反复打到底，再放气直至容器不再有气泡和乳化现象为止，且发动机停转后，液面变化不大，说明空气已排净。上述排气过程中液面会下降，油面过低时会再进入空气，因此应随时添加液压油，维持标准液面高度。

3. 动力转向装置密封性检查。动力转向装置密封性的检查应在热车时进行，如发现储油罐中缺少液压油时，应检查转向系统的密封性是否完好。

启动发动机怠速运转，将转向盘快速朝左、右两侧转至极限位置，在此位置上停留时间不要超过 5s；在转动转向盘的同时，查找漏油部位，然后关闭发动机，目测检查转向控制阀、齿条密封、油泵、油管接头是否有漏油现象，如有渗漏应更换密封件。

项目十　悬架的检修

学习目标与要求

1. 了解悬架的作用、组成、分类。
2. 了解弹性元件的分类及结构。
3. 说明减振器的分类、结构、工作原理。
4. 了解非独立悬架和独立悬架的分类及结构。
5. 能对减振器做性能检查，并会正确分解与装配。
6. 说明电子控制悬架的作用与组成。
7. 解释电子控制悬架的工作原理。
8. 掌握电子控制悬架的功能检查。

任务一　普通悬架的检修

任务引入

一辆丰田卡罗拉(1.6L)轿车，转弯时车身摇摆，经初步检查，可能是悬架的支柱损坏或减振器损坏。经减振器性能试验，发现减振器性能不良，需检修减振器。

任务分析

汽车行驶中，汽车悬架的工作条件恶劣，它既要传递驱动力、制动力及其力矩，又要承受整车载荷及路面的冲击，为保证驾驶稳定性，需定期检查悬架的工作状况。通过此任务的学习，知道悬架各组成元件及工作原理，能做减振器性能检查，会正确拆装减振器。

任务实施

一、相关知识学习

(一) 悬架概述

1. 汽车悬架的定义。汽车悬架是车架或车身与车桥之间一切传力连接装置的统称。

2. 汽车悬架的作用。汽车悬架的作用是弹性地连接车桥与车架或车身，缓和行驶中车辆受到的由不平路面引起的冲击力，保证乘坐舒适和货物完好；迅速衰减由于弹性系统引起的振动，传递垂直、纵向、侧向反力及其力矩，并起导向作用，使车轮按一定轨迹相对车身运动。

3. 悬架的组成。悬架一般由弹性元件、导向装置、减振器和横向稳定杆等组成，如图 10-1 所示。

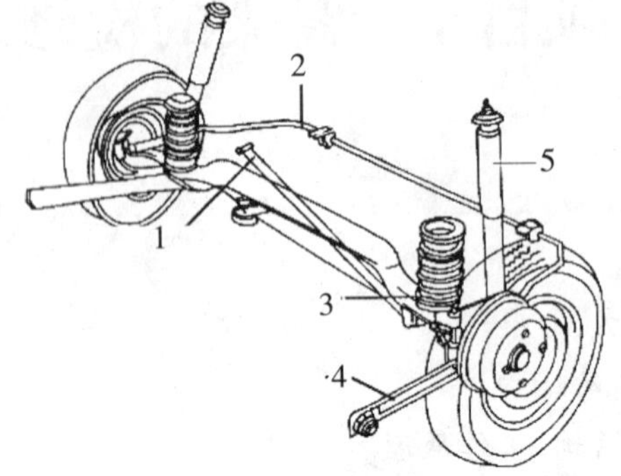

1—横向推力杆；2—横向稳定杆；3—弹性元件；4—纵向推力杆；5—减振器

图 10-1　悬架的组成

4. 悬架的分类。按控制形式不同，悬架可分为被动式悬架和主动式悬架。被动式悬架是汽车姿态（状态）只能被动地取决于路面、行驶状况和汽车的弹性元件、导向装置以及减振器这些机械零件。主动悬架可根据路面和行驶状况自动调整悬架刚度和阻尼，从而使车辆能主动控制垂直振动及其车身或车架的姿态。

根据汽车两侧车轮是否相互关联，悬架又可分为独立悬架和非独立悬架，如图 10-2 所示。

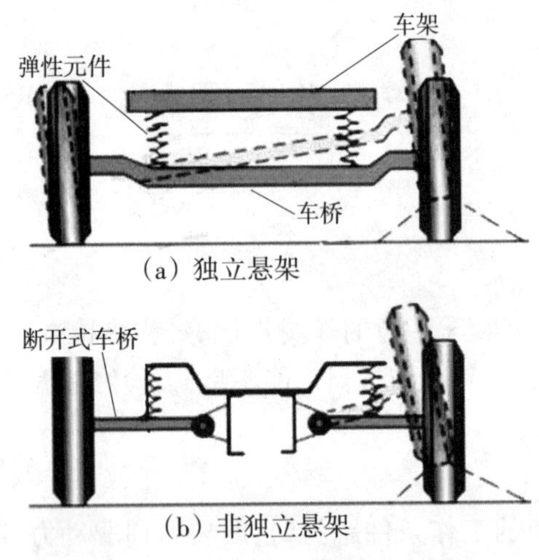

（a）独立悬架

（b）非独立悬架

图 10-2　独立悬架和非独立悬架

非独立悬架的结构特点是两侧车轮安装在一根整体式车桥上，车轮和车桥一起通过弹性悬架悬挂在车架（或车身）下面，所以一侧车轮发生位置变化后会导致另一侧车轮的位置也发生变化。独立悬架的两侧车轮分别独立地与车架（或车身）弹性相连，与其配用的车桥为断开式车桥，所以两侧车轮的运动是相对独立、互不影响的。

（二）弹性元件

1. 钢板弹簧。钢板弹簧是汽车悬架中使用最为广泛的弹性元件，由若干片长度不等、宽度相等、厚度不等或相等、曲率半径不等的合金弹簧片叠加在一起组合成一根近似等强度的梁，如图 10-3 所示，主要由主片、副片、弹簧夹、螺栓、套管、螺母等组成。钢板弹簧最上面的一片（最长的一片）称为主片，其两端弯成卷耳，内装青铜或其他材料制成的衬套，用弹簧销与固定在车架上的支架或吊耳作铰链连接。钢板弹簧的中心部位用 U 形螺栓与车桥固定。

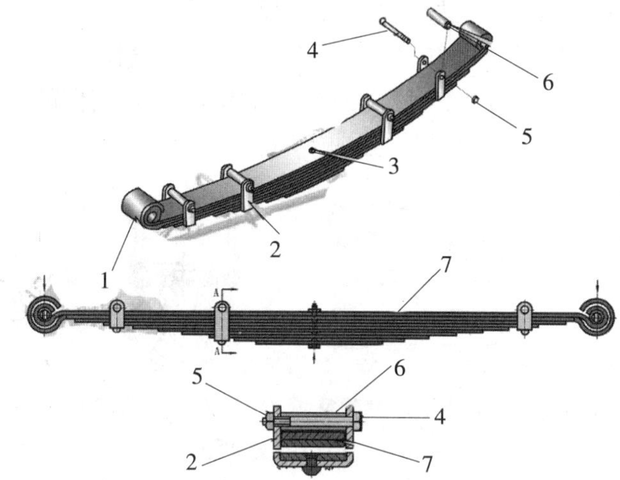

1－卷耳；2－弹簧夹；3－中心螺栓；4－螺栓；5－螺母；6－套管；7－钢板弹簧

图 10-3　钢板弹簧结构

2. 螺旋弹簧。螺旋弹簧大多应用在独立悬架上，尤其是前轮独立悬架中。在有些轿车上，后轮非独立悬架中也使用螺旋弹簧作为弹性元件。

螺旋弹簧用弹簧钢料卷制而成，有刚度不变的圆柱形等螺距螺旋弹簧和刚度可变的圆锥形不等螺距螺旋弹簧两种，如图 10-4 所示。

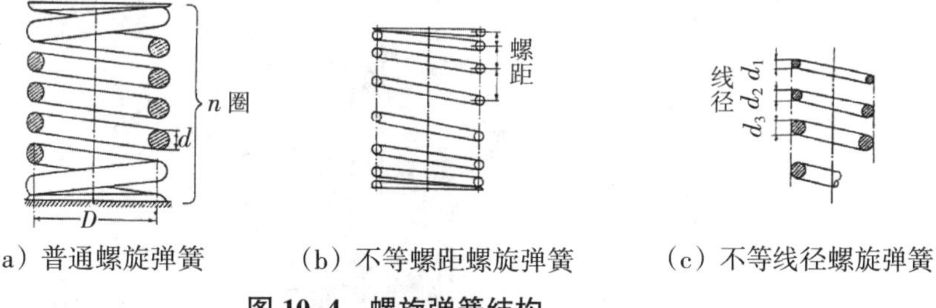

（a）普通螺旋弹簧　（b）不等螺距螺旋弹簧　（c）不等线径螺旋弹簧

图 10-4　螺旋弹簧结构

与钢板弹簧相比，螺旋弹簧具有不需润滑、防污性强、占用纵向空间小及弹簧本身质量小的优点。要加设导向装置和减振器，螺旋弹簧的应用如图 10-5 所示。

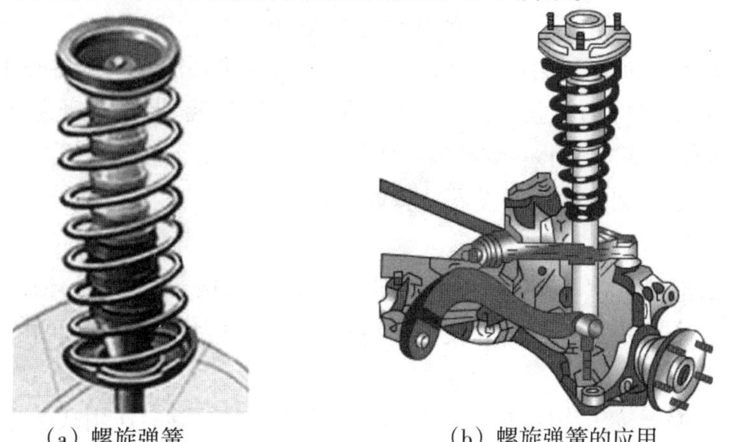

（a）螺旋弹簧　（b）螺旋弹簧的应用

图 10-5　螺旋弹簧的应用

3. 扭杆弹簧。扭杆弹簧是由弹簧钢制成的杆件，当车轮跳动时，摆臂绕扭杆轴线摆动，使扭杆产生扭转弹性变形，以保证车轮与车架的弹性联系。

4. 气体弹簧。气体弹簧主要有空气弹簧和油气弹簧两种。气体弹簧是以空气作弹性介质，即在一个密闭的容器内装入压缩空气（气压为 0.5～1MPa），利用气体的可压缩性实现弹簧的作用。空气弹簧又可分为囊式和膜式两种，如图 10-6 所示。

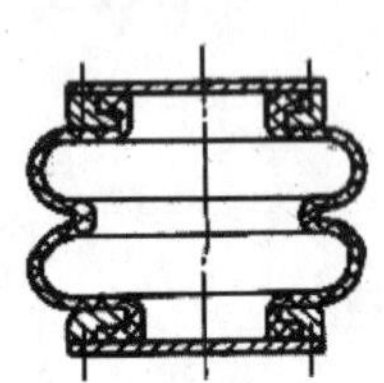

（a）囊式空气弹簧

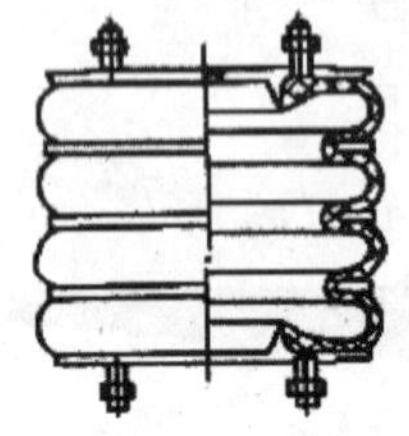

（b）囊式空气弹簧

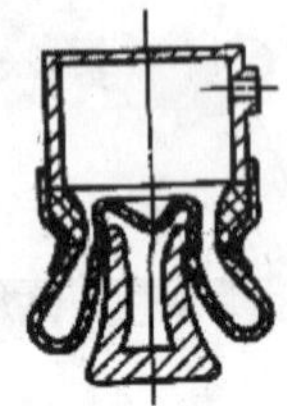

（c）膜式空气弹簧

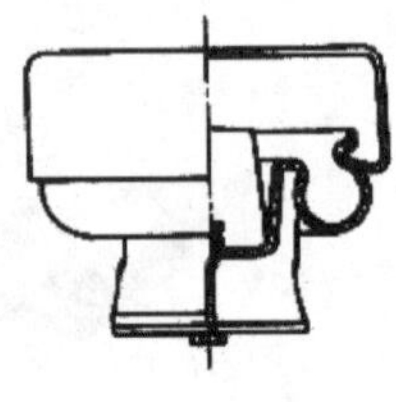

（d）膜式空气弹簧

图 10-6　空气弹簧类型

这种弹簧随着载荷的增加，容器内压缩空气压力升高，其刚度也随之增加；载荷减少，刚度也随空气压力降低而下降，因而这种弹簧具有理想的变刚度特性。由于空气弹簧只能承受垂直载荷，因此采用这种弹簧的悬架也必须加设导向装置和减振器。

油气弹簧以气体（如氮等惰性气体）作为弹性介质，用油液作为传力介质，利用气体的可压缩性实现弹簧作用，结构原理如图 10-7 所示。

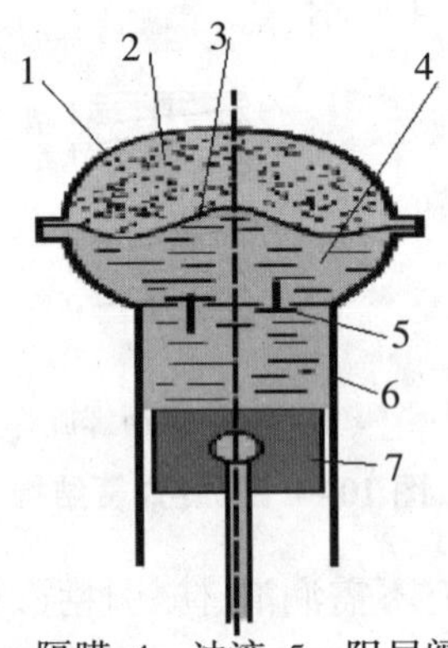

1－球形室；2－气体；3－隔膜；4－油液；5－阻尼阀；6－工作缸；7－活塞

图 10-7　油气弹簧结构

由于油液流经阻尼阀时会产生阻尼力，因此油气弹簧还能起减振器的作用。

油气弹簧具有良好的行驶平顺性，而且体积小，质量轻。但是对密封性要求很高，维护相对麻烦。目前这种弹簧多用于重型汽车和部分小客车上。由于油气弹簧只能承受垂直载荷，因此采用这种弹簧的悬架也必须加设导向装置。

（三）减振器

1. 基本工作原理。汽车悬架系统中通常采用液力减振器，利用液体流动的阻尼来消耗冲击振动的能量。对振动形成阻尼力，使汽车振动能量转化为油液热能，再由减振器吸收散发到大气中。

2. 类型。减振器按工作原理分为单向作用式减振器和双向作用式减振器。在压缩和伸张两个行程中均能起减振作用的减振器称为双向作用式减振器，只在伸张行程中起减振作用的减振器称为单向作用式减振器。

按结构可分为双筒式减振器和单筒式减振器。

按工作介质可分为液压式和充气式减振器。

目前,汽车大多采用具有双向作用式原理的双筒或单筒式结构的液压减振器。新型式汽车中,开始采用充气式减振器。

3. 双向作用筒式减振器。

(1)结构。如图 10-8 所示为双向作用筒式减振器。它有 3 个同心钢筒,外面的钢筒是防尘罩,其上部的吊耳与车架相连。中间是储油缸筒,内装有一定量的油液(不装满),其下端的吊耳与车桥相连。里面是工作缸筒,其内装满油液。它还有 4 个阀,即压缩阀、伸张阀、流通阀和补偿阀。

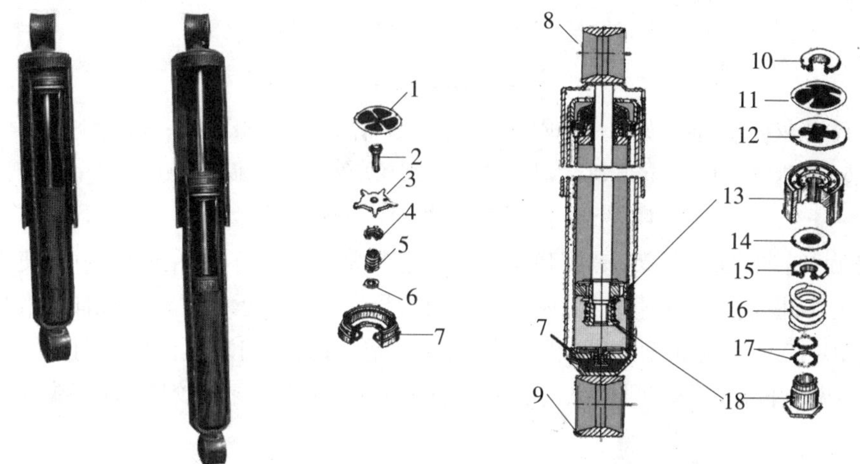

1—补偿阀弹簧片;2—压缩阀杆;3—补偿阀;4—压缩阀;5—压缩阀弹簧;6—压缩阀弹簧座;7—支承座圈;8—上吊环;9—下吊环;10—流通阀限位座;11—流通阀弹簧片;12—流通阀;13—活塞;14—伸张阀;15—支承座圈;16—伸张阀弹簧;17—调整垫片;18—压紧螺母

图 10-8　双向作用筒式减振器的结构

(2)双向作用筒式减振器工作原理。

①压缩行程。压缩行程时,减振器被压缩,汽车车轮移近车身,减振器内的活塞向下移动,下腔的容积减小,油压升高。大部分油液冲开流通阀流入上腔,由于上腔被活塞杆占去了一部分空间,因而上腔增加的容积小于下腔减小的容积,于是另一部分油液就推开压缩阀,流回到储油缸内。油液通过阀孔时,受到一定的节流阻力,为克服这种节流阻力而消耗了振动能量,使振动衰减。

②伸张行程。伸张行程时,减振器受拉伸,车轮远离车身,减振器活塞向上移动,上腔油压升高,流通阀被关闭,上腔内的油液压开伸张阀流入下腔。由于活塞杆的存在,自上腔流来的油液不足以充满下腔增加的容积,促使下腔产生一定的真空度,以致储油缸中的油液推开补偿阀流进下腔进行补充。这些阀的节流作用对悬架在伸张运动时起到阻尼作用。

(四)非独立悬架

非独立悬架广泛应用于货车的前、后悬架和轿车的后悬架。按照采用弹性元件的不同,非独立悬架可以分为钢板弹簧式非独立悬架和螺旋弹簧式非独立悬架。

1. 钢板弹簧式非独立悬架。在采用钢板弹簧为弹性元件的非独立悬架中,通常是将钢板弹簧纵向布置，故也称之为纵置板弹簧式非独立悬架。如图 10-9 所示为解放 CA1092 型汽车前悬架。

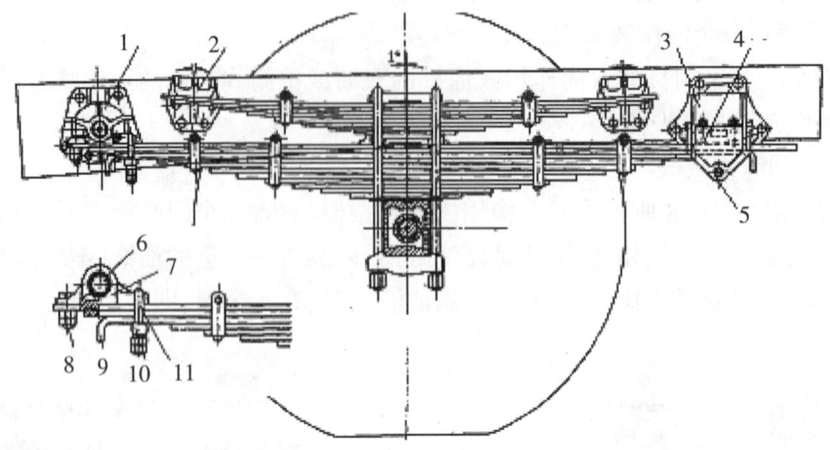

1－主钢板弹簧前支架；2－副钢板弹簧托架；3－后支架；4－滑块；5－限位螺栓；6－钢板弹簧销；7－吊耳；8－紧固螺栓；9－钢板弹簧；10－压板；11－U 形螺栓

图 10-9 解放 CA1092 型汽车前悬架

2. 螺旋弹簧非独立悬架。螺旋弹簧非独立悬架常用于轿车的后悬架，由于使用螺旋弹簧作为弹性元件，仅仅能受垂直载荷，所以必须设置导向装置来承受并传递纵向力和横向力。

如图 10-10 所示为典型的螺旋弹簧非独立悬架结构。导向装置包括纵向推力杆和横向导向杆。两根纵向下推力杆和两根纵向上推力杆的一端均与车身相铰接，另一端则均与后桥相铰接。

图 10-10 典型的螺旋弹簧非独立悬架结构

（五）独立悬架

现代汽车，特别是轿车上广泛采用独立悬架。由于独立悬架能使两侧车轮各自独立地与车架或车身弹性连接，具有以下优点：

（1）由于左右车轮的运动相对独立、互不影响，可以减少行驶时车架或车身的振动，同时可以减弱转向轮的偏摆。

（2）独立悬架的非簧载质量小。

（3）独立悬架是与断开式车桥配用，可以降低汽车的重心，提高汽车行驶的平顺性。

独立悬架的结构类型很多，一般可按车轮的运动形式分为三类，如图 10-11 所示。

（1）车轮在汽车横向平面内摆动的悬架，称为横臂式独立悬架，如图 10-11(a)所示。

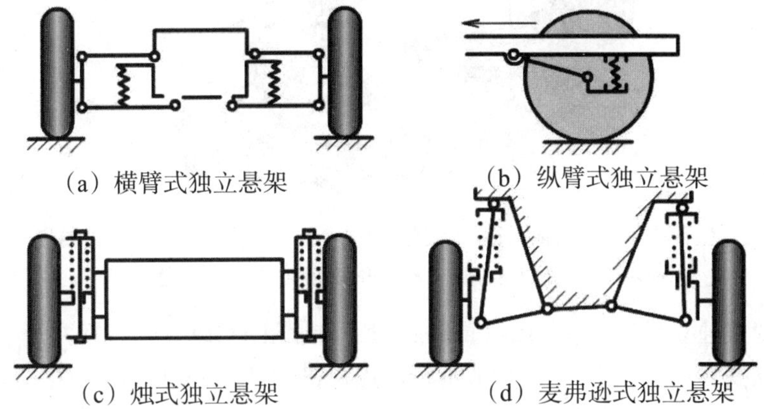

（a）横臂式独立悬架　（b）纵臂式独立悬架

（c）烛式独立悬架　（d）麦弗逊式独立悬架

图 10-11　独立悬架的结构类型

（2）车轮在汽车纵向平面内摆动的悬架，称为纵臂式独立悬架，如图 10-11(b)所示。

（3）车轮沿主销轴线移动的悬架，包括烛式独立悬架和麦弗逊式独立悬架，如图 10-11(c)、(d)所示。

横臂式独立悬架又分为单横臂式后独立悬架、双横臂式独立悬架，下面具体介绍各种独立悬架结构。

（1）单横臂式后独立悬架。如图 10-12 所示为单横臂式后独立悬架结构图。

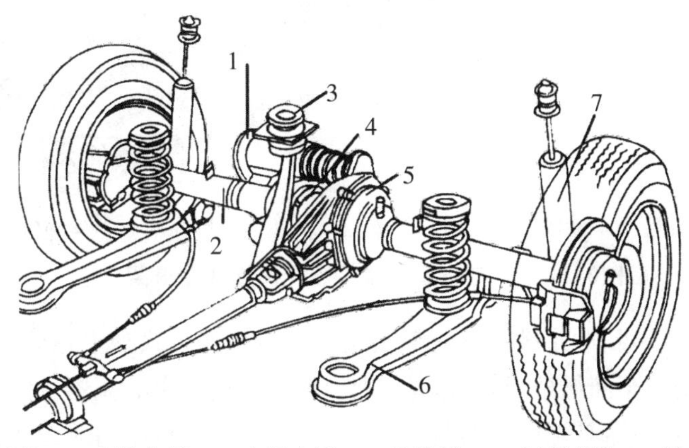

1—油气弹性元件；2—半轴套管；3—中间支承；4—单铰链；5—主减速器；6—纵向推力杆；7—减振器

图 10-12　单横臂式后独立悬架结构图

（2）双横臂式独立悬架。如图 10-13 所示为奥迪 A4 轿车不等长双横臂式螺旋弹簧悬架，该悬架两摆臂长度不相等，为不等长双横臂式独立悬架。

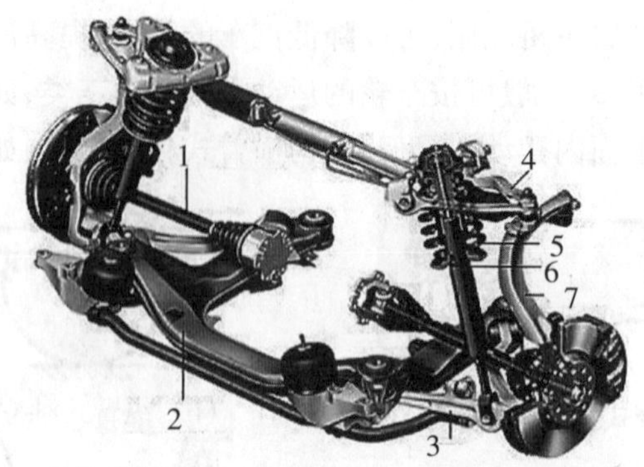

1—万向传动装置;2—车架前横梁;3—下摆臂;4—上摆臂;5—弹簧;6—减振器;7—转向节

图 10–13 奥迪 A4 轿车不等长双横臂式螺旋弹簧悬架

(3)双纵臂式独立悬架。如图 10–14 所示为用于前轮的双纵臂式扭杆弹簧独立悬架。这种悬架的两个纵摆臂一般长度相等,形成平行四连杆机构。转向节和两个纵摆臂做铰链连接,在车架的两根管式横梁的内部装有由若干层矩形端面的薄弹簧钢片叠成的扭杆弹簧。两根扭杆弹簧的内端用螺栓固定在横梁中部,而外端则插入纵臂轴的矩形孔中。纵臂轴用衬套支承在管式横梁内,轴和纵臂刚性地连接。

当车轮上下跳动时,车轮外倾角、主销后倾角和轮距保持不变,故这种形式的悬架适用于转向轮。

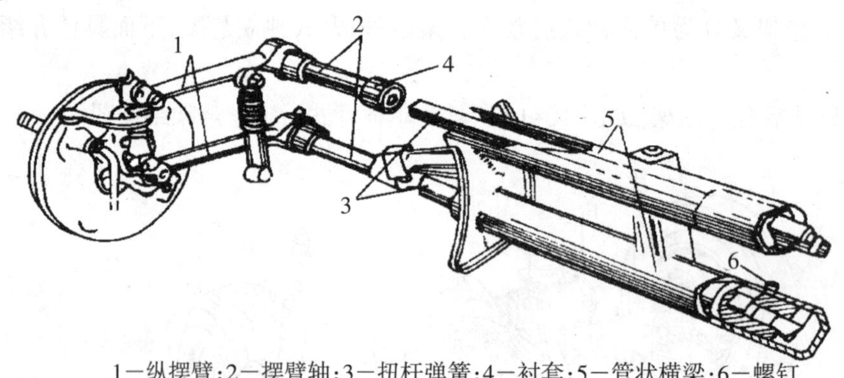

1—纵摆臂;2—摆臂轴;3—扭杆弹簧;4—衬套;5—管状横梁;6—螺钉

图 10–14 前轮的双纵臂式扭杆弹簧独立悬架

(4)麦弗逊式独立悬架。麦弗逊式独立悬架又称为滑柱摆臂式独立悬架,目前广泛应用于发动机前置前轮驱动轿车前悬架。这种悬架如图 10–15 所示,由减振器、螺旋弹簧、横摆臂和横向稳定杆等组成。减振器与螺旋弹簧装于一体,作为引导车轮跳动的滑柱,有的还兼起转向主销作用。悬架有一下横摆臂,其上端以橡胶做支承,允许滑柱上端有少许角位移。采用这种悬架的汽车前端空间大,有利于发动机布置,并可降低整车的重心。

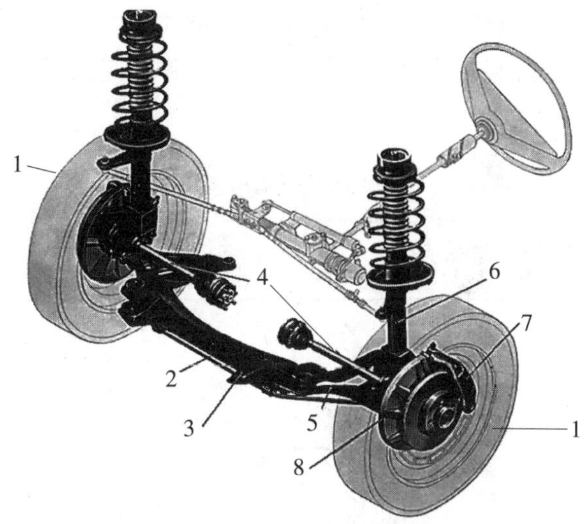

1—前轮;2—横向稳定杆;3—副车架;4—传动轴;5—摇臂;6—前悬架支柱;7—钳盘式制动器;8—制动盘

图 10–15　桑塔纳轿车前轮所采用的麦弗逊式独立悬架

二、实践操作

(一) 准备工作

在对悬架做基本检查之前,应做如下准备:

1. 装配手动变速器的丰田卡罗拉 1.6L 轿车一辆,底盘装配齐全。
2. 磁力护裙、转向盘护套、变速杆手柄套、脚垫、座位套、干净抹布。
3. 举升设备一台。
4. 丰田卡罗拉 1.6L 轿车维修手册。

(二) 技术要求及注意事项

1. 保持双手清洁,擦掉油脂,以防工具滑脱。
2. 正确选择和使用维修中所需的工具。
3. 螺栓、螺母按规定力矩拧紧。

(三) 悬架的检修

做任何维修工作之前,应先做道路测试来确认故障,并设法确定它的原因;完成维修工作之后,应再做道路测试来确认客户反映的故障已解决。

1. 基本检查。

(1) 测试减振器状况。首先进行悬架就车测试,将车辆反复摇动 3 次或 4 次,每次推力尽量相同。回弹时,应注意支柱的阻力和车身回弹的次数,若松手后回弹 1～2 次,车身立即停止回弹,且左右两侧回弹次数相同,表明减振器正常,如图 10–16 所示。

图 10–16　悬架的就车测试

（2）确认汽车底盘高度。按照维修手册，确定测量点，对汽车从前到后或从左到右测量汽车离地高度，如图 10–17 所示。如果存在高度不同，表明螺旋弹簧变软。需注意，不同车型的测量点是不同的。

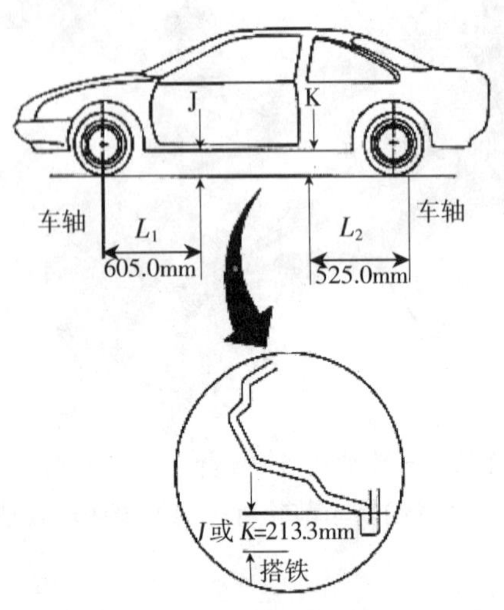

图 10–17　测量汽车离地高度

2. 前减振器的拆卸和检查。前减振器拆卸和检查见表 10–1。

表 10–1　前减振器拆卸和检查

内容	图示	步骤
拆卸前悬架支座防尘罩		拆下前悬架支座防尘罩
分离前稳定杆连杆总成	转动　固定	从带螺旋弹簧的前减振器上拆下螺母并分离稳定杆连杆总成。 提示：如果球节随螺母一起转动，则使用六角扳手（6mm）固定双头螺栓

续表

内容	图示	步骤
分离前轮转速传感器	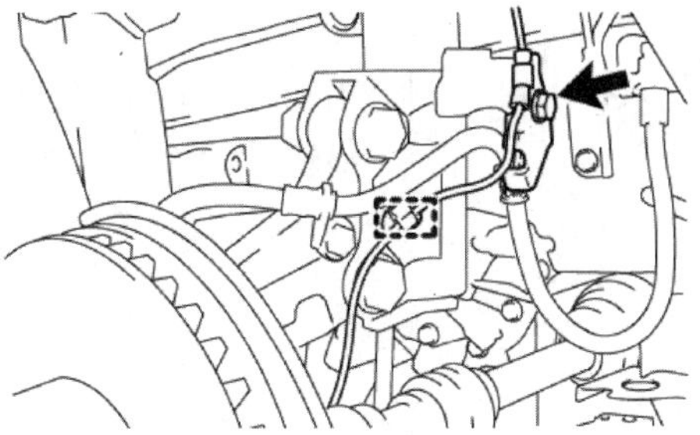	拆下螺栓和卡夹，并分离前轮转速传感器。 注意：确保将前轮转速传感器从带螺旋弹簧的前减振器上完全分离
分离前挠性软管	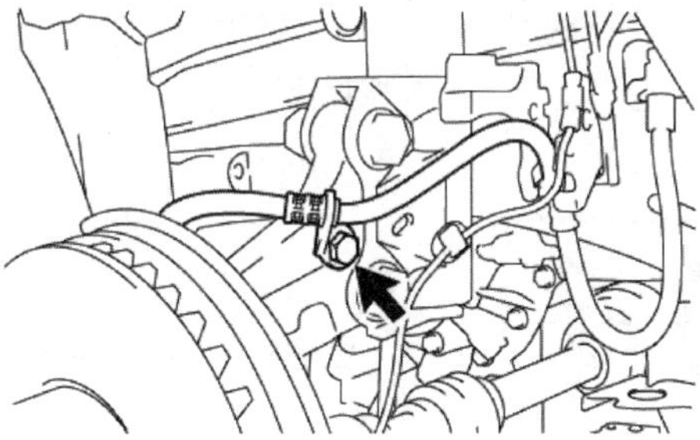	拆下螺栓并分离前挠性软管
拆卸带螺旋弹簧的前减振器	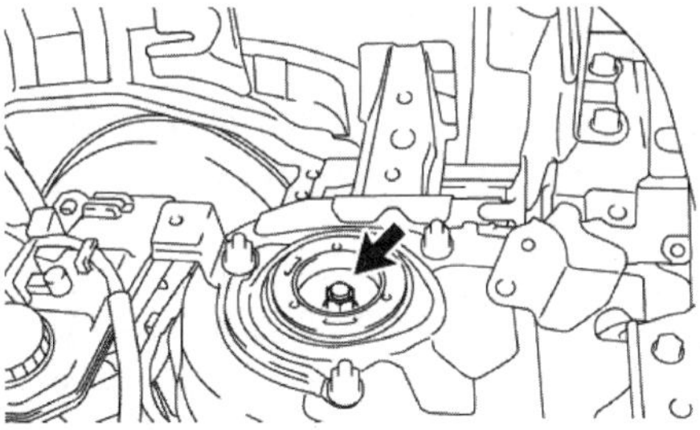	松开前减振器的前支架至前减振器螺母。 注意：不要拆下前支架至前减振器螺母；当带螺旋弹簧的前减振器需要拆解时，仅松开螺母。 用千斤顶和木块来支撑前桥
	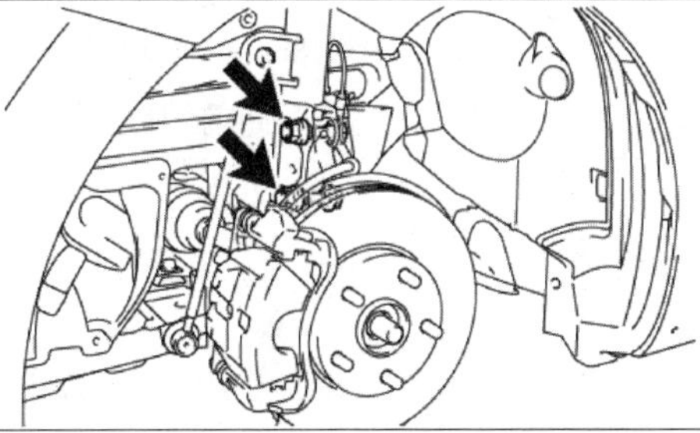	拆下 2 个螺栓和 2 个螺母，并从转向节上分离带螺旋弹簧的前减振器（下部）
	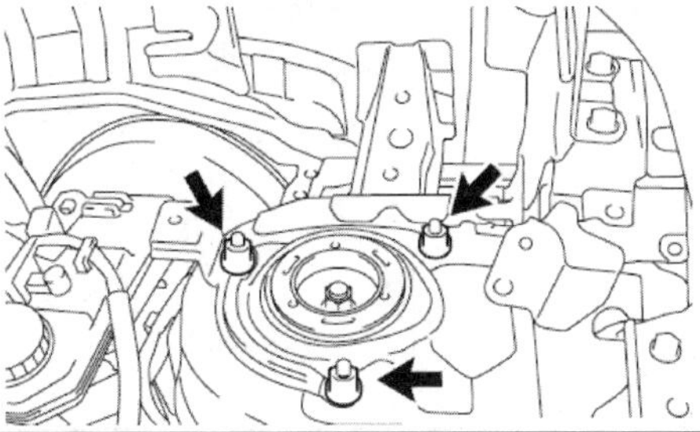	拆下 3 个螺母和带螺旋弹簧的前减振器。 注意：确保将前轮转速传感器从带螺旋弹簧的前减振器上完全分离

续表

内容	图示	步骤
固定带螺旋弹簧的前减振器	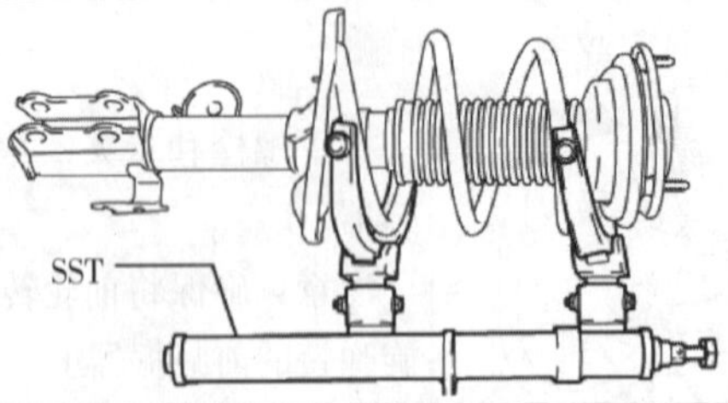 SST	用 SST 压缩前螺旋弹簧。 提示：如果以一定角度压缩前螺旋弹簧,用两个 SST 可使操作更容易
拆卸前支架至前减振器螺母	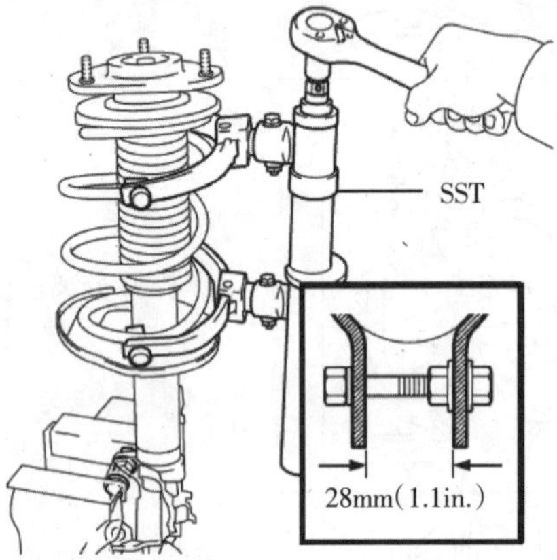 SST 28mm(1.1in.)	①如图所示，将螺栓和螺母安装至减振器下支架，并用台钳固定带螺旋弹簧的前减振器。 ②检查并确保前螺旋弹簧被完全压缩。 注意：不要使用冲击扳手，这会损坏 SST
	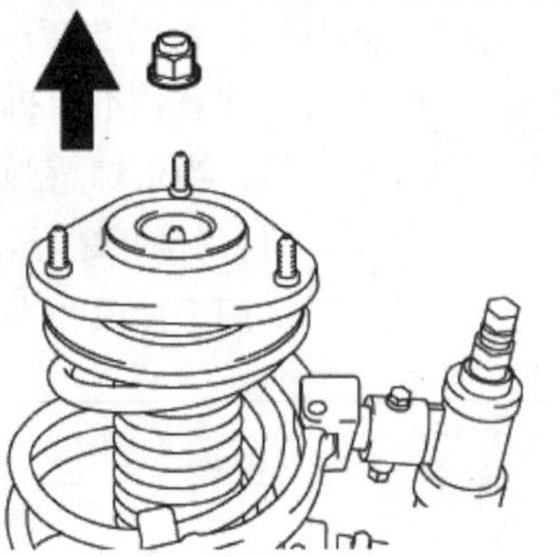	①拆下前支架至前减振器螺母。 ②拆卸前悬架支座分总成。 ③拆卸前悬架支座防尘密封圈。 ④拆卸前螺旋弹簧上座。 ⑤拆卸前螺旋弹簧上隔振垫。 ⑥拆卸前螺旋弹簧。 ⑦拆卸前螺旋弹簧缓冲块。 ⑧拆卸前螺旋弹簧下隔振垫
检查前减振器	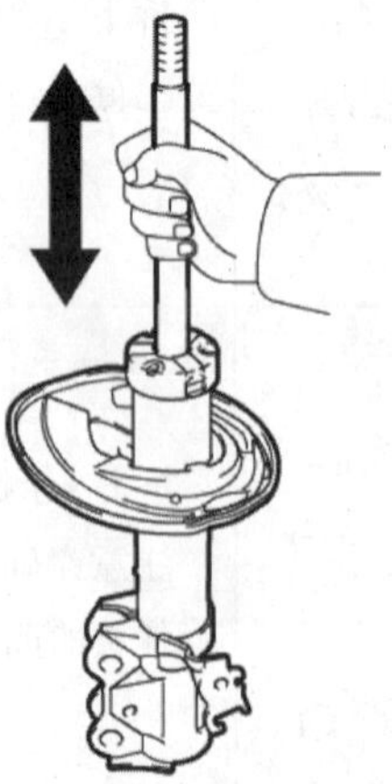	压缩并伸长减振器杆 4 次或更多次。 标准：无异常阻力或声音且操作阻力正常。 提示:如果有任何异常,换上新的前减振器

3. 安装前减振器。安装前减振器见表 10-2。

表 10-2　安装前减振器

内容	图示	步骤
固定前减振器	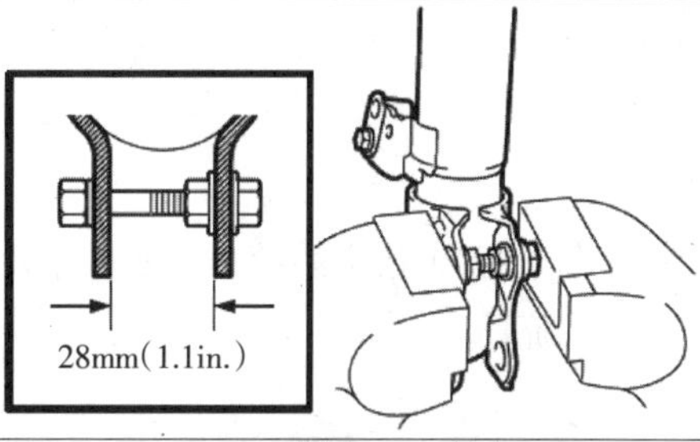 28mm（1.1in.）	将螺栓和螺母安装至前减振器，并用台钳固定前减振器
安装前螺旋弹簧下隔振垫； 安装前弹簧缓冲块	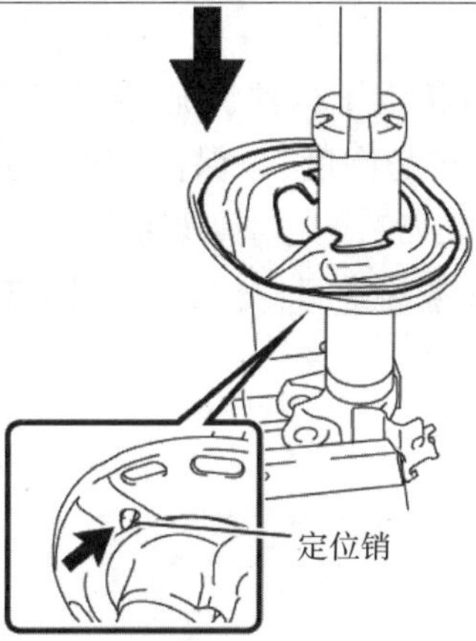 定位销	安装前螺旋弹簧下隔振垫。 注意：确保前螺旋弹簧下隔振垫的定位销插入前减振器的孔中
安装前螺旋弹簧； 安装前螺旋弹簧上隔振垫； 安装前螺旋弹簧上座； 安装前悬架支座防尘密封圈； 安装前悬架支座分总成	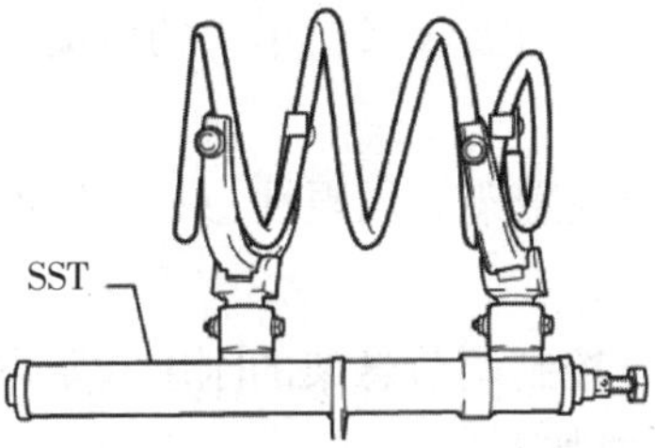 SST	用 SST 压缩前螺旋弹簧。 注意：不要使用冲击扳手，这会损坏 SST
安装前螺旋弹簧	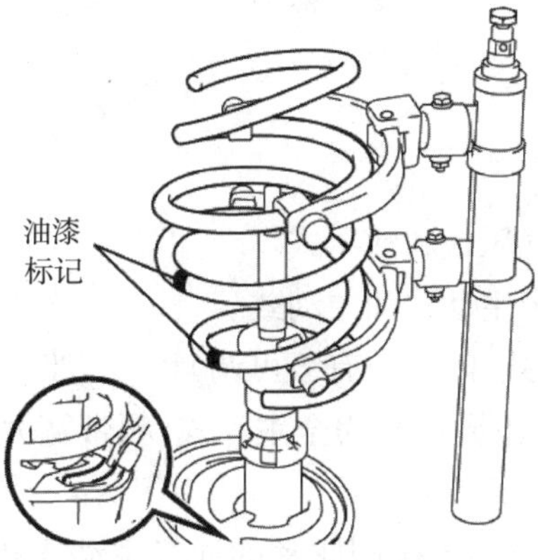 油漆标记	安装前螺旋弹簧。 注意：确保前螺旋弹簧的底端定位于弹簧下座的压缩下。确保油漆标记面朝下安装螺旋弹簧

任务二　电子控制悬架系统的检修

任务引入

一辆丰田凌志 LS400 汽车，采用电子控制悬架系统，行驶中悬架指示灯闪亮，且车身高度控制不起作用，需检查电子控制悬架系统。

任务分析

电子控制悬架系统通过传感器分析汽车行驶状况、车辆负载情况及汽车运行状况而适时自动调整弹簧刚度和减振器阻尼力、车身高度，以保持汽车行驶所需要的高度及汽车行驶姿势的稳定。要检查悬架系统工作是否正常，应先对悬架系统进行功能检查，然后进行故障自诊断，针对故障部件确诊故障。通过此任务的学习，会电子控制悬架故障的检查。

任务实施

一、相关知识学习

（一）概述

1. 悬架的作用。悬架的作用是缓冲和吸收来自车轮的振动，在汽车行驶过程中还传递车轮与路面间产生的驱动力和制动力。

2. 电子控制悬架系统的功能。传统悬架的局限性：只能被动的承受地面对车身的各种作用力，无法对各种情况做自动调节。

电子控制悬架系统的功能是通过控制调节悬架的刚度和阻尼力，使汽车的悬架特性与道路状况和行驶状态相适应。其基本功能如下：

（1）车高调整。

（2）减振器阻尼力控制。

（3）弹簧刚度控制。

3. 电子控制悬架系统的种类：

（1）按传力介质的不同分为气压式和油压式。

（2）按控制理论的不同分为半主动式和主动式。

①半主动式：分为有级半主动式（阻尼力有级可调）和无级半主动式（阻尼力连续可调）。

②主动式：按频带和能量消耗不同可分为全主动式（频带宽大于 15Hz）和慢全主动式（频带宽 3~6Hz）。

（3）按驱动机构和介质不同分为电磁阀驱动的油气主动式和步进电动机驱动的空气主动式。

（二）丰田凌志 LS400 的电子控制悬架系统功能

丰田凌志 LS400 的电子控制悬架系统为空气弹簧主动悬架，可以根据行驶条件自动控制弹簧刚度、减振器阻尼力及车身高度，以抑制加速时后坐、制动时点头、转向时侧倾等汽车行驶状态的变化，明显改善乘坐舒适性和操纵稳定性。

1. 系统控制功能。丰田凌志 LS400 的电子控制悬架系统主要对车速与路面感应、车身姿态、车身高度 3 个方面进行控制。

（1）车速与路面感应控制。

①当车速高时，提高弹簧刚度和减振器阻尼力，以提高汽车高速行驶时的操纵稳定性。

②当前轮遇到凸起时，减小后轮悬架弹簧刚度和减振器阻尼力，以减小车身的振动和冲击。

③当路面差时，提高弹簧刚度和减振器阻尼力，以抑制车身的振动。

（2）车身姿态控制。

①转向时侧倾控制：急转向时，提高弹簧刚度和减振器阻尼力，以抑制车身的侧倾。

②制动时点头控制：紧急制动时，提高弹簧刚度和减振器阻尼力，以抑制车身的点头。

③加速时后坐控制：急加速时，提高弹簧刚度和减振器阻尼力，以抑制车身的后坐。

（3）车身高度控制。

①高速感应控制：车速超过 90km/h，降低车身高度，以减少空气阻力，提高汽车行驶的稳定性。

②连续差路面行驶控制：车速在 40～90km/h，提高车身高度，以提高汽车的通过性；车速在 90km/h 以上，降低车身高度，以满足汽车行驶的稳定性。

③点火开关 OFF 控制：驻车时，当点火开关关闭后，降低车身高度，便于乘客的乘降。

④自动高度控制：当乘客和载质量变化时，保持车身高度恒定。

2. 系统操作。丰田凌志 LS400 的电子控制悬架系统有 3 个操作：选择开关、高度控制开关和 LRC（模式控制）开关。

高度控制 ON / OFF 开关安装在汽车尾部后备厢的左边。当高度控制 ON / OFF 开关处于 ON 位置时，系统可按选择方式进行车身高度自动控制；当该开关处于 OFF 位置时，系统不执行车身高度控制。

高度控制开关和 LRC（模式控制）开关安装在驾驶室内变速操纵杆的旁边。

高度控制开关用于选择控制车身高度，当高度控制开关处于“HIGH”位置时，系统对车身高度进行“高值自动控制”；当高度控制开关处于“NORM”时，车身高度则进入“常规值自动控制”状态。

LRC（模式控制）开关用于选择控制悬架的刚度、阻尼力参数。当 LRC（模式控制）开关处于“SPORT”位置时，系统进入“高速行驶自动控制”；当 LRC（模式控制）开关处于“NORM”位置时，系统对悬架刚度、阻尼力进行“常规值自动控制”。此时，悬架 ECU 根据车速传感器等信号，使悬架的刚度、阻尼力自动地处于软、中或硬 3 种状态。

（三）系统组成及工作原理

1. 组成。任何电子控制悬架系统都是由传感器、电子控制单元（ECU）和执行器 3 个部分组成，丰田凌志 LS400 的电子控制悬架系统也是这样，具体来说，传感器包括车身高度传感器、转向传感器、车速传感器、节气门位置传感器等，执行器包括高度控制阀、排气阀、悬架控制执行器等。

2. 凌志 LS400 的电子控制悬架系统元件在车上的位置如图 10-18 所示。

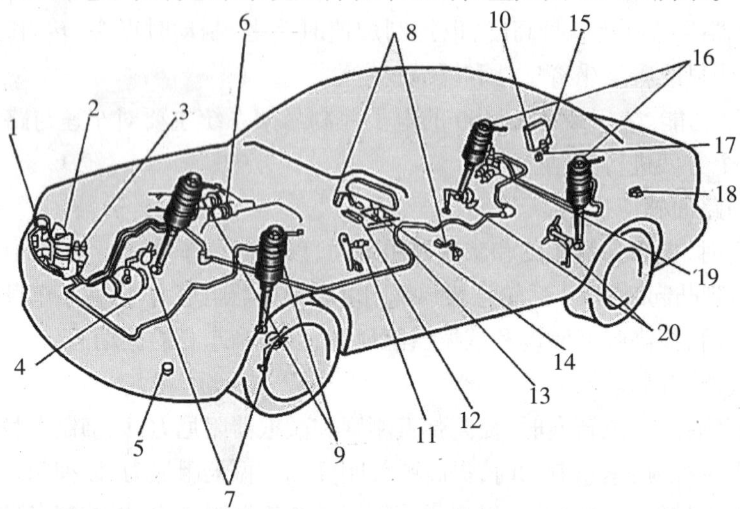

1－干燥器和排气阀；2－高度控制压缩机；3－1 号高度控制阀；4－IC 调节器；5－1 号高度控制继电器；6－主节气门位置传感器；7－前车身高度传感器；8－门控灯开关；9－前悬架控制执行器；10－悬架 ECU；11－制动灯开关；12－转向传感器；13－高度控制开关；14－LRC 开关；15－2 号高度控制继电器；16－后悬架控制执行器；17－高度控制连接器；18－高度控制 ON/OFF 开关；19－2 号高度控制阀和溢流阀；20－后车身高度传感器

图 10-18　凌志 LS400 的电子控制悬架系统元件在车上的位置

3. 控制原理。

（1）车身高度控制。车身高度控制系统由压缩机、干燥器、排气阀、1 号高度控制继电器、2 号高度控制继电器、1 号高度控制阀、2 号高度控制阀、前后左右 4 个空气弹簧、4 个车身高度传感器及悬架 ECU 等组成。如图 10-19 所示为车身高度控制系统示意图。

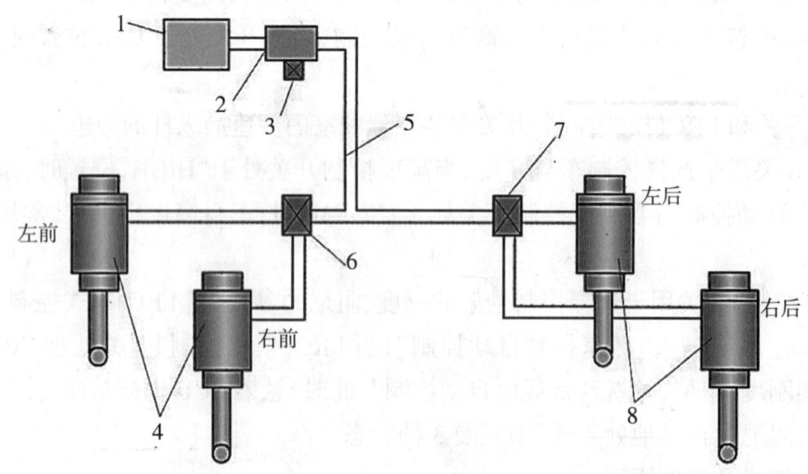

1－压缩机；2－干燥器；3－排气阀；4－空气弹簧；5－空气管；6－1 号高度控制阀；7－2 号高度控制阀；8－空气弹簧

图 10-19　车身高度控制系统示意图

当点火开关接通时,ECU 使 2 号高度控制继电器线圈通电,2 号高度控制继电器触点闭合,使前后左右 4 个高度传感器接通蓄电池电源。当车身高度需要上升时,从 ECU 的 RCMP 端子送出一个信号,使 1 号高度控制继电器接通,1 号高度控制继电器触点闭合,压缩机控制电路接通产生压缩空气。ECU 使高度控制电磁阀线圈通电后,电磁线圈将高度控制阀打开,并将压缩空气引向空气弹簧,从而使车身高度上升。

当车身高度需要下降时,ECU 不仅使高度控制阀电磁线圈通电, 而且还使排气阀电磁线圈通电,排气阀电磁线圈使排气阀打开,将空气弹簧中的压缩空气排到大气中。

1 号高度控制阀用于前悬架控制,它有两个电磁阀分别控制左、右两个空气弹簧。2 号高度控制阀用于后悬架控制,它与 1 号高度控制阀一样,也采用两个电磁阀。为了防止空气管路中产生不正常的压力,2 号高度控制阀中采用了一个溢流阀。

悬架系统的车身高度传感器采用光电式传感器,为了检测汽车高度和因道路不平而引起的悬架位移量,在每个悬架上都装有一只车身高度传感器,用于连续监测车身与悬架下臂之间的位移。

(2) 弹簧刚度和减振器阻尼力控制。电子控制空气悬架系统的空气弹簧悬架系统的弹簧刚度和减振器阻尼力控制执行器安装在空气弹簧的上部,ECU 将信号送至悬架控制执行器以同时驱动减振器的阻尼调节杆和空气弹簧的气阀控制杆,从而改变减振器的阻尼力和悬架弹簧刚度。

二、实践操作

检修汽车电子控制空气悬架系统总成时,检修时应注意正确合理地使用专用工具和检测仪器,严格遵守安全操作规程,防止零件的损坏及人员的伤害。

(一) 准备工作

在对悬架做基本检查之前,应做如下准备:

1. 装配凌志 LS400 的电子控制悬架轿车一辆,底盘装配齐全。
2. 常用工具、干净抹布。
3. 举升设备一台。
4. 凌志 LS400 的电子控制悬架轿车维修手册。

(二) 技术要求及注意事项

检修过程中应注意的事项:

1. 在维修过程中,当点火开关在打开状态下,不要随意断开蓄电池,否则会丢失控制模块中存储的信息,也不要拆卸或安装控制模块或电子插头。
2. 吊起、支起或拖动汽车之前,应该将悬架控制开关置于“OFF”位置或断开蓄电池负极。
3. 在开动汽车之前,必须启动发动机使汽车高度恢复到正常状态。

(三) 功能检查

电子控制悬架功能检查见表 10-3。

表 10-3　电子控制悬架功能检查

内容	图示	步骤
汽车高度调整功能的检查	 LRC 开关　高度控制开关	①检查轮胎气压是否正常(前、后分别为 2.3 和 0.25Mpa)。 ②检查汽车高度(下横臂安装螺栓中心到地面的距离)。 ③将高度控制开关由 NORM 转换到 HIGH,车身高度应升高 10～30mm,所需时间为 20～40s
溢流阀的检查	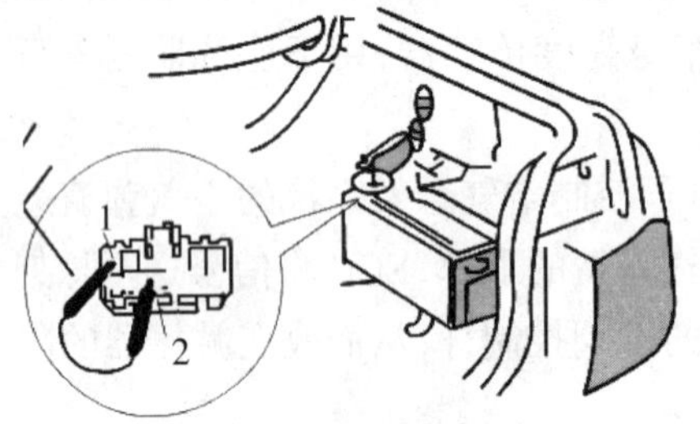 1　2	将高度控制开关由 NORM 转换到 HIGH,车身高度应升高 10～30mm,所需时间为 20～40s
	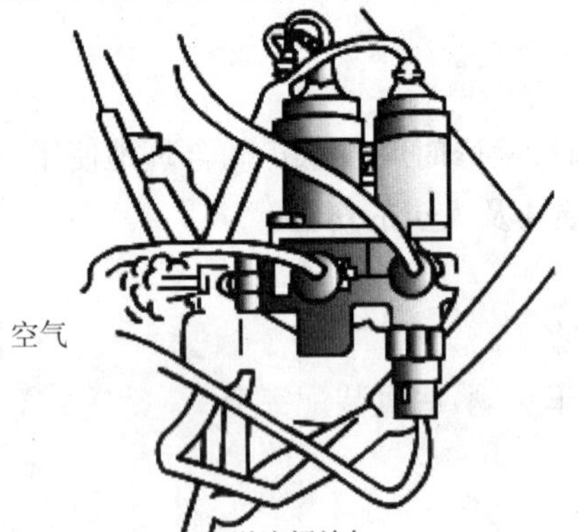 空气　溢流阀放气	等压缩机工作一会儿后,检查溢流阀是否放气,如图所示;如果不放气,说明溢流阀堵塞、压缩机故障或有漏气的部位。 检查结束后,将点火开关置于 OFF 位置,清除故障码
漏气检查	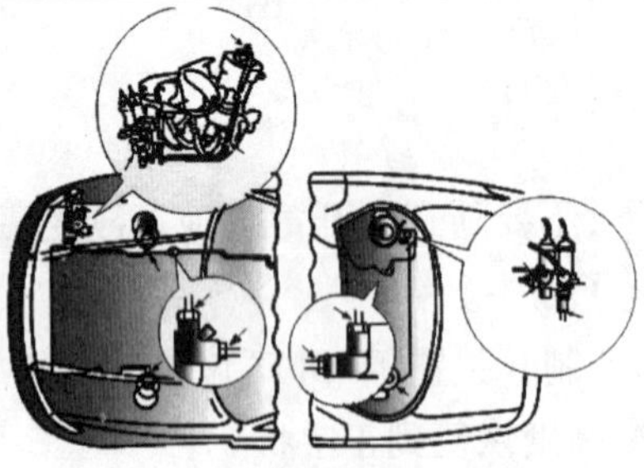 空气管路漏气检查	①将高度控制开关置于 HIGH 位置。 ②使发动机熄火。 ③在管子的接头处涂抹肥皂水

(四)自诊断系统

当电子控制悬架出现故障时,悬架 ECU 将使 NORM 指示灯每秒闪烁一次报警,这时可通过专用故障诊断仪进行检查。当系统故障排除后,应将故障码清除。

项目十一　车轮定位的检测与调整

学习目标与要求

1. 概述车轮定位的意义及主要参数。
2. 解释各定位参数超标对汽车正常行驶所造成的后果。
3. 归纳检测步骤及注意事项。
4. 正确使用专用的四轮定位仪。

任务一　四轮定位仪的使用

任务引入

一辆丰田卡罗拉轿车，在路面上直线行驶时，向右跑偏，经初步检查，需对车轮定位进行检测。

任务分析

车轮定位不准会导致汽车直线行驶困难、前轮摇摆不定和轮胎不正常磨损等故障，出现这些故障都应检测四轮定位。

任务实施

一、相关知识学习

四轮定位检测就是检测4个车轮所处的位置、姿势是否正确，以便将其调整、维修到技术标准所要求的参数范围，从而保证汽车能够正常平稳地行驶。如图11-1所示为用四轮定位仪和四柱平板式举升机对轿车进行四轮定位检测。

图11-1　用四轮定位仪进行四轮定位检测

（一）四轮定位检测的目的

四轮定位的前、后轮定位参数依赖于悬架机构有关部件的相互位置在一个统一基准（线或面）上的合理匹配，以实现转向行驶系统的稳定效应，使汽车具有良好的行驶平顺性和操纵稳定性。只有当前、后轮定位参数均按标准值调整得当时，才能保证汽车转向精确、运行平稳、行驶安全、降低油耗并减轻轮胎磨损。四轮定位检测的目的就是要检测前、后车轮定位参数值并对其进行分析，从而发现悬架机构有关部件的变形、松动、磨损所引起的位置变化和形态变化，为正确地维修汽车行驶系统提供准确依据。

在汽车行驶中出现下列情况时，需进行车轮定位的检测和调整：

1. 直线行驶困难。
2. 前轮摇摆不定，行驶方向漂移。
3. 轮胎出现不正常磨损。
4. 汽车更换悬架系统、转向系统有关部件。
5. 车架、车身经碰撞事故维修后。

（二）四轮定位仪的结构及原理

1. 四轮定位仪的类型。按照测试方式及原理不同，四轮定位仪基本上可分为拉线式、光学式、图像式 3 种类型。其中光学式又可分为红外式四轮定位仪、激光式四轮定位仪、红外 CCD 式四轮定位仪等。

2. 四轮定位仪的结构。四轮定位仪由主机、探测杆、通信线、支架、转盘、转向盘固定架、制动踏板固定架等组成。下面以 KWA-521 为例，介绍四轮定位仪的结构，如图 11-2 所示。

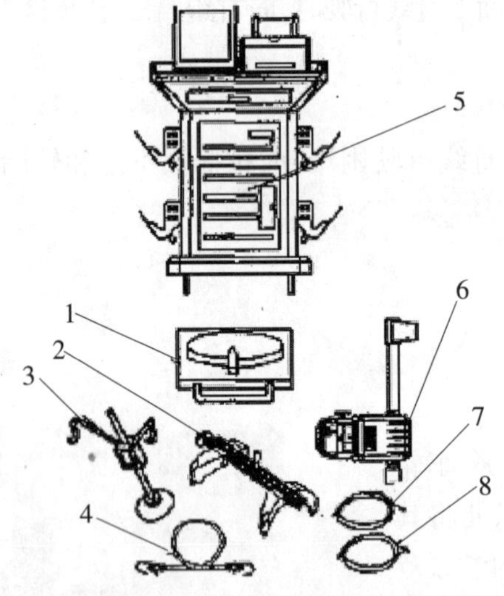

1－转盘；2－轮夹；3－转向盘固定架；4－轮夹绑带；5－主机；
6－探测杆；7－8pin 探测杆连接线；8－7pin 探测杆连接线

图 11-2　四轮定位仪结构

（1）主机。四轮定位仪的主机是用户的一个控制操作平台，由机柜、计算机部分、电源部分、主机接口部分构成，如图 11-3 所示。

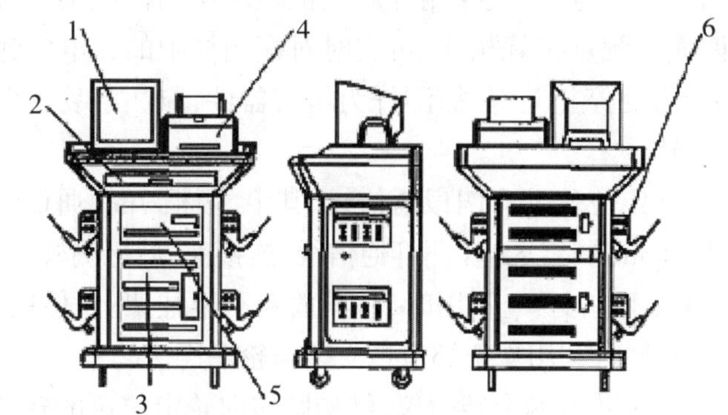

1—彩色显示器;2—键盘;3—工具箱;4—打印机;5—主机箱;6—传感器

图 11-3　四轮定位仪主机外形图

(2) 探测杆。四轮定位仪配有 4 个探测杆,分别为左前探测杆、左后探测杆、右前探测杆、右后探测杆,如图 11-4(a)所示。4 个探测杆不能互换,如果更换任一探测杆,则需要对全部 4 个探测杆重新进行标定。

每个探测杆的端部和中部各装有一个图像传感器(摄像机),一个视频发射器,一个射频发射接收器。图像传感器把获取的图像通过视频发射器无线传输给计算机系统,由计算机系统对图像进行处理。

每个探测杆的中部有一操作面板,如图 11-4(b)所示,上面有 3 个指示灯,分别表示电源、充电状态和电池电量。

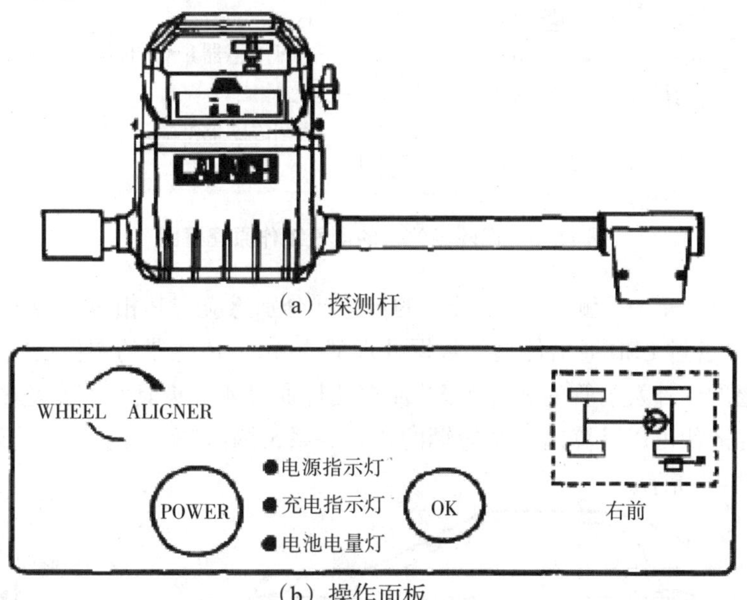

(a) 探测杆

(b) 操作面板

图 11-4　探测杆

指示灯左边有一个“POWER”按钮,按下此按钮开关,启动探测杆中的电池向探测杆供电,电源指示灯亮,探测杆开始工作。指示灯右边有一个“OK”按钮,该按钮有两个功能:一是在对轮辋进行偏心补偿操作时使用,按此按钮时注意时间不要超过 2s;二是当需关闭探测杆电源时,按下此按钮。

探测杆的底部有两充电触点。当把探测杆放到机柜的探测杆挂架上时，探测杆底部两充电触点与挂架底部的两充电触点正好相连，可实时对探测杆中的充电电池进行充电。当电池电量充足时，充电电路会自动停止充电。探测杆为精密器件，应注意妥善保管，如果发生磕碰将会降低测试结果的准确性。

（3）通信线。一般四轮定位仪共有四根通信线。其中，两根 7pin 通信线为主机通信线，连接主机与前探测杆；两根 8pin 通信线为探测杆通信线，连接前、后探测杆。

（4）支架。四轮定位仪配有支架。不用时，将其放在支架挂架上；使用时通过调节旋钮使支架与汽车轮辋紧密相连，同时利用支架绑带把支架与轮辋连接起来。

（5）转角仪。四轮定位仪共有两个转角仪，结构同转向轮定位仪的转盘。此转盘放置于举升机的汽车前轮位置。在测试中，需尽量使汽车前轮正对转盘中心位置。同时，在测试中需拔掉固定转盘的插销。

（6）转向盘固定架。转向盘固定架的作用是在测试中，保证汽车方向不会发生变化。

（7）制动踏板抵压器。四轮定位仪带有一个制动踏板抵压器，用于固定汽车制动踏板，在测试中使汽车产生制动，避免前后移动。

（8）支架绑带。支架绑带固定在支架上，支架装在轮毂上时，绑带两端的钩子分别钩在轮毂上，以免意外坠下损坏探测杆和支架。

3. 四轮定位仪的工作原理。四轮定位仪的电气工作原理框图如图 11-5 所示，整个系统分为数据采集和数据处理两个部分。

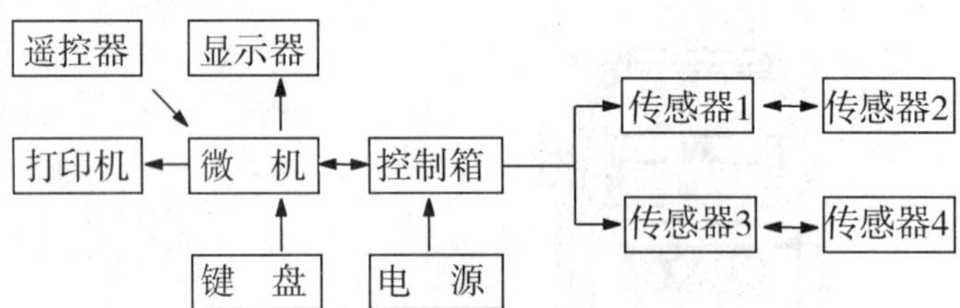

图 11-5　四轮定位仪的电气工作原理框图

数据采集部分为 4 个探测杆，探测杆中的传感器分别感应与其相对的传感器的红外发射管的图像，并将其通过 USB 通信传输给数据处理部分。由于传感器的图像反映了其自身与相对应的传感器上的红外发射管的相互关系，而探测杆通过 4 个夹具与汽车轮辋相连。所以通过 8 个传感器的图像可以计算出 4 个轮辋的相互关系，并确定车轮的定位参数。四轮定位仪的接线图如图 11-6 所示。

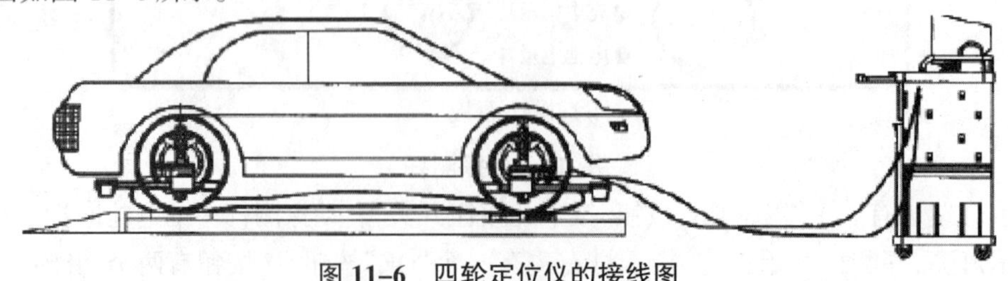

图 11-6　四轮定位仪的接线图

数据处理部分为四轮定位主机，主要包括控制计算机系统、电源系统及接口系统。其作用是实现用户对四轮定位仪的操作指令，对数据进行处理并与原厂设计参数一起显示出来，同时指导用户对汽车进行调整。最后打印出相应的报表。

数据采集部分与数据处理部分通过四根通信线相连接，两根 7pin 通信线把前探测杆与主机连接起来，而两根 8pin 通信线则连接后探测杆与前探测杆，使后探测杆通过前探测杆与计算机相连。

二、实践操作

（一）作业前的准备

1. 丰田卡罗拉 1.6L 轿车底盘、四轮定位仪。

2. 常用工具、量具各一套，卡罗拉专用工具一套。

3. 相关挂图或图册若干、维修手册等。

（二）技术要求及注意事项

一些技术人员认为，在进行正确定位之前必须安装新轮胎，因为过度的轮胎磨损，特别是只有一个轮胎过度磨损，能够引起车轮轻微的倾斜。其实重要的是不等的行驶高度，如果四个车轮磨损相等，那么车辆能够正确定位。

（三）准备工作

1. 将汽车行驶到举升机上，使前轮正好位于转角盘中心时停车；车停稳后，拉紧驻车制动以确保车辆不移动，松开转盘的锁紧销。

2. 检查底盘各零部件，包括胶套、轴承、摆臂、三脚架球头、减振器、拉杆球头和转向盘是否有松动及磨损，检查轮胎气压和轮胎规格以及两前轮花纹是否相同，两后轮花纹深浅是否一致。

3. 将支架安装在 4 个车轮上，旋转手柄锁紧支架。将支架绑带绑在支架上，绑带两端的钩子分别钩在轮辋上。

4. 将探测杆通过支架的滑杆，分别安装在支架的规定位置上，如图 11-7 所示。前探测杆有一个通信线接口，用于与电子转角盘连接线相连。

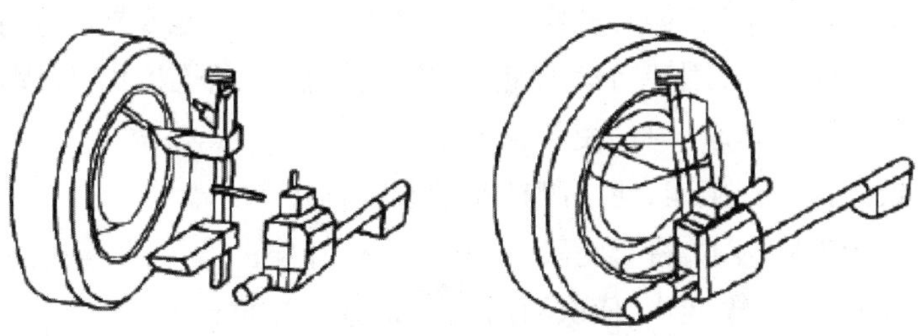

图 11-7　安装支架、探测杆

5. 调节探测杆，使水平仪气泡处于中间位置，以保证传感器探测杆处于水平状态。

6. 分别将 4 根电缆线连接到 4 个传感器的接线插座上，如图 11-8 所示。

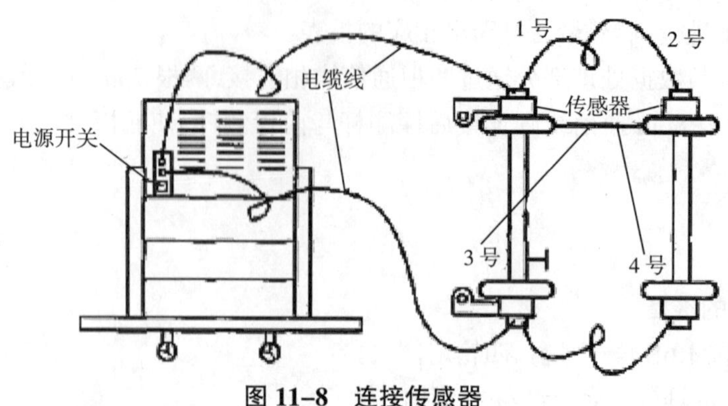

图 11-8 连接传感器

7. 将四轮定位仪接上电源。

8. 将转向盘固定架放在驾驶座座椅上,压下手把使之顶住转向盘以锁定转向盘。

9. 将制动踏板固定架下端顶在制动踏板上,上端卡在座椅上,使车辆制动。

10. 打开电源,启动电脑,进入测量程序主界面。主界面显示有 5 项功能:用户管理、定位检测、帮助系统、语言选择、退出。

(四)四轮定位仪的使用

基本操作方法。

(1) 定位检测。在主界面中单击“定位检测”,按要求输入“车牌号”和“车主”信息。

(2) 选择车型。在定位检测界面上单击“选择车型”,进入车型选择程序。

(3) 检测步骤设置。在定位检测界面上单击“检测步骤设置”,检测步骤设置功能可以设置四轮定位检测时的操作步骤。

(4) 定位准备。在定位检测界面上单击“定位准备”,或执行完“检测步骤设置”操作,单击“确认”按钮。

(5) 偏心补偿。为了减小钢圈、轮胎的变形和装夹而引起的误差,检测前应进行偏心补偿。在定位检测界面上单击“偏心补偿”,按照显示方框中的提示要求进行偏心补偿操作。

第一步:使车轮平直,用转向盘固定架固定转向盘,取下制动踏板固定架;

第二步:用举升器举起车身,使四轮悬空;

第三步:松开探测杆旋钮,使探测杆能沿着转轴转动;

第四步:按照电脑提示,将车轮转动 90 度进行补偿;

第五步:重复第三、第四步,依次对所有车轮进行补偿;

第六步:4 个车轮的补偿全部完成后,放下车身,单击“确认”按钮进入下一步骤或返回定位检测界面。

(6) 初始测量。在定位检测界面上单击“初始测量”,测量前后车轮的前束值、外倾角、推力角、轴距差、轮距差等。

首先进入车辆停放调试程序。四轮定位仪自动检测车辆是否摆正,如有偏差,屏幕上显示出偏差值,则应装上制动踏板固定架,并按图中箭头指示方向转动转向盘直至箭头消失,进入初始测量。

(7) 检测结果。按显示器上界面的提示,逐项进行检测和调整。

（五）四轮定位仪的维护

1. 计算机的维护。

（1）使用者必须有一定的计算机软、硬件知识，以确保主机的正常工作。

（2）主机和显示器应牢固地固定在工作台上，禁止放在靠近放射源和热源的地方，严禁放置在暴晒、酷热、潮湿的环境中。

（3）不要把连接导线随意放置，以免影响行动和操作，也不要把重物压在导线上。

（4）主机工作时不要随意搬动或剧烈振动。

（5）尽量避免频繁开关主机。

（6）不要随意修改主机 BIOS 的设定。

（7）不要随意删除硬盘上的文件，以免电脑运行异常甚至瘫痪。

（8）计算机为四轮定位仪专用，禁止外来软件在本计算机上使用，以避免病毒的传染。定期用杀毒软件检查和消除主机里的病毒，确保无病毒存在。

（9）键盘、主机和显示器上积累的灰尘和油污，应用中性清洁剂或无水酒精清洗，禁止油性和腐蚀性物质接触主机。

2. 支架和探测杆的维护。

（1）支架应定时清洁和加注少量润滑油，保证支架伸缩和探测杆的进出自如。

（2）传感器探测杆外壳的灰尘和油污，应用中性清洁剂或无水酒精清洗，禁止用水、油性和腐蚀性物质清洗。

（3）传感器探测杆内有精密测试设备，使用时应小心谨慎，以防内部元件出现故障，影响正常使用。

（4）安装传感器探测杆时必须确保支架固定稳当，然后安装探测杆，接通电源接头。测试完毕后，应先关闭电源。

3. 打印机的使用注意事项与维护。

（1）仔细阅读打印机用户指南所规定的各项有关事项。

（2）安装正确的打印机驱动程序，打印机设置无误。

（3）使用一段时间后，如果出现打印字迹不清应更换打印机墨盒。

（4）把主机连接线一端插入电脑主机上，另一端插入机柜后部接线板上。同时把打印机电源线插头、显示器电源线插头分别插入机柜后部接线板上。

（5）整理并检查连线可靠、无误后，拧紧各插头上的锁紧螺钉。

任务二 四轮定位的调整

任务引入

一辆丰田卡罗拉轿车转弯后，转向盘回位不良且出现跑偏现象，经初步检查为车轮定位不准，需对该车进行四轮定位并调整。

任务分析

汽车行驶时方向偏左或偏右，或是行驶时方向并不偏斜，但方向盘不正，这通常是典型的定位问题。保持正确的四轮定位角度可确保车辆行驶的直线性及操控性，改善车辆的转向性能并确保转向系统的回正性能，避免轴承不当受力而受损及失去精度。通过本任务的学习，将明确对各定位参数的调整，使汽车达到正常行驶的状态。

任务实施

一、相关知识学习

车轮定位的参数。车轮定位包括转向轮定位和后轮定位。

1. 转向轮定位。为保持汽车直线行驶的稳定性、转向的轻便性和减小机件间的磨损，转向轮、转向节和前轴三者间与车架需要保持一定的相对位置，这种具有相对位置的安装称为转向轮定位，也称前轮定位。转向轮定位包括主销后倾、主销内倾、前轮外倾及前轮前束。

对于两端装有主销的转向桥，汽车转向时，转向车轮会围绕主销轴线偏转，如图 11-9(a)所示。但在大多数断开式转向桥中没有主销，采用上、下球头销代替主销，上、下球头销球头中心的连心线相当于主销轴线，如图 11-9(b)所示。

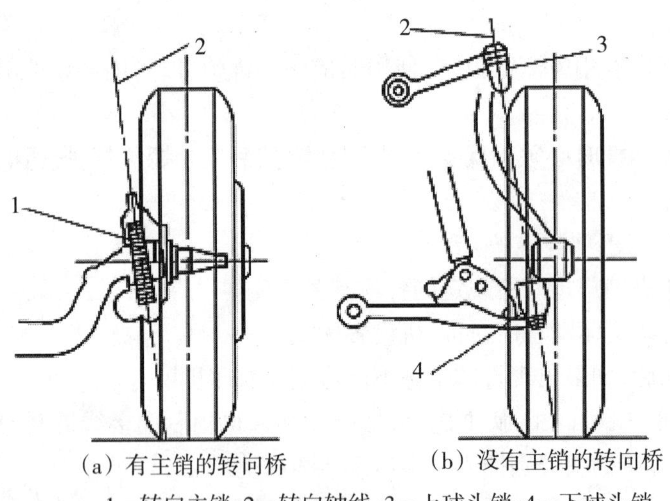

(a) 有主销的转向桥　(b) 没有主销的转向桥

1—转向主销；2—转向轴线；3—上球头销；4—下球头销

图 11-9 主销的不同形式

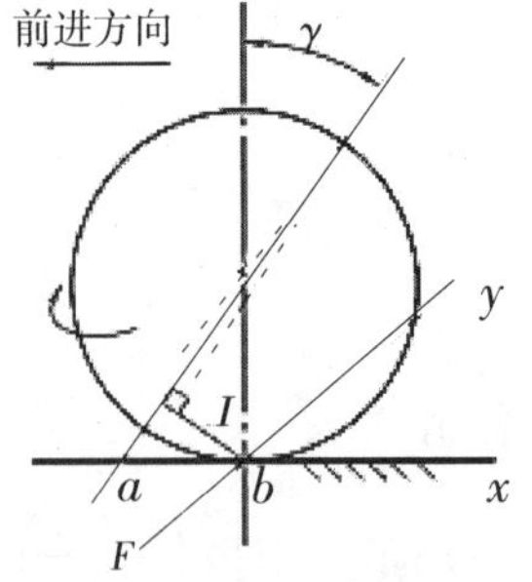

图 11-10 主销后倾

(1) 主销后倾。主销安装在前轴上，其上端略向后倾斜，这种现象称为主销后倾。在垂直于汽车支承平面的纵向平面内，主销轴线与汽车支承平面垂线之间的夹角 γ 叫主销后倾角，如图 11-10 所示。

主销后倾的作用是形成回正力矩，保证汽车直线行驶的稳定性，并使偏转的车轮自动回正。

(2) 主销内倾。主销安装在前轴上，其上端略向内侧倾斜，这种现象称为主销内倾。在垂直于汽车支承平面的横向平面内，主销轴线与汽车支承平面垂线之间的夹角 β 称为主销内倾角，如图 11-11 所示。

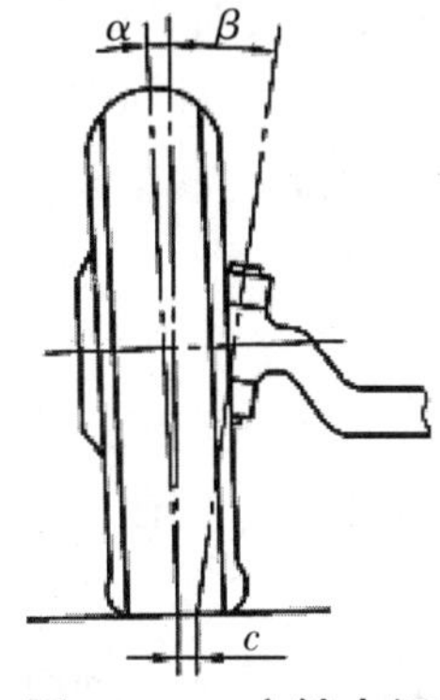

图 11-11　主销内倾

主销内倾的作用是使转向轮自动回正，并使转向操纵轻便。

（3）前轮外倾。转向轮安装在转向节上时，其旋转平面上端向外倾斜，这种现象称为转向车轮外倾。车轮旋转平面与垂直于车辆支承面的纵向平面之间的夹角 α 称为车轮外倾角，如图 11-12 所示。

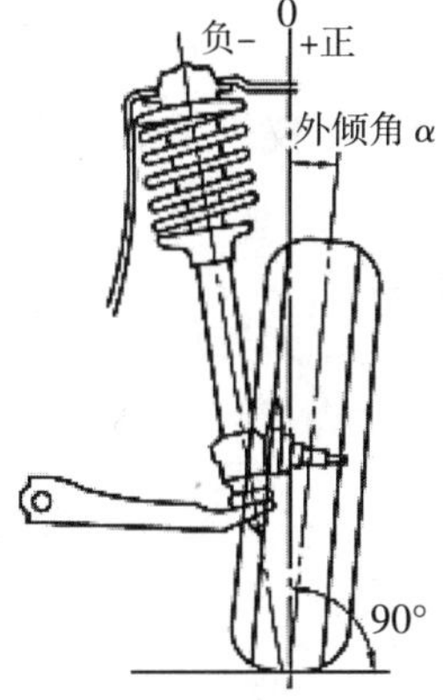

图 11-12　前轮外倾

前轮外倾的作用是提高车轮工作的安全性和转向操纵的轻便性。

（4）前轮前束。车轮安装在车桥上，两前车轮的中心平面不平行，其前端略向内侧收束，这种现象称为前轮前束。两前轮后端距离 A 大于前端距离 B，其差值 $A-B$ 称为前轮前束值，如图 11-13 所示。

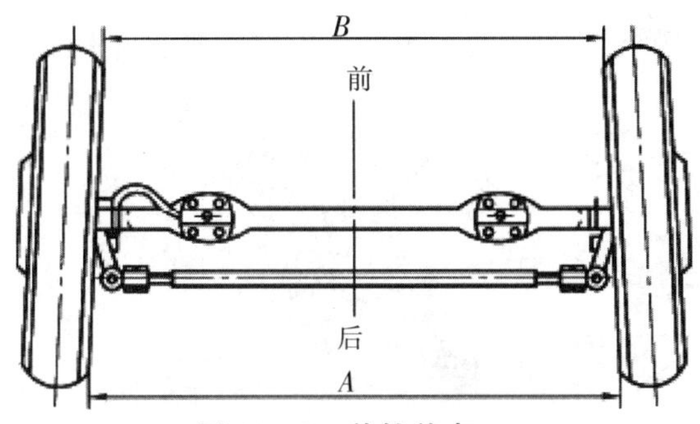

图 11-13　前轮前束

前轮前束的作用是消除因前轮外倾所造成的不良后果，保证车轮不向外滚动，防止车轮侧滑和减轻轮胎的磨损。

（5）推力角检测。汽车长期使用或发生交通事故后，其后轴、后悬架发生变形或安装松动，致使后轴中心对称线（即推力线）发生偏斜，后轴中心线与汽车纵向对称线的夹角即称为推力角。推力角并非设计参数，而是一种故障状态参数。推力角过大会导致轮胎的异常磨损，汽车易偏离其直线行驶。

（6）参数特点。

①主销后倾和主销内倾都具有使车轮自动回正及保证汽车直线行驶稳定性的作用，但其区别在于：主销后倾的回正作用随着车速的增高而增大，而主销内倾的回正作用几乎与车速无关，而与转向角度的大小有关。

②有的汽车其前轮外倾角为负值，这样在汽车转向时可避免车身过分倾斜。

③前轮前束值可以通过改变转向横拉杆的长度来调整，一般前束值为 0～12mm。

2. 后轮定位。后轮定位的内容则主要包括后轮外倾和后轮前束，其作用原理与前轮相同，目的是使车轮在地面上做纯滚动，使前后轮胎的行驶轨迹重合。

二、实践操作

（一）作业前的准备

1. 丰田卡罗拉 1.6L 轿车底盘、四轮定位仪。
2. 常用工具、量具各一套，卡罗拉专用工具一套。
3. 相关挂图或图册若干、维修手册等。

（二）技术要求及注意事项

1. 轮胎气要符合规定要求。
2. 汽车悬架系统性能正常。
3. 汽车转向系统无间隙与损伤。
4. 车轮动平衡正常。
5. 同一车桥的两侧轮胎花纹深度差不超过 2mm。
6. 汽车车轮定位角度应符合规定要求。

（三）准备工作

1. 汽车进入工位前，将工位清理干净，准备好相关的器材。
2. 将汽车停驻在举升机中央位置。
3. 拉紧驻车制动器操纵杆，并将变速杆置于空挡位置，如图 11–14 所示。

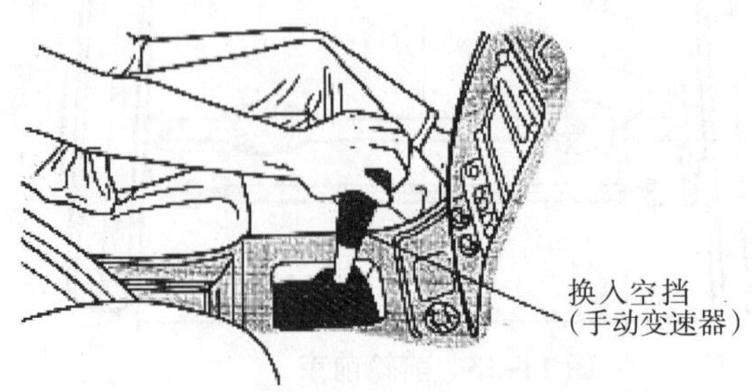

图 11–14　换入空挡

4. 套上转向保护套、变速杆手柄套和座位套，铺设脚垫。

5. 检查轮胎充气是否合适，胎面磨损是否正常，车轮和轮胎跳动量是否正确，车轮轴承是否松动。

6. 检查球节和转向横拉杆端头是否松动，齿条和小齿轮是否松动。

7. 检查车辆翘头高度，是否存在操作不正确的支柱，控制臂是否松动。

（四）操作步骤

1. 前轮前束调整。

（1）从转向节总成上断开外转向横拉杆，如图 11–15 所示。

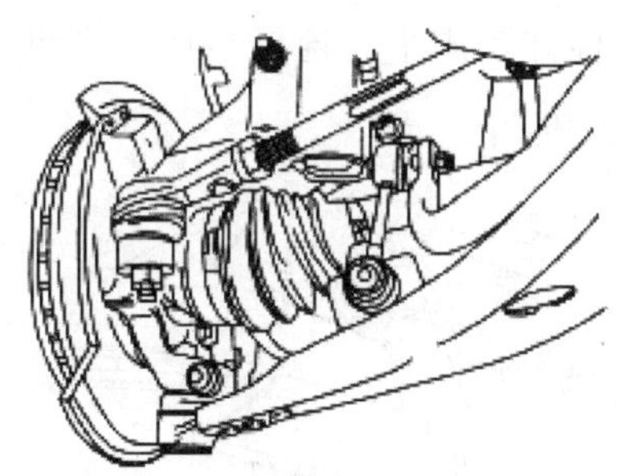

图 11–15　断开外转向横拉杆

（2）旋转右、左外转向横拉杆和调节螺母，使前束对准。

（3）将外转向横拉杆重新连接到转向节总成上。

特别注意事项：在此项调整中，左、右外转向横拉杆长度必须相同，否则会造成轮胎不均匀磨损。

2. 前轮外倾和主销后倾检查。前轮外倾和主销后倾不可调。在测量前轮外倾或主销后倾前，摇动保险杆三次，以免读数不正确。如果前轮外倾或主销后倾测量值偏离规格，应确定并更换或修理任何损坏、松动、弯曲、凹进或损坏的悬架零件。如果故障与车身有关，则修理车身。

3. 后轮外倾检查。后轮外倾不可调。如果后轮外倾偏离规格，找出故障原因并排除故障。如果发现悬架零件损坏、松动、弯曲、凹进或磨损，应修理或更换。如果故障与车身有关，则修理车身。

4. 后轮前束调整。

（1）松开平行连杆至横梁螺栓上的螺母，如图 11–16 所示。

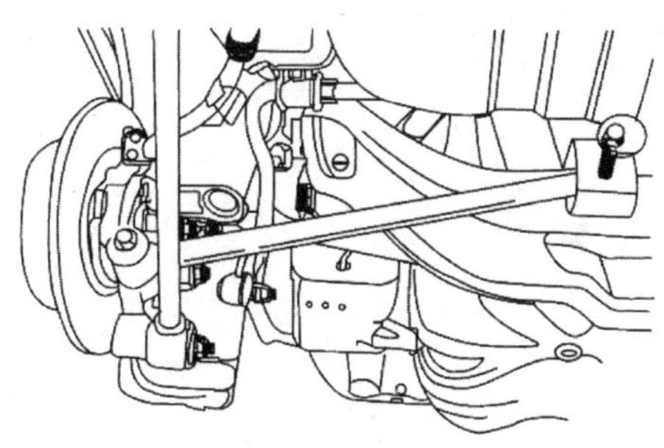

图 11–16　松开平行连杆至横梁螺栓上的螺母

（2）旋转平行连杆调整螺栓，直到得到理想的后轮前束规格，如图 11–17 所示。

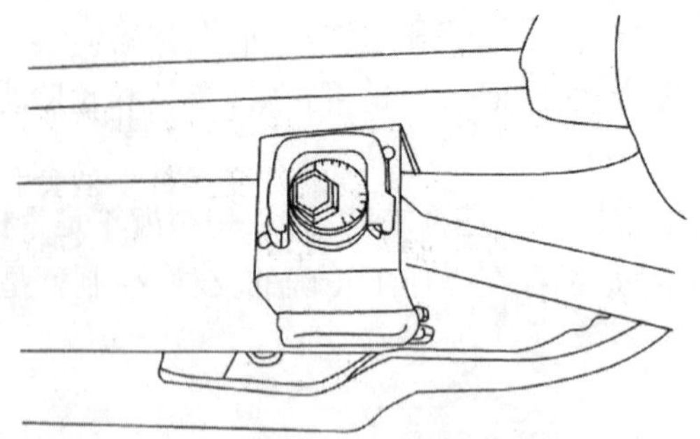

图 11-17　旋转平行连杆调整螺栓

（3）握住平行连杆调整螺栓并紧固平行连杆至横梁螺母，如图 11-18 所示。紧固平行连杆至横梁螺母，紧固力矩为 90N·m。

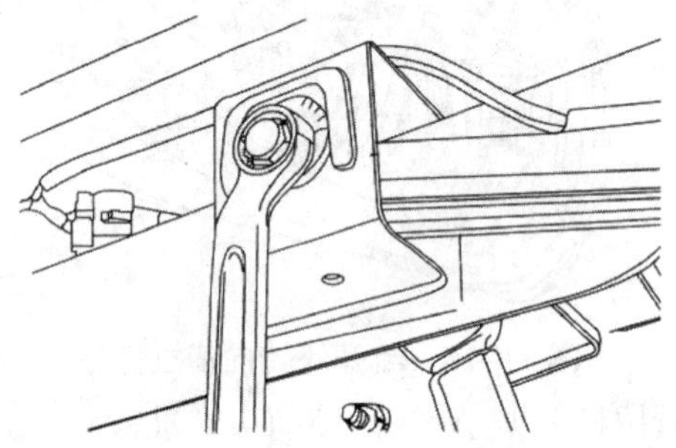

图 11-18　紧固平行连杆至横梁螺母

项目十二　车轮的检修

学习目标与要求

1. 了解车轮的作用、组成。
2. 了解轮胎的作用、类型、结构。
3. 描述轮胎的规格、标号。
4. 掌握车轮的拆装。
5. 掌握轮胎的更换。

任务一　车轮的拆装

任务引入

一辆丰田卡罗拉轿车在行驶时,发生车身抖动。据车主反映,当速度达到 40～60km/h 时,出现抖动现象;当车速在 80km/h 时,抖动现象明显。经检查发现车轮轮辋有变形现象,需检修。

任务分析

车轮总成不平衡、车轮偏摆过量及轮胎刚度的均匀性不足都可能导致车轮轮辋变形。学习此任务,能对车轮进行正确的拆装。

任务实施

一、相关知识学习

车轮与轮胎是汽车行驶系统中的重要部件,其功用是:支承整车;缓和由路面传来的冲击力;通过轮胎同路面间的附着作用来产生驱动力和制动力;汽车转弯行驶时产生平衡离心力的侧抗力,在保证汽车正常转向行驶的同时,通过车轮产生的自动回正力矩,使汽车保持直线行驶方向;提高通过性等。

车轮一般由轮毂、轮辋及连接它们的轮辐板组成,是介于轮胎和车桥之间承受负荷的旋转组件。轮辋是在车轮上安装和支承轮胎的部件,轮辐是在车轮上将轮辋和轮毂连接起来的部件。

1. 轮辐。按轮辐结构的不同,车轮可以分为两种形式:辐板式和辐条式车轮。

（1）辐板式车轮。目前，普通轿车和轻、中型货车普遍采用辐板式车轮，这种车轮如图 12–1 所示，由挡圈、轮辋、辐板和气门嘴出口组成。辐板是连接轮毂和轮辋的圆盘，常冲压成起伏多变的形状，以提高刚度。轮辋是用钢、铝或其他高强度材料制成。车轮通过安装孔与车桥连接。

轿车的辐板所用板料较薄，常冲压成起伏多变的形状，以提高其刚度，目前轿车广泛采用铝合金车轮，如图 12–2 所示。

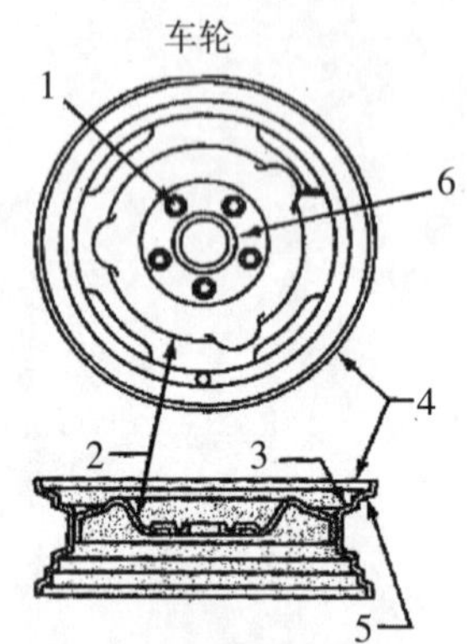

1－安装孔；2－辐板；3－深槽部分断面；4－轮辋；5－轮圈；6－轮毂

图 12–1　辐板式车轮

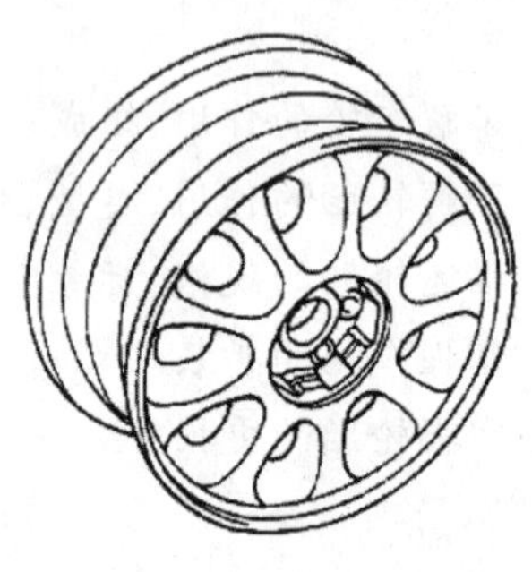

图 12–2　铝合金车轮

（2）辐条式车轮。按辐条结构的不同，辐条式车轮又分为钢丝辐条式车轮和铸造辐条式车轮，如图 12–3 所示。钢丝辐条式车轮的结构与自行车车轮完全一样，由于其价格昂贵、维修安装不便，故仅用于赛车和某些高级轿车上。另外，辐条式车轮不能与无内胎轮胎组合使用。

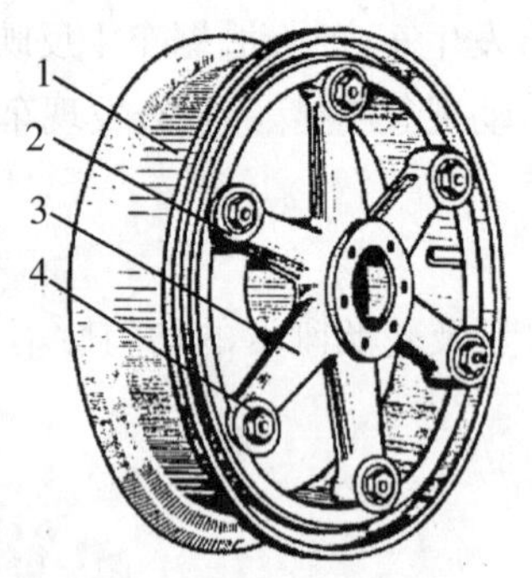

1－轮辋；2－衬块；3－轮辐；4－螺栓

图 12–3　辐条式车轮

2. 轮辋。常见的轮辋主要有深槽轮辋、平底轮辋和对开式轮辋，如图 12–4 所示。

深槽轮辋如图 12–4(a)所示。这种轮辋主要用于轿车及轻型越野车，适宜安装尺寸小、弹性较大的轮胎，因为尺寸较大、较硬的轮胎很难装进这样的整体轮辋内。

平底轮辋如图 12–4(b)所示，多用于货车。其挡圈是整体的，且用一个开口锁圈来防止挡圈脱出。

对开式轮辋如图 12–4(c)所示。这种轮辋由内、外两部分组成，其内、外轮辋的宽度可以相等，也可以不相等，两者用螺栓连成一体。

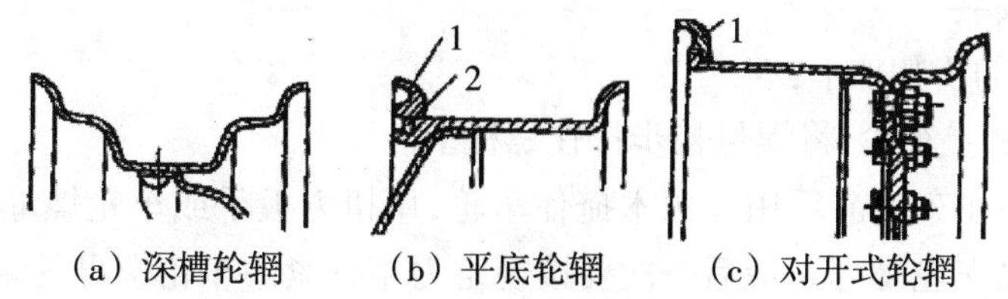

1—挡圈;2—锁圈

图 12-4 轮辋的常见结构形式

二、实践操作

（一）作业前的准备

1. 丰田卡罗拉(1.6L)轿车底盘、车轮拆装作业台与轮胎拆装机各一台。

2. 轮胎气压表,撬棒,常用工具、量具各一套,卡罗拉专用工具一套。

3. 相关挂图或图册若干、维修手册等。

（二）技术要求及注意事项

1. 拆装时,应在车轮上做好标记,确保轮胎安装时与拆下时位置吻合,这样确保车轮动平衡。

2. 靠胎时,请使用毛刷蘸水盒中事先放好的浓肥皂液润滑胎缘,否则在拆胎时会将胎缘严重磨损。

3. 拆装机头角度在出厂时已经按标准轮辋调校完毕,如遇特大或特小轮辋时,请重新调整拆装机头角度,以免损伤轮胎。

4. 如拆胎受阻,应立即停止,让转盘逆时针转动,消除障碍。在操作过程中,尽可能使手和身体其他部位远离动件,项链、手镯及宽松的服装对操作人员来说是危险的。

（三）车轮的拆卸

拆卸车轮总成的步骤如下:

1. 停稳车辆,用三角木掩住各车轮。

2. 取下车轮上的装饰罩,弄清汽车左、右侧车轮与轮毂连接螺栓的螺旋方向,使用车轮螺母拆装机或用套筒扳手初步拧松各连接螺母,如图 12-5 所示。

3. 用千斤顶顶在指定的位置,使被拆车轮稍离地面。也可将车辆停在举升架上,升起车辆,使车轮稍离开地面。

4. 拧下车轮与轮毂连接的全部螺母,取下垫圈,并摆放整齐。

5. 一边向外拉一边左右晃动车轮,从车轴上取下车轮总成。

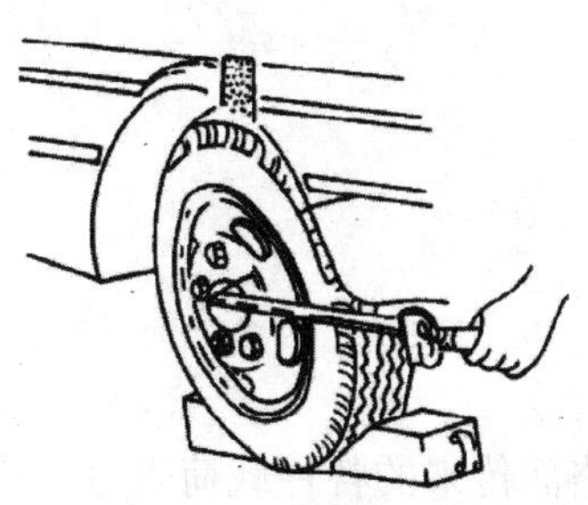

图 12-5 车轮的拆卸

（四）车轮的安装

安装车轮总成的步骤如下：

1. 顶起车桥，套上车轮，将螺母初步拧在螺柱上。

2. 放下车轮并在车轮前后用三角木掩住车轮，用扭力扳手或车轮螺母拆装机，按对角线顺序分 2～3 次拧紧车轮螺母，最后一次要按规定力矩拧紧。车轮螺母的紧固顺序如图 12–6 所示。

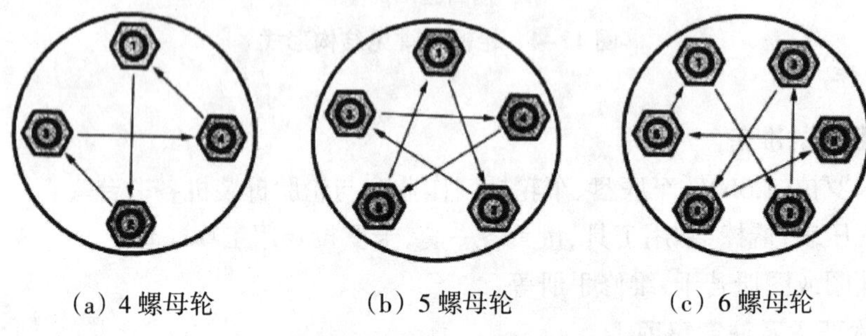

（a）4 螺母轮　（b）5 螺母轮　（c）6 螺母轮

图 12–6　车轮螺母的紧固顺序

3. 安装后轮双胎时，要先拧紧内侧车轮的内螺母，再装外侧轮胎。在安装过程中，应用千斤顶分两次顶起车桥，分别安装内、外两个车轮。双轮胎高低搭配要合适，一般较低的胎装于里侧，较高的胎装于外侧。应注意内侧轮胎和外侧轮胎的气门嘴互成 180°位置。

任务二　轮胎的检修

任务引入

一辆丰田卡罗拉轿车，胎面花纹接近磨损指示器，应更换轮胎。

任务分析

对轮胎的检查一般应着重于轮胎的表面、胎冠磨损标记和磨损异常的检查，不符合要求的应更换。通过本任务的学习，主要是学会对轮胎的更换。

任务实施

一、相关知识学习

（一）轮胎

1. 作用。

（1）支承汽车的重量，承受路面传来的各种载荷。

（2）和汽车悬架共同来缓和汽车行驶中所受到的冲击，并衰减由此而产生的振动，以保证汽车有良好的乘坐舒适性和行驶平顺性。

（3）保证车轮和路面有良好的附着性，以提高汽车的动力性、制动性和通过性。

2. 类型。

（1）按轮胎内空气压力的大小，可分为高压胎（0.5～0.7MPa）、低压胎（0.2～0.5MPa）和超低压胎（0.2MPa 以下）3 种。低压胎弹性好，减振性能强，壁薄，散热性好，与地面接触面积大，附着性好，因而广泛用于轿车。超低压胎在松软路面上具有良好的通过能力，多用于越野汽车及部分高级轿车。

（2）按轮胎有无内胎，可分为有内胎轮胎和无内胎轮胎（俗称真空胎）两种。目前轿车上普遍采用无内胎轮胎。

（3）按胎体帘布层结构的不同，可分为斜交轮胎和子午线轮胎。目前，子午线轮胎在汽车上广泛应用。

3. 结构。

（1）有内胎轮胎。有内胎轮胎由外胎、内胎和垫带等组成，如图 12-7 所示。

内胎是一个环形的橡胶管，上面装有气门嘴，以便充入或排出空气。为使内胎在充气状态下不产生褶皱，其尺寸应稍小于外胎的内壁尺寸。

垫带是一个环形的橡胶带，它垫在内胎与轮辋之间，以保护内胎不被轮辋和胎圈磨伤。

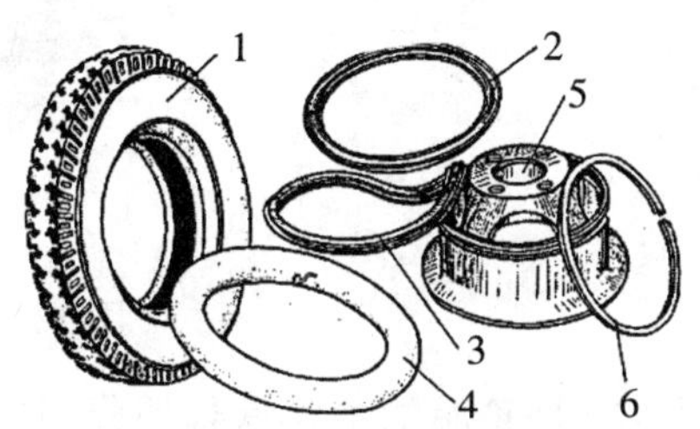

1－外胎；2－压环；3－垫带；4－内胎；5－车轮；6－锁圈

图 12-7　有内胎轮胎

（2）无内胎轮胎。无内胎充气轮胎近年来在轿车和一些货车上的使用日益广泛。它没有内胎，压缩空气被直接压入外胎中。因此，要求外胎和轮辋之间有很好的密封性。

无内胎轮胎在外观上与有内胎轮胎相似，所不同的是，无内胎轮胎的外胎内壁上附加了一层厚度约 2～3mm 的专门用来封气的橡胶密封层（图 12-8），它是用硫化的方法将自粘层黏附上去的。在密封层正对着胎面下面贴着一层用未硫化橡胶的特殊混合物制成的自粘层。当轮胎穿孔时，自粘层能自行将刺穿的孔粘合，故称为有自粘层的无内胎轮胎。

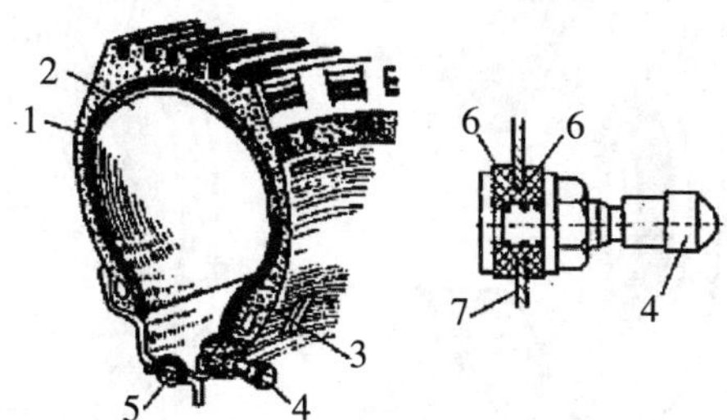

1－橡胶密封层；2－自粘层；3－槽纹；4－气门嘴；5－铆钉；6－橡胶密封衬垫；7－轮辋

图 12-8　无内胎轮胎

无内胎轮胎的优点：轮胎穿孔时，压力不会急剧下降，能安全地继续行驶；无内胎轮胎中不存在因内外胎之间的摩擦和卡住而引起损坏，气密性较好；可以直接通过轮辋散热，所以工作温度低，使用寿命长；结构简单，质量较小，适应于高速行驶。

无内胎轮胎的缺点：途中修复较为困难。此外，自粘层只有在穿孔尺寸不大时方能自粘合。天气炎热时自粘层可能软化而向下流动，从而破坏车轮平衡。因此，一般多采用无自粘层的无内胎轮胎。它的外胎内壁只有一层密封层，当轮胎穿孔后，由于其本身处于压缩状态而紧裹着穿刺物，故能较长时间不漏气。即使将穿刺物拔出，也不会漏气，通常无内胎轮胎只有在轮胎爆破时才会失效。

（3）外胎。外胎由帘布层、缓冲层、胎面及胎圈组成，如图 12-9 所示。

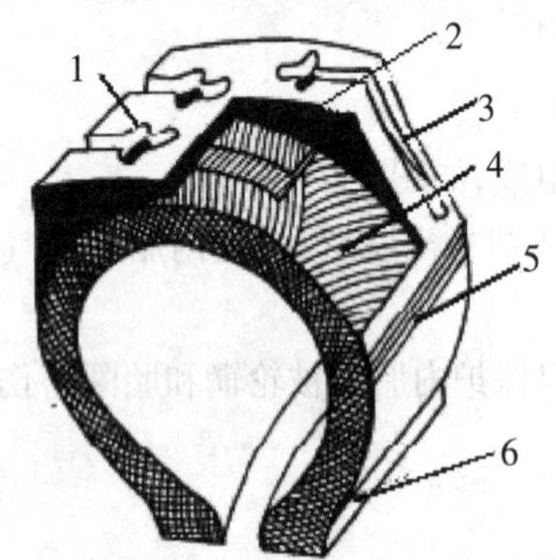

1—胎冠；2—缓冲层；3—胎肩；4—帘布层；5—胎侧；6—胎圈

图 12-9　外胎的结构

图 12-10　轮胎帘布层

①帘布层。帘布层是外胎的骨架，是轮胎的主要承载部分，并保持外胎的形状和尺寸，如图 12-10 所示。通常由成双数的多层帘布用橡胶贴合而成，相邻层帘线相交排列。帘布层数愈多强度愈大，但弹性降低，在外胎上标注有它的层级。

按照帘布层帘线排列方式的不同，外胎可以分为子午线轮胎（图 12-11）和斜交轮胎（图 12-12）。

a. 子午线轮胎。子午线轮胎帘布层帘线的排列方向与轮胎的中心平面之间的夹角为 90°，帘线的这种排列很像地球上的子午线（即经线），子午线轮胎由此而得名。由于帘线的排列方式使帘线的强度能得到充分地利用，故子午线轮胎胎体帘布层数一般比普通轮胎可减少 40%～50%。

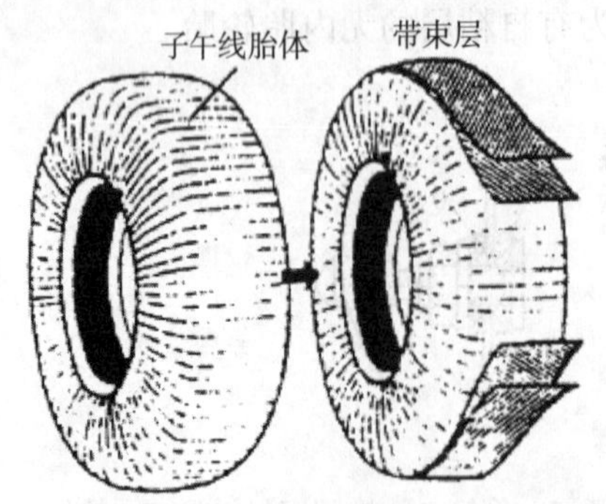

图 12-11　子午线轮胎

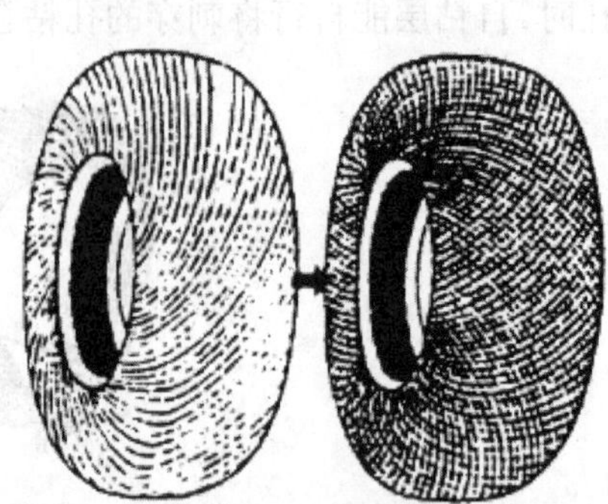

图 12-12　斜交轮胎

b. 斜交轮胎。斜交轮胎帘布层的帘线按一定角度交叉排列，帘线与轮胎横断面的交角通

常为 50°

c. 子午线轮胎与斜交轮胎相比较，其优点：行驶里程长、滚动阻力小、节约燃料、承载能力大、减振性能好、附着性能好、不易爆胎。缺点：由于子午线轮胎胎侧较薄，存在侧向稳定性差、胎侧易裂口等缺点。

目前在汽车上应用最广泛的是子午线轮胎。

②缓冲层。缓冲层是用橡胶片和两层或数层较稀疏的帘布制成，用来连接帘布层和橡胶胎面。因此，要求缓冲层弹性大，能吸收冲击，并能防止制动时胎面与帘布层脱离。

③胎面。胎面是外胎最外的一层，可分为胎冠、胎侧和胎肩三部分。胎冠用耐磨的橡胶制成，它直接承受摩擦和载荷，能减轻帘布层所受冲击，并保护帘布层和内胎免受机械损伤。为使轮胎与地面有良好的附着性能，防止纵横向滑移等，在胎面上制有各种花纹，如图 12–13 所示。普通花纹适用于较好路面；越野花纹深而粗，越野能力较强，适用于松软路面。当安装“人”字形越野花纹轮胎时，胎面花纹的尖端与旋转方向一致，以免在花纹间被泥土所填塞。混合花纹介于普通花纹与越野花纹之间。胎侧的橡胶层用以保护帘布层侧壁免受潮湿和机械损伤。

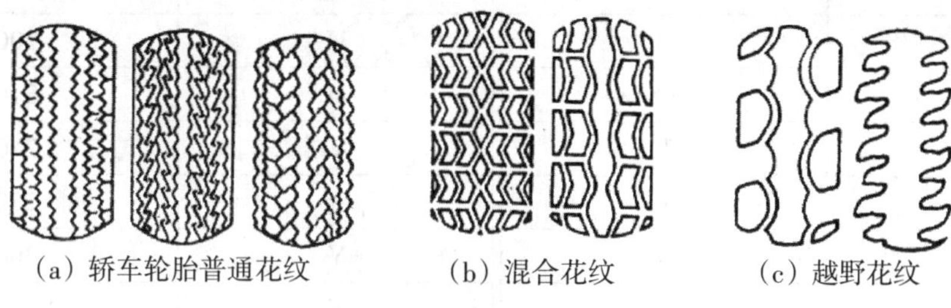

图 12–13　轮胎花纹

④胎圈。胎圈的作用是使外胎能牢固地装在轮辋上，它有很大的刚度和强度，由钢丝圈、帘布层包边和胎圈包布组成。

（二）轮胎尺寸的表示方法

因目前使用最广泛的轮胎是子午线轮胎，故以子午线轮胎为例介绍轮胎尺寸的表示方法，如图 12–14 所示。

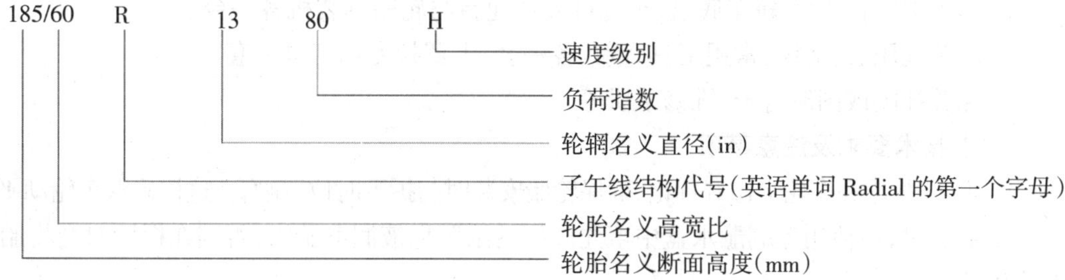

图 12–14　轮胎尺寸的表示方法

轮胎速度级别与最高行驶速度对应见表 12–1。

表 12–1　轮胎速度级别与最高行驶速度

速度级别	最高行驶速度/(km·h^{-1})	速度级别	最高行驶速度/(km·h^{-1})
A1	5	K	110
A2	10	L	120
A3	15	M	130
A4	20	N	140
A5	25	P	150
A6	30	Q	160
A7	35	R	170
A8	40	S	180
B	50	T	190
C	60	U	200
D	65	H	210
E	70	V	240
F	80	W	270
G	90	Y	300
J	100	Z	高于 240

另外，在轮胎规格前加“P”表示轿车轮胎；在胎侧标“REINFORCED”表示经强化处理；“RADIAL”表示子午线轮胎；“TUBELESS”（或 TL）表示无内胎（真空胎）；“M+S”（MudandSnow）表示适于泥地和雪地；“→”表示轮胎旋向，不可装反。

二、实践操作

（一）作业前的准备

1. 丰田卡罗拉 1.6L 轿车底盘、车轮拆装作业台与轮胎拆装机各一台。
2. 轮胎气压表，撬棒，常用工具、量具各一套，卡罗拉专用工具一套。
3. 相关挂图或图册若干、维修手册等。

（二）技术要求及注意事项

1. 拆装时，应在车轮上做好标记，确保轮胎安装时与拆下时位置吻合，这样确保车轮动平衡。

2. 靠胎时，请使用毛刷蘸水盒中事先放好的浓肥皂液润滑胎缘，否则在拆胎时会将胎缘严重磨损。

3. 拆装机头角度在出厂时已经按标准轮辋调校完毕，如遇特大或特小轮辋时，请重新调整拆装机头角度，以免损伤轮胎。

4. 如拆胎受阻，应立即停止，让转盘逆时针转动，消除障碍。在操作过程中，尽可能使手和身体其他部位远离动件，项链、手镯及宽松的服装对操作人员来说是危险的。

（三）轮胎的拆卸

1. 将胎中空气全部放掉。

2. 将轮辋外缘的平衡块卸掉，使用轮胎拆装机对轮胎进行拆卸，如图 12–15 所示。

3. 将轮胎置于风压铲和橡胶板之间，使风压铲置于胎缘与轮辋之间，离胎缘大约 1cm 处，然后踩压胎踏板，使胎缘与轮辋分离，如图 12–16 所示。

4. 在轮胎其他部分重复以上操作，使胎缘与轮辋彻底脱离。

5. 选择好锁定方式后，将轮胎锁在转盘上。

外锁定：将撑夹踏板踩下，使四个夹爪张开，将轮胎放在夹爪上，踩回原位（此时应为一点点松开），直至锁紧轮辋为止。

内锁定：将轮胎放在转盘上，而后将踏板踩下，即可锁住轮辋。

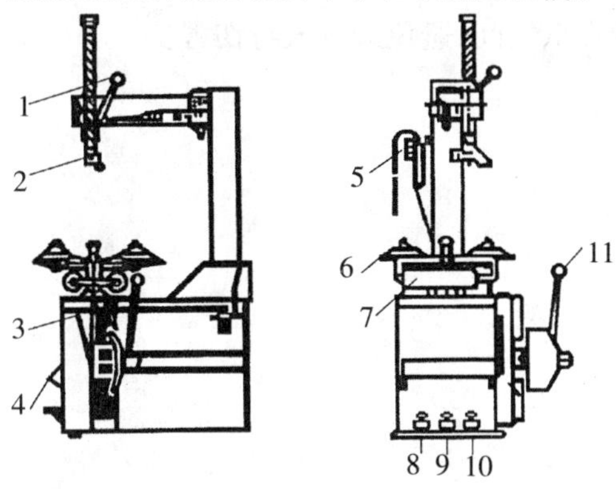

1－锁紧杠杆；2－拆装机头；3－胎撬；4－前列标志；5－充气枪；6－转盘；7－气缸；8－撑夹踏板；9－压胎踏板；10－转盘正、反转踏板；11－风压铲

图 12–15　轮胎拆装机

6. 将垂直轴置于工作位置，使拆装机头靠近胎缘，使拆装机头离轮辋约有 2mm 距离，避免划伤胎缘，并用锁紧杠杆锁紧。

7. 用撬棒将胎缘撬在拆装机头上，点踩转盘正、反转踏板，让转盘顺时针旋转，直到胎缘脱落为止（图 12–17），如果有内胎，在进行这步操作时，建议使轮胎气门嘴离开拆装机头右边 10mm 左右。

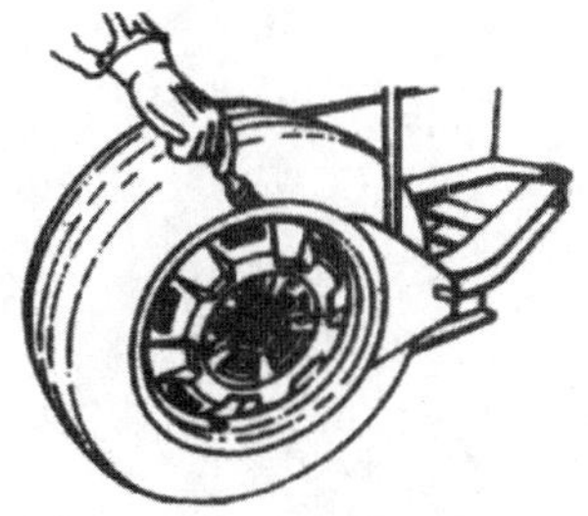

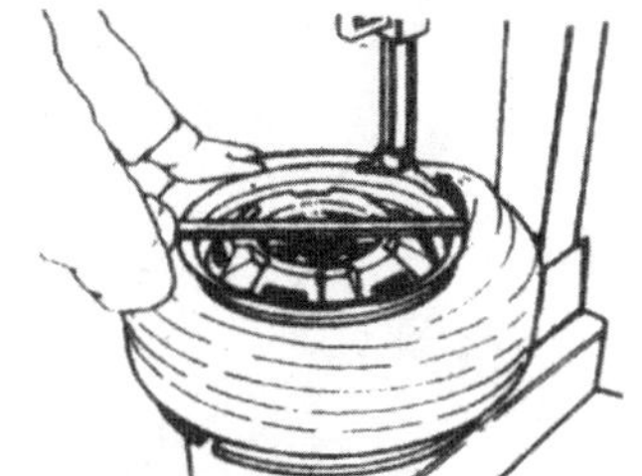

图 12–16　轮胎拆卸（1）　　**图 12–17　轮胎拆卸（2）**

（四）轮胎的安装

注意：在安装轮胎之前，先检查轮胎和轮辋尺寸是否相同。

1. 将轮辋锁定在转盘上。

2. 将胎缘置于拆装机上，左端向上，同时压低胎体。

3. 用浓肥皂液润滑胎缘，顺时针旋转转盘，让胎缘落入轮辋内，如图 12–18 所示。

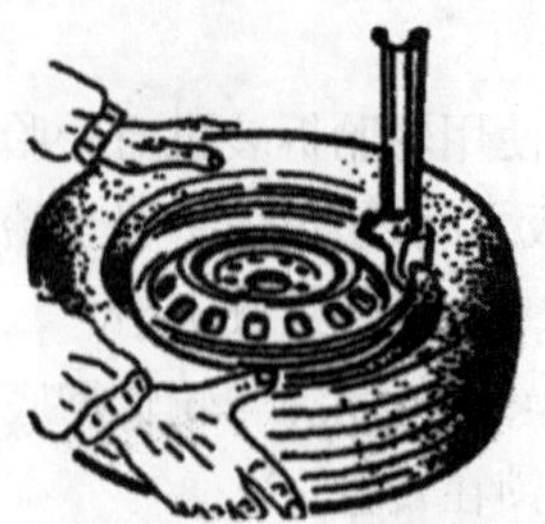

图 12–18　轮胎的安装

4. 如有内胎，将其套在轮辋上，重复以上步骤，安装轮胎的上部。

注意：如果轮辋尺寸相同，不用总是锁紧、松开锁紧杆，只需向一边移动手臂即可。在锁住过程中，不要把手放到胎和夹爪之间，避免造成人身伤害。

项目十三　制动器的检修

学习目标与要求

1. 了解制动系统的作用、类型。
2. 正确描述制动系统的制动原理和制动基本要求。
3. 熟悉车轮制动器的作用、类型和特点。
4. 正确描述盘式制动器的结构和工作原理。
5. 解释鼓式制动器的结构特点和工作原理。
6. 完成盘式、鼓式制动器间隙调整。
7. 按技术要求完成盘式、鼓式制动器的拆卸、安装及检修。

任务一　鼓式制动器的检修

任务引入

一辆桑塔纳 2000 轿车，将制动踏板踩到底进行制动时感觉汽车减速度小，车速下降缓慢；紧急制动时，不能在理想的制动距离内停车，制动距离过长，制动效果差。经检查，后轮制动器制动不良，需检修制动器。

任务分析

桑塔纳 2000 轿车后轮采用鼓式制动器，学习此任务，能够检修鼓式制动器。

任务实施

一、相关知识学习

（一）汽车制动系统概述

1. 汽车制动系的功用。以一定速度行驶的汽车，具有一定的动能。要使行驶的汽车按需要减速或停车，路面必须强制地对汽车车轮产生一个阻止汽车行驶的力，即制动力。为了确保汽车在复杂多变的道路上高速安全行驶，提高运输生产率，在各种汽车上都设有能让汽车及时减速停车的装置，这样的一系列专门装置称为制动系。汽车制动系主要功用：

（1）保证汽车行驶中能按驾驶员要求减速直至停车。

（2）保证汽车下坡行驶时速度保持稳定。

（3）保证停驶的汽车可靠停放，不致自动滑溜（特别是在坡道上停车）。

2. 制动系的类型。

（1）按功用分类。

①行车制动系：使行驶中的汽车减速甚至停车的一套专门装置。通常由驾驶员用脚来操纵，故又称脚制动系。

②驻车制动系：使已经停驶的汽车驻留原地不动，防止汽车滑溜的一套装置。通常由驾驶员用手来操纵，故又称手制动系。

③第二制动系：在行车制动系失效的情况下，保证汽车仍能实现减速或停车的一套装置。

④辅助制动系：经常在山区行驶的汽车以及某些特殊用途的汽车，为了提高行车的安全性和减轻行车制动系的性能衰退及制动器的磨损，用以在下长坡时稳定车速的一套装置。

其中，行车制动系和驻车制动系是每一辆汽车都必须具备的。

（2）按制动能量传输方式分类。

①机械式：主要利用机件直接传递制动力，如驻车制动系。

②液压式：利用制动液为介质来传递液压力，再将液压力转变为机械推力使汽车制动，多用于轿车的行车制动系。

③气压式：将压缩空气的压力转变为机械推力，使车轮产生制动，多用于货车的行车制动系。

（3）按制动能源分类。

①人力制动系：以驾驶员的身体作为唯一的制动力源。

②动力制动系：完全靠发动机的动力转化而成的气压或液压形式的势能进行制动。

③伺服制动系：兼用人力和发动机动力进行制动，发动机动力可以是发动机驱动的空气压缩机或油泵。

（4）按管路布置形式分类。

①单管路制动系统（已淘汰）：采用单一的气压或液压回路的制动系。

②双管路制动系统：所有行车制动器的气压或液压管路分属于两个彼此隔绝的回路。

3. 制动系的基本组成。汽车制动系统通常分为供能装置、控制装置、传动装置和制动装置四大部分。

（1）供能装置：包括供给、调节制动所需能量以及改善传能介质状态的部件，如真空制动助力器。

（2）控制装置：产生制动动作和控制制动效果的各种部件，如制动踏板。

（3）传动装置：将制动能量传输到制动器，迫使制动器产生摩擦作用的各种部件，如制动主缸、轮缸和连接管路等。

（4）制动装置：产生制动力，阻碍车辆运动或运动趋势的部件。

4. 制动系的工作过程（以鼓式液压制动为例，如图 13-1 所示）。

（1）制动系不制动时。汽车正常行驶，制动系统不工作时，所有部件处于安装的原始位置。制动蹄摩擦片与制动鼓内圆面之间保持一定的间隙，制动鼓随车轮可以自由旋转。

（2）制动系制动时。当行驶的汽车需要减速时，驾驶员踩下制动踏板，通过推杆推动主缸活塞，使主缸内的制动油液产生一定压力后经油管流入轮缸，油压推动两个轮缸活塞克服复位弹簧的拉力，使两制动蹄上端向两边张开绕支承销转动，当消除制动蹄与制动鼓之间的间隙后摩擦片压紧在制动鼓的内圆面上。这样，不旋转的制动蹄摩擦片就对旋转的制动鼓产生一个摩擦力矩 M_μ，其方向与车轮旋转方向相反，大小取决于轮缸的张开力、摩擦系数及制动鼓和制动蹄的尺寸。制动鼓将摩擦力矩 M_μ 传到车轮后，由于车轮与路面间有附着作用，车轮对路面作用一个向前的周缘力 F_μ，同时路面也对车轮作用一个向后的反作用力，即制动力 F_B。制动力 F_B 由车轮经车桥和悬架传给车架及车身，迫使汽车减速停车，制动力越大，汽车减速度也越大。各车轮制动力之和就是汽车受到的总制动力。

（3）解除制动。当放松制动踏板时，制动液流回主缸，在各回位弹簧作用下，制动蹄与制动鼓又恢复了原来的间隙，摩擦力矩 M_μ 和制动力 F_B 消失，从而制动作用解除。

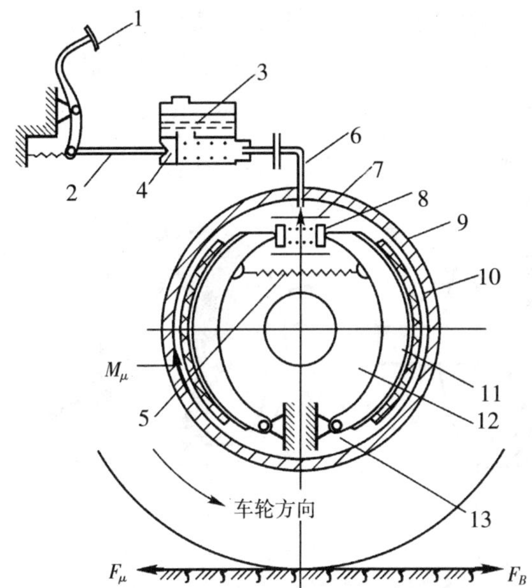

1－制动踏板；2－推杆；3－制动主缸；4－主缸活塞；5－回位弹簧；6－油管；7－制动轮缸；8－轮缸活塞；9－制动鼓；10－摩擦片；11－制动蹄；12－制动底板；13－支承销

图 13–1　制动系的工作示意图

5. 制动系的基本要求。

（1）具有良好的制动效能。汽车制动效能的评价指标有制动距离、制动减速度、制动力和制动时间。

（2）操纵轻便。操纵制动系所需的力不应过大，对于重型汽车，这一点极为重要。

（3）制动方向稳定性好。制动时，前后车轮制动力分配应合理，左右车轮上的制动力应基本相等，汽车能保持原有行驶方向的能力，即不甩尾或跑偏。

（4）制动平顺性好。制动力矩既能迅速、平稳的增加，也能迅速、彻底的解除。

（5）制动效能的恒定性。制动效能的恒定性指抗“热衰退”和抗“水衰退”的能力。连续制动时，摩擦片的散热快，抗“热衰退”能力要强，水湿后恢复速度要快。

（6）对带挂车的制动系，还要求挂车的制动作用略早于主车；挂车自行脱挂时能自动进行应急制动。

（二）制动器的类型和结构

图 13–1 所示的制动系中，由制动鼓、摩擦片和制动蹄所构成的系统产生了一个制动力矩（摩擦力矩 M_{μ}）以阻碍车轮转动系统被称为制动器。制动器的作用就是利用固定元件和旋转元件工作表面的摩擦而产生阻碍车辆运动或运动趋势的制动力来使汽车迅速减速或停车。制动器一般用作行车制动，也可以兼作驻车制动或辅助制动，是汽车制动系中起主要作用的制动装置。

1. 制动器的类型。

（1）按结构不同分类。

①盘式：旋转元件为制动盘，固定元件为制动钳，其工作面为圆盘两侧面。由制动钳上的摩擦衬块夹紧旋转的制动盘两侧实现制动，如图 13–2(a)所示。

②鼓式：旋转元件为制动鼓，固定元件为制动蹄，其工作面为制动鼓内圆柱面。利用制动蹄上摩擦衬片压紧旋转的制动鼓内侧产生制动，如图 13–2(b)所示。

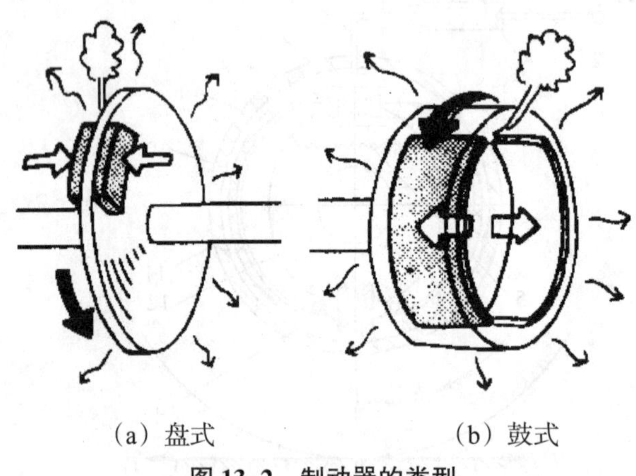

（a）盘式　　（b）鼓式

图 13–2　制动器的类型

（2）按旋转元件固装位置分类。

①车轮制动器：旋转元件固装在车轮或半轴上，制动力矩直接作用于两侧车轮上。

②中央制动器：旋转元件固装在传动系的传动轴上，其制动力矩需经过驱动桥再分配到两侧车轮上，一般只用于驻车制动系。

2. 制动器的基本结构。制动器通常由旋转部分、固定部分、张开机构和调整机构四部分组成。

（1）旋转部分：制动鼓或制动盘，固定在轮毂上随车轮一起旋转。

（2）固定部分：制动蹄或制动钳、制动底板、摩擦衬片。

（3）张开机构：制动液压轮缸或制动凸轮。

（4）调整机构：由鼓式制动器调整机构固定在制动底板上的偏心支承销和调整凸轮（气压式为制动调整臂）组成，用于调整蹄、鼓之间的间隙。

3. 鼓式车轮制动器类型。

（1）按工作方式分为内张型和外束型两种。内张型制动鼓以其内圆柱面为工作表面，采用带有摩擦片的制动蹄作为固定元件，在汽车上广泛应用；外束型制动鼓的工作表面则是外圆柱面。

（2）按制动蹄促动装置不同可分为轮缸式和凸轮式两种，分别对应液压制动系统和气压制动系统。制动蹄促动装置的形式、张开力作用点和制动蹄支承点的布置形式不同，使制动器的工作性能也有所不同。

（三）轮缸式鼓式制动器

轮缸式鼓式制动器是以液压轮缸对制动蹄端加力促动。该制动器主要零部件有制动鼓和轮毂总成、制动蹄总成、制动底板、液压轮缸、制动蹄回位弹簧及压紧装置、调节机构和驻车制动机构等，如图 13–3 所示。固定元件是制动蹄和制动底板，旋转元件为制动鼓。

根据制动时两制动蹄对制动鼓的径向作用力之间的关系，可分为非平衡式、平衡式和自动增力式。

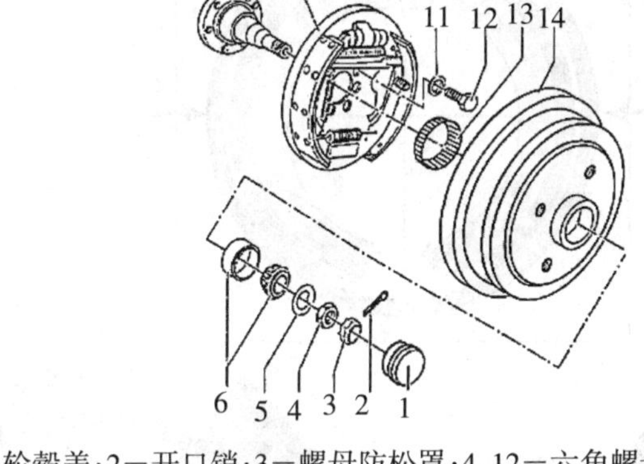

1－轮毂盖；2－开口销；3－螺母防松罩；4、12－六角螺母；5－止推垫圈；6－车轮锥轴承；7－螺栓；8－转速传感器；9－车轮支撑短轴；10－制动器总成；11－弹簧垫圈；13－转速传感器齿圈；14－制动毂

图 13–3　桑塔纳 2000 轿车后轮鼓式制动器

1. 非平衡式制动器。

（1）结构特点。如图 13–4 所示，制动蹄促动装置为一双活塞轮缸，制动蹄上端在弹簧拉力作用下与轮缸活塞靠紧，下端可绕支点旋转。在制动鼓正、反向旋转时，有领蹄（张开方向与鼓旋转方向相同）和从蹄（张开方向与鼓旋转方向相反）之分。汽车向前行驶时，左侧制动蹄称为领蹄，右侧制动蹄称为从蹄；当汽车倒驶时，制动鼓反转，原领蹄变成从蹄，而原从蹄则变成领蹄。

该制动器结构简单，但在制动时，两蹄上产生的摩擦力将不同，故称为非平衡式制动器。

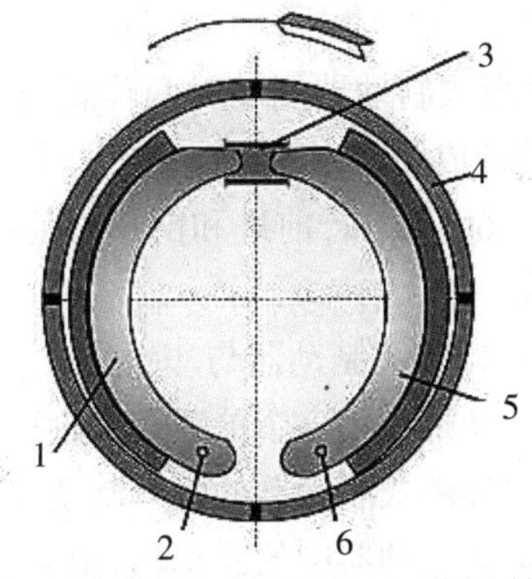

1－领蹄；2－支点；3－制动轮缸；4－制动鼓；5－从蹄；6－支点

图 13–4　非平衡式制动器结构

（2）工作原理。如图 13–5 所示，制动时，两活塞在油压的作用下产生相等的张力 F，制动蹄在张力 F 的作用下，分别绕各自的支承销向外旋转压紧在制动鼓上。旋转着的制动鼓对两制动蹄分别作用法向反力 F_1 和 F_2 以及相应的切向摩擦反力 T_1 和 T_2。制动蹄 1 上切向摩擦反力 T_1 对制动蹄作用力矩与张力 F 对该制动蹄作用力矩同向。所以摩擦反力 T_1 的作用使制动蹄在制动鼓上压得更紧从而压力也更大，这种现象称为“增势作用”，故该蹄也叫增势蹄；与此相反，摩擦反力 T_2 使制动蹄 2 上张力 F 作用减小，称为“减势作用”，故该蹄也叫减势蹄。

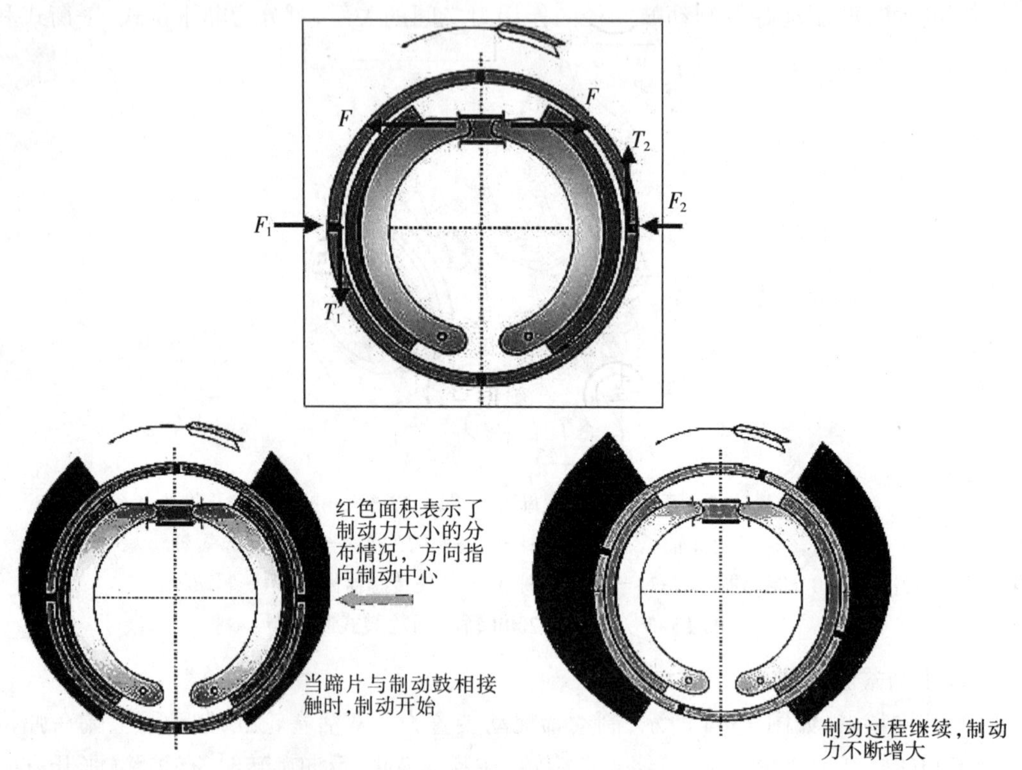

图 13–5　简单非平衡式制动器受力图

倒车制动时，虽然制动蹄 2 变成领蹄，制动蹄 1 变成从蹄，但整个制动器的制动效能还是同前进制动时一样。

由于制动蹄摩擦片磨损，使蹄鼓间隙加大，制动灵敏变差，可采用转动凸轮或偏心支承销来调整蹄鼓间隙。

2. 平衡式制动器。为了解决非平衡式制动器制动时两蹄制动力不相等问题，提高制动效能，在一些汽车上，将前后制动蹄都设计成领蹄。如果仅在前进时前后制动蹄都为领蹄的制动器称为单向双领蹄式制动器，如图 13–6 所示；若前进和倒车时前后制动蹄都为领蹄，则称为双向双领蹄式制动器，如图 13–7 所示。

（1）单向双领蹄式制动器。单向双领蹄式制动器与非平衡式制动器在结构上主要有两点不同：一是单向双领蹄式制动器的两制动蹄各用一个单活塞式轮缸，而非平衡式制动器的两蹄共用一个双活塞式轮缸；二是单向双领蹄式制动器的两套制动蹄、制动轮缸、支承销在制动底板上的布置是中心对称的，而非平衡式制动器中的制动蹄、制动轮缸、支承销在制动底板上的布置是轴对称的。

在汽车前进制动时，两蹄均为领蹄，制动器的制动效能因而得到提高。但倒车制动时，该制动器两制动蹄都变为从蹄，制动效能下降很多。

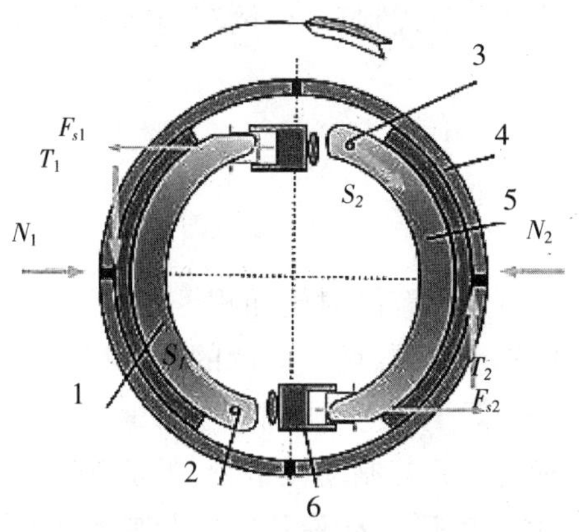

1－制动蹄；2、3－支撑销；4－制动鼓；5－制动蹄；6－制动轮缸

图 13-6　单向双领蹄式制动器

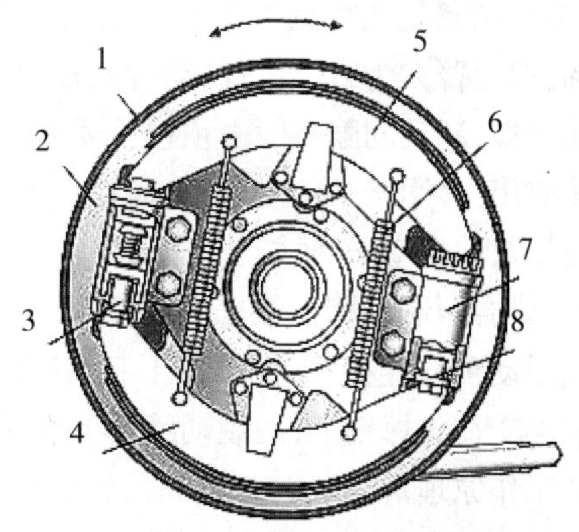

1－制动底板；2－制动鼓；3－可调支座；4、5－制动蹄；6－回位弹簧；7－轮缸；8－支座

图 13-7　双向双领蹄式制动器

（2）双向双领蹄式制动器。与非平衡式制动器相比，双向双领蹄式制动器在结构上有三个特点：一是采用两个双活塞式制动轮缸；二是两制动蹄的两端都采用浮式支承，且支点周向位置也是浮动的；三是制动底板上的所有固定元件，如制动蹄、制动轮缸、回位弹簧等都是成对的，而且既按轴对称又按中心对称布置。

3. 自动增力式制动器。为了使制动力矩更大，有些汽车采用自动增力式制动器，这是一种利用某一制动蹄的增势作用，使另一制动蹄的制动力更大的鼓式车轮制动器。只在前进时起增力作用的称为单向自动增力式制动器，如图 13-8 所示；前进和倒车都起增力作用的称为双向自动增力式制动器，如图 13-9 所示。

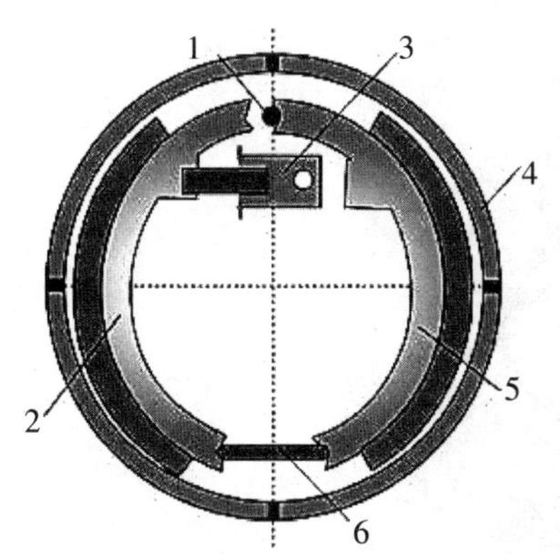

1－支撑销；2－第一制动蹄；3－制动轮缸；4－制动鼓；5－第二制动蹄；6－可调顶杆体

图 13-8　单向自动增力式制动器

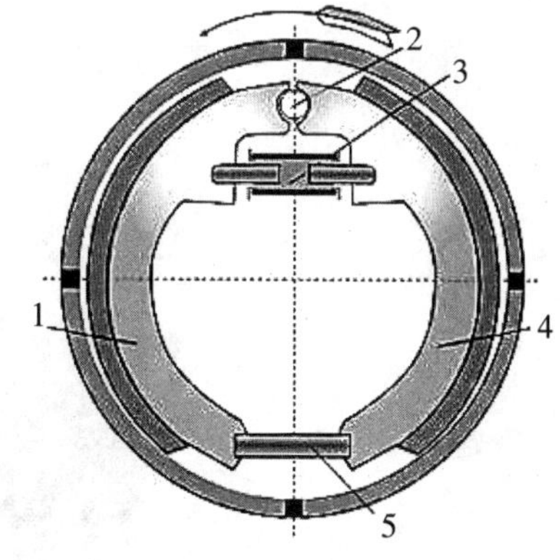

1－前制动蹄；2－支撑销；3－轮缸；4－后制动蹄；5－顶杆

图 13-9　双向自动增力式制动器

（1）单向自动增力式制动器。

①结构：浮动顶杆浮支在两蹄下端，单活塞式轮缸只作用于第一蹄上，制动器只在上方有一个支撑销。

②工作原理:前进制动时,轮缸活塞加力于第一蹄,整个制动蹄绕顶杆左端支撑点旋转,压靠在制动鼓上。浮动顶杆成为第二蹄的促动装置,受力分析可知第二蹄产生制动力矩远大于第一蹄(两蹄均为领蹄),制动效能高于非平衡式或平衡式制动器。倒车制动时两蹄虽然仍是领蹄,但力臂大为减小,故制动效能较低。

③调整:制动间隙一般由顶杆长度的改变来调节。

④应用:多用于中、轻型汽车前轮。

(2) 双向自动增力式制动器。

①结构:两制动蹄上端采用双活塞式轮缸连接,可向两蹄同时施加相等的促动力。两蹄下端采用浮动顶杆连接,支撑销位于制动底板的顶部。不制动时,两制动蹄的上端在回位弹簧的作用下浮支在支撑销上,两制动蹄的下端在拉簧的作用下浮支在顶杆两端的凹槽中。

②工作原理。汽车前进制动时,轮缸迫使制动蹄向外并与制动鼓接触,于是旋转着的制动鼓与两制动蹄之间产生摩擦作用。由于顶杆是浮动的,前后制动蹄及顶杆沿制动鼓的旋转方向转过一个角度,直到后制动蹄的上端再次压到支撑销上。由于后蹄受顶杆的促动力大于轮缸的促动力,后蹄上端不会离开支撑销。汽车倒车制动时,制动器的工作情况与上述相反。

③应用。多用于轿车后轮,如丰田皇冠、桑塔纳轿车。

(四) 凸轮式鼓式制动器

如图 13-10 所示,两个制动蹄的一端套在偏心支承销上,另一端靠回位弹簧拉靠在制动凸轮上,在制动蹄的外圆弧面上铆有两块石棉摩擦片。制动凸轮与制动凸轮轴制成一体,制动凸轮轴通过支座固定在制动底板上,轴端有花键与制动调整臂内的涡轮相连。制动调整臂的另一端则和制动气室的推杆连接叉相连。

制动时,压缩空气进入制动气室,制动调整臂在制动气室推杆的推动下带动制动凸轮轴转动,制动凸轮旋转迫使两制动蹄张开并压紧在制动鼓上,产生相应的制动作用。由于凸轮轮廓的中心对称性,以及两蹄结构和安装的轴对称性,凸轮转动所引起的两蹄位移必然相等。

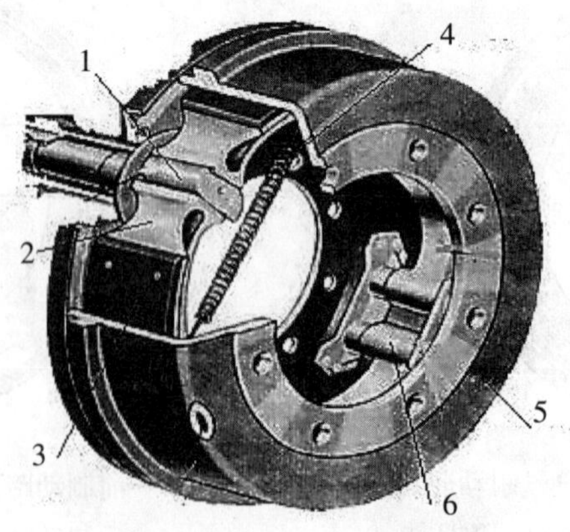

1—凸轮;2—制动蹄;3—摩擦片;4—回位弹簧;5—制动鼓;6—支撑销

图 13-10　凸轮式鼓式制动器

当放松制动踏板时,制动气室中的压缩空气排出,推杆回位,凸轮也恢复初始状态,两制动蹄在回位弹簧的作用下上端支承面紧靠凸轮的两侧,制动蹄、鼓之间保持一定的间隙,制动作用解除。

凸轮式制动器的间隙可以根据需要进行局部或全面调整。局部调整是利用制动调整臂来改变制动凸轮的原始角位置。在制动调整臂体和两侧的盖所包围的空腔内装有调整涡轮和调整涡杆。转动涡杆，即可在制动调整臂与制动气室推杆的相对位置不变的情况下，通过涡轮使制动凸轮轴转过一定角度，从而改变制动凸轮的原始角位置。全面调整时，还应同时转动带偏心轴颈的支撑销，以改变制动器支撑端的间隙。

（五）桑塔纳轿车鼓式制动器特点

桑塔纳轿车后制动器为带有驻车制动的鼓式制动器，其结构如图 13-11 所示。

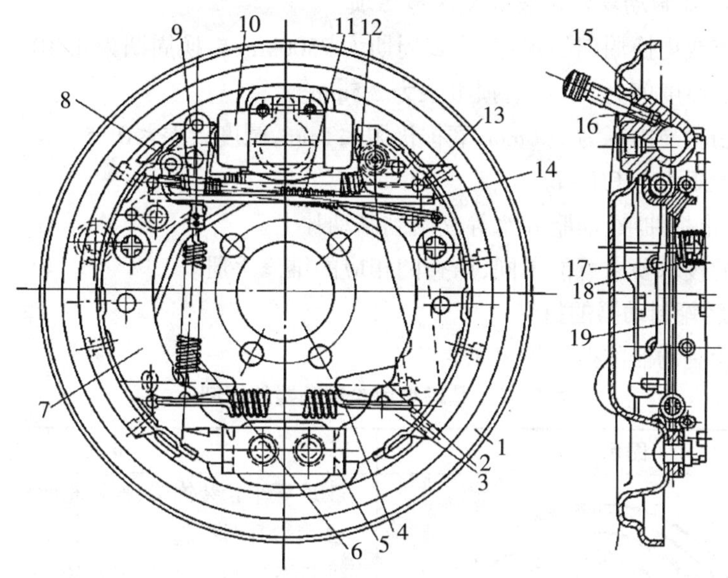

1—制动底板；2—杠杆；3—右制动蹄；4—下回位弹簧；5—固定块；6、11、12、18—弹簧；7—左制动蹄；8—观察孔；9—楔形调节块；10—轮缸活塞；13—销；14—中间杆；15—制动轮缸；16—放气螺钉；17—圆销；19—压板

图 13-11　桑塔纳轿车鼓式制动器结构

桑塔纳鼓式制动器的制动鼓直径有 180mm 和 200mm 两种。

后制动器的制动底板 1 紧固在后桥焊接件上，底板上端固定制动轮缸 15。轮缸直径有 14.29mm、15.87mm、17.46mm 三种，缸内两端装有带耳槽的轮缸活塞 10。轮缸上还设有放气螺钉 16。

制动底板 1 下部的固定块 5 两端有凹槽，与轮缸活塞上的耳槽一起用以嵌进左、右制动蹄 7、3 的辐板上。制动蹄辐板上、下两端圆销 17、弹簧 18 和压板 19 组成使制动蹄做限量移动并保持蹄面垂直的装置，便于与制动鼓内圆自动调节同心。

左、右制动蹄下端用下回位弹簧 4 拉紧，上端分别靠弹簧 11 和 12 拉向中间杆 14。由于弹簧 12 的弹性系数比弹簧 11 的大，在正常的制动间隙时弹簧 11 被拉长，使中间杆与楔形调节块 9 之间的间隙增加。于是，楔形调节块在弹簧 6 的拉力下向下移动，以适应中间杆 14 和楔形调节块 9 之间的间隙增量，从而达到自动调节制动蹄与制动鼓内表面之间的制动间隙的目的。观察孔 8 用以检查制动蹄摩擦片的磨损情况，其磨损极限为 2.5mm。

二、实践操作

（一）准备工作

1. 桑塔纳 2000 教学用车一辆。
2. 常用拆装工具一套。
3. 汽车举升器。
4. 干净的抹布、维修手册、工单等。

（二）桑塔纳鼓式制动器技术要求及注意事项

1. 制动片检查或更换周期的规定：检查周期为 7500km，更换周期为 4×10^4～5×10^4km。
2. 制动蹄标准厚度值为 5mm，磨损极限为 2.5mm。
3. 制动器的制动鼓内径为 200mm，磨损极限≤1mm，圆度误差≤0.15mm。
4. 车轮螺栓力矩为 110N·m。
5. 安装时，禁止将油液、油脂和水等黏附到制动片上。
6. 不同车型的技术要求可能不同，请查阅相应的维修手册。

（三）桑塔纳后轮制动器的拆装

1. 桑塔纳后轮制动器的拆卸见表 13–1。

表 13–1　桑塔纳后轮制动器的拆卸

项目	图示	步骤
后轮制动器的分解	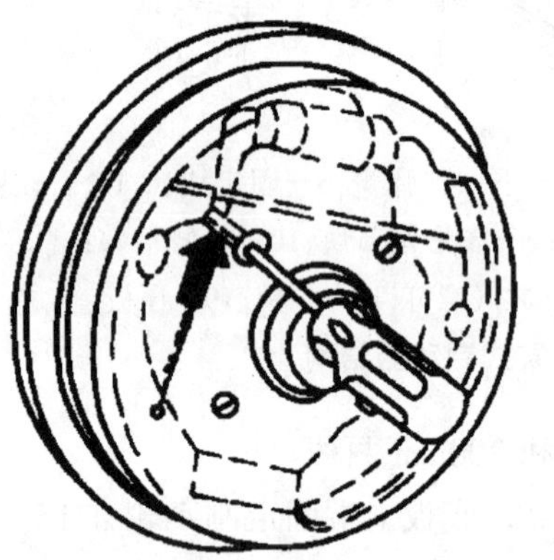	①取下车轮装饰罩，拧松轮胎螺栓。 ②用举升器举起汽车。 ③拆下轮胎螺母，取下车轮。 ④用专用工具撬下轮毂盖，取下开口销和开槽垫圈，旋下调整螺母，取出止推垫圈。 ⑤如图所示，通过车轮螺栓孔向上拨动调整楔形块，使制动蹄摩擦片与制动毂的间隙增大。 ⑥拉出制动毂，用尖嘴钳拆下制动蹄保持弹簧、弹簧座圈和定位销。 ⑦用钳子拆下制动杆上的驻车制动拉索
	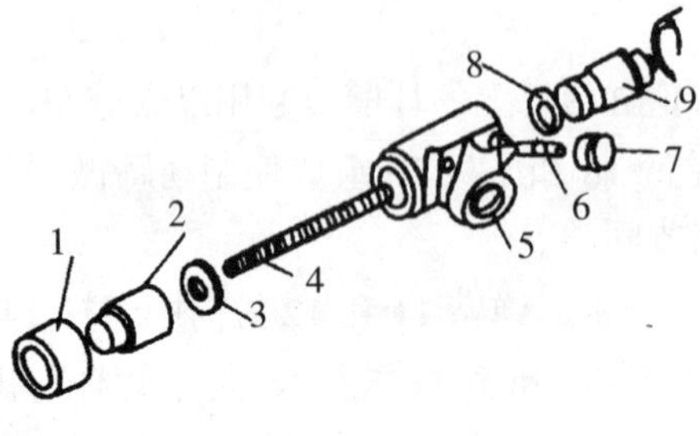 制动分泵的分解 1、7－防尘罩；2、9－活塞；3、8－密封圈；4－弹簧；5－泵体；6－放气螺栓	⑧取下楔形调整块弹簧和上回位弹簧。 ⑨拆下制动蹄。 ⑩将带推杆的制动蹄夹紧在台钳上，拆下定位弹簧，取下制动蹄。 ⑪从制动底板上拆下制动分泵。 ⑫制动分泵的分解如左图所示： a. 拆下泵体两端活塞防尘罩。 b. 从泵体两端取出活塞和密封圈。 c. 从泵体内取出弹簧。 d. 取下放气螺栓防尘罩，拆下放气螺栓

2. 后轮制动器的装复步骤如下：

①制动分泵的组装：

a. 清洁各分泵零件。

b. 将弹簧装入泵体内。

c. 在活塞和皮圈上应涂以制动液进行润滑。

d. 分别从两端依次装上密封圈、活塞和防尘罩。

e. 装上放气螺栓和放气螺栓防尘罩。

②将制动分泵按固定力矩紧固于制动底板上。

③装上回位弹簧，并将制动蹄与推杆连接好。

④装上楔形调整块，凸出一边朝向制动底板。

⑤将另一带有驻车制动杆的制动蹄装到推杆上。

⑥装入上回位弹簧，将驻车制动拉索装在驻车制动杆上。

⑦将制动蹄装上制动底板，靠住制动分泵。

⑧装入下回位弹簧，提起制动蹄，将制动蹄装到下面的支架中。

⑨装上楔形件的回位弹簧、制动蹄保持弹簧和弹簧座。

⑩使制动蹄回位。

⑪装上制动毂以及后轮轴承和螺母，然后调整好后轮轴承预紧度。

⑫用力踩制动踏板一次，使制动蹄能正确就位，以自动调整制动蹄与制动毂的间隙。制动间隙为 0.2～0.3mm

（四）桑塔纳轿车鼓式制动器的检修及调整

桑塔纳轿车鼓式制动器的检修及调整见表 13–2。

表 13–2　桑塔纳轿车鼓式制动器的检修及调整

项目	图示	内容
制动鼓的检修	制动鼓 游标卡尺 测量失圆度的工具	检查制动鼓内表面有无烧损、刮痕、磨损、变形和裂纹，若不能修磨应更换新件。 检查制动鼓内表面直径。如图所示，用游标卡尺或专用仪器检查内表面直径，标准值为 ϕ200mm，使用极限为 ϕ201mm。 检查制动鼓内表面圆度误差。用仪器测量制动鼓内表面的圆度误差，内圆柱面的圆度误差不得大于 0.15mm，圆柱度误差不得大于 0.05mm；超过极限应更换新件。 制动鼓内圆工作表面对旋转轴线的径向全跳动误差不得大于 0.10mm

续表

项目	图示	内容
制动蹄及摩擦片的检修	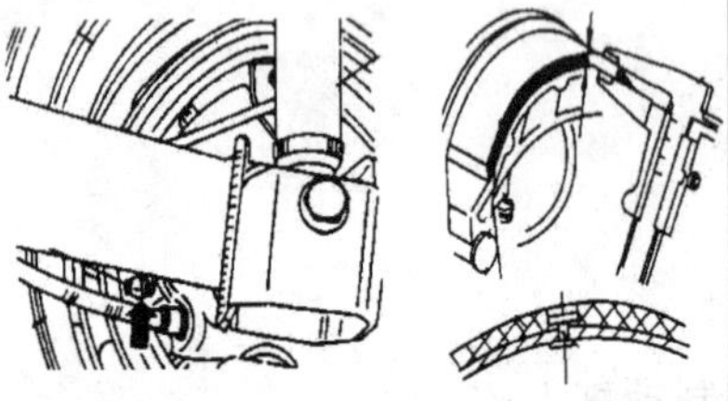	用直观及敲击检查制动蹄及其摩擦片，应无裂纹、弯曲扭曲或变形。 用游标卡尺深度尺测量摩擦片铆钉头距摩擦片表面应不小于0.5mm，否则换用新摩擦片或制动蹄总成。 当摩擦片龟裂或严重油污时，应更换摩擦片。若摩擦片油污较轻，衬片只有少量磨损，可用汽油清洗油污，清洗后必须加温烘干，然后用锉刀和粗砂布修磨平整，再与制动鼓表面试测贴合面积，需达到技术标准才能允许继续使用。 制动蹄摩擦衬片厚度检查，如图所示。在未拆下车轮时，可通过制动器底板上的检视孔进行检查。用游标卡尺或直尺测量制动蹄片的厚度，标准值为5mm，使用极限为2.5mm
鼓蹄接触面积检查	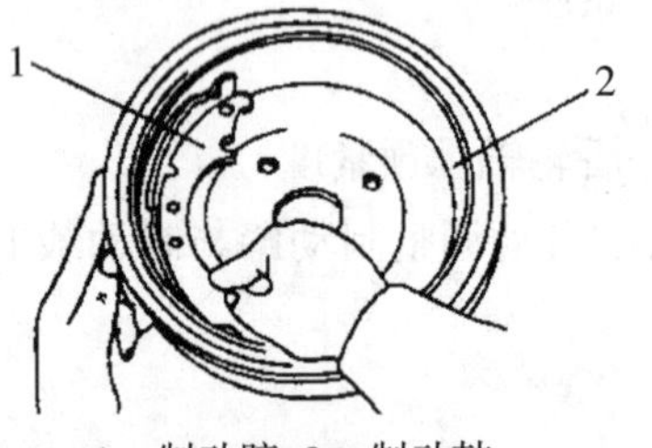 1—制动蹄；2—制动鼓	将后制动鼓摩擦衬片表面打磨干净后，靠在后制动鼓上，检查两者的接触面积，应不小于60%，否则应继续打磨摩擦衬片的表面
回位弹簧的检查	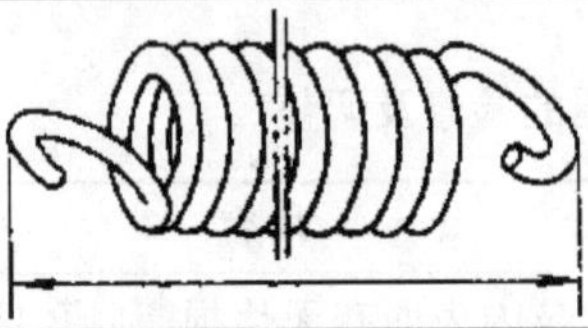	若弹簧自由长度增加5%，则应更换新弹簧
鼓式制动器制动间隙的自动调整	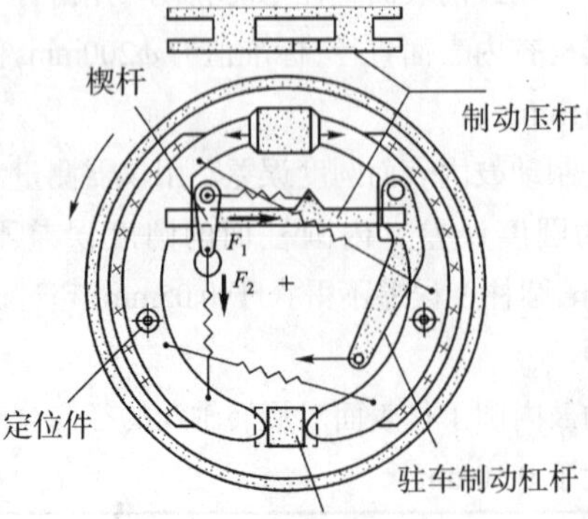 楔杆 制动压杆 F_1 F_2 定位件 驻车制动杠杆 浮式支撑座	如图所示，两个制动蹄之间有一制动压杆相连，楔杆的水平弹簧使楔杆与制动压杆之间产生摩擦，防止楔杆下移，楔杆的垂直弹簧的弹力使楔杆有下移的趋势。若制动间隙正常时，楔杆静止不动。 当制动间隙大于规定值时，制动蹄张开的行程加大，垂直弹簧的弹力 F_2 也增大，此时 $F_2>F_1$，迫使楔杆下移。同时制动压杆的水平弹力也被加大，摩擦力 F_1 也相应增大，楔杆与制动压杆在新的位置处于静止状态。 放松制动后，制动蹄在回位弹簧作用下收拢，由于制动压杆变长，只能被靠在新的位置上，不可能恢复到制动前的位置。于是磨损变大的制动间隙便得到了补偿，恢复到初始的间隙，实现制动间隙自动调整，保持规定的制动间隙值不变

任务二　盘式制动器的检修

任务引入

一辆丰田卡罗拉 1.6MT 轿车，配有带 EBD 的 ABS 防抱死制动系统，前后制动器均为盘式。该车行驶一段时间后，制动时感觉不灵而且前制动器处有异响，需检修。

任务分析

卡罗拉轿车制动时制动器处有异响产生，可疑原因有：摩擦衬块破裂或变形、摩擦衬块脏污或磨光、制动缸安装螺栓松动、制动盘擦伤、摩擦衬块松动、滑动销磨损、消音垫片损坏等故障。学习此任务，能够检修盘式制动器。

任务实施

一、相关知识学习

盘式制动器摩擦副中的旋转元件是以两侧面为工作面的金属盘，通常安装于车轮的内侧，称为制动盘。固定不动的元件称制动钳，制动钳上安装只能移动不能转动的两块或两块以上数量的摩擦块，在制动钳上轮缸活塞的作用下，摩擦块夹紧制动盘，从而产生制动作用。盘式制动器散热能力强，热稳定性能好，目前轿车、小客车的前轮大多采用盘式制动器。

1. 盘式制动器的类型。根据摩擦片及制动钳的结构形状不同，盘式制动器可以分为钳盘式和全盘式两种，其中钳盘式制动器又可分为定钳盘式和浮钳盘式两种。

（1）定钳盘式制动器。定钳盘式制动器的制动钳通过螺栓与转向节（前桥）或桥壳（后桥）固定安装在一起，既不能旋转也不能沿制动盘轴向移动。制动钳体中设有左、右制动轮缸，轮缸中各有一个活塞来促动摩擦块，钳体中有油道将两侧轮缸接通。制动摩擦块是以石棉为基础材料加热模压制成的摩擦块和钢质背板铆合并粘结而成，通过两根导向销悬装在钳体上并可沿导向销移动。制动盘伸入制动钳的两个制动摩擦块之间，如图 13–12 所示。

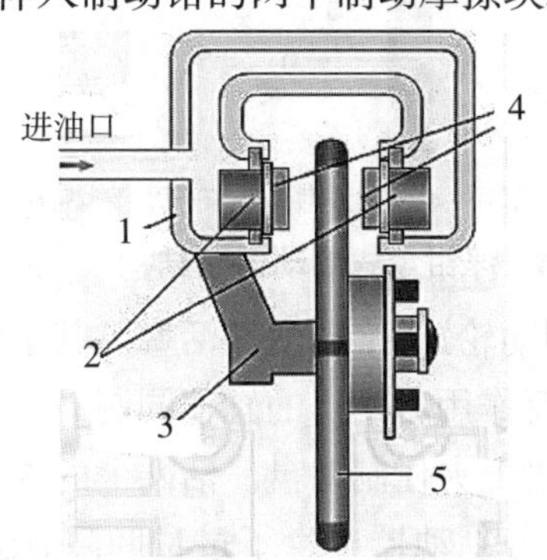

1—制动钳体；2—活塞；3—车桥部；4—摩擦块；5—制动盘

图 13–12　定钳盘式制动器的结构

制动时，制动液由制动主缸经进油口被压入钳体中左、右两轮缸内，两活塞在制动液压力作用下带动两侧摩擦块做相向移动紧压在与车轮固定连接的制动盘上，产生制动作用。在活塞移动过程中，橡胶密封圈的刃边在摩擦作用下随活塞移动，使密封圈产生弹性变形。解除制动时，活塞和摩擦块总成在密封圈的弹力作用下退回，直到密封圈变形完全消失为止。此时摩擦块与制动盘之间的间隙即为设定间隙，如图 13-13 所示。

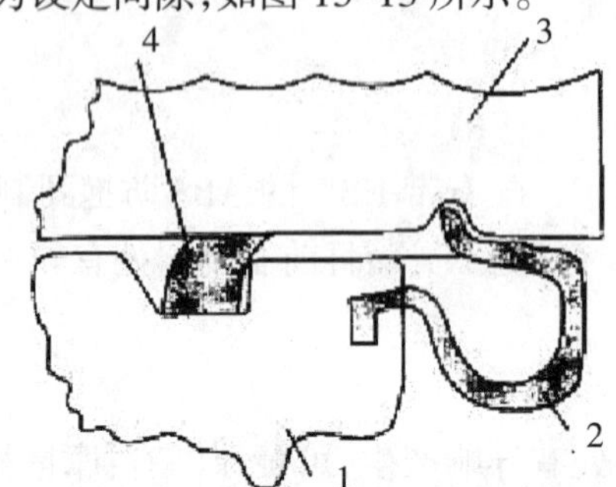

1—制动钳；2—保持夹；3—活塞；4—密封圈

图 13-13 活塞密封圈的工作状态

定钳盘式制动器油缸较多，使制动钳结构复杂；油缸分置于制动盘两侧，必须用跨越制动盘的钳内油道或外部油管来连通，使得制动钳的尺寸过大，难以安装；热负荷大时，油缸和跨越制动盘的油管或油道中的制动液容易受热气化；若要兼用于驻车制动，则必须加装一个机械促动的驻车制动钳。这些缺点使得定钳盘式制动器难以适应现代汽车的使用要求。

（2）浮钳盘式制动器。浮钳盘式与定钳盘式的不同之处在于制动钳体通过导向销与车桥相连，可以相对于制动盘做轴向移动。制动钳只在制动盘的内侧设置制动轮缸，而外侧的制动摩擦块则固定在制动钳支架的内端面上，如图 13-14 所示。

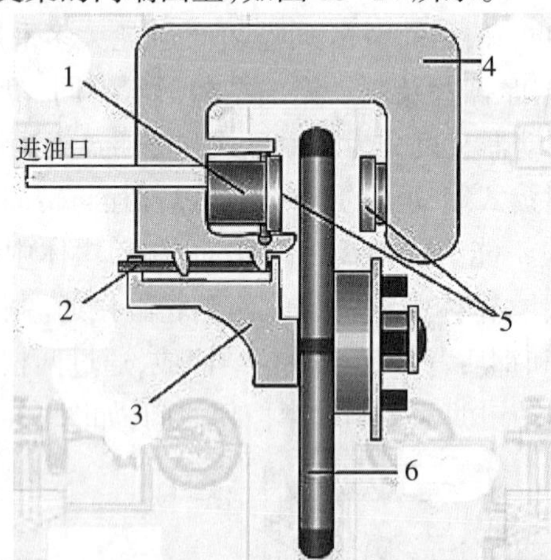

1—活塞；2—导向销；3—车桥；4—制动钳体；5—摩擦块；6—制动盘

图 13-14 浮钳盘式制动器的结构

制动时，制动液通过进油口进入制动轮缸，推动内侧活塞及其上的摩擦块向右移动，并压到制动盘上，同时制动钳体上受到的反作用力使得油缸连同制动钳体整体沿销钉向左移动，直到制动盘右侧的摩擦块也压到制动盘上夹住制动盘。活塞上的橡胶密封圈在制动时变形，解除制动时便恢复原状，使活塞回位。若制动器产生了过量间隙，则活塞将相对于密封圈滑移，通过此实现间隙自动调整。当活动摩擦块摩擦到允许极限厚度时，部分汽车还设置了报警电路对驾驶员发出需要更换摩擦块的警告。

与定钳式制动器相反，浮钳式制动器的单侧油缸结构不需要跨接制动盘的油道，故轴向和径向尺寸都较小，布置更方便，而且制动液受热气化的机会较少。此外，浮钳盘式制动器在兼充行车和驻车制动器的情况下，只需在行车制动钳油缸附近加装一些用以推动油缸活塞的驻车制动机械传动零件即可，不用加设驻车制动钳，结构简单。故自 20 世纪 70 年代以来，浮钳盘式制动器逐渐取代了定钳盘式制动器。

（3）全盘式制动器。在重型和超重型载货汽车上，要求有更大的制动力，为此采用了全盘式制动器。全盘式制动器摩擦副的固定元件和旋转元件都是圆盘形的，分别称为固定盘和旋转盘。其结构原理与摩擦离合器相似，法国产梅西尔全盘式制动器的结构如图 13–15 所示。

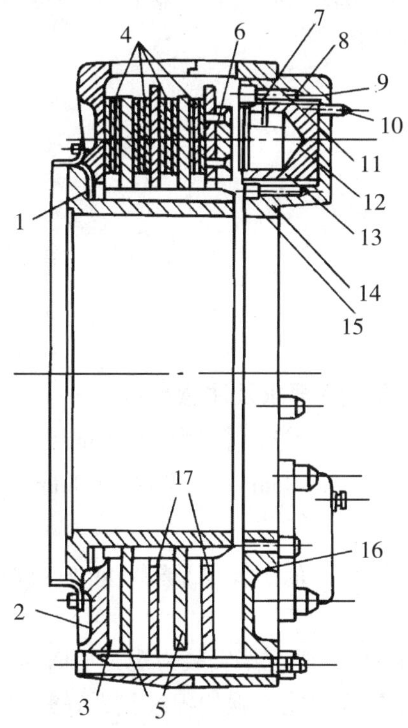

1—旋转花键毂；2—外侧壳体；3—带键螺栓；4—摩擦片；5—旋转盘；6—垫块；7—固定弹簧盘；8—油缸体；9—套筒密封圈；10—放气阀；11—活塞密封圈；12—活塞；13—活塞套筒；14—活塞套筒回位弹簧；15—调整螺圈；16—内侧壳体；17—固定盘

图 13–15　全盘式制动器的结构

制动器壳体由盘状的内外侧壳体组成，用 12 个带键螺栓连接，外侧壳体固定于车桥上。每个螺栓上都铣切出一个平键，装配时，两个固定盘外周缘上的 12 个键槽与 12 个螺栓上的平键做动配合，从而固定了其角位置，但轴向可以自由滑动。两面都铆有 8 块扇形摩擦片的两个旋转盘与旋转花键毂通过滑动花键连接，花键毂则固定于车轮轮毂上。内侧壳体上装有 4 个油缸。不制动时，活塞套管由回位弹簧推到外极限位置。制动时，油缸活塞连同套管在液压作用下压缩回位弹簧，将所有的固定盘和旋转盘都推向外侧壳体，各盘相互压紧而实现制动。全盘式制动器的各盘都封闭在壳体中，散热条件较差。

2. 盘式制动器的特点。盘式制动器与鼓式制动器相比，有以下特点：

（1）优点。

①散热能力强，热稳定性好。受热后，制动盘沿厚度方向的热膨胀量极小，不会影响制动间隙。

②抗水衰退能力强。受水浸后，制动盘上的水在离心力作用下很快被甩干，摩擦衬片上的剩水也由于压力高而容易挤出，只需经一两次制动即可恢复正常。

③效能较稳定，制动时的平顺性好。

④结构简单，尺寸和质量一般较小，维修方便。

⑤制动间隙小，较易实现间隙自动调整。

（2）缺点。

①效能较低。制动时要求管路液压比鼓式制动器的高，一般需要伺服装置。

②防污性差，制动衬片磨损较快。

二、实践操作

（一）准备工作

1. 卡罗拉 1.6MT 教学用车一辆。
2. 常用拆装工具一套。
3. 汽车举升器。
4. 干净的抹布、维修手册、工单等。

（二）卡罗拉轿车盘式制动器技术要求及注意事项

1. 制动片检查或更换周期的规定：检查周期为 7500km，更换周期为 4×10^4～5×10^4km。
2. 前轮制动摩擦衬块标准厚度：12.0mm，最小厚度：1.0mm；后轮标准厚度：9.5mm，最小厚度：1.0mm。
3. 前轮制动盘标准厚度：22.0mm，最小厚度：19.0mm；后轮制动盘标准厚度：9.0mm，最小厚度：7.5mm。
4. 车轮螺栓力矩为 103N·m；轮缸固定架安装力矩为 70N·m。
5. 拆卸制动软管接头时，要用吸附能力强的棉纱包裹好漏油部位。
6. 拆下的制动盘和制动钳应轻拿轻放，避免损坏、刮伤。
7. 检修时，为避免摩擦块上的石棉碎屑粉尘进入人体肺部，不要用气压软管吹或干刷子清洁制动器，最好使用真空吸尘器吸。
8. 安装时，禁止将油液、油脂及其他异物触及制动摩擦块、制动钳、制动盘表面以及轮毂外表面。
9. 不同车型的技术要求可能不同，请查阅相应的维修手册。

（三）卡罗拉轿车盘式制动器的拆装

卡罗拉轿车左前轮盘式制动器的拆装见表 13–3。

表 13–3 卡罗拉轿车左前轮盘式制动器的拆装

项目	图示	步骤
卡罗拉轿车前轮制动器的拆卸	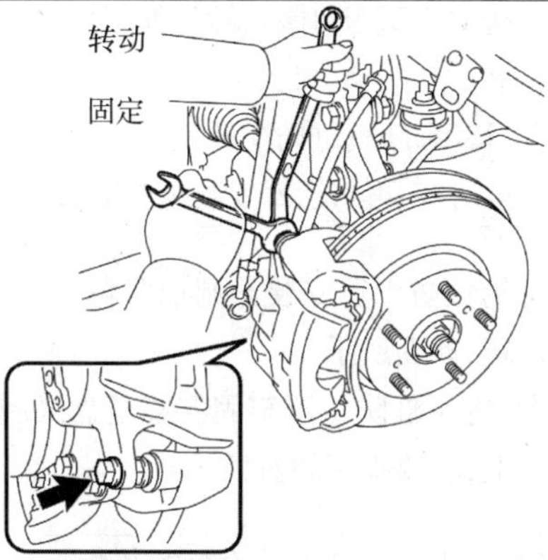 转动 固定	①拆卸前轮。 ②排净制动液。 ③拆下接头螺栓和衬垫，从制动器轮缸总成上分离前挠性软管。 ④固定制动器轮缸滑销，拆下 2 个螺栓，取下制动器轮缸总成，如图所示。 ⑤从制动器轮缸固定架上拆下 2 个摩擦衬块。 ⑥从各摩擦衬块上拆下 4 个消音垫片
	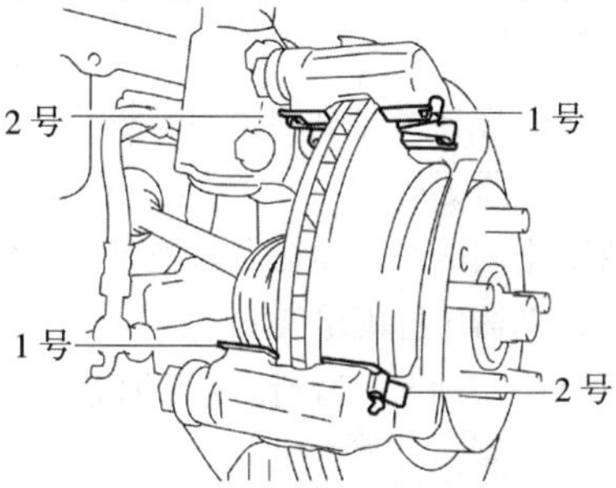 2 号 1 号 1 号 2 号	⑦拆下制动器摩擦块支撑板，如图所示。 ⑧从制动器轮缸固定架上拆下制动器轮缸滑销。 ⑨用螺丝刀从制动器轮缸滑销上拆下制动器轮缸滑套
	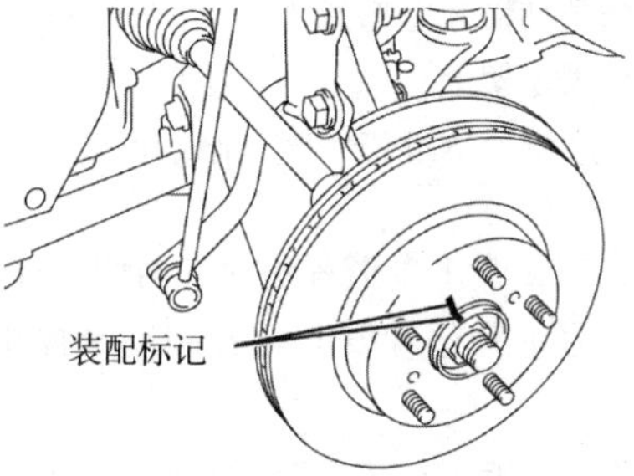 装配标记	⑩从制动器轮缸固定架上拆下 2 个轮缸衬套防尘罩。 ⑪从转向节上拆下 2 个螺栓和制动器轮缸固定架。 ⑫在制动盘和车桥轮毂上做好装配标记，拆下前制动盘，如图所示
前轮制动器拆解	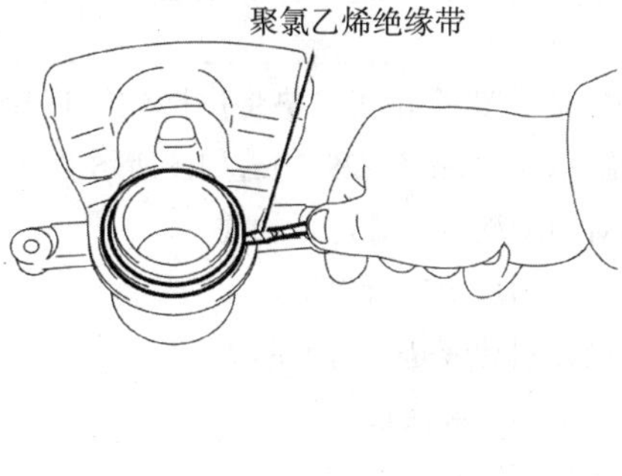 聚氯乙烯绝缘带	①用螺丝刀从制动器轮缸上拆下轮缸防尘罩定位环和轮缸防尘罩，如图所示。 ②在活塞和制动器轮缸之间放置一块抹布。用压缩空气从轮缸上拆下活塞。 ③从制动器轮缸上拆下活塞密封圈。 ④拆卸制动器放气螺塞盖和放气螺塞

续表

项目	图示	步骤
前轮制动器的装配	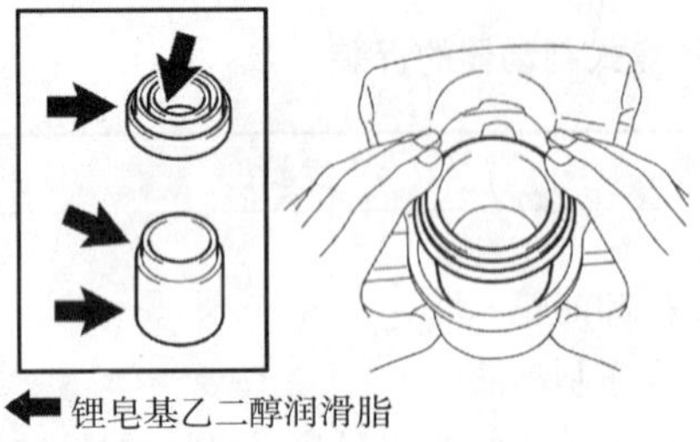 锂皂基乙二醇润滑脂	①暂时紧固制动器放气螺塞，等放气后再完全紧固放气螺塞。 ②安装制动器放气螺塞盖。 ③在新的活塞密封圈上涂抹润滑脂后安装至制动器轮缸上。 ④在活塞和新轮缸防尘罩上涂抹润滑脂后将防尘罩安装至活塞，再将活塞安装至轮缸，如图所示
	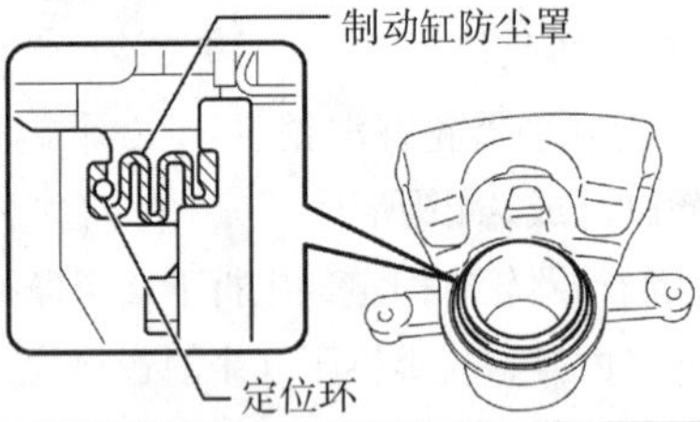 制动缸防尘罩 定位环	⑤将轮缸防尘罩安装至制动器轮缸总成，安装好新定位环，如图所示。 注意：将轮缸防尘罩牢固安装至盘式制动器轮缸和活塞上，不要损坏轮缸防尘罩
前轮制动器的安装	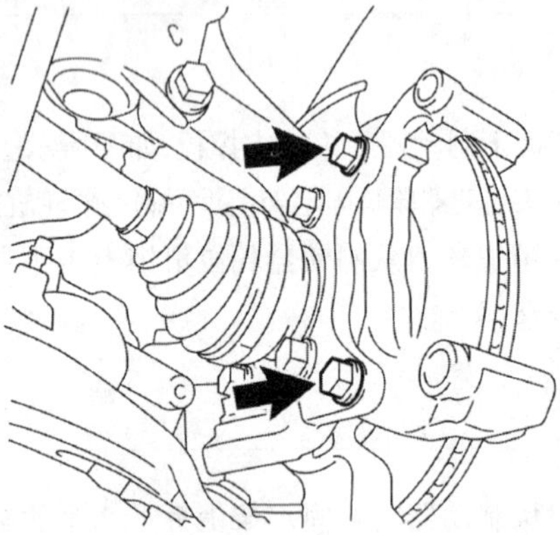	①对准制动盘和车桥轮毂的装配标记安装制动盘。 ②用 2 个螺栓将轮缸固定架安装至转向节，扭矩：107N·m，如图所示。 ③在 2 个新的制动器衬套防尘罩上涂抹润滑脂后安装至制动器轮缸固定架上。 ④在新的制动器轮缸滑套上涂抹润滑脂后安装至轮缸滑销上。 ⑤在制动器轮缸滑销上涂抹润滑脂后安装至制动器轮缸固定架上。 ⑥将摩擦块支撑板安装至制动器轮缸固定架
	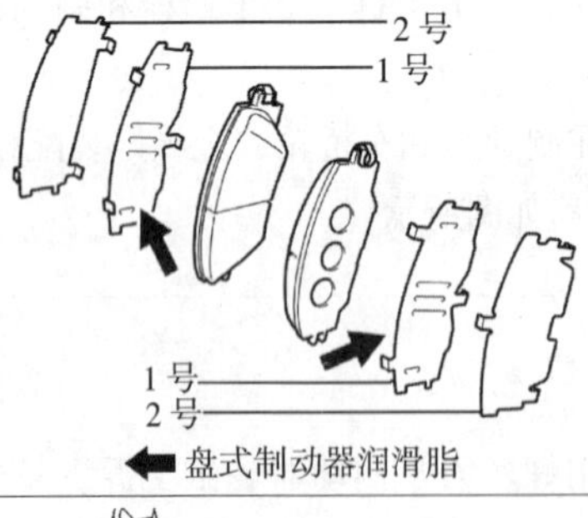 2 号 1 号 1 号 2 号 盘式制动器润滑脂	⑦先在 2 个 1 号消音垫片的两侧涂抹润滑脂，再将 1、2 号消音垫片安装至各制动摩擦块，如图所示。 ⑧将 2 个摩擦块安装至制动器轮缸固定架。 ⑨固定制动器轮缸滑销，并用 2 个螺栓将制动器轮缸总成安装至轮缸固定架，扭矩：34N·m
	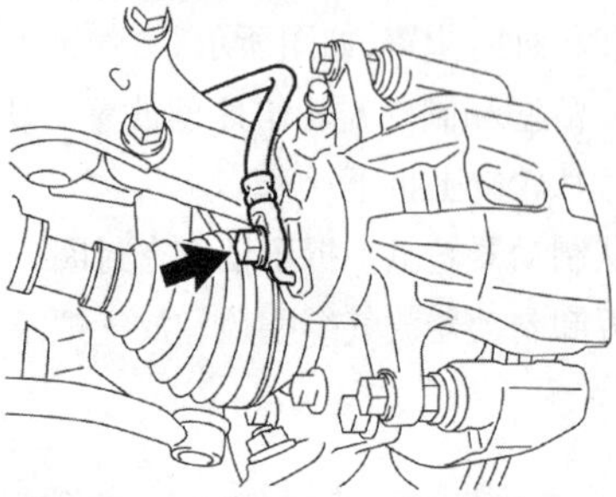	⑩用接头螺栓和新衬垫将挠性软管连接至制动器轮缸总成上，扭矩：29N·m，如图所示。 ⑩对制动液储液罐进行加注。 ⑫对制动系统进行放气。 ⑬检查制动液是否有泄漏。 ⑭检查制动液液位。 ⑮安装前轮，扭矩：103N·m

（四）盘式制动器的检修

盘式制动器的检修见表 13–4。

表 13–4　盘式制动器的检修

项目	图示	步骤
检查制动钳		①检查制动钳体，若发现有漏油之处，应换用新的活塞密封圈。 ②检查活塞表面有无划痕及锈蚀，检查活塞有无发卡现象。 ③检查卡钳支架有无裂纹或损坏。 ④检查防尘罩是否有破裂和损坏。 ⑤检查制动钳缸体内孔是否生锈或有划痕
检查摩擦块厚度	直尺	①用尺测量摩擦块厚度，当过度磨损时，应更换新件。 前轮标准厚度：12.0mm，最小厚度：1.0mm。 后轮标准厚度：9.5mm，最小厚度：1.0mm。如果衬块厚度小于最小厚度，应更换。 ②检查摩擦片磨损是否均匀，表面是否有异物
检查摩擦块支撑板		确保盘式制动器衬块支撑板有足够的弹性；检查是否有变形、裂纹或磨损；清除所有的锈迹和污垢，如有必要，更换盘式制动器衬块支撑板
检查制动盘厚度	螺旋测微器	检查制动盘表面是否有划痕。 用螺旋测微器测量制动盘厚度，如果制动盘厚度小于最小值，更换制动盘。 前轮标准厚度：22.0mm，最小厚度：19.0mm。 后轮标准厚度：9.0mm，最小厚度：7.5mm
检查制动盘径向跳动	百分表	用百分表在距离制动盘外缘 10mm 的地方测量制动盘的径向跳动。 前制动盘最大径向跳动：0.05mm；后制动盘最大径向跳动：0.15mm。 如果径向跳动超过最大值，可改变车桥轮毂上制动盘的安装位置以减小径向跳动。如果安装位置改变后径向跳动仍超过最大值，则研磨制动盘

（五）盘式制动器制动间隙的调整

一般盘式制动器的制动间隙为自动调整，制动器重新装配后，只要连续踩下几次制动踏板，制动间隙即可正常。

如图 13-16 所示，矩形密封圈嵌在制动油缸内的矩形槽中，密封圈内圆与活塞外圈配合较紧。当车轮制动时，活塞被压向制动盘，密封圈随即发生弹性变形。解除制动时，密封圈恢复原状，活塞被拉回原位。

当制动盘与摩擦衬块因多次制动磨损后，造成制动间隙逐渐增大。当增大值超过活塞的设置行程时，活塞在制动液压力作用下，克服密封圈的摩擦阻力，能继续前移直至达到完全制动为止。

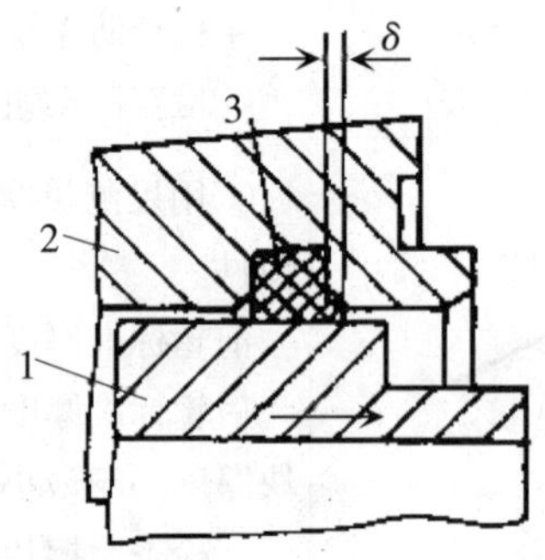

1—活塞；2—制动油缸；3—密封圈

图 13-16　盘式制动器制动间隙自动调整

项目十四　制动传动装置的检修

学习目标与要求

1. 概述液压和气压制动传动系统组成及工作原理。
2. 识别卡罗拉轿车液压制动系统零部件组成及管路布置。
3. 概述制动主缸结构特点、工作原理。
4. 完成卡罗拉轿车制动主缸的拆卸、装配和检修。
5. 完成液压制动系统管路空气排除。
6. 完成制动踏板的自由行程的调整。
7. 说明真空助力器的结构和工作原理。
8. 完成真空助力器的拆装和检修。
9. 概述气压制动传动系统主要零部件的结构特点。
10. 完成气压制动传动系统主要零部件的拆装和检修。

任务一　液压制动传动系统的检修

任务引入

一辆卡罗拉 1.6MT 轿车，维持制动时，踏板绵软且位置偏低，制动力不足，制动距离很长。经检查确认液压装置均正常，需对制动传动装置进行检查、调整与维修。

任务分析

卡罗拉轿车制动时踏板位置太低、踏板绵软的主要原因有制动系统油液泄漏、制动系统中有空气、制动轮缸活塞密封圈磨损或损坏、制动主缸有故障和制动助力器推杆异常等。学习此任务，能够按技术要求检修液压制动传动系统。

任务实施

一、相关知识学习

（一）液压制动传动装置概述

1. 作用。将驾驶员或其他动力源的制动作用传到车轮制动器，控制制动器工作，从而获得所需要的制动力矩。

2. 分类。按制动管路套数可分为单管路制动传动装置和双管路制动传动装置。

（1）单管路制动传动装置。单管路是通过一套相互连通的管路，控制全车制动器。若传动装置中一处漏油，会使整个制动系统失效。目前，单管路制动传动装置已被淘汰。

（2）双管路制动传动装置。现代汽车都采用了双管路制动传动装置。双管路是利用两个彼此独立的液压系统，当一个液压系统发生故障时，另一个液压系统仍然照常工作，从而提高了汽车制动的可靠性和安全性，双管路布置形式有前后独立式和交叉式两种，如图 14–1 所示。

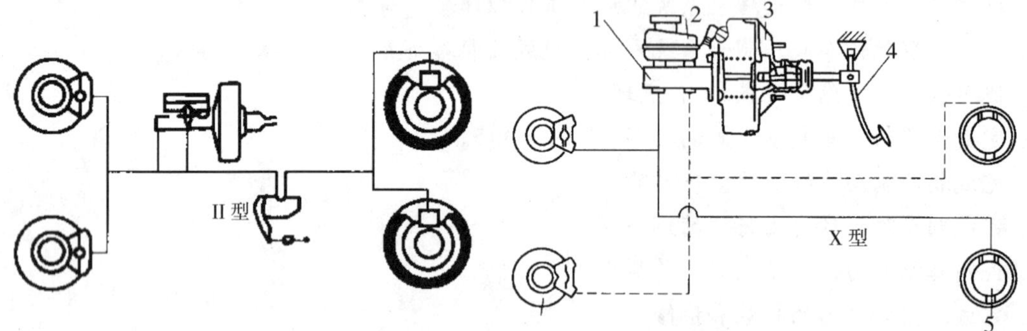

1－制动主缸；2－制动液罐；3－储液室；4－制动踏板；5－制动器

图 14–1　双管路液压传动装置布置形式

①前后独立式（Ⅱ型）。由双腔主缸通过两套（一轴对一套）独立管路分别控制前后车轮制动器。它主要用于对后轮制动依赖性较大的发动机后置后轮驱动的汽车。

②交叉式（X 型）。这种双管路采用对角线布置，每套管路连接一个前轮和对角线上的一个后轮。它主要用于对前轮制动力依赖性较大的发动机前置前轮驱动的汽车。

当制动系统中任一回路失效，剩余制动力仍能保持正常总制动力的 50%，如图 14–2 所示。

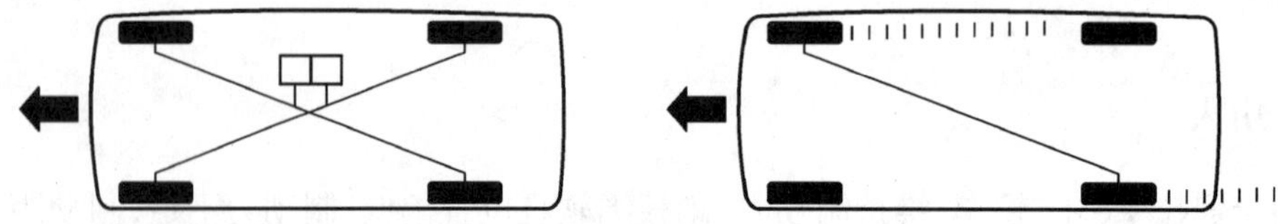

图 14–2　交叉式管路制动系统

3. 液压制动传动装置工作原理。轿车液压制动传动装置主要由踏板、真空助力器、液压制动主缸、轮缸、管路等组成。液压制动传动装置是利用特制油液作为传动介质，制动时，踩下制动踏板，推动制动主缸活塞前移，为了减轻驾驶员施加于制动踏板上的力，增设了真空助力器。在真空助力器的协助下，放大作用在制动主缸活塞上的力，推杆推动双腔制动主缸的主缸前后活塞前移，使主缸前后腔油压升高，制动液分别同时流至前后车轮制动器轮缸。轮缸的活塞在制动液压力的作用下，向外移动，把摩擦片压紧在旋转的制动盘或制动蹄上，通过摩擦产生制动作用，使车辆停住。

液压制动传动装置特点：制动柔和灵敏，结构简单，维护方便，不消耗发动机功率。但操纵较费力，制动力不太大，制动液受温度变化而降低其制动效能，如有空气渗入或制动液渗漏会降低制动效能甚至失效。通常在这种传动装置中增设制动增压或助力装置。液压制动传动装置已广泛应用在轿车和重型汽车上，如图 14–3 所示。

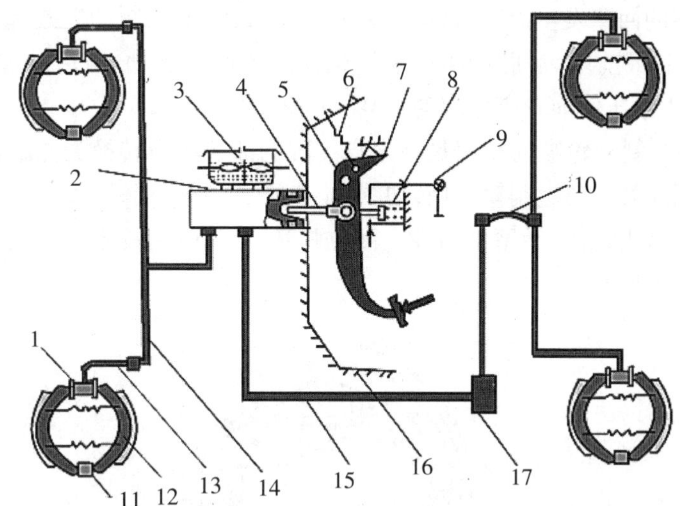

1－轮缸；2－制动主缸；3－储油罐；4－推杆；5－支撑销；6－回位弹簧；7－制动踏板；8－制动灯开关；9－指示灯；10－软管；11－支撑座；12－制动踏板；13－软管；14－前桥油管；15－后桥油管；16－地板；17－比例阀

图 14–3　液压制动传动装置的组成

（二）制动传动装置主要装置构造

1. 制动主缸。

（1）作用。制动主缸是将制动踏板机械能转换成液压能。双管路液压制动传动装置中的制动主缸可分为串联双腔和并联双腔两类。

（2）构造。制动主缸的构造如图 14–4 所示，主缸上部的储液罐与主缸有两个相连通的接口，可分别向主缸第一腔和第二腔供油。主缸内有两个活塞，后活塞右端连接推杆，前活塞位于缸筒中间把主缸内腔分成两个腔，两腔分别与前后两条液压管路相通，通过管路将制动液输入到轮缸。每个腔室还有各种回位件、密封件、复合阀等。

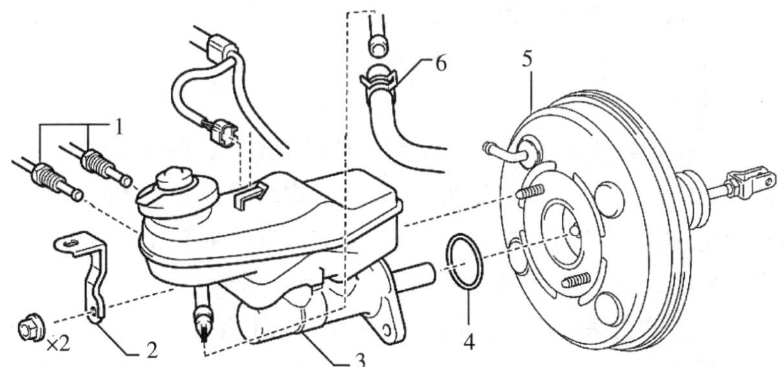

1－制动管路；2－线束卡夹支架；3－制动主缸分总成；4－O 形圈；5－制动助力器；6－离合器管

图 14–4　制动主缸的构造

（3）工作原理。制动时，主缸中的推杆向前移动，使皮碗盖住储液罐进油口，此时后腔室液压升高，迫使油液向后轮制动器流动，推动后轮制动器工作。与此同时，在后腔液压和后活塞弹簧弹力作用下，推动前活塞向前移动，前腔压力也随之提高，迫使油液流向前轮制动器，推动前轮制动器工作。

放松制动踏板，主缸中活塞和推杆在前后活塞弹簧的作用下回到原始位置，制动解除。

当前腔控制的回路发生故障时，前活塞不产生液压，前轮制动失效。但在后活塞液力作用下，前活塞被推到最前端，后腔产生的液压仍使后轮产生制动。若后腔控制的回路发生故障时，前腔仍能产生液压使前轮产生制动，确保行车安全。

2. 制动轮缸。制动轮缸的作用是把来自主缸的油液压力转换为轮缸活塞的机械推力，使制动蹄压靠在制动鼓上产生制动作用，如图 14–5 所示。

制动轮缸通常由缸体、活塞、密封圈、回位弹簧、放气螺塞等零部件组成。制动轮缸有单活塞式和双活塞式类型。

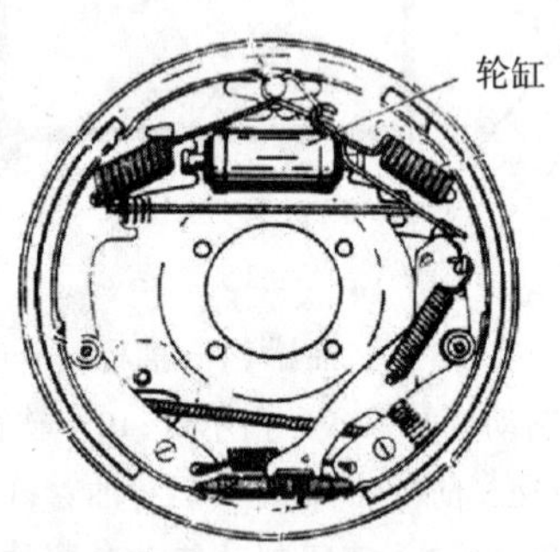

图 14–5 制动轮缸

二、实践操作

（一）准备工作

1. 卡罗拉 1.6MT 教学用车一辆。
2. 常用拆装工具一套。
3. 汽车举升器。
4. 干净的抹布、维修手册、工单等。

（二）卡罗拉轿车液压制动系技术要求及注意事项

1. 前放气螺塞 8.3N·m；后放气螺塞 10N·m。
2. 制动主缸管路力矩：15N·m。
3. 制动踏板至踏板支架螺母力矩：37N·m；制动踏板支架安装至仪表板加强件扭矩：24N·m。
4. 踏板距离地板的高度：145.8～155.8mm；踏板自由行程：1.0～6.0mm。
5. 踏板行程余量：踏板力 294N 时，不带 VSC 85mm，带 VSC 90mm。
6. 从制动助力器上拆下主缸前，确保释放制动助力器真空。
7. 拆卸主缸时需小心处理，避免主缸遭受任何冲击。不要敲击主缸活塞或用其他任何方式对主缸活塞造成损坏。
8. 将主缸安装至制动助力器或从制动助力器上拆下主缸时，确保主缸水平或端面向下（活塞面朝上）以防主缸活塞掉落。
9. 不要让任何异物污染主缸活塞，如果活塞沾染异物，用抹布或布条将其擦掉，然后在活塞周边均匀涂抹润滑脂。

（三）卡罗拉轿车制动踏板的拆装与调整

卡罗拉轿车制动踏板构造如图 14–6 所示，拆装与调整见表 14–1。

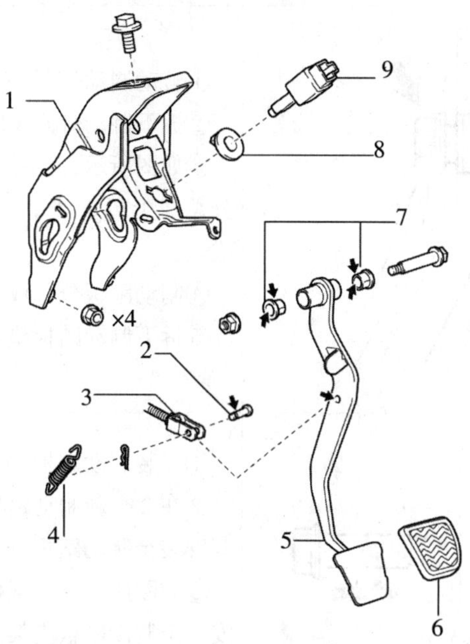

1－制动踏板支架；2－推杆 U 形夹销；3－推杆 U 形夹；4－制动踏板回位弹簧；5－制动踏板；6－制动踏板垫；7－制动踏板衬套；8－刹车灯开关座调节器；9－刹车灯开关

图 14–6　卡罗拉轿车制动踏板构造

表 14–1　卡罗拉轿车制动踏板的拆装与调整

项目	图示	步骤
制动踏板的拆卸		①拆卸上仪表板。 ②拆卸仪表板 1 号底罩分总成。 ③从制动踏板支架分总成上拆下制动踏板回位弹簧。 ④拆下卡子和 U 形夹销，从制动踏板分总成上分离制动主缸推杆 U 形夹
		⑤从仪表板加强件上拆下螺栓，分离制动踏板支架分总成，断开刹车灯开关连接器并脱开 2 个卡夹，最后松开 4 个螺母拆下制动踏板支架分总成，如图所示

续表

项目	图示	步骤
制动踏板的拆解	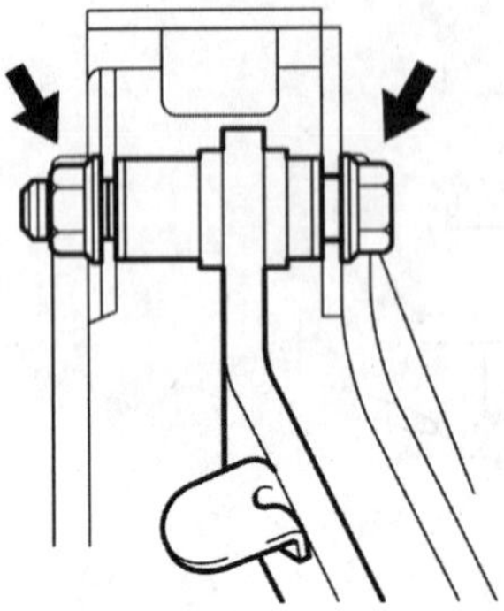	①转动制动灯开关总成并将其拆下。 ②拆下制动灯开关座调节器。 ③如图所示,拆下螺栓和螺母,从制动踏板支架分总成上拆下2个制动器衬套和制动踏板分总成。 ④制动踏板分总成上拆下2个制动踏板衬套。 ⑤拆下制动踏板垫
制动踏板重新装配	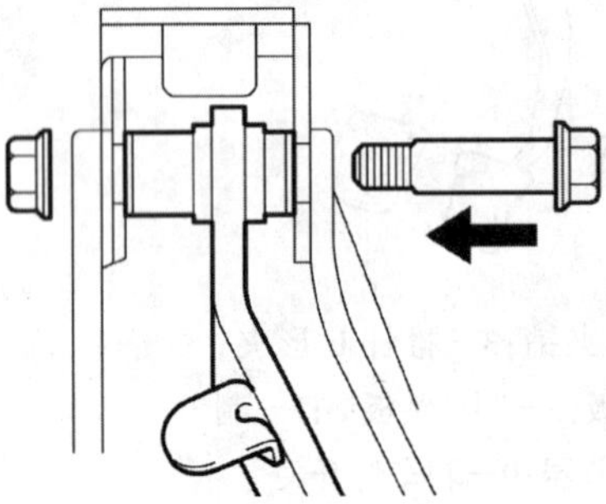	①安装制动踏板垫。 ②在2个新制动踏板衬套上涂抹润滑脂，并将其安装至制动踏板分总成上。 ③如图所示，用螺栓和螺母将制动踏板分总成安装至制动踏板支架分总成上,扭矩:37N·m。 ④安装刹车灯开关座调节器。 ⑤先暂时紧固刹车灯开关总成，等调整好制动踏板高度后,再完全安装刹车灯开关总成
制动踏板安装	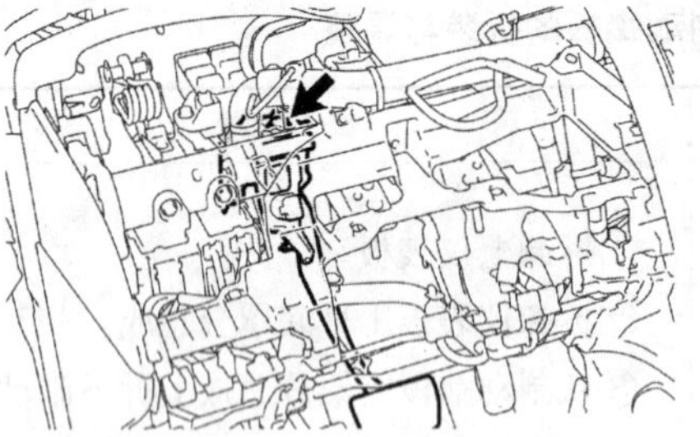	①安装制动踏板支架分总成。首先用4个螺母安装制动踏板支架分总成,扭矩:13N·m。然后连接刹车灯开关连接器并接合2个卡夹。最后用螺栓将制动踏板支架分总成安装至仪表板加强件,扭矩:24N·m,如图所示
	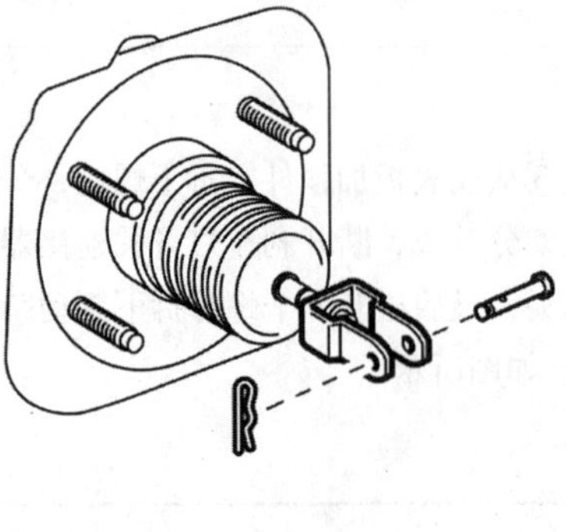	②用推杆销将制动主缸推杆U形夹连接至制动踏板,并安装新卡子,如图所示。 ③在制动踏板支架分总成和制动主缸推杆U形夹之间安装制动踏板回位弹簧。 ④检查并调整制动踏板高度。 ⑤检查制动踏板自由行程。 ⑥检查制动踏板行程余量。 ⑦安装仪表板1号底罩分总成。 ⑧安装上仪表板。 注意:在推杆销上涂抹锂皂基乙二醇润滑脂

续表

项目	图示	步骤
检查调整制动踏板高度	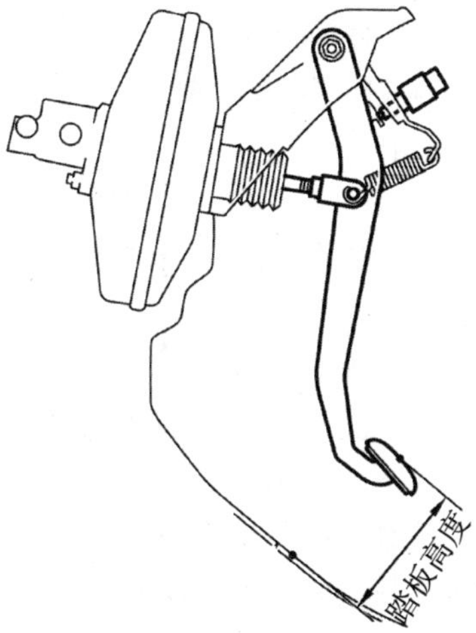	①检查制动踏板高度。翻起地毯,从前围消声器固定架上的开口处翻转前围消声器,测量制动踏板表面和地板踏板之间的最短距离,如图所示。踏板距离地板踏板的高度:145.8～155.8mm。 ②调整制动踏板高度。 a. 断开制动灯开关连接器。 b. 拆下制动灯开关总成。 c. 松开推杆U形夹锁紧螺母。 d. 转动推杆以调整制动踏板高度。 e. 调整好后拧紧推杆U形夹锁紧螺母,扭矩:26N·m。 f. 将制动灯开关插入调节器固定架,直至开关壳体接触到制动踏板。 g. 最后调整好制动灯开关和连接好开关连接器。 注意:在调整制动踏板高度时不要踩下制动踏板
检查制动踏板自由行程	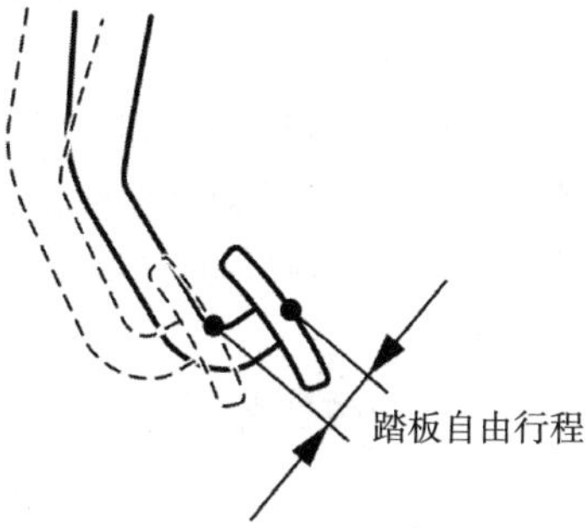	①关闭发动机,多次踩下踏板直至制动助力器内无真空,松开制动踏板。 ②再次踩下踏板直至感觉到轻微的阻力时停止,测量距离,如图所示。 ③踏板自由行程:1.0～6.0mm,如果踏板自由行程不符合规定,检查刹车灯开关间隙
检查制动踏板行程余量	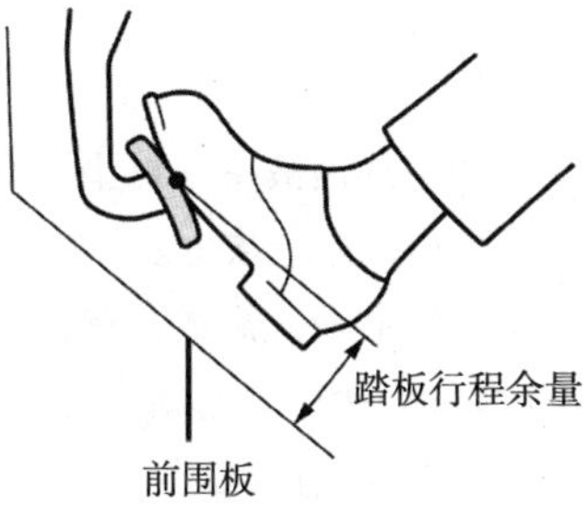	①松开驻车制动杠杆。 ②发动机运转时踩下制动踏板测量踏板行程余量,如图所示。踏板行程余量:踏板力294N时,不带VSC 85mm,带VSC 90mm

（四）卡罗拉轿车制动主缸的拆装与检修。

1. 卡罗拉轿车制动主缸的拆装见表 14-2。

表 14-2　卡罗拉轿车制动主缸的拆装

项目	图示	步骤
制动主缸的拆卸		①拆卸 2 号气缸盖罩。 ②拆卸挡风玻璃刮水器总成。 ③排净制动液。 ④脱开卡夹，弯曲右侧防水片，脱开线束卡夹，旋松 10 个螺栓拆下前围上外板。 ⑤拆卸空气滤清器总成。 ⑥移动卡子并断开离合器管。 ⑦用连接螺母扳手(10mm)从制动主缸分总成上断开 2 个制动管路，如图所示。 ⑧断开连接器并脱开 2 个卡夹，拆下 2 个螺母，取下卡夹支架和制动主缸分总成，从制动主缸分总成上拆下 O 形圈
制动主缸的拆解	1—储液罐加注口盖；2—滤网；3—储液罐；4—直销；5—主缸缸体	①拆卸制动主缸储液罐加注口盖总成。 ②拆卸制动主缸储液罐滤网。 ③将制动主缸分总成安装到台钳上，用尖冲头和锤子敲出直销并拆下制动主缸储液罐总成。 注意：在台钳放置铝板以防止损坏制动主缸分总成。 ④从制动主缸储液罐总成上拆下 2 个主缸储液罐密封垫
制动主缸装配		①在 2 个新的主缸储液罐密封垫上涂抹润滑脂后安装至制动主缸储液罐总成上。 ②安装制动主缸储液罐总成。首先将制动主缸储液罐安装至主缸体，然后将制动主缸安装到台钳上，用尖冲头和锤子敲入直销，如图所示。 ③安装制动主缸储液罐滤网。 ④安装制动主缸储液罐加注口盖总成

续表

项目	图示	步骤
制动主缸安装	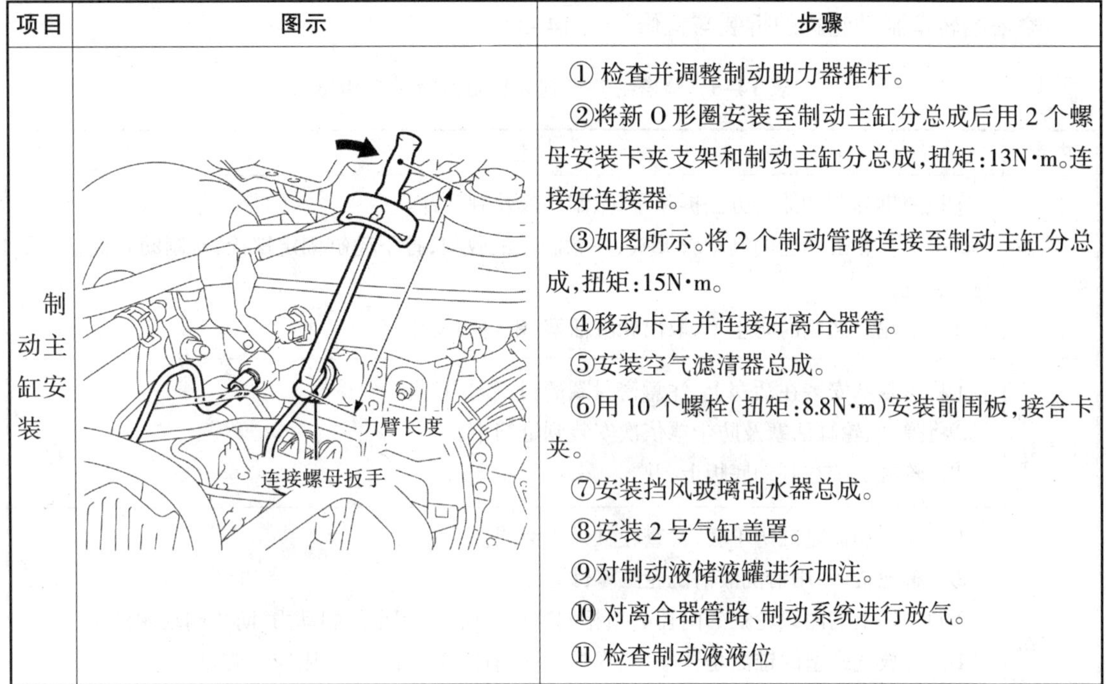	① 检查并调整制动助力器推杆。 ②将新 O 形圈安装至制动主缸分总成后用 2 个螺母安装卡夹支架和制动主缸分总成，扭矩：13N·m。连接好连接器。 ③如图所示。将 2 个制动管路连接至制动主缸分总成，扭矩：15N·m。 ④移动卡子并连接好离合器管。 ⑤安装空气滤清器总成。 ⑥用 10 个螺栓（扭矩：8.8N·m）安装前围板，接合卡夹。 ⑦安装挡风玻璃刮水器总成。 ⑧安装 2 号气缸盖罩。 ⑨对制动液储液罐进行加注。 ⑩ 对离合器管路、制动系统进行放气。 ⑪ 检查制动液液位

2. 制动主缸的检修。

①直观检查缸筒内壁工作面磨损状况，工作面上不允许有麻点和划痕。用百分表检测圆柱度误差大于 0.025mm，或缸筒内壁磨损大于 0.12mm，或泵筒与活塞配合间隙大于 0.15mm 时，应换用新件。

②检测活塞与缸筒配合间隙过大时，必须更换主缸总成。由于主缸的工作特点，使活塞的前端比后端磨损大，缸孔的内半部比外半部磨损大。因此，在测量配合间隙时，应把活塞倒过来放入缸孔内，在磨损最大处用塞尺测量。

③直观检查缸筒内壁上是否有锈蚀、麻点，如有轻微的擦伤和斑点，可使用细砂布磨光，不可使用砂纸研磨。如果刻痕较深，则应更换制动主缸，如果不在皮碗行程内时，允许继续使用。

④直观或敲击检查缸体，不得有任何性质的裂纹、缺口、破损等损伤。轻微者应予焊修，严重者换用新件。

⑤直观检查活塞上的星形阀是否松脱、破裂，否则应予重铆或换用新件。

⑥直观检查出、回油阀门是否失效，皮碗、密封圈是否发胀、变形、破损等，否则一律换用新件。

⑦检查储液罐是否损坏、老化、阻塞，除去聚积的沉淀物。

⑧检查储液罐盖。检查储液罐盖通气孔是否阻塞，应使其畅通；检查浮标是否能自由地上下移动，如果不能，则更换储液罐盖总成；检测制动液位开关功能，将浮标置于下降的位置和上升的位置，测量端子之间的导通性，当浮标上升时，应为不导通，当浮标下降时，应为导通。

⑨用弹力测试仪检查主缸，轮缸回位弹簧弹力应符合技术标准。不合要求的一律报废换用新件。

（五）桑塔纳轿车制动轮缸的拆装与检修

桑塔纳轿车制动轮缸的拆装与检修见表 14–3。

表 14–3　桑塔纳轿车制动轮缸的拆装与检修

内容	步骤
轮缸的拆卸	①按照拆卸制动器的方法拆除车轮、制动鼓及制动蹄。 ②拆下与轮缸相连的制动管接头，注意制动液收集，拧下轮缸固定螺栓，从制动底板上取下制动轮缸。 ③取下轮缸两端的防尘罩，取出轮缸活塞、密封圈及弹簧
轮缸的装复	①将密封圈安装在活塞上，注意密封圈的刃口向内。 ②将弹簧、轮缸活塞及防尘罩依次安装到缸筒中。 ③将轮缸安装在制动底板上，并
轮缸的检修	①拉开制动器轮缸防尘套，检查轮缸是否泄漏。 ②分解轮缸后，用清洗液清洗轮缸零件。 ③同一桥上的两只轮缸的内径必须相同，以保证得到相等的制动力，防止制动跑偏。 ④检查放气螺塞的锥面是否平滑、规整，不得有凹槽和破损，否则应予修复。 ⑤上海桑塔纳 LX 型前轮缸缸筒直径磨损大于 0.10mm 或缸筒与活塞的配合间隙大于 0.15mm 时，应更换制动钳总成。后轮缸缸筒磨损大于 0.08mm 或缸筒与活塞面出现划痕及锈蚀时，应更换轮缸总成

（六）卡罗拉轿车制动液检查、更换及制动系统放气

卡罗拉轿车制动液检查、更换及制动系统放气见表 14–4。

表 14–4　卡罗拉轿车制动液检查、更换及制动系统放气

内容	图示	步骤
检查储液罐中的制动液液位	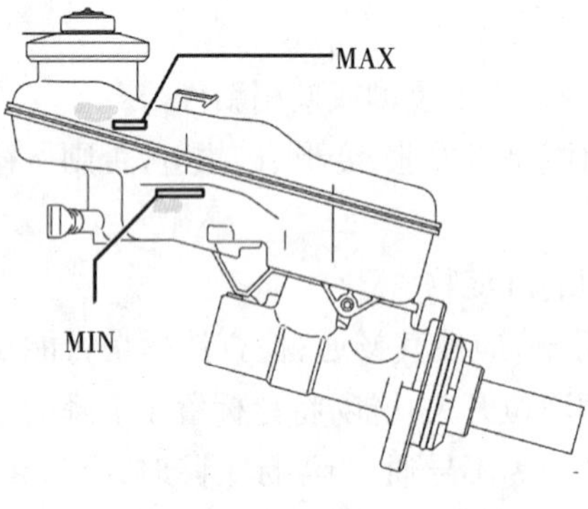 MAX MIN	①制动液检查。制动液应处于 MAX 与 MIN 之间，如果制动液液位低于 MIN 线，检查是否泄漏。 ②制动液更换。 a. 加注清洁制动液到合适的液面。 b. 用举升器适当升起车辆。 c. 将透明软管一端连接到右后轮排气螺塞上，另一端放入装有制动液的容器。 d. 一人踩下制动踏板，另一人旋开制动轮缸排气螺塞，使制动液流出。 e. 反复踩下制动踏板，直到有新鲜的制动液流出。 f. 按右后—左后—右前—左前车轮的顺序，重复操作。 卡罗拉轿车制动液：SAE J1703 或 FMVSS No.116 DOT 3

续表

内容	图示	步骤
对制动主缸进行放气		①加注制动液到合适位置,用连接螺母扳手从主缸上断开 2 个制动管路 ②一人缓慢踩下制动踏板到底后并保持。 ③另一人用手指堵住 2 个外孔后，再松开制动踏板。 ④重复步骤 2 和 3 共 3～4 次。 ⑤用连接螺母扳手(10mm)将 2 个制动管路连接至主缸,扭矩 15N·m
对制动管路进行放气		①首先在储液室中加足制动液（达到 MAX 处),然后旋出轮缸的放气螺钉,用一根塑料管连接至放气螺塞。 ②一人在驾驶室内踩下制动踏板数次,直至踩不下去为止,并用力踩住踏板。 ③另一人在车下把轮缸放气螺塞旋松,空气随制动液一起排出,如图所示
		④制动液不再溢出时,紧固放气螺塞,然后松开制动踏板,如图所示。 ⑤重复步骤 2 和 3 直至制动液中的气体完全放出。 ⑥最后紧固放气螺塞。扭矩:前放气螺塞 8.3N·m;后放气螺塞 10

任务二 真空助力器的检修

任务引入

一辆卡罗拉 1.6MT 轿车,行驶里程 7×10^4km,在行驶中踩制动踏板时,感觉踏板发硬较费力,且制动效果不佳。经检查诊断,可能是真空助力器故障。

任务分析

卡罗拉轿车制动时制动踏板坚硬且制动效能低的故障原因有很多，如制动系统油液泄漏、制动系统中有空气、摩擦块异常、制动盘擦伤及助力器系统真空泄漏。发动机熄火,踩下制动踏板并保持位置不变,启动发动机,感觉踏板高度无变化,判定助力器不工作,需要进一步检查真空助力器。学习此任务后,能按技术要求检修真空助力器。

任务实施

一、相关知识学习

(一)制动伺服装置概述

为了提高汽车的制动效能,减轻驾驶员的劳动强度,采用液压制动传动机构的汽车都会加设一套动力伺服系统,即兼用人体和发动机伺服装置作为制动能源。在正常情况下,制动能量大部分由动力伺服系统供给,而在动力伺服系统失效时,还可以靠驾驶员供给。

按系统的输出力作用部位和对其控制装置的操纵方式不同,可分为增压式和助力式两类。

1. 增压式是通过增压器将制动主缸的液压进一步增加,增压器装在主缸之后。根据制动增压装置的力源不同可分为真空增压式和气压增压式两种。

2. 助力式是通过助力器来帮助制动踏板对制动主缸产生推力,助力器装在踏板与主缸之间。根据制动助力装置的力源不同可分为真空助力器和气压助力器两种。

(二)助力式伺服制动系

图 14–7 所示为真空助力式伺服制动系统示意图,采用的是对角线布置的双回路液压制动系统,即左前轮缸与右后轮缸为一液压回路,右前轮缸与左后轮缸为另一液压回路。该系统助力的主要元件是真空助力器,真空助力器是由真空伺服气室和控制阀组合成一个整体部件,工作是利用发动机运转时产生的负压吸引膜片的力来推动制动主缸的活塞运动,以此来减轻制动踏板的踏力。

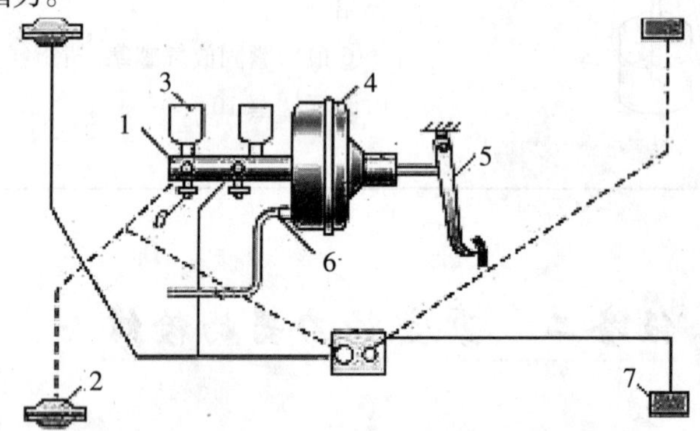

1—主缸;2—左后轮缸;3—储液罐;4—真空助力器;5—制动踏板;6—真空管;7—左前轮缸

图 14–7 真空助力式伺服制动系统

1. 真空助力器。真空助力器主要有单膜片式和双膜片式两类。

(1)单膜片真空助力器如图 14–8 所示。

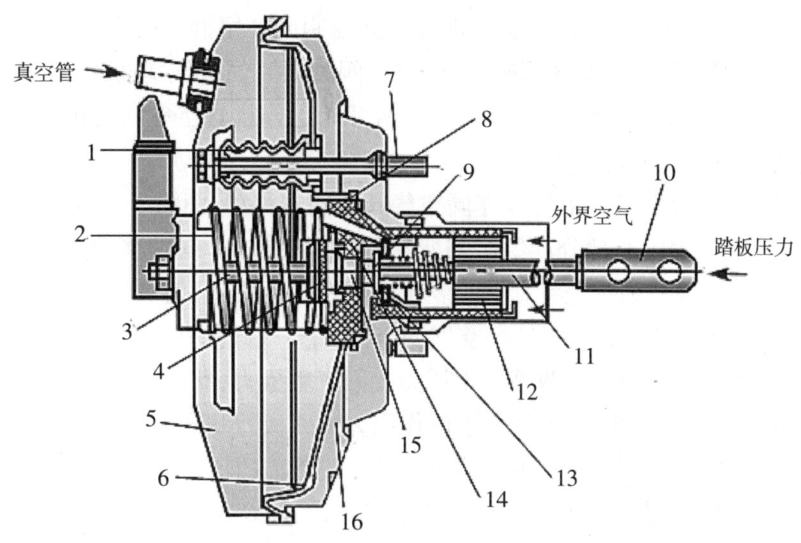

1—密封套；2—膜片回位弹簧；3—主缸推杆；4—反作用盘；5—前壳体；6—膜片；7—导向螺栓；8—控制阀；9—大气阀座；10—调整叉；11—控制阀推杆；12—过滤环；13—橡胶阀门；14—膜片座；15—控制阀柱塞；16—后壳体

图 14-8　桑塔纳单膜片真空助力器

①构造。真空助力器主要由真空伺服气室和控制阀两部分组成。

真空伺服气室由前、后壳体组成，其间夹装有伺服气室膜片，将伺服气室分成前、后两腔。前腔经真空单向阀通向发动机进气歧管（即真空源），后腔膜片座的毂筒中装有控制阀，控制阀由空气阀和真空阀组成，空气阀与控制阀推杆固装在一起，控制阀推杆通过调整叉与制动踏板机构连接。

外界空气经过滤环和毛毡过滤环滤清后进入伺服气室后腔。伺服气室膜片座上有通道 A 和 B，通道 A 用于连通伺服气室前腔和控制阀，通道 B 用来连通伺服气室后腔和控制阀。

②工作原理如图 14-9 所示。

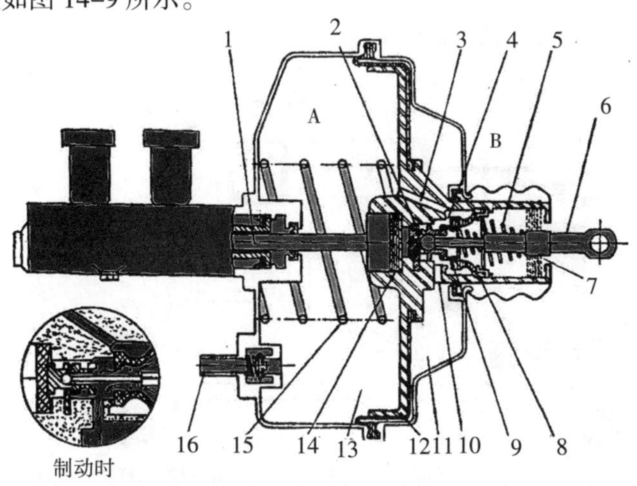

1—推杆；2—空气阀；3—真空通道；4—真空阀座；5—回位弹簧；6—制动踏板推杆；7—空气滤芯；8—橡胶阀门；9—空气阀座；10—通气道；11—加力气室后腔；12—膜片座；13—加力气室前腔；14—橡胶反作用盘；15—膜片回位弹簧；16—真空口和单向阀

图 14-9　真空助力器工作原理

a. 真空助力器不工作时：弹簧将推杆连同控制阀柱塞推到后极限位置（即真空阀开启），橡胶阀门则被弹簧压紧在空气阀座上（即空气阀关闭）。伺服气室前、后腔经通道 A、控制阀腔和通道 B 互相连通，并与空气隔绝。在发动机开始工作且真空单向阀被吸开后，伺服气室左、右两腔内都产生一定的真空度。

b. 当制动踏板踩下时：推杆 6 连同空气阀 2 向左移动，消除了与橡胶反作用盘 14 的间隙后，压缩橡胶反作用中心部分产生压凹变形，并推动推杆 1 向左移动，使制动主缸油压上升。与此同时，推杆 6 通过弹簧先将真空阀 8 压向阀座 4 而关闭，使 A 腔与 B 腔隔绝。进而空气阀 2 与阀座 9 分离而开启，外界空气经空气滤清器 7、空气阀的开口和气道 10 进入 B 腔。随着空气的进入，在压力气室膜片的两侧出现压力差而产生推力，此推力通过膜片座 12、橡胶反作用盘 14 推动推杆 1 左移。此时，推杆 1 上的作用力为踏板力和伺服气室推力之和，但伺服气室推力较踏板力大得多，从而使制动主缸输出的液压成数倍的增高。

c. 维持制动时：踏板踩下停止在某一位置时，推杆 6 和空气阀 2 推压橡胶反作用盘 14 的推力不再增加，膜片两边压力差使橡胶反作用盘中心部分的凹下变形恢复平整，空气阀重新落座而关闭，出现“双阀关闭”的平衡状态。

d. 放松制动时：回位弹簧 5 使推杆 6 和空气阀 2 后移，真空阀 8 离开阀座 4，伺服气室 A、B 相通，成为真空状态。膜片和膜片座在回位弹簧 15 的作用下回位，主缸即解除制动。

（2）双膜片真空助力器。双膜片真空助力器是将两膜片重叠起来加强制动力。工作方式与单膜片相似，不同之处是空气阀与真空阀必须同时控制两膜片上的真空度与大气压。松开制动时，两侧都具有一定的真空度；制动时，真空阀与空气阀工作，在两个膜片的后腔进气，两个膜片的主缸则具有一定的真空度，两边的气压差产生制动助推力。通常，双膜片可达 3～7 倍的助力比。

2. 气压助力式伺服制动系。如图 14-10 所示系统采用气压助力器，气压助力器由气压伺服气室与控制阀组成。制动时，将空气压缩机产生的高压气进入气压助力器的一侧，另一侧为大气压，于是两个气室产生了压力差推动主缸活塞运动。不制动时排气阀开启，进气阀关闭，各腔全通大气，无压力差。

气压式比真空式压差大，气室直径较小。

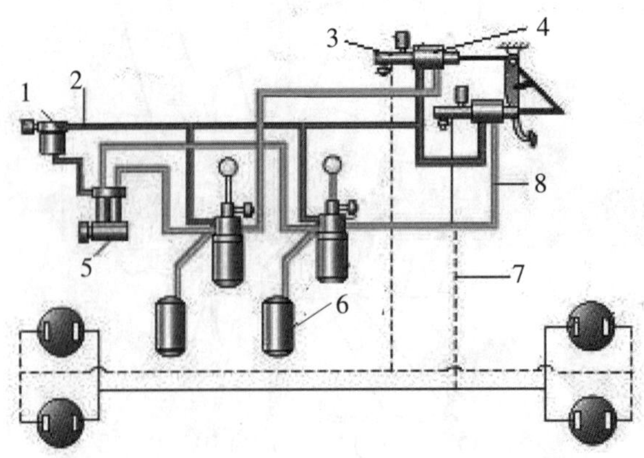

1－防冻器；2－低压气路；3－主缸；4－伺服气室；5－空压机；6－储气筒；7－油路；8－高压气路

图 14-10　气压助力式伺服制动系

二、实践操作

（一）准备工作

1. 卡罗拉 1.6MT 教学用车一辆。
2. 常用拆装工具、量具一套。
3. 汽车举升器。
4. 干净的抹布、维修手册、工单等。

（二）卡罗拉轿车助力器技术要求

制动助力器安装至车身扭矩：13N·m。

（三）卡罗拉轿车制动助力器拆装

卡罗拉轿车制动助力器拆装见表 14–5。

表 14–5　卡罗拉轿车制动助力器拆装

内容	图示	步骤
制动助力器拆卸	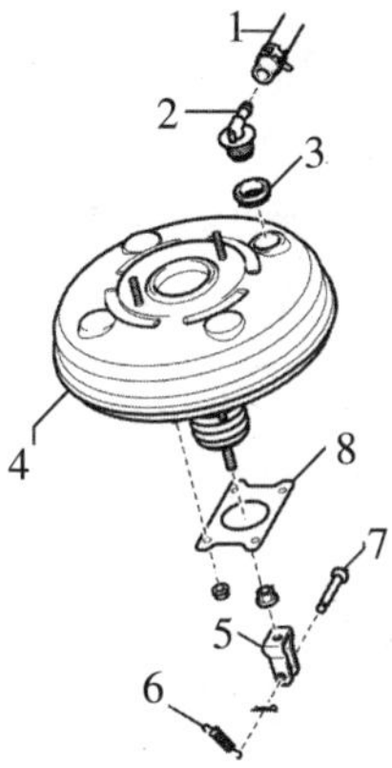 1 2 3 4 5 6 7 8 1－真空软管；2－真空单向阀；3－密封垫；4－制动助力器总成；5－推杆 U 形夹；6－制动踏板回位弹簧；7－推杆 U 形夹销；8－制动助力器衬垫	①拆卸制动主缸分总成。 ②拆卸仪表板 1 号底罩分总成。 ③拆卸制动踏板回位弹簧。 ④分离制动主缸推杆 U 形夹。 ⑤松开锁紧螺母，从制动助力器总成上拆下制动主缸推杆 U 形夹和锁紧螺母。 ⑥断开制动器执行器线束。 ⑦拆卸带支架的制动器执行器。 ⑧断开真空软管。 ⑨从制动助力器总成上拆下真空单向阀总成和单向阀密封垫。 ⑩从制动管路上拆下螺栓，断开 4 个制动管路。 ⑪从车身上拆下 4 个螺母和制动助力器总成。 ⑫从制动助力器总成上拆下制动助力器衬垫

续表

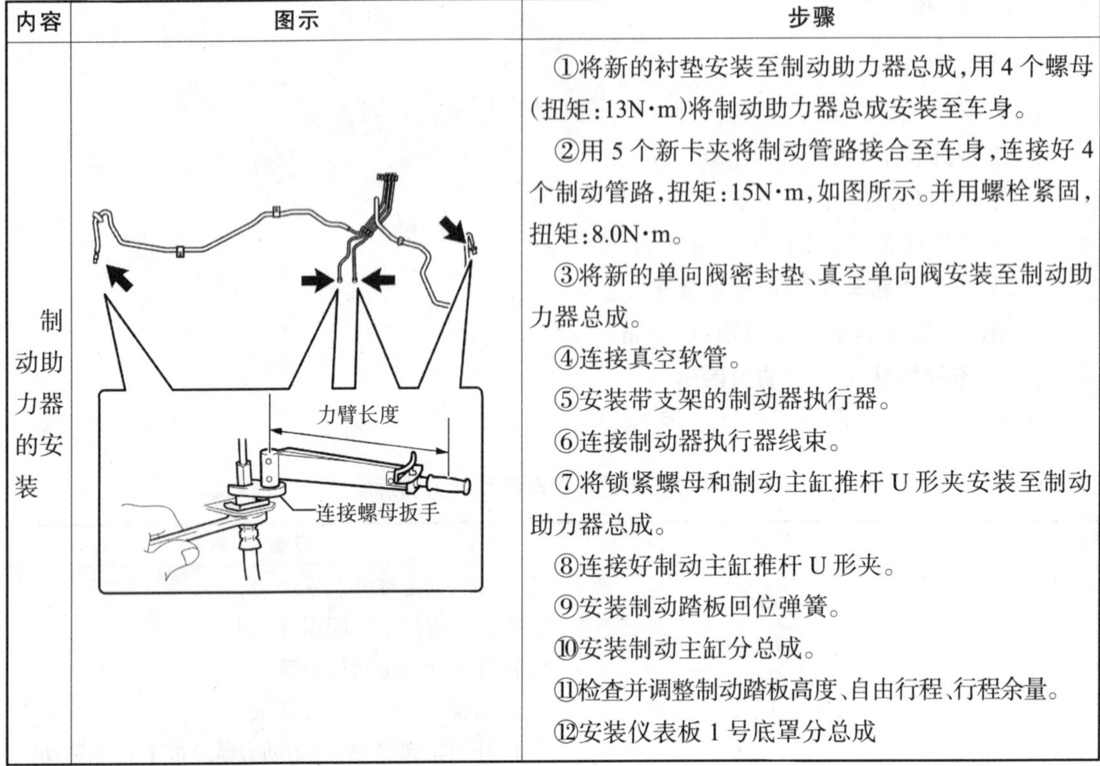

内容	图示	步骤
制动助力器的安装	力臂长度 连接螺母扳手	①将新的衬垫安装至制动助力器总成,用 4 个螺母(扭矩:13N·m)将制动助力器总成安装至车身。 ②用 5 个新卡夹将制动管路接合至车身,连接好 4 个制动管路,扭矩:15N·m,如图所示。并用螺栓紧固,扭矩:8.0N·m。 ③将新的单向阀密封垫、真空单向阀安装至制动助力器总成。 ④连接真空软管。 ⑤安装带支架的制动器执行器。 ⑥连接制动器执行器线束。 ⑦将锁紧螺母和制动主缸推杆 U 形夹安装至制动助力器总成。 ⑧连接好制动主缸推杆 U 形夹。 ⑨安装制动踏板回位弹簧。 ⑩安装制动主缸分总成。 ⑪检查并调整制动踏板高度、自由行程、行程余量。 ⑫安装仪表板 1 号底罩分总成

(四)卡罗拉轿车制动助力器的检查

卡罗拉轿车制动助力器的检查见表 14-6。

表 14-6　卡罗拉轿车制动助力器的检查

内容	图示	步骤
制动器真空单向阀总成检查	通风　不通风	检查并确认从助力器到发动机有气流通过,但从发动机到助力器无气流通过。如果结果不符合规定,更换制动器真空单向阀总成
制动助力器总成气密性检查	正确　错误 第三次　第二次　第一次	①启动发动机并在 1~2min 后关闭发动机,慢慢踩下制动踏板数次。如果第一次踏板可以踩到底,但第二次和第三次不能踩到底，则助力器气密性良好。 ②发动机运转时踩下制动踏板后关闭发动机。踩住踏板 30s,如果踏板行程余量没有变化,则说明助力器气密性良好

续表

内容	图示	步骤
制动助力器总成操作检查		点火开关置于 OFF 位置时踩下制动踏板数次，并确认踩下踏板时踏板行程余量没有改变；踩住踏板，然后启动发动机，如果踏板稍稍下移，说明操作正常
制动助力器推杆检查并调整	附属工具	①在附属工具的头部涂抹白垩粉后放置在制动助力器总成上。 ②测量制动助力器推杆和附属工具之间的间隙。标准间隙：0。 ③如果间隙不符合规定，固定推杆并用套筒螺丝刀(7mm)转动推杆头部，以调整推杆长度。 ④调整后再次检查推杆间隙

任务三　气压制动传动系统的检修

任务引入

一辆东风某型号货车，制动后抬起制动踏板，制动阀排气缓慢，不能立即解除制动，出现行驶拖滞现象，致使汽车起步困难和行车无力。经初步诊断是制动传动系统故障，需进一步检修。

任务分析

制动阀排气缓慢，不能立即解除制动的故障原因有很多，如制动踏板无自由行程、制动阀故障、制动踏板至制动阀位臂之间传动件发卡、制动器故障、制动气室故障等。学习此任务后，能按技术要求检修气压传动系统。

任务实施

一、相关知识学习

（一）气压制动传动系统概述

1. 作用。气压制动系是将压缩空气的压力作为机械推力，使车轮产生制动。驾驶员只需按不同的制动强度要求，控制制动踏板的行程，便可控制制动气压的大小，获得所需要的制动力。

气压制动系统具有制动力大、制动灵敏，但消耗发动机的动力、系统结构较为复杂、制动时不如液压制动柔和平稳等特点，现广泛用于中型、重型载货汽车上。

2. 类型。气压制动系按制动回路的布置形式也可分为单回路和双回路。

（1）单回路气压制动传动装置。单回路气压制动传动装置基本由空气压缩机、储气筒、气压表、调压机构（包括卸荷阀和调压器）、制动控制阀、制动气室、制动开关和管路等组成，现已很少应用。

（2）双回路气压制动传动装置。由气源和控制部分组成。气源包括单缸空气压缩机、调压装置、双针气压表、前后桥储气筒、气压过低报警装置、油水放出阀和取气阀、安全阀等部件，控制部分包括制动踏板、拉杆、并列双腔制动阀等。

（二）双回路气压制动系统组成及工作过程

1. 系统组成。气压制动系统可分为气源部分、行车制动部分、驻车制动部分、挂车控制部分和辅助制动部分，如图 14-11 所示。

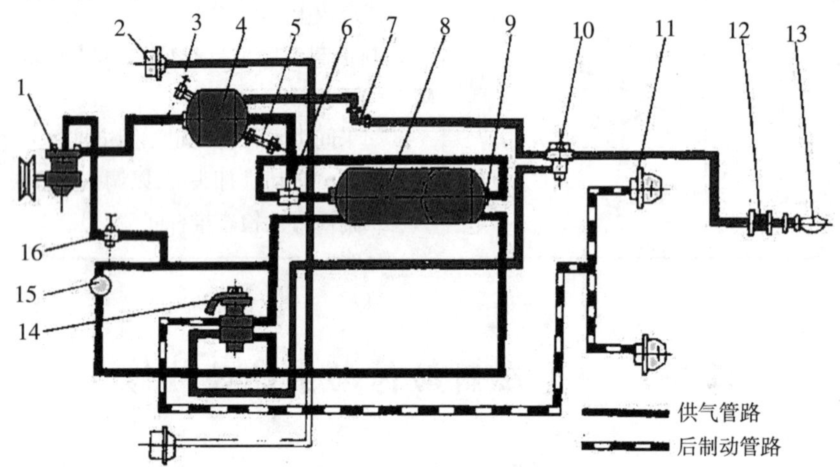

1—空气压缩机；2—前制动气室；3—放气阀；4—湿储气筒；5—安全阀；6—三通管；7—低压警报开关；8—储气筒；9—单向阀；10—挂车制动阀；11—后制动气室；12—分离开关；13—连接头；14—制动控制阀；15—气压表；16—气压调节器

图 14-11　气压制动系统原理图

2. 工作原理。发动机驱动的活塞式空气压缩机 1 产生的压缩空气经单向阀先压入湿储气筒 4，筒上装有安全阀 5 和供其他系统使用的压缩空气放气阀 3。压缩空气在湿储气筒内冷却并进行油水分离，清洁干燥后进入主储气筒 8 的前、后腔。主储气筒的前腔与制动控制阀 14 的上腔相连，以控制后轮制动，并通过三通管与气压表 15 及气压调节器 16 相连；储气筒后腔与制动控制阀 14 的下腔相连，以控制前轮制动，并通过三通管与气压表相连。气压表为双指针式，分别指示前、后储气筒的气压。

当驾驶员踩下制动踏板时，拉杆带动制动控制阀拉臂摆动，使阀 14 工作。储气筒前腔的压缩空气经阀 14 的上腔进入后制动气室 11，使后轮制动；同时储气筒后腔的压缩空气经阀 14 的下腔进入前制动气室 2，使前轮制动。同时，通过前、后制动管路之间并联的双通单向阀接通挂车制动控制阀，将由湿储气筒与通向挂车的通路切断。由于挂车采用断气制动，所以挂车也同时制动。

当放松制动踏板时，前、后制动气室和挂车制动阀及管路中的压缩空气，都经制动控制阀排气孔排入大气，从而解除制动。

（三）气压制动装置主要总成结构及工作原理

1. 空气压缩机。

（1）作用。空气压缩机的作用是产生压缩空气，是气压制动整个系统的动力源，最常见的结构是空气冷却往复活塞式空气压缩机，它与往复活塞式发动机结构相似，按其缸的数量可分为风冷单缸式和风冷双缸式两种。

（2）构造。如图 14-12 所示，空气压缩机固定于发动机一侧支架上，由发动机通过风扇皮带轮和三角带驱动。空气压缩机主要由缸体、曲轴箱、曲轴、活塞、连杆、气缸阀盖总成、空气滤清器等组成。铸铁制造的气缸体下端用螺栓与曲轴箱连接，缸体外铸有散热片，铝制气缸盖用螺栓紧固在气缸体上端面，其间装有密封缸垫，缸盖上有进、排气室，里面各装一个方向相反的片状阀，用弹簧压紧于阀座上。排气阀经排气管与储气筒相通，进气阀经进气道与空气滤清器相通，进气阀上方装有卸荷装置(卸荷室或卸荷阀)。当储气筒气压达到规定值后，由调压器进入卸荷室，使卸荷阀下移，压开进气阀使空气压缩机卸荷空转。

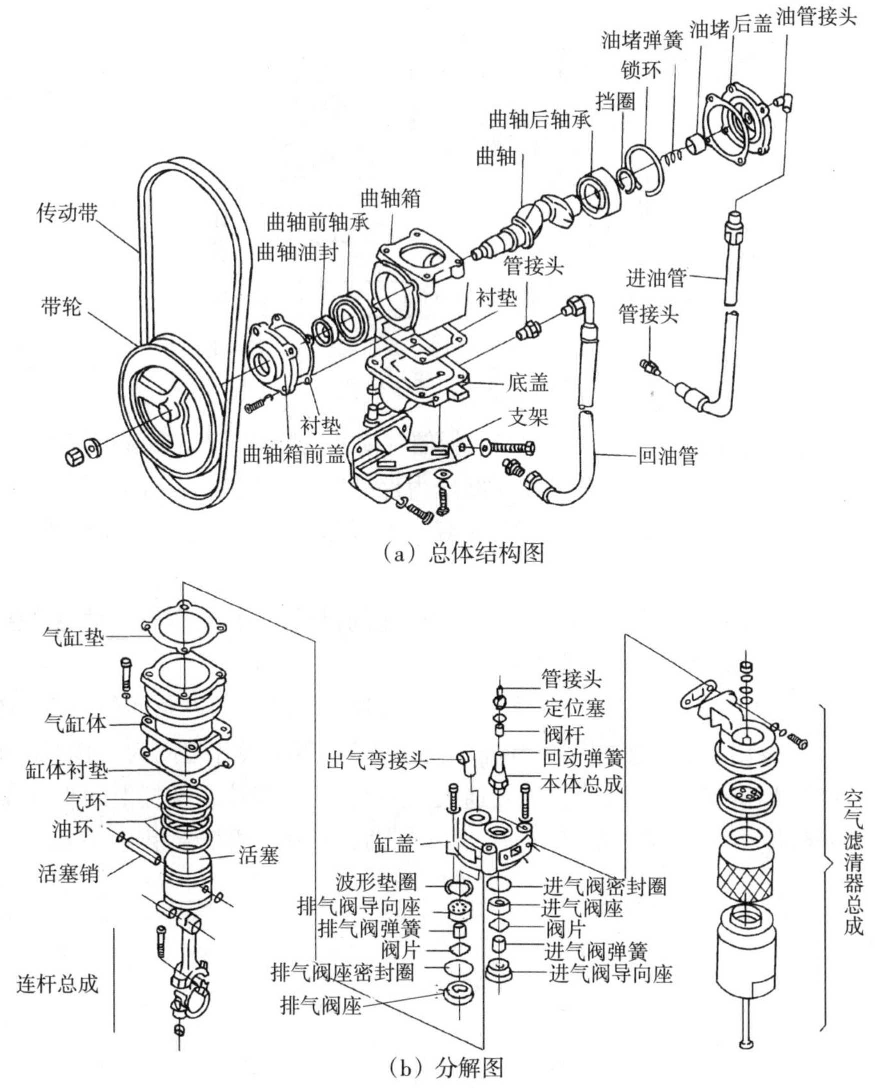

图 14-12　风冷单缸压缩机结构

（3）工作过程。进气过程，当活塞由上止点向下止点运动时，气缸内产生真空，迫使进气阀打开，排气阀关闭，外界空气经空气滤清器、进气阀进入气缸。当活塞运动到接近下止点时，由于真空度的减弱，进气阀门在回位弹簧作用下关闭，进气过程结束。

压缩过程，当活塞由下止点向上止点运动时，气缸内的空气被压缩，进气阀门关闭。当被压缩的空气压力超过排气阀回位弹簧预紧力时，排气阀打开，空气被压送到储气筒，压缩过程结束。

2. 调压器。

（1）作用。调压器的作用主要是用于调节系统内的压力，当储气筒压力达到规定值时，调压器控制空压机上的卸荷阀开启使空压机空转，减少发动机损失。

（2）调压器的构造。调压器壳体上装有两个带滤芯的管，接头分别与卸荷室和储气筒相连。壳体和盖之间装有膜片调压弹簧，膜片弹簧中央用螺纹连着空心管。空心管可以在壳体中央孔中滑动，其间有密封圈，上部的侧面有径向孔与轴向孔相通。调压器下部装有与大气相通的排气阀，如图 14-13 所示。

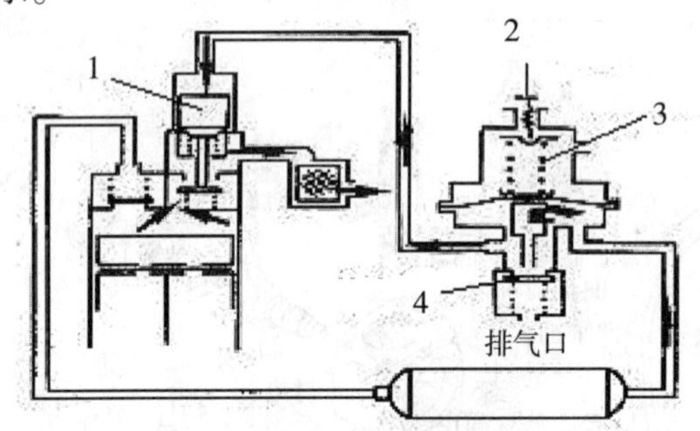

1－卸荷柱塞；2－调压螺钉；3－调压弹簧；4－排气阀

图 14-13　调压器位置

3. 多回路压力保护阀。回路保护阀用来确保储气筒间的隔离，安装在湿储气筒之后，在行驶过程中，来自空压机的压缩空气可经多回路压力保护阀分别向各回路储气筒充气；当有一回路损坏漏气时，压力保护阀能保证其余完好回路继续充气，通常设置最低安全压力为670kPa。

4. 制动气室。将输入的空气压力转变为制动凸轮的机械推力，使车轮制动器产生制动力矩。常见的类型有膜片式和活塞式两种。

（1）结构。如图 14-14 所示，它主要由盖、橡胶膜片、外壳、推杆以及回位弹簧等组成。夹布层橡胶膜片的周缘用卡箍夹紧在壳体和盖的凸缘之间。盖与膜片之间为工作腔，用橡胶软管与由制动阀接出的钢管连通，膜片右方则通大气。弹簧通过焊接在推杆上的支承盘推动膜片紧靠在盖的极限位置。推杆的外端通过连接叉与制动器的制动调整臂相连。

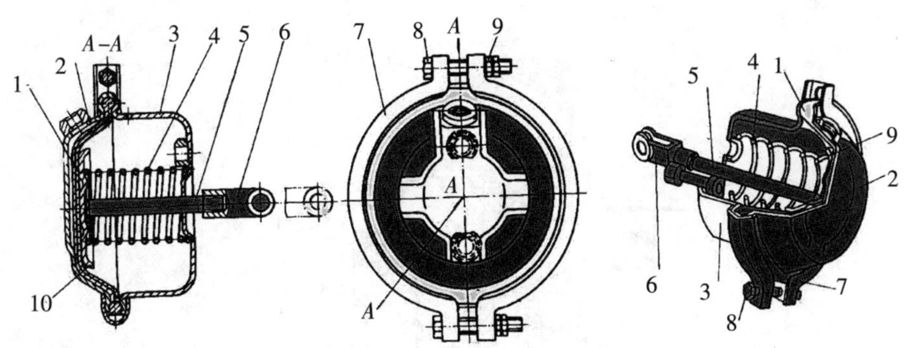

1—橡胶膜片；2—盖；3—壳体；4—弹簧；5—推杆；6—连接叉；7—卡箍；8—螺栓；9—螺母；10—支撑盘

图 14–14　制动气室结构

（2）工作过程。制动时，踩下制动踏板，压缩空气经制动阀进气口充入工作腔，膜片向右拱曲将推杆推出，使制动调整臂带动制动凸轮转动，从而推动制动蹄张开压向制动鼓，实现制动。松开制动踏板，工作腔中的压缩空气经制动控制阀（或快放阀）排入大气，膜片和推杆在弹簧作用下回位，从而解除制动。

5. 储气筒。储气筒用来储存压缩机的压缩气体，以保证系统工作时有持续稳定的压缩空气。气压制动汽车通常设有多个储气筒，其中分为湿储气筒和主储气筒，主储气筒也通常设置2个以上，分别为前、后回路储气筒。

6. 制动控制阀。

（1）功用。控制储气筒进入各个车轮制动气室和挂车制动控制阀的压缩空气量。具有随动作用以保证有足够强的踏板感，从而保证制动的渐进性。

（2）结构。解放 CA1092 型汽车串列双腔活塞式制动阀的构造如图 14–15 所示。

整个制动阀固定于车架上，由上盖、上壳体、中壳体、下壳体、上活塞总成、小活塞总成等组成。上盖与上、中、下壳体通过螺钉连接在一起，其间设有密封垫，构成两个独立的阀腔。中壳体上的通气口 D 和 A 分别接后储气筒和后桥制动气室，下壳体上的通气口 E 和 B 分别接前储气筒和前桥制动气室。

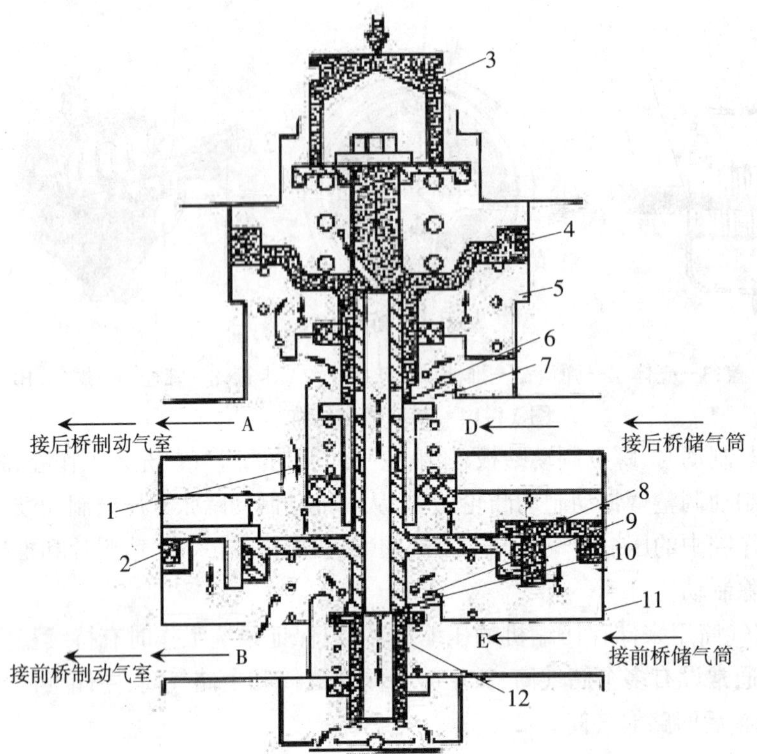

1—通气孔;2—大活塞;3—压块;4—上活塞;5—上活塞回位弹簧;6—上阀门间隙处;7—上进气阀门;8—小活塞;9—下阀门间隙处;10—下进气阀门;11—下壳体;12—下阀门

图 14–15　串列双腔活塞式制动阀

二、实践操作

(一) 准备工作

1. 常用拆装工具。

2. 空气压缩机、CA1092 型汽车制动气室、CA1092 型汽车串列活塞式双腔制动阀、EQ1092 型汽车并列双腔膜片式制动阀。

3. 干净的抹布、工单等。

(二) 气阀式空气压缩机的拆装、检修

1. 气阀式空气压缩机的拆卸见表 14–7。

表 14-7 气阀式空气压缩机的拆卸

内容	图示	步骤
气阀式空气压缩机的分解	空气压缩机曲轴箱的分解 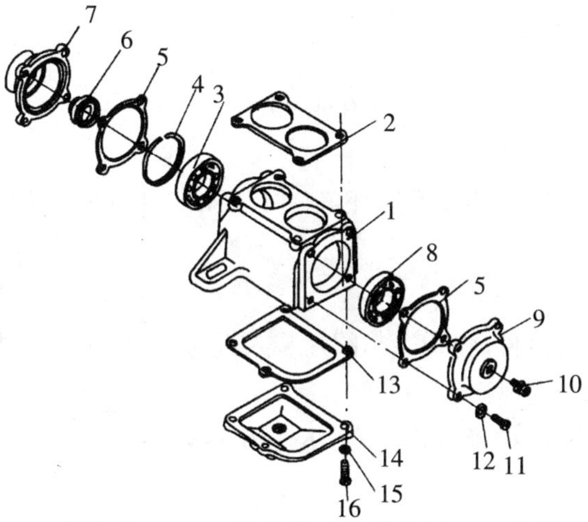 1—曲轴箱;2、13—密封垫;3—前轴承;4—卡簧;5—前后盖密封垫;6—油封总成;7—前盖;8—后轴承;9—后盖;10—管接头;11、16—螺栓;12、15—弹簧垫圈;14—底盖 空气压缩机曲柄连杆结构的分解 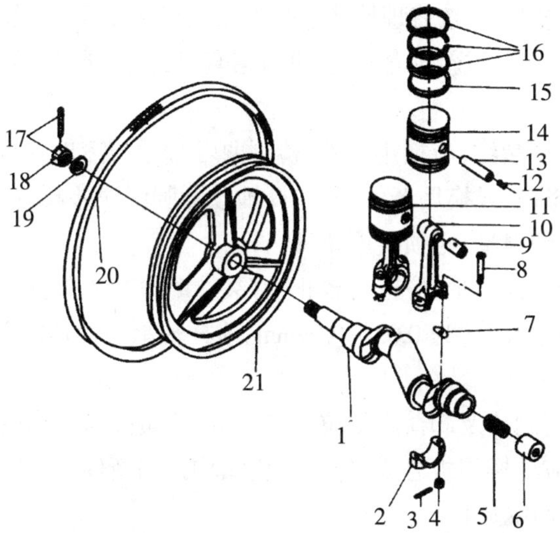 1—曲轴;2—连杆盖;3、17—开口销;4、18—螺母;5—后盖弹簧;6—后盖油堵;7—垫片;8—连杆螺栓;9—衬套;10—连杆;11—活塞连杆总成;12—堵塞;13—活塞销;14—活塞;15—油环;16—气环;19—垫圈;20—V 带;21—带轮	①从车上拆下空气压缩机的进、出油接头及气管接头,拆去固定支架螺栓,取下皮带,将空气压缩机从发动机上拆下。 ②拆下空气压缩机缸体与缸盖总成。 a. 拆下缸盖螺栓,将缸盖卸下。 b. 用专用工具拆卸进气阀导向座和排气阀座,取出气阀弹簧、阀片、进气阀座、气阀导向座及密封垫等。 c. 拆卸松压阀盖、卡簧和松压阀体,取出松压阀杆。 d. 拆下曲轴箱底盖,如图所示,把要拆的活塞曲柄连杆轴颈转至下部。 ③拆下曲柄连杆机构,如图所示。 a. 从底部拆下开口销,拧下螺母,取下螺栓、连杆盖及垫片。注意连杆盖上的记号,以便与连杆装配。 b. 用木棒将连杆及活塞从缸体中顶出。 c. 拆下活塞环。 d. 用同样的方法拆下另一缸活塞连杆组件。 e. 拆下带轮。 f. 拆下曲轴箱上前、后盖和前、后球轴承,取出曲轴

2. 气阀式空气压缩机的装复。

（1）曲轴的安装。

①将曲轴装入曲轴箱，然后在曲轴两端装上轴承，并卡上卡簧。注意曲轴安装方向。

②将后盖油堵及弹簧装入曲轴后端，装上后盖及密封垫，拧紧后盖固定螺栓。

③装上前盖及密封垫，拧紧固定螺栓。

④装上带轮，拧紧带轮紧固螺母，装上开口销。

（2）活塞连杆的安装。

①将活塞环装在活塞上。活塞环内切口朝上，活塞环端口互成90°。

②转动曲轴，使曲轴轴颈处于下止点位置。

③将活塞连杆总成从气缸上部装入，再装上垫片及连杆盖，并以14.7～16.6N·m的力矩拧紧连杆螺栓，最后装上开口销。

（3）缸盖的安装。

①按拆卸的相反次序安装进、排气阀等零件。将弹簧与阀片装入进、排气阀导向座并正确定位后，分别拧紧进气阀导向座和排气阀导向座。

②缸盖6个螺栓按规定次序分两次拧紧，拧紧力矩为11.76～16.66N·m。

③安装好空气滤清器。

④将空气压缩机装到车上，装上皮带并调整松紧度。在油管接头涂上密封胶，接好油管

3. 空气压缩机的检修。

（1）缸体与缸盖的检修。用直尺和塞尺进行检测，缸盖与缸体、曲轴箱与底盖的平面度误差不大于0.05mm，否则应予磨修。直观或敲击检查，缸体、缸盖若有裂纹，应换用新件。

（2）气缸内径磨损状况的检测。用量缸表检测气缸磨损状况。若圆柱度误差大于0.25mm、圆度误差大于0.08mm时，应进行镗磨。镗磨时，应按修理尺寸进行，一般分五级，每一级加大0.25mm。当气缸镗磨至最后一级修理尺寸时，可重新镶套修复，进行镶套时，其配合过盈量应为0.05～0.12mm。

（3）曲轴的检修。直观检查曲轴若出现裂纹，应换用新件。检测曲轴轴颈与滚珠轴承配合间隙大于0.02mm，可对轴颈镀铬或堆焊修理，或换用新件。若连杆轴颈的圆度误差超过0.10mm时，应磨修或换用新件，超过极限磨损量，必须换用新件。

（4）活塞连杆组的检修。若连杆出现弯曲变形，应进行校正。有裂纹时应换用新件，若选用新活塞，应达到技术标准，活塞与气缸的配合间隙为0.03～0.09mm。连杆轴承与轴颈的配合间隙大于0.12mm时，应换用新轴承。

（5）其他零件的检修。检查进、排气阀阀片及卸荷阀复位弹簧、油堵弹簧弹力减弱或折断，均换用新件。进、排气阀阀座磨损出凸痕应更换阀板总成，各密封垫圈均换用新件。空滤器滤芯脏污时，可用清洗剂清洗，若严重脏污可换用新件。

（三）CA1092型汽车制动气室的拆装与检修

CA1092型汽车制动气室如图14-16所示，CA1092型汽车制动气室的分解步骤如下：

1. 从制动气室上旋下制动气管。

2. 拆下推杆与调整臂的连接销。

3. 拆下外壳与支架的固定螺栓，取下制动气室。

4. 拆下制动气室卡箍上的螺栓和螺母,打开制动气室盖,取下膜片。

5. 拆下连接叉,取下推杆和回位弹簧。

CA1092 型汽车制动气室的装复。按照分解时相反的顺序装复,装复时应注意:

1. 卡箍外壳、盖及卡箍螺栓的方向必须与原来保持一致。

2. 装复连接叉与调整臂,当两者的孔不重合时,可转动推杆予以调整,不允许以拉动推杆的方法对准连接叉孔。

3. 前、后制动气室尺寸和安装方向不同,不能互换。

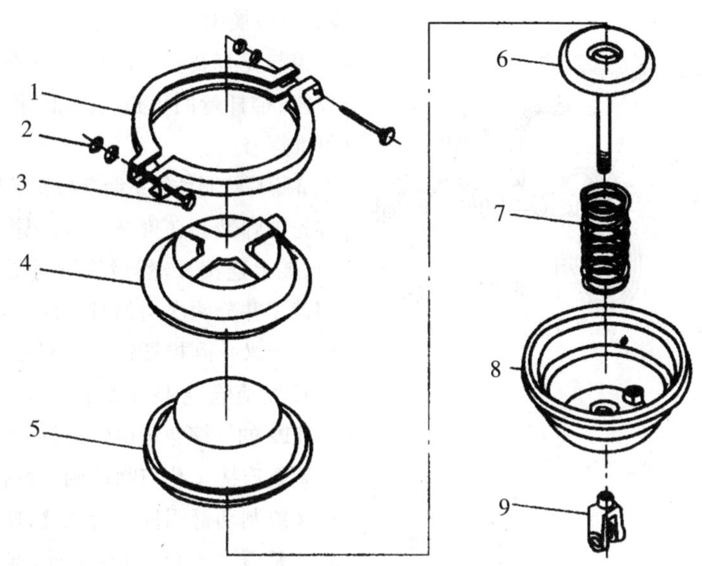

1—卡箍;2—螺母;3—螺栓;4—盖;5—膜片;6—推杆总成;7—回位弹簧;8—外壳;9—连接叉

图 14-16　CA1092 型汽车制动气室

CA1092 型汽车制动气室的检修见表 14-8。

表 14–8　CA1092 型汽车制动气室的检修

内容	图示	步骤
制动气室的检修与调整	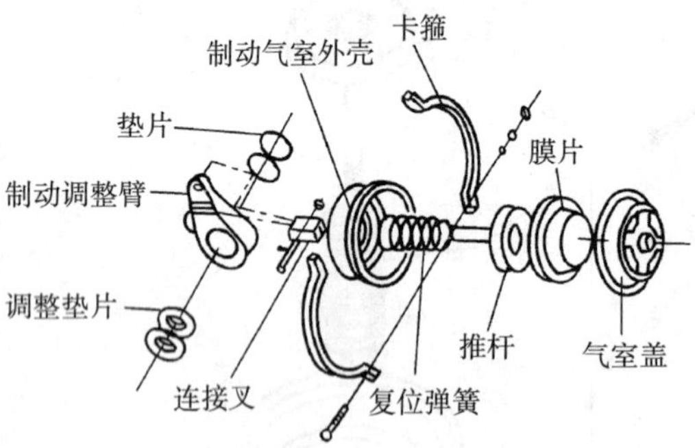	①膜片式制动气室的检修。膜片如有裂纹、变形或老化等损伤，应换用新件。制动软管内径大小、膜片的厚度以及同一轴上的左、右轮必须一致，否则予以调整更换。 弹簧如有明显变形、严重锈蚀或弹力减弱、断裂，应换用新件。 盖与壳有裂纹，可用环氧树脂胶粘接或进行焊修，推杆弯曲可进行校正，推杆孔磨损过多可堆焊修复。 ②膜片式制动气室调整与装配要点如图所示。首先把弹簧套在推杆上，再把推杆插入壳的孔中，装上连接叉。然后按拆时所作记号装复壳和盖，并分两次均匀对称地拧紧盖上螺母。当把连接叉拧到推杆螺纹底部时，推杆外露部分的长度应符合技术标准，装复后用压力为 882kPa 的压缩空气试验时，不得有漏气现象。 调整连接叉孔与制动调整臂孔时，可转动推杆叉或制动臂蜗杆进行调整，使连接叉孔与制动调整臂孔重合。但要注意，推杆外露部分不能过长，而且左、右轮应保持一致，不允许用拉动推杆的方法对准叉孔

（四）CA1092 型汽车串列双腔活塞式制动阀的拆装

CA1092 型汽车串列双腔活塞式制动阀如图 14–17 所示，其拆装、检修见表 14–9。

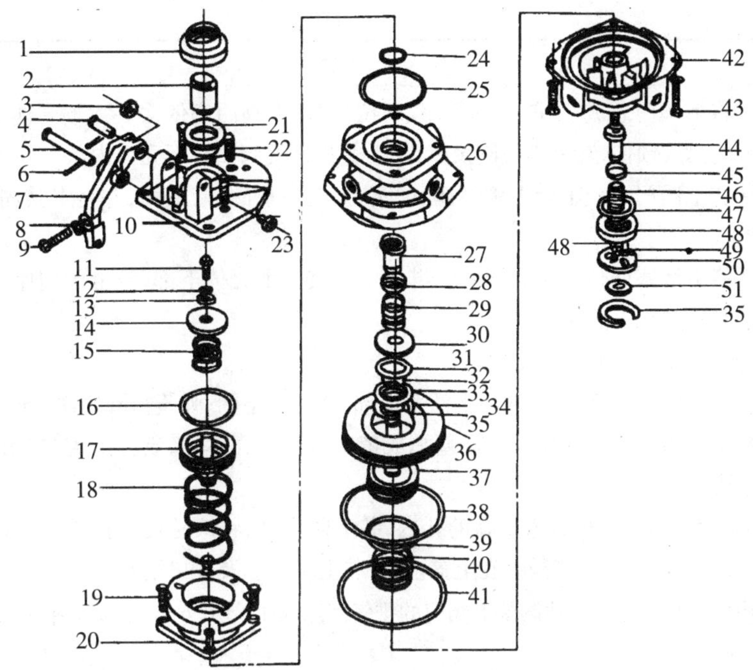

1－防尘罩;2－挺杆;3－滚轮;4、5－连接销;6－开口销;7－拉臂;8－螺母;9－调整螺栓;10－上盖;11、19、22、43－螺栓;12－弹簧垫圈;13、39、48－垫圈;14－平衡弹簧座;15－平衡弹簧;16、24、25、31、32、38、41－橡胶密封圈;17－上活塞;18－上活塞回位弹簧;20－上壳体;21－大衬套;23－小衬套;26－中壳体;27－上阀门总成;28－上阀门弹簧座;29－上阀门回位弹簧;30－上阀门座;33－上阀门垫圈;34、35、49－卡簧;36－继动活塞;37－下活塞;40－下活塞回位弹簧;42－下壳体;44－下阀门总成;45－下阀门弹簧座;46－下阀门回位弹簧;47－下阀门座;50－排气阀座;51－排气阀

图 14–17　CA1092 型汽车串列双腔活塞式制动阀

表 14–9　CA1092 型汽车串列双腔活塞式制动阀的拆装、检修

内容	步骤
CA1092型汽车串列双腔活塞式制动阀的分解	①拆下制动阀与气管的连接螺母。 ②拆掉制动灯开关上的导线,拆下制动阀与车架的连接螺栓、螺母,卸下制动阀。 ③从上盖的耳架上拆下拉臂、挺杆及防尘罩,拆下上盖连接螺栓,取下上盖。 ④取下平衡弹簧座、平衡弹簧及上活塞,取出回位弹簧,拆下上壳体。 ⑤拆下中壳体与下壳体的连接螺栓,由中壳体依次取出回位弹簧、小活塞、继动活塞。 ⑥拆下中壳体的两个卡簧,并依次取出上阀门座、上阀门总成及回位弹簧。 ⑦拆下下壳体下部的卡簧,取出排气阀、排气阀座,拆下卡簧,取出下阀门座,取出回位弹簧、弹簧座及下阀门总成

续表

内容	步骤
CA1092型汽车串列双腔活塞式制动阀的装复	①将下阀门总成、下阀门弹簧座、回位弹簧、下阀门座依次装入下壳体下部，用卡簧将下阀门总成锁住，装上排气阀及座，用卡簧将排气阀锁在下壳体内。 ②在上阀门总成上装上弹簧座、弹簧、上阀门垫圈、密封圈，并将卡簧固定在上阀门总成上。 ③将下活塞回位弹簧、下活塞、继动活塞装入下壳体下部，将上阀门座、阀门座密封圈用卡簧固定在下活塞上。 ④将下壳体与中壳体连接。 ⑤将平衡弹簧、弹簧座放入上活塞上部，并将平垫圈、弹簧垫圈用螺栓连接。 ⑥将上活塞回位弹簧及上活塞总成依次放入上壳体内，装上上盖，拧紧上盖与上壳体的连接螺栓。 ⑦将大衬套、挺杆装入上盖的孔内，装上防尘罩，将滚轮用连接销装在拉臂中，锁好开口销，再将拉臂用连接销装在上盖上，并装上小衬套及开口销。 ⑧装上调整螺钉，并调整上阀门的排气间隙为1.2±0.2mm（相对踏板自由行程为10～15mm）
制动阀的检修	①用塞尺检测制动阀壳体结合面平面度误差不大于0.10mm，否则进行修磨。若阀门压痕深度超过0.50mm，应换用新件。 ②直观检查各弹簧是否断裂或弹力明显减弱，各弹簧的技术状况应符合要求。 ③检查进、排气阀和阀座，若有刮伤或凹痕、磨损过度，应换用新件。若有轻微磨损，可在接触面上均匀涂上细研磨膏进行研磨。 ④检查制动信号灯开关工作是否正常。若壳有裂纹或螺纹损坏时，应换用新件。 ⑤若进行大修时，解体后各种橡胶密封圈及膜片均换用新件。推杆与衬套配合松旷时，也应换用新件

项目十五　驻车制动系统的检修

学习目标与要求

1. 解释驻车制动系的作用、类型。
2. 说明驻车制动器的结构特点。
3. 完成卡罗拉 1.6MT 轿车驻车制动系操纵机构的拆卸与检修。
4. 完成卡罗拉轿车驻车制动杆自由行程的检查与调整。

任务　卡罗拉轿车驻车制动系统的检修

任务引入

一辆卡罗拉 1.6MT 轿车，行驶了 6×10^4km，一日行车的时候突然发现仪表上的驻车制动灯常亮，此时驻车制动手柄已经放到位，需对驻车制动系统进行检查、维修。

任务分析

当发现卡罗拉轿车驻车制动灯常亮时，通常故障可能有：驻车制动杠杆行程失调、1 号驻车制动器拉索总成卡住、3 号驻车制动器拉索总成卡住、后盘式制动器活塞卡住。学习此任务后，要求按照故障原因可能的顺序进行排查维修。

任务实施

一、相关知识学习

（一）驻车制动器概述

1. 作用。驻车制动装置的功用是车辆停驶后防止滑溜，坡道上顺利起步，行车制动效能失效后临时使用或配合行车制动器进行紧急制动。

2. 驻车制动器的类型：

（1）按安装位置分：中央制动式和车轮制动式。

（2）按结构形势分：鼓式、盘式、带式、弹簧式。

（3）按传动机构分：机械式、液力式、气压式。

驻车制动装置由制动器和制动传动机构两部分组成。驻车制动器大多通过机械传动机构而工作，用传动杆件通过拉索等装置连接到驻车制动器上。

（二）中央制动式驻车制动器

1. 自动增力式中央制动器。

（1）构造。如图 15–1 所示，制动鼓 12 与变速器第二轴的凸缘盘 13 固接，制动底板 1 和制动蹄的支承销 11 与变速器外壳固接。两制动蹄和调整棘轮 20 通过拉簧 3 浮动地悬挂在支承销上，并用压簧 7 等轴向定位。驻车制动臂 6 上端与右蹄铰接，并通过推力杆和左蹄靠接，臂的下端与钢丝绳 16 连接。制动手柄 23 通过钢丝绳、摇臂 30 等零件与制动器连接传力。绳的松紧可用螺帽 29、31 调整。

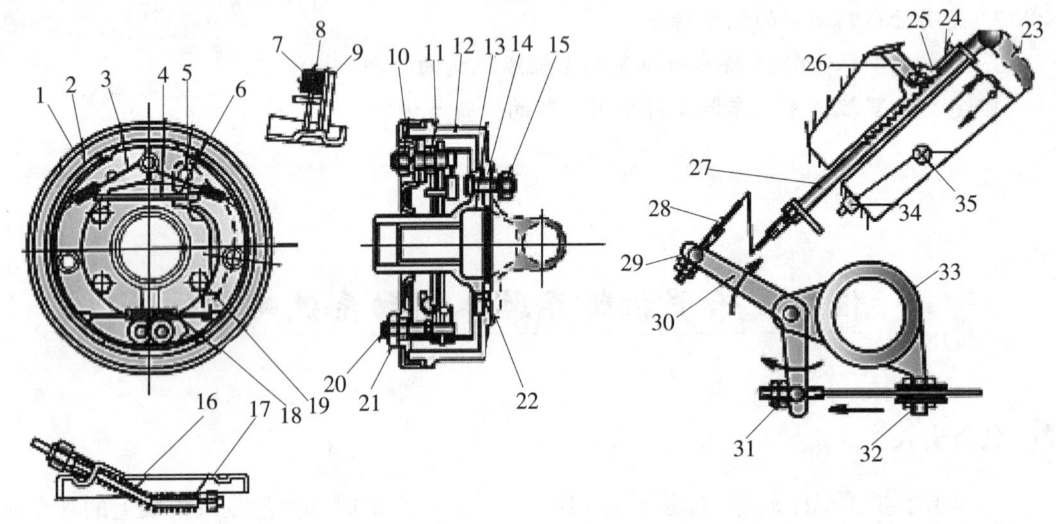

（a）制动器　　　　（b）传动机构

1—制动底板；2—制动蹄；3—拉簧；4—推力板；5—销轴；6—制动臂；7—压簧；8—压簧座；9—压簧拉杆；10—螺母；11—支承销；12—制动鼓；13—第二轴凸缘盘；14—螺栓；15—螺母；16—钢丝绳；17—回位弹簧；18—拉簧；19—螺栓；20—调整棘轮；21—防尘套；22—埋头螺钉；23—制动手柄；24—导管；25—棘爪；26—支座；27—棘齿拉杆；28—钢丝绳；29—调整螺帽；30—摇臂；31—调整螺帽；32—导管；33—前桥；34—驻车制动指示灯开关；35—驻车制动指示灯

图 15–1　自动增力式中央制动器及其传动机构

（2）工作情况。制动时，将手柄拉出，使制动臂 6 顺时针转动，通过推力板 4 将左蹄压向制动鼓，随后制动臂的上端右移，使右蹄也压向制动鼓，产生制动作用。当棘齿拉杆 27 达全制动位置时，棘爪 25 即在扭簧的作用下将拉杆锁止。

放松制动时，应将手柄和棘齿拉杆顺时针转动一定角度，使棘爪脱离啮合，再将手柄推回到不制动的位置，并转回一定角度，以便下次制动。

驻车制动指示灯开关 34 在全制动位置导通指示灯 35，以提醒驾驶员制动未解除，不能起步。

2. 凸轮张开式中央制动器。如图 15–2 所示为常见货车的凸轮张开式中央制动器。它利用机械传动，构造和工作情况与前述凸轮张开的车轮制动器相同，多用于中型货车上。

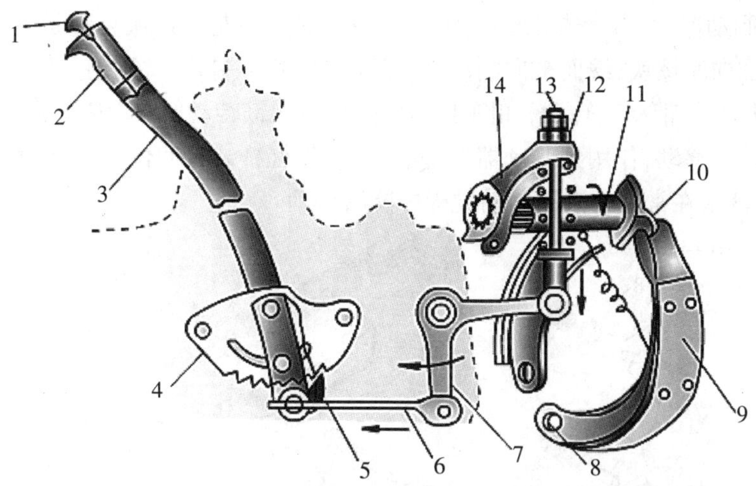

1—按钮;2—拉杆弹簧;3—制动杆;4—齿扇;5—锁止棘爪;6—传动杆;7—摇臂;8—偏心支承销孔;9—制动蹄;10—滚轮;11—凸轮轴;12—调整螺母;13—拉杆;14—摆臂

图 15-2　常见货车的凸轮张开式中央制动器

（三）车轮制动式驻车制动装置

车轮制动式驻车制动装置是在后轮车轮制动器中,加装有必要的机构,使之兼充驻车制动器。结构简单紧凑,已在轿车上得到普遍应用。

1. 后鼓式驻车制动器。后鼓式驻车制动器在后轮鼓式制动器的基础上,添加了驻车制动控制装置,如图 15-3 所示。当驾驶员进行驻车制动时,其拉索、杠杆和平衡器对两侧后鼓式制动器上的驻车制动杠杆施加力。此杠杆和驻车制动器支柱使制动蹄朝制动鼓移动,迫使制动蹄向外压靠到制动鼓上,实现驻车制动。驻车制动时,制动蹄将保持与制动鼓接触的位置。当拉索上的拉力解除时,回位弹簧拉动制动蹄回到它未制动的位置。

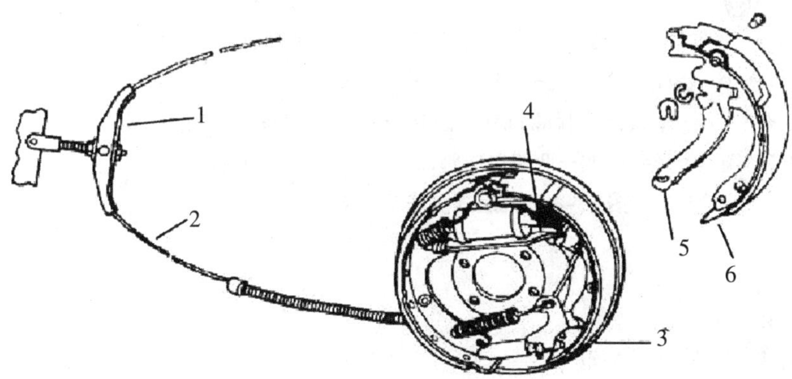

1—平衡器;2—驻车制动器拉索;3—制动器;4—驻车制动器支柱;5—驻车制动器拉杆;6—制动蹄

图 15-3　后鼓式驻车制动器

2. 后盘式驻车制动器。在后盘式驻车制动器中，盘式制动钳是由机械装置驱动的，此装置把制动钳活塞往里推向摩擦块，继而推向制动盘，进而实现驻车制动。常见的是用一个大螺距螺钉由驻车制动操作杠杆带动其转动，如图 15-4 所示。当螺钉转动时，固定在活塞内的螺母使活塞沿着该螺钉轴向移动，作用到制动器上。螺钉的操作杠杆装有回位弹簧，活塞内的螺母通过弹簧加载，因此活塞在常规的液压制动过程中能够移动。

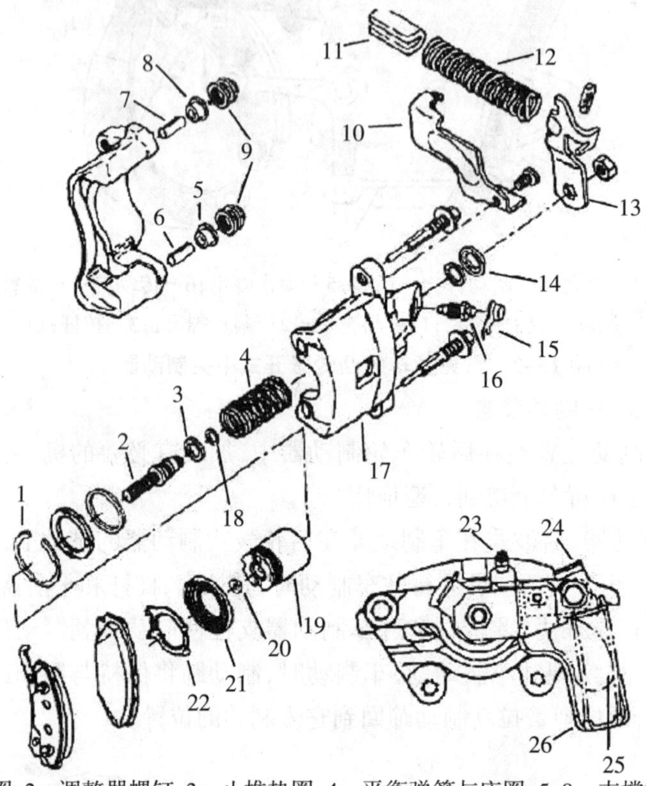

1－挡圈；2－调整器螺钉；3－止推垫圈；4－平衡弹簧与座圈；5、8－支撑衬套；6、7－衬套；9－螺栓套管；10、26－支架；11－减振器；12、25－回位弹簧；13、24－操纵杆；14－操纵杆密封圈；15－盖；16、23－放气阀；17－制动钳体；18－轴密封圈；19－活塞；20－两路单向阀；21－活塞罩；22－挡圈

图 15-4　后盘式驻车制动器

二、实践操作

（一）准备工作

1. 卡罗拉 1.6MT 教学用车一辆。
2. 常用拆装工具、量具一套。
3. 汽车举升器。
4. 干净的抹布、维修手册、工单等。

（二）卡罗拉轿车驻车制动系技术要求

1. 驻车制动拉索至车身螺栓力矩：6N·m。
2. 驻车制动杠杆总成安装螺栓力矩：15N·m。
3. 驻车制动开关至驻车制动杠杆螺钉扭矩：0.9N·m。

4. 驻车制动杠杆行程:200N 时为 6~9 个槽口。

(三)卡罗拉轿车驻车制动杠杆拆装

卡罗拉轿车驻车制动杠杆结构如图 15-5 所示,其拆装见表 15-1。

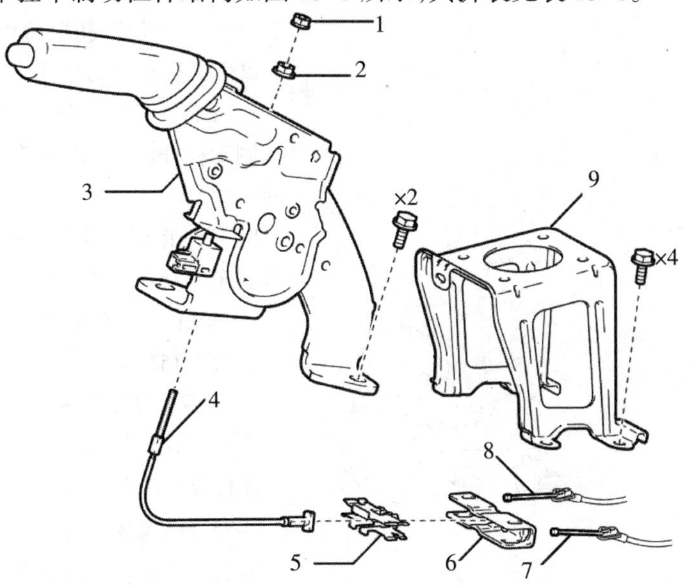

1—锁紧螺母;2—调整螺母;3—驻车制动杠杆总成;4—1 号驻车制动器拉索;5—拉索末端止动块;6—驻车制动器平衡块;7—3 号驻车制动器拉索;8—2 号驻车制动器拉索;9—地板控制台 2 号安装支架

图 15-5　卡罗拉轿车驻车制动杠杆结构

表 15-1　卡罗拉轿车驻车制动杠杆拆装

项目	图示	步骤
驻车制动杠杆拆卸		①拆卸仪表板左、右下装饰板。 ②拆卸换挡杆把手分总成。 ③拆卸中央仪表组装饰板总成。 ④拆卸仪表盒总成。 ⑤拆卸前 1、2 号地板控制台嵌入件。 ⑥拆卸地板控制台上面板分总成。 ⑦拆卸地板控制台毡垫。 ⑧拆卸后地板控制台总成。 ⑨拆卸驻车制动杠杆总成。 a. 先拆下锁紧螺母和调整螺母，断开驻车制动开关连接器。 b. 再拆下 2 个螺栓和驻车制动杠杆总成,如图所示。 c. 最后拉起卡爪并拆下 1 号驻车制动器拉索总成。 ⑩从驻车制动杠杆分总成上拆下螺钉和驻车制动开关总成

续表

项目	图示	步骤
驻车制动杠杆重新装配		①用螺钉将驻车制动开关总成装至驻车制动杠杆分总成,扭矩:0.9N·m,如图所示。 ②安装驻车制动杠杆总成。 a. 先将 1 号驻车制动器拉索总成穿过驻车制动杠杆总成，使驻车制动杠杆卡爪弯曲。 b. 暂时将调整螺母和锁紧螺母安装至 1 号驻车制动器拉索总成。 c. 再用 2 个螺栓安装驻车制动杠杆总成,扭矩:15N·m。 b. 最后连接驻车制动开关连接器。 ③调整驻车制动杠杆行程。 ④检查制动警告灯。 ⑤安装后地板控制台总成。 ⑥安装地板控制台毡垫。 ⑦安装地板控制台上面板分总成。 ⑧安装前 1、2 号地板控制台嵌入件。 ⑨安装仪表盒总成。 ⑩安装中央仪表组装饰板总成。 ⑪安装换挡杆把手分总成。 ⑫安装仪表板左、右下装饰板

(四）驻车制动器拉索拆装(以 3 号拉索为例)

卡罗拉轿车 3 号驻车制动器拉索总成如图 15-6 所示,其拆装见表 15-2。

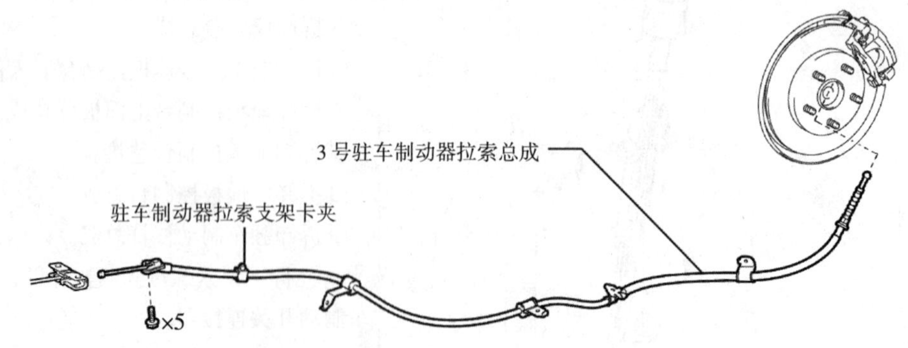

图 15-6　卡罗拉轿车 3 号驻车制动器拉索总成

表 15-2　驻车制动器拉索拆装

内容	图示	步骤
3 号驻车制动器拉索总成的拆卸	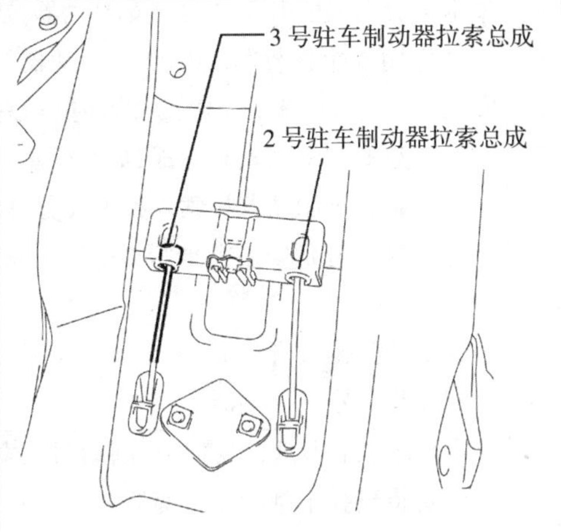 3 号驻车制动器拉索总成 2 号驻车制动器拉索总成	①从蓄电池负极端子断开电缆。 ②拆卸前排左、右座椅总成。 ③拆卸驻车制动杠杆总成。 ④将 3 号驻车制动器拉索总成从驻车制动器平衡器分离，如图 15-7 所示。 ⑤分离 2 号驻车制动器拉索总成
	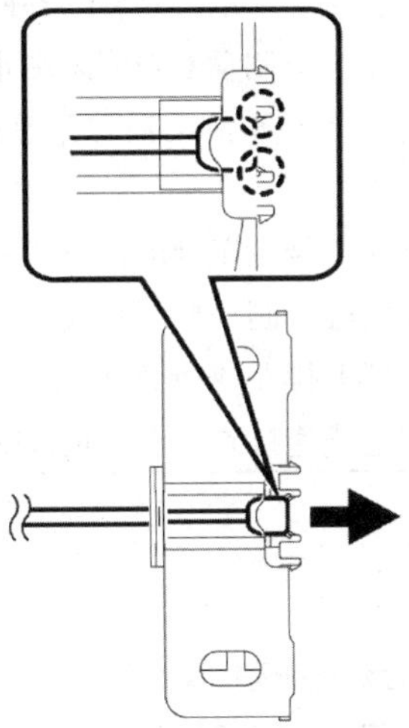	⑥分离 2 个卡爪，以将 1 号驻车制动器拉索总成从驻车制动器拉索末端止动块上拆下，如图所示。 ⑦分离 2 个卡爪，以将驻车制动器拉索末端止动块从驻车制动器平衡器上拆下。 ⑧拆卸 2 号氧传感器。 ⑨拆卸前排气管总成。 ⑩拆下前地板 1、2 号上隔热垫。 ⑪分离卡夹以脱开驻车制动器拉索支架卡夹分总成
	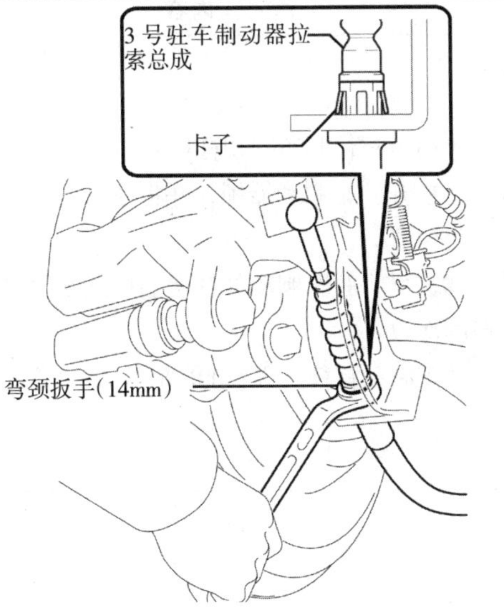 3 号驻车制动器拉索总成 卡子 弯颈扳手（14mm）	⑫拆下 5 个螺栓，将 3 号驻车制动器拉索总成拉出至车身外侧后从后盘式制动器轮缸总成上分离，如图所示。 ⑬脱开 2 个卡爪，以将驻车制动器拉索支架卡夹分总成从 3 号驻车制动器拉索总成上拆下

续表

内容	图示	步骤
3号驻车制动器拉索总成的安装		①接合2个卡爪，以将新的驻车制动器拉索支架卡夹分总成安装至3号驻车制动器拉索总成。 ②先用5个螺栓将3号驻车制动器拉索总成安装在车身，扭矩：6.0N·m。再将拉索总成连接至左后盘式制动器轮缸总成，如图所示。 ③安装驻车制动器拉索支架卡夹分总成。 ④用螺母分别安装前地板2、1号上隔热垫，扭矩：5.5N·m。 ⑤安装前排气管总成。 ⑥安装2号氧传感器
		⑦接合2个卡爪，以将驻车制动器拉索末端止动块安装至驻车制动器平衡器。 ⑧接合2个卡爪，以将1号驻车制动器拉索总成安装至驻车制动器拉索末端止动块。 ⑨将3号驻车制动器拉索总成连接至驻车制动器平衡器。 ⑩连接2号驻车制动器拉索总成。 ⑪安装驻车制动杠杆总成。 ⑫安装前排左、右侧座椅总成。 ⑬将电缆连接到蓄电池负极端子上

（五）卡罗拉轿车驻车制动系统调整

卡罗拉轿车驻车制动系统调整见表15-3。

表15-3　卡罗拉轿车驻车制动系统调整

内容	图示	内容
检查驻车制动杠杆行程		①用力拉住驻车制动杠杆。 ②松开驻车制动器锁，并将驻车制动杠杆放回到关闭位置。 ③缓慢将驻车制动杠杆向上拉到底，并计算咔嗒声的次数。 驻车制动杠杆行程：200N时为6～9个槽口

续表

内容	图示	内容
调整驻车制动杠杆行程	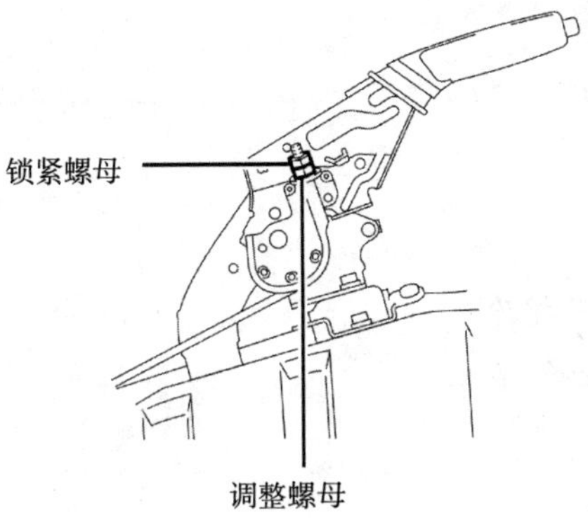 锁紧螺母 调整螺母	①拆下后地板控制台总成。 ②完全松开驻车制动杠杆。 ③松开锁紧螺母和调整螺母，以完全松开驻车制动器拉索。 ④发动机停机时,踩下制动踏板 3～5 次。 ⑤转动调整螺母，直到驻车制动杠杆行程修正至规定范围内。 ⑥紧固锁紧螺母,扭矩:6.0N·m。 ⑦操作驻车制动杠杆 3～4 次,并检查驻车制动杠杆行程。 ⑧检查驻车制动器是否卡滞。 ⑨安装后地板控制台总成。 注意:在执行驻车制动器调整之前,确保制动管路已放气且不再含有空气
检查制动器轮缸操作杆和止动器间隙	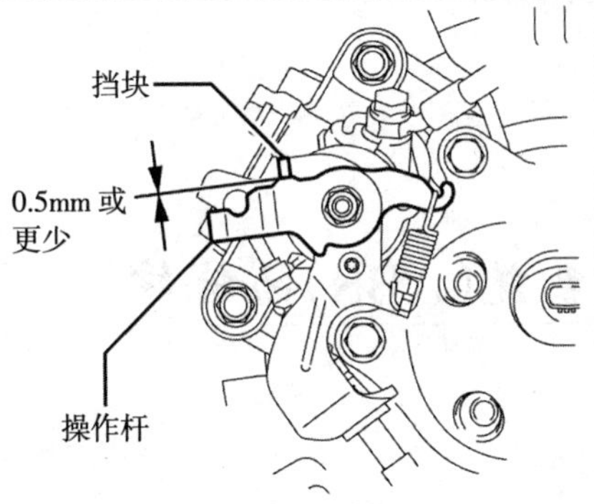 挡块 0.5mm 或更少 操作杆	松开驻车制动杠杆，检查并确认后盘式制动器制动缸操作杆和止动块之间的间隙测量值在规定范围内,规定间隙:小于 0.5mm。 如果间隙不在规定范围内，更换后盘式制动器制动钳总成

检查制动警告灯：

操作驻车制动杠杆时,检查并确认制动警告灯亮起。

标准:制动警告灯始终在第一声咔嗒声时亮起。

项目十六　电子控制制动系统的检修

学习目标与要求

1. 概述 ABS 的基本组成、类型及控制方式。
2. 概述 ABS 主要组成部件的名称、特点及工作原理。
3. 完成卡罗拉轿车 ABS 基本检查及系统空气排除。
4. 完成卡罗拉轿车 ABS 主要部件的拆卸、检修、装配。
5. 归纳 ABS 使用注意事项。
6. 了解车身稳定系统的作用、特点。
7. 熟悉车身稳定系统工作原理。
8. 解释卡罗拉车身稳定系统主要部件的名称、作用。
9. 完成卡罗拉轿车车身稳定系统主要零部件的拆装和检修。

任务一　防抱死制动系统(ABS)的检修

任务引入

一辆卡罗拉轿车行驶 8×10^4km，因左前轮制动器损坏，修理厂检修后，在干燥路面上做制动试验，四个车轮抱死制动、拖痕整齐，仪表板上的 ABS 故障指示灯常亮，需检修 ABS 系统。

任务分析

由于该车修理后仪表板上的 ABS 故障指示灯不熄灭，且有制动拖痕，说明 ABS 电脑储存有故障代码，使 ABS 系统不起作用，而以常规制动方式工作。此时，需要利用故障诊断仪读取故障码，根据故障码的显示来维修制动系统。通过此任务，应学会按照技术要求完成 ABS 的检修。

任务实施

一、相关知识学习

(一) 防抱死制动系统(ABS)概述

随着世界汽车工业的迅猛发展，安全性能越来越受到人们的重视，制动系统作为主要主动安全系统更是备受关注。目前，ABS 能使人们对安全性的要求得以充分满足，因而在汽车上得到了普遍的运用。

1. ABS系统功用。普通汽车的制动系统，踩下制动踏板时，摩擦片和制动器会紧密贴合而抱死，车轮与路面间的侧向附着力将完全消失。若前轮先抱死，汽车失去转向能力；若后轮先抱死，即使受到不大的侧向干扰力，汽车也将发生侧滑(甩尾)，这些都极易造成严重的交通事故。因此，汽车在制动时不希望车轮制动到抱死滑移，而是希望车轮边滚边滑的滑动状态(用滑移率S表示)。由实验证明，在汽车的制动过程中，附着系数的大小随着滑移率的变化而变化，如图16-1所示。汽车车轮的滑移率在15%～20%时，车轮与路面间具有最大的纵向附着系数φ_B，此时可产生的地面制动力最大，制动距离最短，制动效果最佳。当滑移率为零，即车轮处于纯滚动状态时，其侧向附着系数φ_S最大，此时汽车保持转向和防止侧滑的能力最强。随着滑移率的增加，侧向附着系数下降，当滑移率为100%，即车轮抱死滑动时，侧向附着系数变得极小，轮胎与路面之间的侧向附着力接近于零，车轮将完全丧失抵抗外界侧向力作用的能力，稍有侧向力干扰(如路面不平产生的侧向力、汽车重力的侧向分力、侧向风力等)，汽车就会产生侧滑而失去稳定性。

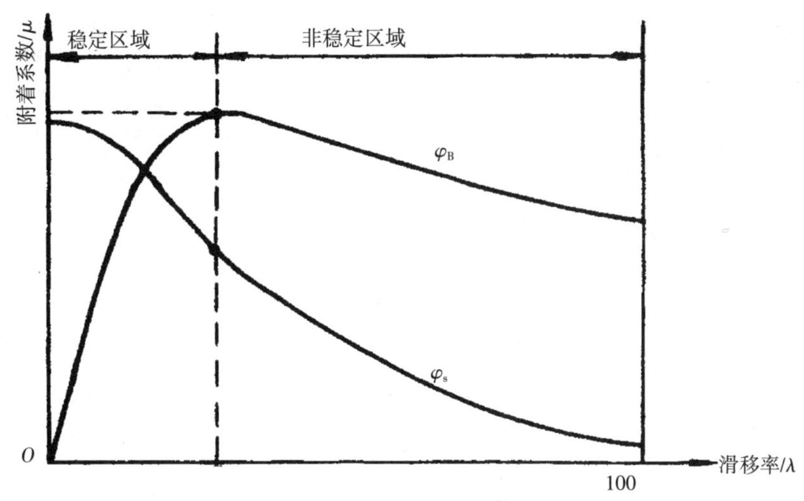

图16-1 附着系数与滑移率的关系图

ABS的作用就是在制动过程中自动控制和调节制动力大小，调节车辆滑移率，防止车轮抱死，消除侧滑、跑偏及丧失转向能力，使汽车获得良好的制动性能、操纵性能和稳定性能。

2. ABS的类型。

(1) 按结构分类，ABS有分置式和整体式结构。

分置式采用传统的制动主缸和助力装置，ABS调节装置是独立的机构。整体式则是将制动主缸、助力装置以及ABS调节装置制成一个整体结构形式，减少了外部的连接管路数量，进而减少了故障发生的概率。

(2) 按照控制通道数目的不同，又可以分为四通道系统、三通道系统、双通道系统和单通道系统四种形式。

①四通道ABS。对应于双制动管路的H型(前后)或X型(对角)两种布置形式，如图16-2所示。

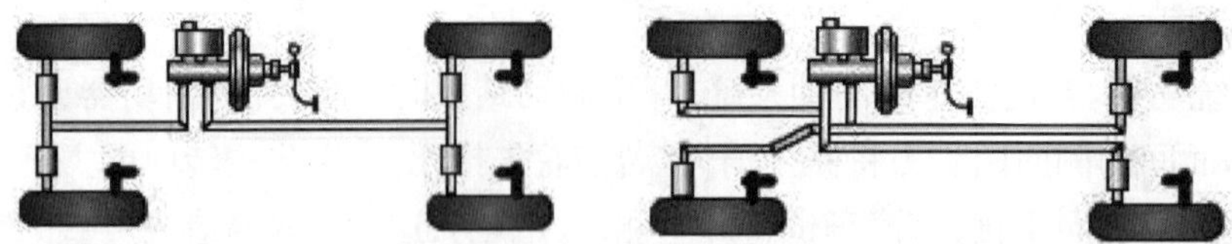

图 16-2　四通道 ABS 布置形式

②三通道 ABS。四轮 ABS 大多为三通道系统，三通道系统都是对两前轮的制动压力进行单独控制，对两后轮的制动压力按低选原则一同控制，如图 16-3 所示。

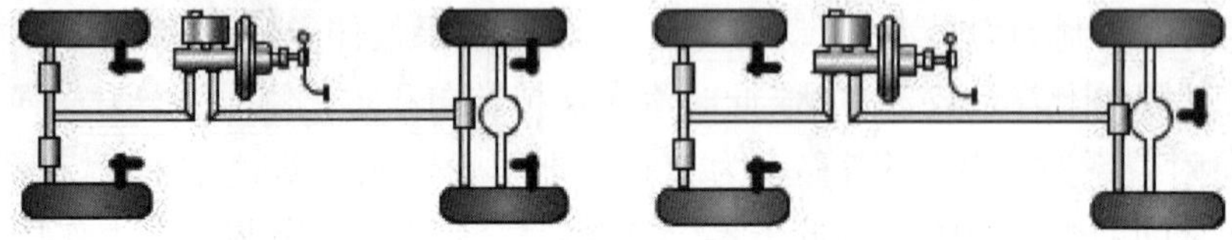

图 16-3　三通道 ABS 布置形式

③双通道 ABS。双通道 ABS 在按前后布置的双管路制动系统的前后制动管路中各设置一个制动压力调节分装置，分别对两前轮和两后轮进行一同控制。两前轮可以根据附着条件进行高选和低选转换，两后轮则按低选原则一同控制，如图 16-4 所示。

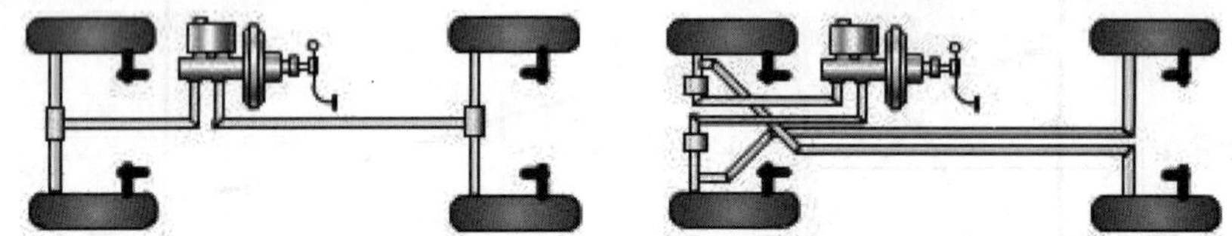

图 16-4　双通道 ABS 布置形式

④单通道 ABS。单通道 ABS 是在前后布置的双管路制动系统的后制动管路中设置一个制动压力调节装置，对于后轮驱动的汽车只需在传动系中安装一个转速传感器，对两后轮按低选原则一同控制。该系统结构简单、成本低，但前轮无控制，故易抱死，制动距离长，转向操作能力差。

在各种轿车制动系统上采用不同类型的 ABS 可以产生不同的使用效果，综合性能比较见表 16-1。

表 16-1　不同类型的 ABS 使用效果

系统名称	传感器数	通道数	回路类型	特点
4S4M	4	4	HH	四轮均可充分利用地面附着力，但在对分路面或左右轮载荷差别较大时制动，汽车方向稳定性不好，较少采用
			X	制动效能稍差，但汽车方向稳定性较好
4S3M	4	3	X(HH)	占总附着力 80%的两前轮独立控制，后轮低选同时控制，是大多数汽车采用的形式之一
3S3M	3	3	HH	
4S2M	4	2	X	在各种复杂的路面上难以使方向稳定性、制动距离和转向操纵能力得到兼顾，较少采用
2S2M	2	2	X	
1S1M	1	1	HH	后轴车轮按低选原则控制，可改善汽车的方向稳定性

3. ABS 系统的优点。

(1) 缩短制动距离。在同样紧急制动条件下,ABS 系统可以将滑移率控制在最大附着系数范围内,从而可获得最大的纵向制动力。

(2) 改善了轮胎的磨损状况。ABS 系统可以防止车轮抱死,从而避免了因制动车轮抱死造成的轮胎局部异常磨损,延长了轮胎的使用寿命。

(3) 提高了汽车制动时的稳定性。ABS 系统可防止车轮在制动时完全抱死,能将车轮侧向附着系数控制在较大的范围内,使车轮具有较强的侧向支承力,以保证汽车制动时的稳定性。

(4) 使用方便、工作可靠。ABS 系统的运用与常规制动装置的运用几乎没有区别,制动时驾驶员踩制动踏板,ABS 系统就根据车轮的实际转速自动进入工作状态,使车轮保持在最佳工作状态。

(二)防抱死制动系统基本组成及工作原理

1. 基本组成。典型的 ABS 系统由基本制动系统和制动力调节系统两部分组成。前者由制动主缸、助力装置、制动器和制动管路等构成,实现汽车的常规制动。后者通常由传感器、ABS 电子控制单元、制动压力调节装置等组成,各元件的功用见表 16-2。卡罗拉轿车 ABS 系统组成如图 16-5 所示。

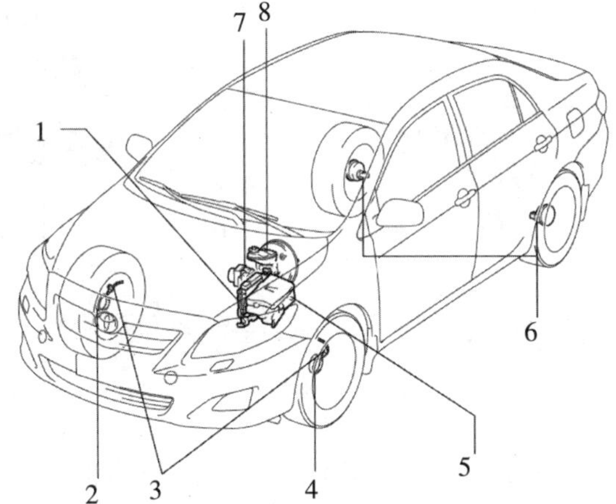

1—ECM;2、4—前轮转速传感器转子;3—前轮转速传感器;5—发动机室继电器盒;6—后轮转速传感器;7—制动器执行器;8—制动主缸

图 16-5　卡罗拉轿车 ABS 系统组成

表 16-2　ABS 组成元件的功用

组成元件		功　用
传感器	车速传感器	检测车速,给 ECU 提供车速信号,用于滑移率控制方式
	轮速传感器	检测轮速,给 ECU 提供轮速信号,各种控制方式□采用
	减速度传感器	检测制动时汽车的减速度,识别是否是冰雪等易滑路面,只用于四轮驱动控制系统
执行器	制动压力调节器	接受 ECU 的指令,通过电磁阀的动作,控制制动系统压力的增加、保持或降低
	ABS 警告灯	ABS 系统出现故障时,ECU 将其点亮,发出报警,并可由其闪烁读取故障码
ECU		接收车速、轮速、减速度等传感器的信号,计算出车速、轮速、滑移率和车轮减速度、加速度,并将这些信号加以分析、判断、放大,由输出级输出控制指令,控制各种执行器工作

2. 工作过程。ABS 系统的工作过程可以分为常规制动、制动压力保持、制动压力减小和制动压力增大等阶段。

（1）常规制动阶段。在常规制动阶段，ABS 系统不起作用，调压电磁阀总成中的进液电磁阀、出液电磁阀均不通电，进液电磁阀处于开启状态，出液电磁阀则处于关闭状态；制动主缸至各制动轮缸的制动管路均处于沟通状态；电动油泵也不通电运转，制动轮缸至储液器的制动管路均处于封闭状态，各制动轮缸的制动压力将随制动主缸的输出压力而变化，此时的制动过程与常规制动系统过程完全相同，如图 16-6(a)所示。

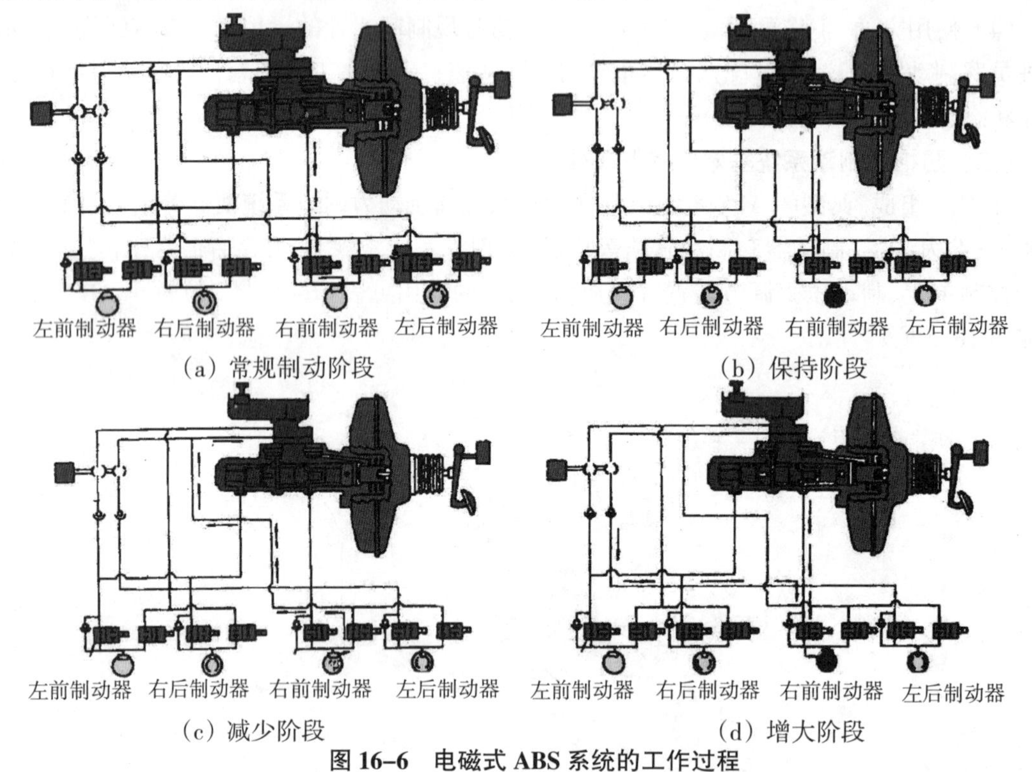

（a）常规制动阶段　（b）保持阶段

（c）减少阶段　（d）增大阶段

图 16-6　电磁式 ABS 系统的工作过程

（2）制动压力保持阶段。在制动过程中，ECU 根据车轮转速传感器输入车轮转速信号判定有车轮趋于抱死时，ABS 就进入防抱死制动压力调节过程。如 ECU 判定右前轮趋于抱死时，ECU 就输出控制指令使右前轮的进液电磁阀通电而转入关闭状态，制动主缸中的制动油液不再进入右前轮的制动轮缸；而右前轮出液电磁阀仍不通电而处于关闭状态，则右前轮制动主缸中的制动液也不会流出。此时，右前轮制动轮缸的制动压力就保持一定，而其他未趋于抱死的车轮制动轮缸内油液压力仍随制动主缸输出压力的增大而增大，如图 16-6(b)所示。

（3）制动压力减小阶段。当右前轮制动轮缸的制动压力保持一定时，若 ECU 判定右前轮仍然处于抱死，则输出控制指令使右前出液电磁阀也通电而转入开启状态。右前轮制动轮缸中的部分制动液经开启的出液电磁阀流回储液器，制动轮缸内的制动压力减小，右前轮的抱死趋势开始消除，如图 16-6(c)所示。

（4）制动压力增大阶段。随着右前轮制动轮缸内制动压力的迅速减小，右前轮会在汽车惯性力的作用下逐渐加速。当 ECU 判定右前轮抱死趋势已完全消除时，就输入控制指令使进液电磁阀和出液电磁阀均断电，则进液电磁阀恢复开启状态，出液电磁阀恢复关闭状态。同时也使电动油泵通电运转向制动轮缸泵送制动液。由制动主缸输出的制动液和电动泵泵送的制动液均经过开启的进液电磁阀进入右前轮制动轮缸,使右前轮制动轮缸内的制动压力迅速增大,右前轮又开始减速转动,如图 16–6(d)所示。

(三)防抱死制动系统主要部件的结构、工作原理

1. 轮速传感器。

(1) 功用。将车轮的转速转变为电信号,输送给控制器(ECU),以使控制器能准确判断车轮是否抱死,能及时控制制动力的大小。

(2) 类型。常见类型有电磁感应式、霍尔效应式、光电式等。

(3) 轮速传感器的结构及工作原理。

①电磁式轮速传感器。

a. 结构。它包括传感头和齿圈两部分,如图 16–7 所示。传感头的结构由永磁体、磁极、感应线圈和外壳等组成,极轴头部结构有凿式和柱式两种。齿圈随车轮或传动轴转动。

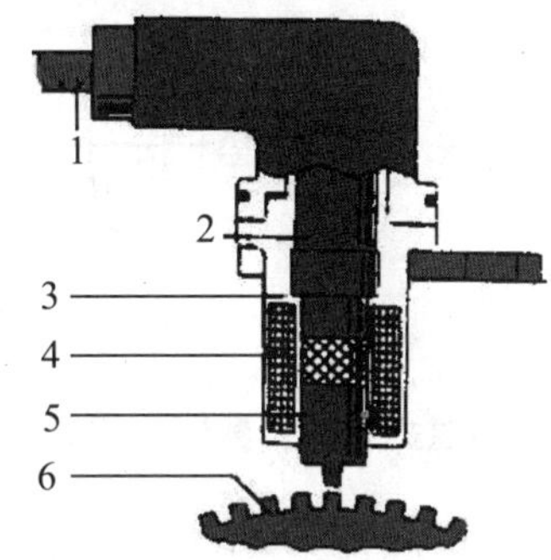

1—导线;2—永久磁铁;3—传感器外壳;4—电磁线圈;5—磁极;6—齿圈

图 16–7　电磁式轮速传感器构造

如图 16–8 所示为转速传感器在车轮上的安装位置,其齿圈一般安装在轮毂或轴座上,对于后轮驱动且后轮采用同轴控制的汽车,齿圈也可安装在差速器或传动轴上。传感头通过固定在车身上的支架安装在齿圈附近,传感头与齿圈间的间隙均为 1mm。

b. 优、缺点。

优点:结构简单、成本低。

缺点:一是输出信号的幅值随转速的变化而变化,在规定转速范围内,其输出信号的幅值一般在 1～5V 范围内变化,若车速过慢,其输出信号低于 1V 时,ECU 就无法检测;

二是响应频率不高,当转速过高时,传感器的频率响应跟不上,容易产生错误信号;

三是抗电磁波干扰能力差,尤其是其输出信号幅值较小时。在汽车这个电磁波干扰源很多的特定条件下,抗干扰能力尤为重要。

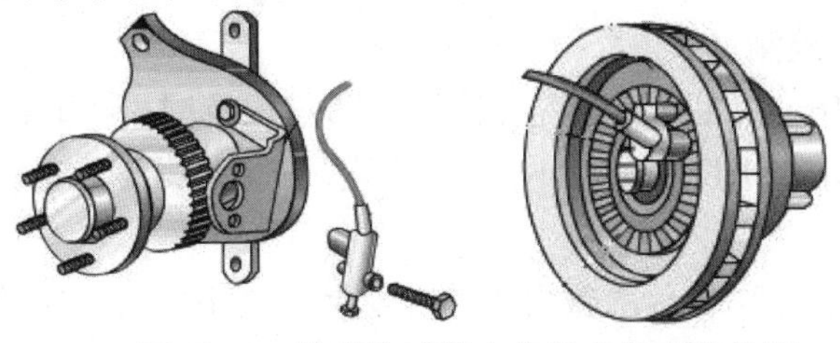

图 16–8　转速传感器在车轮上的安装位置

c. 工作原理。电磁式轮速传感器的工作原理如图 16-9 所示。车轮转动时，传感器齿圈随车轮旋转与传感头磁极做相对运动。当传感头的磁极端部与齿圈的齿隙相对时，磁极端部距齿圈之间的空气间隙最大，即磁阻最大。传感头的磁极磁力线只有少量通过齿圈而构成回路，在电磁线圈周围的磁场较弱。

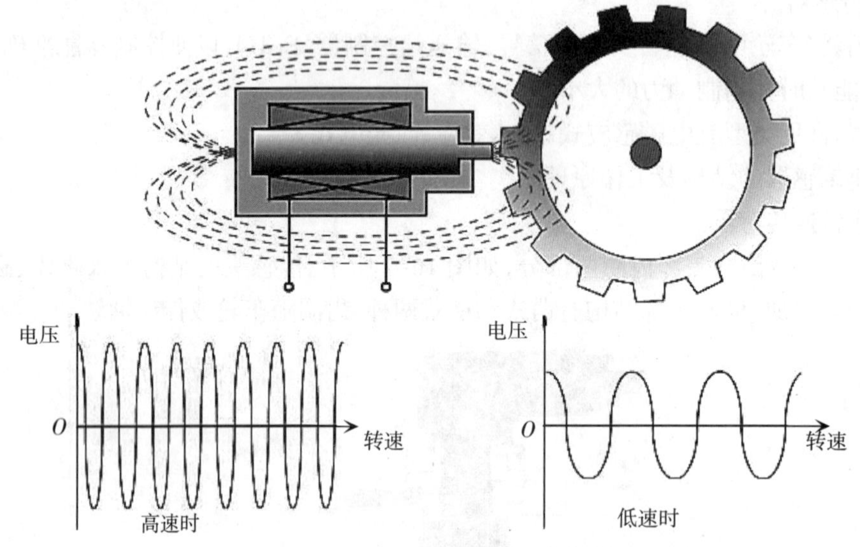

图 16-9　电磁式轮速传感器工作原理

当传感头的磁极端部与齿圈的齿顶相对时，两者之间的空隙较小，即磁阻最小。传感头的磁极磁力线通过齿圈的数量增多，在电磁线圈周围的磁场较强。齿圈随车轮不停地旋转，就使传感头电磁线圈周围的磁场以“强—弱—强—弱”周期性地变化，因此电磁线圈就感生交变电压信号，即车轮转速信号。

②霍尔式转速传感器。随着汽车速度越来越高，电磁感应式轮速传感器很难满足测量需求，因此霍尔式转速传感器在 ABS 系统中应用越来越广泛。

a. 结构。霍尔式转速传感器也是由传感头和齿圈组成。传感头由永磁体、霍尔元件和电子电路等组成，齿圈的结构及安装方式与电磁式轮速传感器的齿圈相同，永磁体的磁力线穿过霍尔元件通向齿轮。

b. 优点。

其一是输出信号电压幅值不受转速的影响；

其二是频率响应高。其响应频率高达 20kHz，相当于车速为 1000km/h 时所检测的信号频率；

其三是抗电磁波干扰能力强。因此，霍尔式传感器不仅广泛应用于 ABS 转速检测，也广泛应用于其控制系统的转速检测。

c. 工作原理。如图 16-10(a)所示，当齿轮位于图示位置时，穿过霍尔元件的磁力线分散，磁场相对较弱。当齿轮位于图 16-10(b)所示位置时，穿过霍尔元件的磁力线集中，磁场相对较强。

齿轮转动时，使得穿过霍尔元件的磁力线密度发生变化，因而引起霍尔电压的变化，霍尔元件将输出一个毫伏(mV)级的准正弦波电压。此信号经过放大器放大为伏级正弦波信号电压，再经过施密特触发器中将正弦波信号转换成标准的脉冲信号，最后由放大级放大输出。

除了轮速传感器外，有的车辆还设置了车辆前进方向上的制动减速度传感器。制动时，如果轮速传感器检测出车轮速度下降很快，而减速度传感器却反映出车辆减速度不大，就说明车轮已经出现了滑动。减速度传感器的结构形式有光电式、水银柱式、差动变压器式和半导体式等。

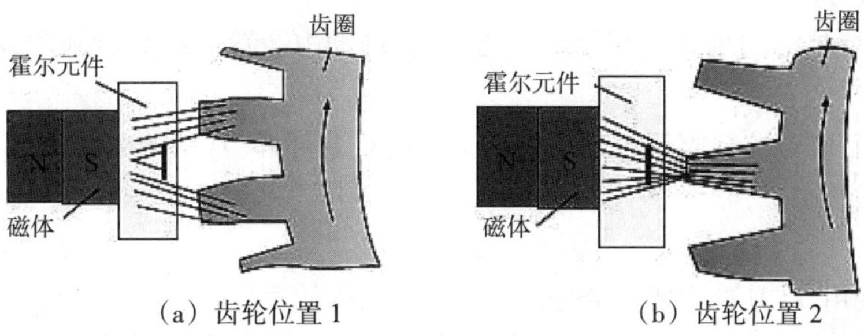

图 16-10　霍尔式转速传感器

2. 制动压力调节器。

（1）作用。在制动时根据 ABS 系统 ECU 的控制指令，自动调节制动轮缸的制动压力的大小，使车轮不被抱死，并处于理想滑移率的状态。根据压力调节器的调压方式可分为流通式和变容式两种。流通式也叫循环流通式，通过电磁阀直接控制轮缸的制动压力；变容式也叫容积变化式，电磁阀间接改变轮缸的制动压力。

（2）结构。图 16-11 为整体式液压调节器的零件分解图。它主要由电磁阀体、制动液储液室、储能器、双腔制动主缸、液压助力器、电动泵等组成。

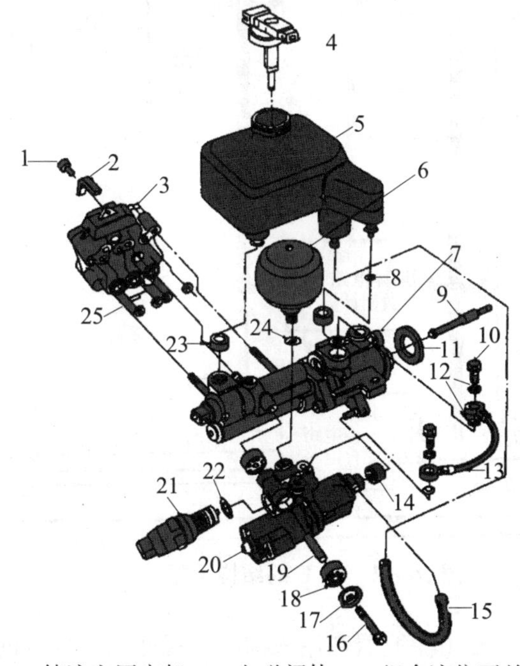

1－固定螺栓；2－储液室固定架；3－电磁阀体；4－组合液位开关；5－储液室；6－储能器；7－制动主缸与液压助力器；8、12、22、24、25－O 形密封圈；9－制动踏板推杆；10－高压管接头；11－密封圈；13－高压管；14－隔离套；15－回液管；16－电动泵固定螺栓；17－垫圈；18－隔离套；19－螺栓套筒；20－电动泵；21－组合压力开关；23－密封垫

图 16-11　整体式液压调节器的零件分解

①制动主缸与液压助力器：两者组成一体，双腔制动主缸分别向左、右两前轮的制动轮缸提供制动液。液压助力器一是向两后轮的制动轮缸提供制动液，二是对双腔制动主缸进行制动助力。

②电动液压泵：电动液压泵的功用是提高液压制动系统内的制动液压力，为 ABS 系统正常工作提供基础压力。

③储能器：储能器的功用是向车轮制动轮缸、制动助力装置供给高压制动液，作为制动能源。

④电磁控制阀：电磁控制阀是制动压力调节器的重要部件。常用的电磁阀有三位三通和二位二通阀等多种形式。

3. ECU。

（1）ECU 的功用。ECU 的主要任务是接收传感器输入的信号，并对这些信号进行计算分析，得出制动时车轮的滑移率、车轮的加速度和减速度，以判断车轮是否有抱死趋势。再由其输出级发出控制信号，控制制动压力调节器及时调节制动力的大小。同时 ECU 还具有故障监控报警和故障自诊断等功能，当系统出现故障时，能及时转换成常规制动，并以故障灯点亮的形式警告驾驶员。

（2）ECU 的结构示意图如图 16-12 所示。

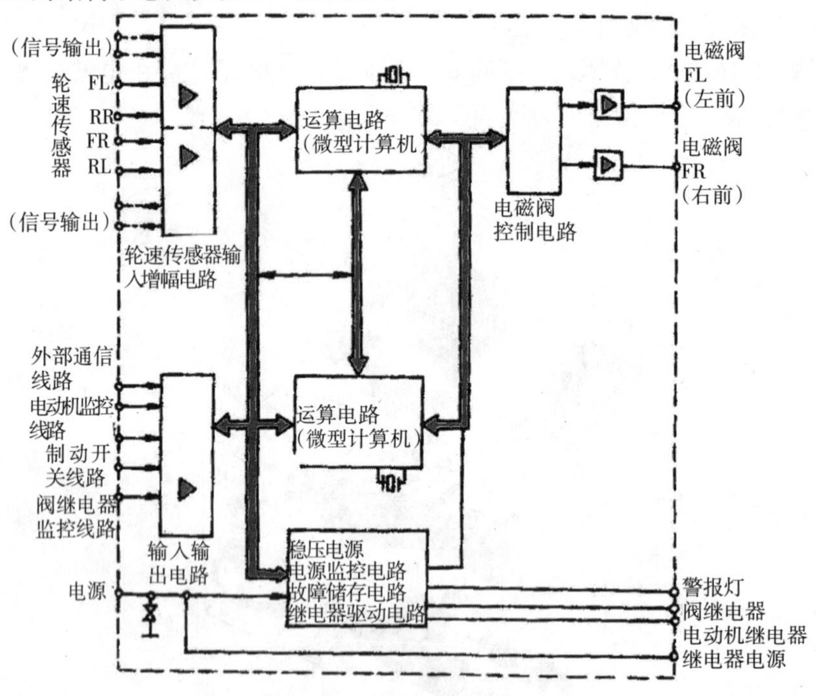

图 16-12　ECU 的结构示意图

①输入电路。输入电路主要由滤波器和用来抑制干扰并放大信号的输入放大器组成。将轮速传感器输入的正弦波信号转换成脉冲方波信号，经整形放大后输入运算电路。

②运算电路。进行车轮转速、初始速度、滑移率、加速度和减速度的运算，调节电磁阀控制参数的运算和监控运算。

③输出电路。采用了大功率三极管，其作用是接收运算电路输入的电磁阀控制指令，向制

动压力调节电磁阀提供准确、及时的控制电压。

④安全保护电路。包含稳压电路、监测电路、故障储存电路、报警电路等，具有稳压、监测与保护的功能。将汽车电源提供的12V电压变为ECU内部所需的5V标准稳定电压，同时对电源电路的电压是否稳定在规定的范围进行监控；对ABS电路系统进行监视，当出现故障信号时，关闭继电器，停止ABS系统的工作，转入常规制动状态。同时点亮仪表盘上的ABS警告灯，提示驾驶员ABS系统出现故障，并将故障信息以故障码的形式储存在存储器中，以诊断时调取。

（3）ECU端子如图16-13所示。

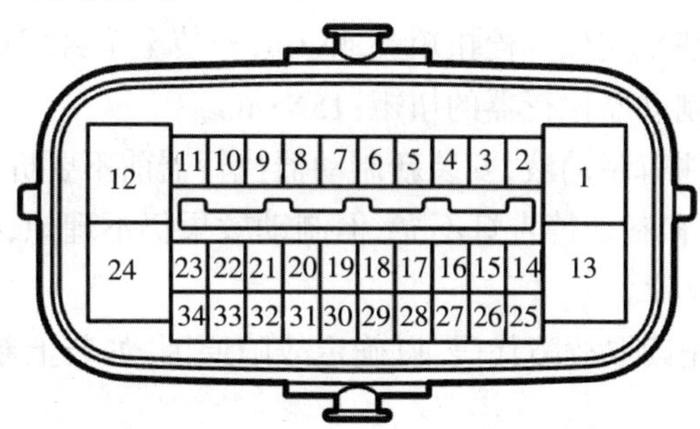

图16-13 卡罗拉轿车ABS系统ECU端子

端子的作用见表16-3。

表16-3 ABS系统ECU端子的作用

端子号	端子作用描述	端子号	端子作用描述
1	ECU搭铁	18	左前轮转速(－)信号输入
2	空位	19	左前轮转速(＋)信号输入
3	空位	20	空位
4	左后轮转速(－)信号输入	21	空位
5	左后轮转速(＋)信号输入	22	速度表转速信号输出
6	右前轮转速(－)信号输入	23	空位
7	右前轮转速(＋)信号输入	24	电动机继电器电源
8	空位	25	CAN通信线路H
9	空位	26	空位
10	空位	27	空位
11	空位	28	刹车灯开关输入
12	电磁阀继电器电源	29	空位
13	泵电动机搭铁	30	空位
14	CAN通信线路L	31	空位
15	空位	32	传感器检查输入
16	右后轮转速(－)信号输入	33	空位
17	右后轮转速(＋)信号输入	34	ECU电源

二、实践操作

（一）准备工作

1. 卡罗拉 1.6MT 教学用车一辆。
2. 常用拆装工具、量具一套，干净的抹布。
3. 汽车举升器、故障诊断仪一套。
4. 维修手册、工单等。

（二）卡罗拉轿车制动系统技术要求及注意事项

1. 制动器执行器安装至支架螺栓扭矩：5.4N·m；安装至车身扭矩：19N·m。
2. 制动管路紧固到制动器执行器的扭矩：15N·m。
3. 制动器执行器加注有制动液，安装新制动器执行器前不要拆下孔塞。
4. 如果 ABS 警告灯和制动警告灯不亮，但制动效果仍不理想，则可能是系统放气不干净或在常规制动系中存在故障。
5. 维修 ABS 前，应先读取故障代码，以确定故障原因。如装上新的液压控制单元，应检查其编码。
6. 拔下 ABS 插头之前，必须关闭点火开关。

（三）卡罗拉轿车制动器执行器拆装

卡罗拉轿车制动器执行器拆装见表 16–4。

表 16–4　卡罗拉轿车制动器执行器拆装

<table>
<tr><th>项目</th><th>图示</th><th>步骤</th></tr>
<tr><td rowspan="2">制动器执行器的拆卸</td><td></td><td>①从蓄电池负极端子断开电缆。
②拆卸挡风玻璃刮水器总成。
③拆卸前围上外板。
④拆卸空气滤清器总成。
⑤拆卸 2 号气缸盖罩。
⑥断开 ECM 连接器线束，如图所示。
⑦排净制动液</td></tr>
<tr><td>1—至右前轮缸；2—至左前轮缸；3—至右后轮缸；4—至左后轮缸；5—从 1 号主缸；6—从 2 号主缸</td><td>⑧拆卸带支架的制动器执行器。
a. 断开制动器执行器连接器。
b. 从制动器执行器上断开 6 个制动管路，使用标签或做好记录，以识别重新连接时的位置，如图所示。
c. 分离制动管路和燃油管。
d. 从车身上拆下 3 个螺母和带支架的制动器执行器。
⑨从制动器执行器支架总成上拆下 3 个螺栓和制动器执行器</td></tr>
</table>

续表

项目	图示	步骤
制动器执行器的安装	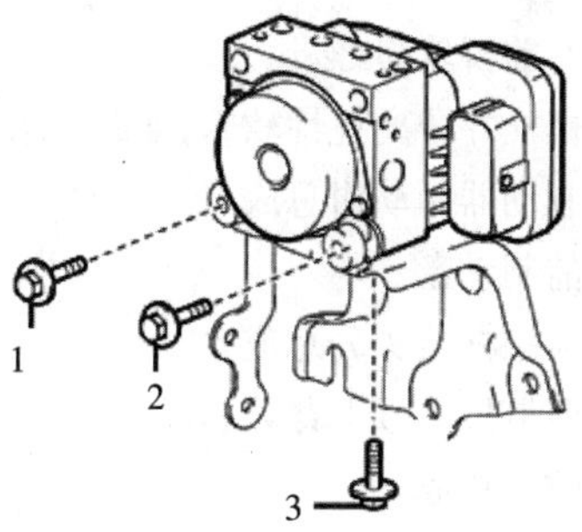 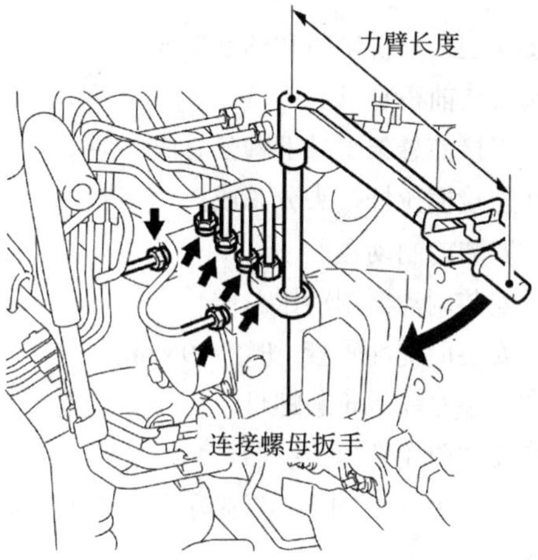 1 2 3 力臂长度 连接螺母扳手	①用3个螺栓将制动器执行器安装至制动器执行器支架总成。按1～3的顺序拧紧3个螺栓,如图所示,扭矩:5.4N·m。 ②安装制动器执行器。 a. 用螺母将制动器执行器安装至车身,扭矩:19N·m。 b. 用卡夹安装好制动管路和燃油管路。 c. 将各制动管路紧固到带支架的制动器执行器的正确位置上,并用连接螺母扳手紧固,扭矩:15N·m,如图所示。 d. 连接好制动器执行器连接器,确保执行器连接器牢固锁紧。 ③连接ECM连接器并用锁杆锁紧连接器,用卡夹固定好线束。 ④安装空气滤清器总成。 ⑤安装2号气缸盖罩。 ⑥安装前围上外板。 ⑦安装挡风玻璃刮水器总成。 ⑧给储液罐加注制动液。 ⑨对制动系统进行放气。 ⑩将电缆连接至蓄电池负极端子

(四)卡罗拉轿车转速传感器的拆装

卡罗拉轿车左侧前轮转速传感器的拆装,见表16–5。

表16–5　卡罗拉轿车左侧前轮转速传感器的拆装

项目	图示	步骤
左侧前轮转速传感器的拆卸	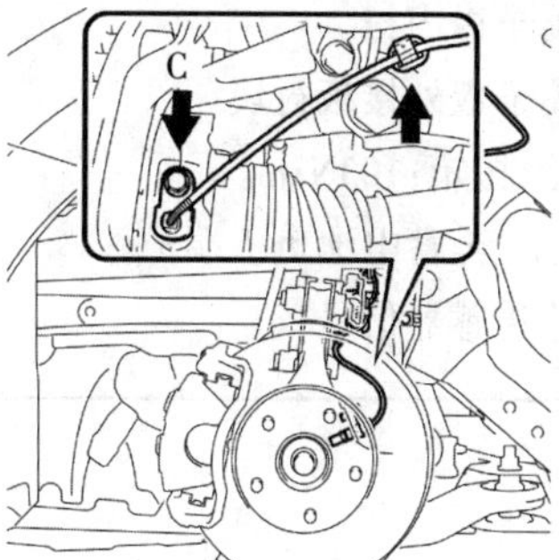 C	①从蓄电池负极端子断开电缆。 ②拆卸前轮。 ③拆卸前翼子板外接板衬块。 ④拆卸前翼子板内衬。 ⑤拆卸转速传感器。 a. 断开前轮转速传感器连接器。 b. 从车身拆下前轮转速传感器线束卡夹。 c. 分别从车身、减振器总成上拆下螺栓和传感器卡夹。 d. 拆下螺栓C、卡夹和前轮转速传感器,如图所示。

续表

项目	图示	步骤
左侧前轮转速传感器的拆卸	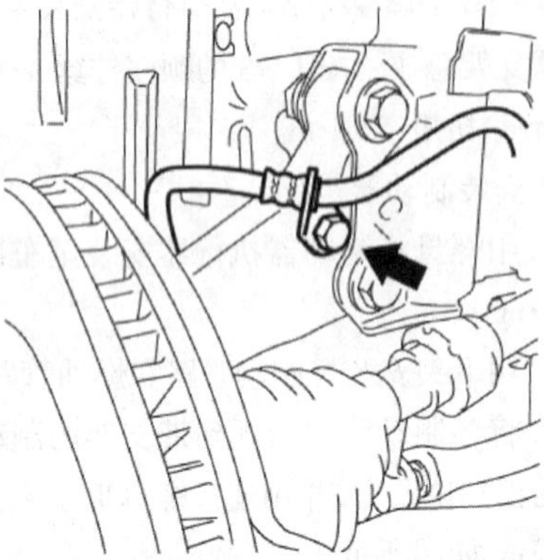	⑥拆卸左前桥轮毂螺母。 ⑦拆下螺栓并分离挠性软管,如图所示。 ⑧分离制动器制动钳总成。 ⑨拆卸前制动盘。 ⑩分离横拉杆接头分总成。 ⑪分离前悬架1号下臂分总成。 ⑫拆卸前桥总成。 ⑬拆卸带传感器转子的前桥轮毂和轴承总成
左侧前轮转速传感器安装	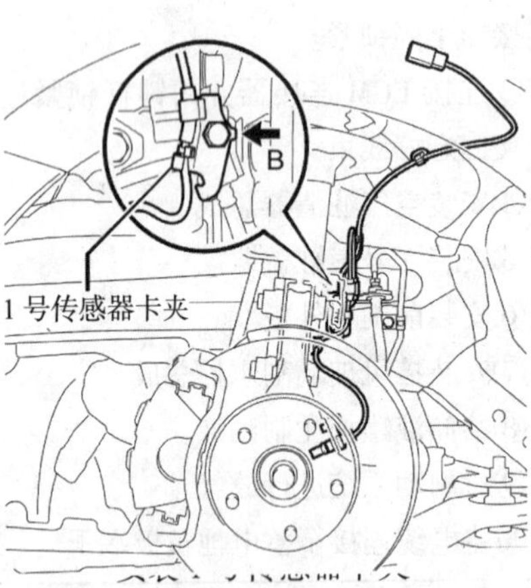 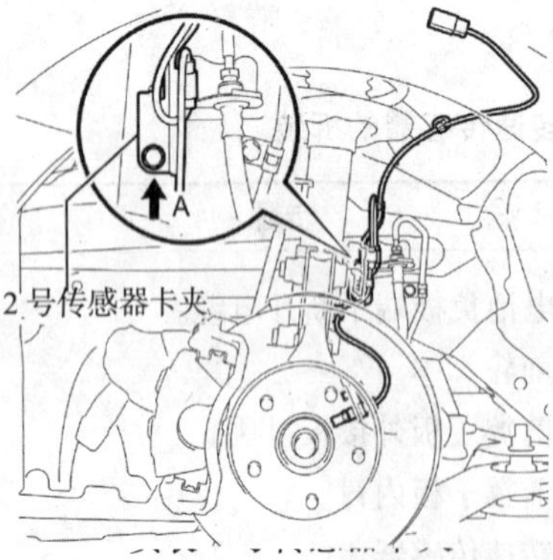 B 1号传感器卡夹 A 2号传感器卡夹	①安装带前桥轮毂和轴承总成。 ②安装前桥总成。 ③连接前悬架1号下臂分总成。 ④连接横拉杆接头分总成。 ⑤安装前制动盘。 ⑥安装制动器制动钳总成。 ⑦安装前挠性软管,扭矩:29N·m。 ⑧安装左前桥轮毂螺母。 ⑨安装前轮转速传感器。 a. 用螺栓C和卡夹安装前轮转速传感器,扭矩:8.5N·m。 b. 用螺栓B将前挠性软管和1号传感器卡夹安装至减振器,扭矩:29N·m,如图所示。 c. 用螺栓A将2号传感器卡夹安装至车身,扭矩:8.5N·m,如图所示。 d. 连接2个转速传感器线束卡夹。 e. 连接转速传感器连接器。 ⑩安装前翼子板内衬。 ⑪安装前翼子板外接板衬块。 ⑫安装前轮,扭矩:103N·m。 ⑬将电缆连接至蓄电池负极端子。 ⑭检查转速传感器信号

(五)ABS系统零部件的检修

ABS系统零部件的检修见表16-6。

表 16-6 ABS 系统零部件的检修

<table>
<tr><th>项目</th><th>内容</th></tr>
<tr><td>转速传感器的检修</td><td>①外观检查。检查传感器安装有无松动;传感器外壳是否损坏;传感头和齿圈是否吸有磁性物质和污垢;传感器导线是否破损、老化;插接器是否连接牢固和接触良好。
②间隙检查。选择规定厚度的无磁性厚薄规,放入齿圈与传感头之间,来回拉动厚薄规,其阻力应合适。若阻力较小,说明间隙过大;若阻力较大,说明间隙过小。
③电器检查。使点火开关处于 OFF,将 ABS 电子控制单元插接器插头拆下,查出各传感器与电子控制单元连接的相应端子,在相应端子上用万用表电阻挡检测传感器线圈与其连接电路的电阻值是否正常,正常值小于 1Ω;测量端子是否搭铁,正常值 10kΩ 或更大。
④模拟检查。使车轮离开地面,将示波器测试线接于 ABS 电子控制单元(ECU)插接器插头的被测传感器对应端子上,用手转动被测车轮(传感器装在差速器上则应挂上前进挡启动发动机低速运转),观察信号电压及其波形是否与车轮转速相当,以及波形是否残缺变形,以判定传感头或齿圈是否脏污或损坏</td></tr>
<tr><td>制动压力调节器的检测</td><td>①检测前,需检查制动系统的制动主缸、制动管和制动钳等是否泄漏。
②高压检测。拧下前制动钳的排气螺栓,接上压力表对系统排气。在制动踏板和驾驶座椅间装上制动踏板压下装置,在制动踏板上加力,直到压力表显示出 5MPa 压力,45s 内压降应不大于 0.4MPa,否则更换制动压力调节器。
③低压检测。往回调制动踏板压下装置,一直调到表上读数为 0.6MPa,3min 内压降应不超过 0.1MPa,否则更换制动压力调节器。
④更换时,一定要排出调节器内的高压制动液。在拆装制动压力调节器过程中,切勿损坏或弯曲制动管路,应使用维修用布堵塞各管口,以免制动液外流。如果制动液不小心溅洒到车身油漆表面上,应立即用清水将其彻底清洗干净</td></tr>
<tr><td>ABS 控制装置的检测</td><td>①故障码的读取与清除。
a. 将故障诊断仪连接到 DLC3。
b. 将点火开关置于 ON 位置。
c. 接通故障诊断仪。
d. 根据诊断仪屏幕上的提示读取故障码。
e. 当系统故障排除后,应该根据诊断仪屏幕上的提示将故障码清除。
②ECU 端子检查见下表。
<table>
<tr><th>端子号</th><th>端子描述</th><th>条件</th><th>规定状态</th></tr>
<tr><td>1－车身搭铁</td><td>ABS ECU 搭铁</td><td>始终</td><td>小于 1Ω</td></tr>
<tr><td>12－车身搭铁</td><td>电磁阀继电器电源</td><td>始终</td><td>11～14V</td></tr>
<tr><td>13－车身搭铁</td><td>泵电动机搭铁</td><td>始终</td><td>小于 1Ω</td></tr>
<tr><td>24－车身搭铁</td><td>电动机继电器电源</td><td>始终</td><td>11～14V</td></tr>
<tr><td>28－车身搭铁</td><td>制动灯开关输入</td><td>制动灯开关 ON/OFF</td><td>8～14V</td></tr>
<tr><td>34－车身搭铁</td><td>ECU 电源</td><td>点火开关置于 ON 位置</td><td>11～14V</td></tr>
</table></td></tr>
</table>

任务二　车身电子稳定装置的检修

任务引入

一辆卡罗拉 2.0L GLX MT 轿车，行驶 5×10^4km，配置了车身稳定控制系统。车主反映，一次在一个丁字路口左转加速过弯后，发现车辆 VSC OFF 灯闪烁，说明系统存在故障，需要立刻停车检查。

任务分析

卡罗拉轿车中，如果防滑控制 ECU 存储了 DTC，VSC OFF 指示灯闪烁且在组合仪表的多信息显示屏上显示警告信息。而引起故障码产生的原因有：防滑控制 ECU 异常、相关连接线路是否正常、组合仪表总成有故障、制动器执行器总成故障、VSC OFF 开关故障、蓄电池电压过低等故障。需使用诊断仪读取故障码，然后在安装诊断步骤检修 VSC 系统。

任务实施

一、相关知识学习

（一）汽车车身电子稳定系统概述

由于 ABS 不能解决车辆在湿滑路面上起步或加速出现的车轮打滑问题，更不能避免车辆发生侧滑。因此，在 ABS 的基础上，各汽车相继开发了更为先进的控制系统，如牵引力控制系统（traction control system，TCS）、（驱动轮）防滑系统（acceleration slip regulation，ASR）、电子制动力分配（electronic brakeforce distribution，EBD）系统、电子稳定（electronic stability program，ESP）系统、车身稳定控制（vehicle stability control，VSC）系统、动态稳定控制（dynamic stability control，DSC）系统等。由德国博世公司和梅赛德斯—奔驰公司联合研制的汽车电子稳定系统（electronic stability program，简称 ESP）是防抱死制动系统、驱动防滑控制系统、电子制动力分配系统、牵引力控制系统和主动车身横摆控制系统（AYC）等基本功能的组合，是当前汽车防滑装置的最高级形式。汽车电子稳定系统在不同的车型上，往往赋予的名称不同，如 BMW 称其为 DSC，丰田、雷克萨斯称其为 VSC，VOLVO 称为 DSTC，但原理和组成基本相同。

1. VSC 系统作用。在汽车行驶过程中，因外界干扰，比如行人、车辆或环境等突然变化，驾驶员采取一些紧急避让措施，使汽车进入不稳定行驶状态，即出现偏离预定行驶路线或翻转趋势等危险状态。装置 VSC 的汽车能在几毫秒时间内，识别并判定出这种汽车不稳定的行驶趋势，通过智能化的电子控制方案，让汽车的驱动传动系统和制动系统产生准确响应，及时恰当地消除汽车这些不稳定的行驶趋势，使汽车保持行驶路线和预防翻滚，避免交通事故的发生。VSC 系统的作用主要表现在以下 3 个方面：

（1）防止驱动轮在起步加速时打滑。起步时，VSC 系统对制动系统、发动机管理模块和变速换挡操作进行综合管理控制，使驱动轮保持合适的驱动扭矩，避免起步加速时打滑。

（2）使汽车具有良好的操纵稳定性。汽车转向时，当驾驶员操作转向盘转向过于迅速时，汽车常常不能按照预期的轨迹行驶，实际转弯半径小于理想转弯半径，即出现转向过度情况，后轮将失去控制发生侧滑或甩尾现象。VSC 系统感知到即将出现此种情况时，将对外侧前轮施加制动力矩，前轮产生一个与车身反向的转矩，从而实现稳定车身的作用；同样，转向盘转向不足时，VSC 系统对内侧后轮施加制动力矩，产生一个与车身转矩方向相同的转矩，以校正汽车的行驶方向。

（3）提高制动效果，并且保证制动过程的操纵稳定性。当汽车行驶在附着系数不同路面上实施制动时，为了防止车轮的抱死滑动，制动系统对左右车轮施加的制动力不相同。不对称的制动力会使汽车受到同一个转向的转矩，导致汽车在路面旋转打滑。当 VSC 系统感知这种趋势后，向转向盘转向电动机发出转角指令，此时驾驶员感觉到转向盘轻微转角的变化后，反向旋转转向盘，稳定车身。VSC 系统通过此操作，制动力能够最大程度上利用地面附着力，大大缩短制动距离，使制动距离减小 5%～10%。

2. VSC 与 ABS 的区别。目前汽车装配的 VSC 系统大多数是在 ABS 系统的基础上开发的。它们相互之间既有区别又有联系，从以下几个方面进行比较：

（1） 控制时刻不同：ABS 系统在汽车产生制动时工作；VSC 系统在汽车任何行驶工况下任意时刻都起作用。

（2）控制对象不同：ABS 系统以汽车的四个车轮为控制对象，使车轮的滑移率在合理的范围之内变化。而 VSC 系统则是以整车的行驶状态为控制对象，既能保证汽车的横向操纵稳定性，又能保证汽车的纵向操纵稳定性。

（3）能动性不同：ABS 系统被动作出反应，而 VSC 系统能够主动探测和分析车况来纠正驾驶员的错误信息，使交通事故防患于未然。

（4）控制方式不同：ABS 系统控制的是四个车轮制动力；汽车 VSC 系统控制转向盘转角、制动器制动力和发动机输出扭矩等。

（二）汽车电子稳定系统的组成及工作原理

1. VSC 组成。汽车电子稳定系统主要由 ECU、各种传感器及执行器 3 个部分组成，如图 16-14 所示。

（1）传感器。VSC 系统中的传感器主要有横摆角速度传感器、轮速传感器、转向传感器、侧滑传感器、横向加速度传感器、制动压力传感器、纵向加速度传感器、车身翻转角速度传感器等，这些传感器会采集汽车行驶状况的各种信息。

（2）ECU。ECU 接收上述各传感器的信号后，进行分析、判断、计算，从而得出汽车的运行状态，进而发出控制指令，控制一个或多个车轮制动器的制动力，使汽车按照驾驶员所期望的理想路线行驶。

（3）执行器。接收 ECU 发出的命令信号，同时执行控制信号。电子稳定系统中的执行器包括制动系统和发动机管理系统。

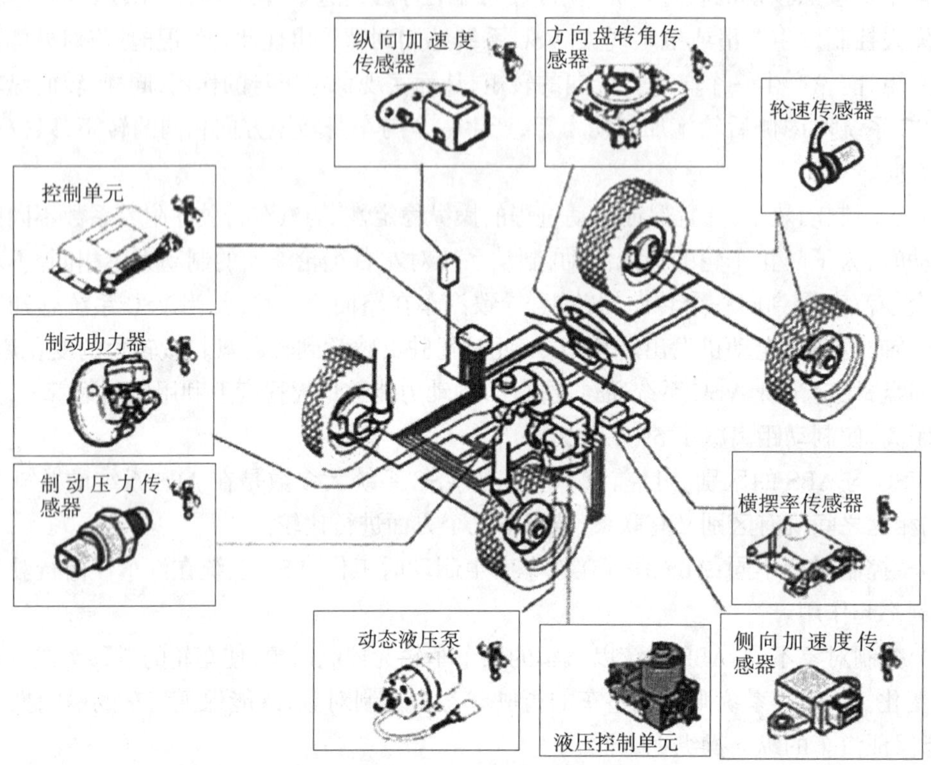

图 16–14 电子稳定系统的组成

2. VSC 工作原理。从外部作用于汽车的所有力，包括制动力、驱动力以及任何一种侧向力，都会引起汽车绕其质心转动。在汽车传感器监测并将汽车行驶状态的各种数据随机传送给 ECU 时，ECU 对数据进行计算、分析后获取汽车当前运行状态参数信息，并同时计算出当前理想状态下的行驶状态参数，ECU 将理想状态下的参数值与汽车当前运行的实际值进行比较，计算两者之间的偏差值，并根据行驶稳定性判断标准，判定轿车是否出现不稳定行驶趋势和不稳定的程度及原因，由此确定是否需要调节制动器制动力和控制驱动轮驱动力。根据此原理，一旦确定汽车有不稳定行驶状态时，VSC 系统就会自动代替驾驶员控制汽车，通过对制动系统、驱动传动系统的干涉，使汽车的制动系统、转向系统、驱动系统始终保持在最佳组合状态，阻止潜在危险情况的发生，使汽车恢复到安全稳定的行驶状态，确保汽车安全行驶。VSC 系统工作原理如图 16–15 所示。

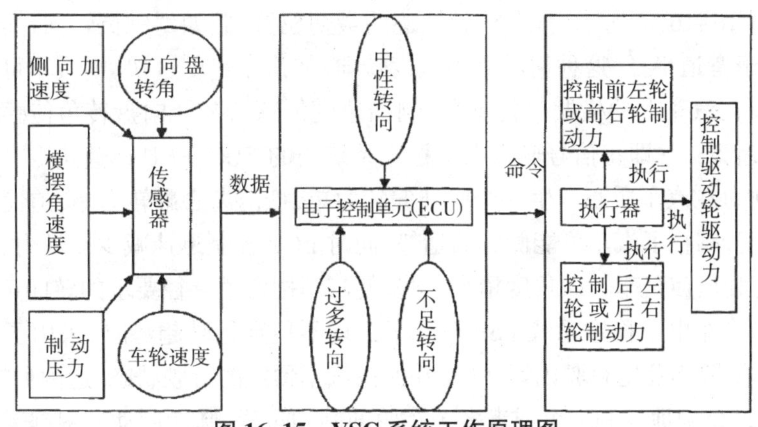

图 16-15　VSC 系统工作原理图

如图 16-16 所示是汽车在转弯道路上行驶时的轨迹示意图。如图 16-18(a)所示，当汽车驶入弯道时，假如驾驶员通过转向盘使汽车转向的转弯半径大于弯道半径，这种情况称为不足转向。如汽车车速过快，则汽车可能冲出路面。安装在汽车上的横摆率传感器会测出转向偏差，侧加速度传感器会测得右驶加速度偏大和转向盘转角传感器测得左转向不足，并立即监测到这种冲出路面的危险趋势，并将信号输入电子稳定系统中的 ECU。ECU 立即指令在左后轮实施脉冲制动力，制动力在汽车质心产生一个向内偏转力矩，迫使汽车绕质心向内偏转一个角度。同时 ECU 立即指令发动机减少输出转矩，将汽车速度降下来，并代替驾驶员使汽车转向角度稍大一些，使汽车按弯道半径要求的转向角度行驶，回到正确路线上。

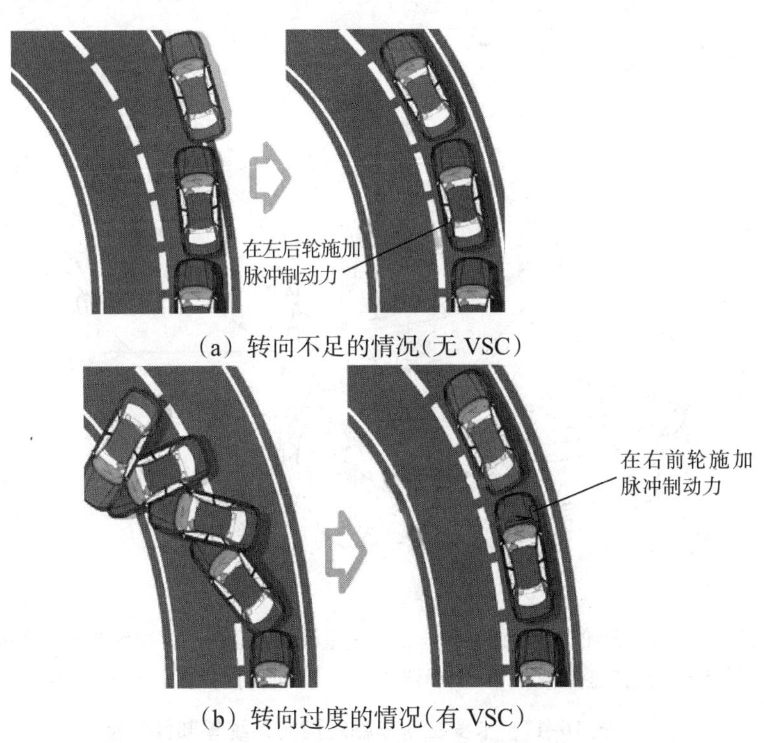

(a) 转向不足的情况(无 VSC)

(b) 转向过度的情况(有 VSC)

图 16-16　VSC 汽车转向效果图

反之，如图 16-16(b)所示，汽车行驶轨迹的最初位置。假如驾驶员转向盘转动过猛，使汽车转弯半径小于弯道半径，这种情况称为过度转向。如汽车速度过快，则汽车可能因离心力而向外翻转。安装在汽车上的横摆率传感器、侧加速度传感器和转向盘转角传感器等监测到这种翻转的危险趋势，立即将信号输入电子稳定系统中的 ECU，ECU 迅速指令在右前轮实施脉冲制动力，制动力在汽车质心产生一个向外偏转力矩，抵消离心翻转力矩，迫使汽车绕质心向外偏转一个角度，制止了汽车可能侧翻的趋势。同时 ECU 控制迅速减少驱动力，将汽车速度降下来，并代替驾驶员使汽车转向角度稍小一些，使汽车按弯道半径要求的转向角度行驶。

综上所述，汽车电子稳定系统 ESP 在汽车出现不稳定行驶趋势时，采用了两种不同的控制方法，使汽车消除不稳定行驶因素，恢复并保持汽车预定的行驶状态。这两种控制方法是，首先 VSC 系统通过精确地控制一个或者多个车轮的制动过程(脉冲制动)，根据需要分配施加在每个车轮上的制动力，迫使汽车产生一个绕其质心转动的旋转力矩，同时代替驾驶员调整汽车行驶方向。其次在必要时(比如车速太快，发动机驱动转矩过大)，VSC 系统自动调整发动机的输出转矩，控制汽车的行驶速度。VSC 系统不仅仅是在干燥路面上提高了汽车的稳定性，还可以在路面附着性比较差的时候，诸如结冰、湿滑以及碎石等情况下起作用。

（三）卡罗拉轿车电子稳定控制系统

卡罗拉轿车电子稳定控制系统是在传统的 ABS 基础上改进升级的，增加了横摆率传感器、加速度传感器、转向角传感器、VSC 开关及相关指示灯等，如图 16-17 所示，系统各零部件功能见表 16-7。卡罗拉轿车车辆稳定控制系统具有 ABS、EBD、制动辅助(BA)、TRC、VSC 和失效保护等功能。

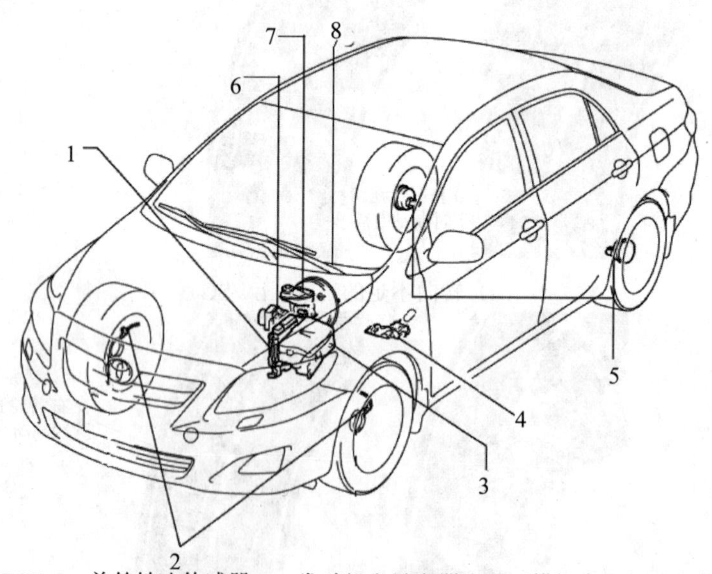

1—ECU；2—前轮转速传感器；3—发动机室继电器盒；4—横摆率和加速度传感器；5—后轮转速传感器；6—制动器执行器；7—制动主缸；8—组合仪表

图 16-17　卡罗拉轿车稳定控制系统零部件位置

表 16–7　卡罗拉轿车稳定控制系统零部件功能

名称	功能
转速传感器	检测车轮转速并将信号传送给制动系统 ECU
横摆率和加速度传感器	横摆率传感器和加速度传感器组合在同一单元内,该单元通过 CAN 通信与制动系统 ECU 通信。加速度传感器测量车辆加速时所产生的重力加速度;横摆率传感器检测车轮在垂直方向上的角速度
转向角传感器	安装在组合开关里,检测方向盘转动量和方向,并将信号传送给制动系统 ECU
刹车灯开关	检测制动器工作情况
主车身 ECU	检测驻车制动器的工作情况，并通过 CAN 通信将结果输入到制动系统 ECU
主缸压力传感器	检测主缸中的液压
制动系统 ECU	内嵌于制动器执行器总成中,处理各个传感器传送的信号以控制汽车
制动器执行器总成	由主缸切断电磁阀、保持电磁阀、减压电磁阀、泵电动机和储液罐等组成,根据 ECU 控制调节施加到各轮缸的制动器液压
ABS 电动机继电器	向泵电动机供电
ABS 电动机失效保护继电器	当泵电动机电路出现故障时切断电动机电源
ABS 电磁阀继电器	向各电磁阀供电
ABS 警告灯	亮起以告知驾驶员 ABS 系统中出现故障
制动警告灯	当系统正常但驻车制动器处于 ON 状态或制动液减少时，此警告灯亮以提醒驾驶员
VSC OFF 指示灯	使用 VSC OFF 开关进入 VSC 关闭模式时,亮起以告知驾驶员。电脑检测到 VSC 中有故障时,闪烁以告知驾驶员
打滑指示灯	闪烁以告知驾驶员 VSC 在运行
主警告指示灯	亮起以告知驾驶员 VSC 系统中出现故障
多信息显示屏	显示警告信息以告知驾驶员 VSC 系统中已出现故障
防滑控制蜂鸣器	间歇发出声音以告知驾驶员 VSC 在运行
ECM	发动机电脑
VSC OFF 开关	按下该开关关闭 VSC 控制

二、实践操作

（一）准备工作

1. 卡罗拉 1.6L 轿车(带 VSC)一辆。
2. 常用拆装工具、量具一套，干净的抹布。
3. 汽车举升器。
4. 故障诊断仪一套。
5. 维修手册、工单等。

（二）卡罗拉轿车稳定控制系统制动器执行器拆装

卡罗拉轿车稳定控制系统制动器执行器拆装见表 16–8。

表 16–8　卡罗拉轿车稳定控制系统制动器执行器拆装

项目	图示	步骤
制动器执行器的拆卸	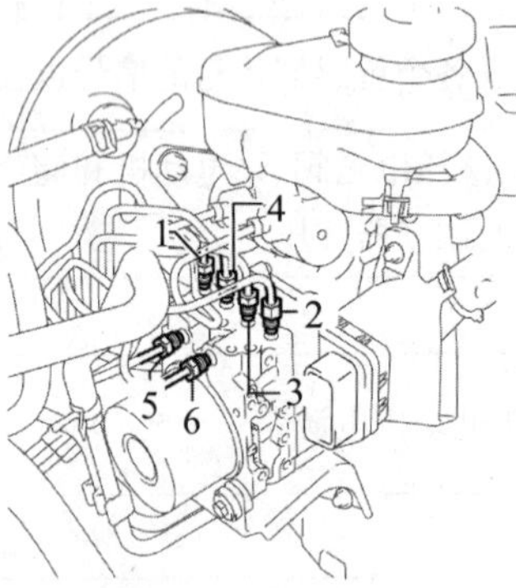 1－至右前轮缸；2－至左前轮缸；3－至右后轮缸；4－至左后轮缸；5－从 1 号主缸；6－从 2 号主缸	①从蓄电池负极端子断开电缆。 ②拆卸挡风玻璃刮水器总成。 ③拆卸前围上外板。 ④拆卸 2 号气缸盖罩。 ⑤拆卸空气滤清器总成。 ⑥断开 ECM 连接器线束。 ⑦排净制动液。 ⑧拆卸带支架的制动器执行器。 a. 断开制动器执行器连接器。 b. 从制动器执行器上断开 6 个制动管路，并使用标签或做好记录，以识别重新连接时的位置，标记如图所示。 c. 分离制动管路和燃油管路。 d. 从车身上拆下 3 个螺母和带支架的制动器执行器。 ⑨从制动器执行器支架总成上拆下 4 个螺栓和制动器执行器

续表

项目	图示	步骤
制动器执行器的安装	1 2 3 4	①用 4 个螺栓将制动器执行器安装至制动器执行器支架总成。按 1~4 的顺序拧紧 4 个螺栓，如图所示，扭矩:5.4N·m。 ②安装制动器执行器。 a. 将制动器执行器安装至车身，拧紧螺母，扭矩:19N·m。 b. 安装好制动管路和燃油管路。 c. 紧固好制动器执行器各制动管路,扭矩:15N·m。 d. 连接好制动器执行器连接器
		③连接 ECM 连接器并用锁杆锁紧,用卡夹固定好线束,如图所示。 ④安装空气滤清器总成。 ⑤安装 2 号气缸盖罩。 ⑥安装前围上外板。 ⑦安装挡风玻璃刮水器总成。 ⑧给储液罐加注制动液。 ⑨对制动系统进行放气。 ⑩将电缆连接至蓄电池负极端子。 ⑪用智能检测仪检查制动器执行器

制动器执行器的检查步骤如下:

1. 连接智能检测仪。将智能检测仪连接到 DLC3,启动发动机并使其息速运转,打开智能检测仪,在检测仪上选择 Active Test 模式。

2. 检查执行器电动机的工作情况。

(1) 接通电动机继电器,检查执行器电动机的工作声音。

(2) 断开电动机继电器。

(3) 踩下制动踏板并保持约 15s,检查并确认踏板的初始深度维持情况。

(4) 接通电动机继电器,检查并确认踏板不脉动。

3. 检查电磁阀的工作情况(以右前轮为例)。

(1) 踩下制动器踏板并保持。

(2) 同时接通 SFRH 和 SFRR 电磁阀,检查并确认踏板不能踩下。

(3) 同时关闭 SFRH 和 SFRR 电磁阀,检查并确认踏板可以踩下。

(4) 接通电动机继电器,检查并确认踏板回位

（三）横摆率和加速度传感器的拆装

横摆率和加速度传感器的拆装见表 16–9。

表 16–9　横摆率和加速度传感器的拆装

项目	图示	步骤
横摆率和加速度传感器的拆卸	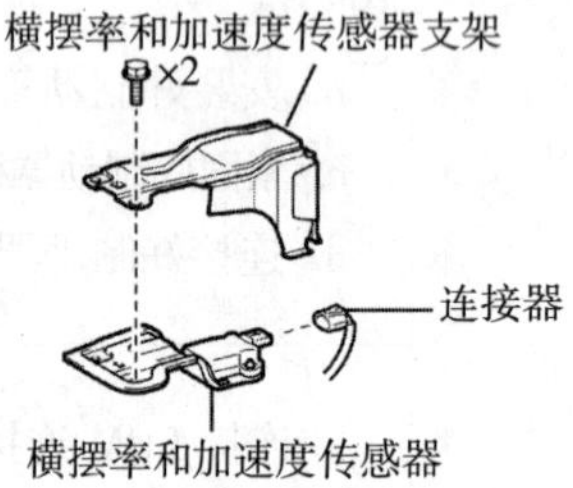	①从蓄电池负极端子断开电缆。 ②拆卸前排左侧座椅总成。 ③拆下 2 个螺栓及横摆率和加速度传感器支架，断开连接器，拆下横摆率和加速度传感器
横摆率和加速度传感器的安装	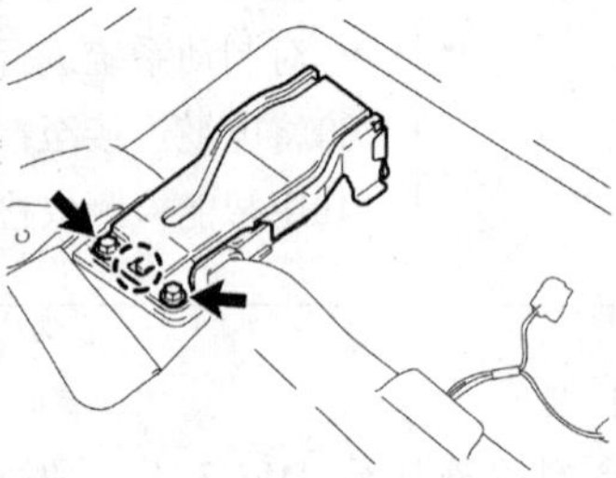	①将横摆率和加速度传感器连接器连接好。将支架上的卡爪插入传感器，并用 2 个螺栓紧固，扭矩：20N·m，如图所示。 ②安装前排左侧座椅总成。 ③将电缆连接至蓄电池负极端子。 ④传感器零点校准。 ⑤检查传感器信号

（四）转向角传感器的拆装

转向角传感器的拆装见表 16–10。

表 16–10　转向角传感器的拆装

项目	图示	步骤
转向角传感器的拆卸	1　2 转向角传感器 1—转向角传感器;2—螺旋电缆	①从蓄电池负极端子断开电缆。 ②使前轮处于正前位置。 ③拆卸仪表板 1 号底罩分总成。 ④拆卸仪表板下装饰板分总成。 ⑤拆卸方向盘总成。 ⑥拆卸下转向柱罩和上转向柱罩。 ⑦拆卸带转向角传感器的螺旋电缆。 ⑧分离 6 个卡爪和 2 个销,从螺旋电缆上拆下转向角传感器
转向角传感器的安装	销 销	①对准 2 个定位销并接合 6 个卡爪,将转向角传感器安装至螺旋电缆。 ②安装带转向角传感器的螺旋电缆。 ③安装上、下转向柱罩。 ④调整螺旋电缆。 ⑤安装方向盘总成。 ⑥检查方向盘中心点。 ⑦安装仪表板下装饰板分总成。 ⑧安装仪表板 1 号底罩分总成。 ⑨将电缆连接至蓄电池负极端子

（五）VSC OFF 开关的拆装与检修

VSC OFF 开关的拆装与检修见表 16-11。

表 16-11　VSC OFF 开关的拆装与检修

<table>
<tr><th>项目</th><th>图示</th><th>步骤</th></tr>
<tr><td>VSC OFF 开关的拆卸</td><td> 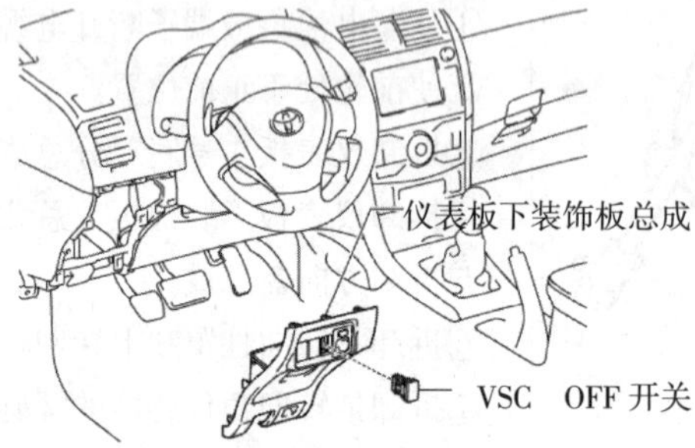仪表板下装饰板总成
VSC　OFF 开关</td><td>①断开蓄电池负极端子电缆。
②拆卸仪表板下装饰板总成。
③分离 2 个卡爪并拆下 VSC OFF 开关</td></tr>
<tr><td>VSC OFF 开关的安装</td><td> 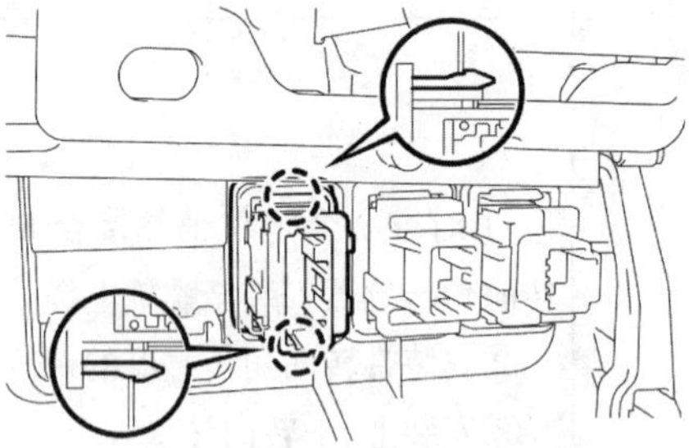</td><td>①接合 2 个卡爪并安装 VSC OFF 开关。
②安装仪表板下装饰板总成。
③将电缆连接至蓄电池负极端子。
④检查 VSC 警告灯和指示灯</td></tr>
<tr><td>VSC OFF 开关的检查</td><td> 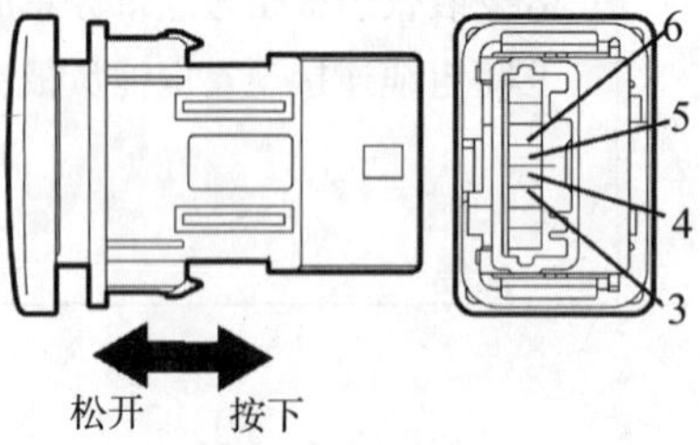6
5
4
3
松开　按下</td><td>①根据下表中的方法测量 VSC OFF 开关电阻。
<table>
<tr><th>检测仪连接</th><th>开关状态</th><th>规定状态</th></tr>
<tr><td>3–6</td><td>松开</td><td>10kΩ 或更大</td></tr>
<tr><td>3–6</td><td>按下</td><td>小于 25Ω</td></tr>
</table>
②根据下表要求检查开关照明工作情况。
<table>
<tr><th>检测仪连接</th><th>开关状态</th><th>规定状态</th></tr>
<tr><td>4–5</td><td>将蓄电池正极引线连接至端子 5，将蓄电池负极引线连接至端子 4</td><td>LED 亮起</td></tr>
</table>
</td></tr>
</table>

参考文献

［1］黄关山，蒋飞.汽车自动变速器维修［M］.北京：人民交通出版社，2012.

［2］平云光.汽车底盘构造与维修［M］. 北京：人民交通出版社，2005.

［3］杨海鹏.汽车自动变速器原理与维修［M］. 北京：北京理工大学出版社，2011.

［4］张彬. 汽车底盘构造与维修［M］. 北京：人民交通出版社，2011.

［5］袁新建，张凤密.汽车传动系统原理与检修［M］. 北京：人民邮电出版社，2011.

［6］武华.汽车底盘构造与拆装工作页［M］. 北京：人民交通出版社，2007.

［7］陈建宏，许炳照.汽车底盘机械系统检修［M］. 北京：人民交通出版社，2011.